시간이 없을수록, 기초가 부족할수록, 결국

강의만족도 96.4%
최정상급 스타교수진

[96.4%] 해커스 공인중개사 2023 수강생 온라인 설문결과(해당 항목 응답자 중 만족의견 표시 비율)

학개론 송도윤 | 민법 박결 | 민법 채희대 | 학개론 강양구 | 학개론 이종호 | 공법 고상철 | 중개사법 황정선 | 세법 임기원 | 민법 차민혁 | 중개사법 홍덕기 | 공시법 김병렬 | 공시법 양기백

세법 김윤석 | 공법 어준선 | 민법 양민 | 학개론 신관식 | 공법 한종민 | 중개사법 한민우 | 공시법 홍승한 | 세법 강성규 | 공법 이상곤 | 세법 김성래 | 민법 김화현

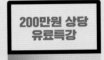
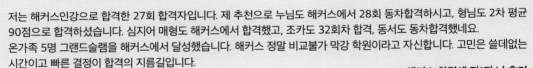

해커스 공인중개사
출제예상문제집

1차 부동산학개론

해커스 공인중개사

land.Hackers.com

합격을 좌우하는 최종 마무리

부동산시장의 경제·정책·투자환경이 변화하고 있고, 이로 인하여 자금을 조달하고 운용하는 부동산금융수단이 다양하게 발전함에 따라 공인중개사 시험유형도 점차적으로 변해가고 있는 추세입니다. 이러한 배경을 인지하고 변화된 학습환경에 잘 준비하고 대응하여야 좋은 점수를 획득하여 합격에 도달할 수 있습니다.

부동산학개론은 단편적인 암기나 숙지만으로 해결할 수 있는 문제는 극히 드물고 제한되어 있습니다. 문제가 반복출제되는 분야와 기출문제가 재해석·재응용되는 분야가 있으므로 이에 대응하여 기본개념을 정리하고 응용능력을 배양하는 데 주력하여야 합니다.

따라서 본 문제집은 해커스 부동산학개론 기본서와 요약집을 이론적 기초로 하여 각 분야에서 핵심이 되고 빈번하게 출제되는 부분을 체계적으로 배치·제시하여 이론을 체계적으로 정리하고, 공인중개사 시험을 잘 준비할 수 있도록 구성·편집하였습니다.

1 각 단원별 핵심이론을 포인트별로 요약·수록하여 전체적인 흐름을 파악하고 개념을 정리할 수 있도록 하였으며, 제36회 공인중개사 시험에서 활용될 수 있는 핵심적인 기출문제를 변형하여 수록함으로써 이를 완벽하게 재해석하고 응용할 수 있는 능력을 배양할 수 있도록 하였습니다. 더불어 다양한 패턴의 문제들을 제시하여 빈틈없이 학습할 수 있도록 구성하였습니다.

2 출제가능성이 높은 문제에는 '중요', 고득점 목표를 위한 어려운 문제에는 '고득점', 기존에 출제되지 않은 문제의 대비를 위해서는 '신유형'이라고 표시하여 출제경향에 적절하게 대응할 수 있도록 배려하였습니다.

3 정답에 대한 해설과 그에 대한 보충설명을 상세하게 수록하여 틀린 지문의 유형을 숙지하고 완벽하게 이해할 수 있도록 하였습니다.

더불어 공인중개사 시험 전문 **해커스 공인중개사(land.Hackers.com)** 에서 학원강의나 인터넷 동영상강의를 함께 이용하여 꾸준히 수강한다면 학습효과를 극대화할 수 있습니다.

마지막으로 본 문제집의 출간을 위하여 여러 방면에서 조언과 배려를 해주신 많은 분들께 진심으로 감사의 말씀을 전하며, 수험생 여러분의 합격을 기원합니다.

2025년 5월
신관식, 해커스 공인중개사시험 연구소

이 책의 차례

이 책의 특징   6

이 책의 구성   8

공인중개사 시험안내   10

학습계획표   12

시험에 나오는 포인트 61개 한눈에 보기   14

제1편 | 부동산학 총론   18

단원별 출제예상문제   27

제4편 | 부동산정책론   122

단원별 출제예상문제   133

제2편 | 부동산경제론   48

단원별 출제예상문제   58

제5편 | 부동산투자론   158

단원별 출제예상문제   168

제3편 | 부동산시장론   82

단원별 출제예상문제   94

제6편 | 부동산금융론   194

단원별 출제예상문제   208

제7편 | 부동산개발 및 관리론　　236

단원별 출제예상문제　　249

제8편 | 부동산감정평가론　　278

단원별 출제예상문제　　295

[책 속의 책] 해설집

이 책의 특징

01 전략적인 문제풀이를 통해 합격으로 가는 실전 문제집

2025년 공인중개사 시험 대비를 위한 실전 문제집으로 합격에 꼭 필요한 문제만을 엄선하여 수록하였습니다. 출제 가능성이 높은 다양한 유형의 예상문제를 풀어볼 수 있도록 구성함으로써 주요 내용만을 전략적으로 학습하여 단기간에 합격에 이를 수 있도록 하였습니다.

02 기출 심층분석으로 선별한 61개 출제포인트로 부동산학개론 최종 마무리

제29회부터 제35회까지 최근 7개년 기출문제를 분석하여 주요 출제포인트를 선정하였습니다. 부동산학개론의 방대한 내용을 61개 출제포인트로 정리하여 출제 가능성이 높은 문제를 빠르게 학습할 수 있도록 구성하고, 포인트별 출제경향과 학습전략을 💡Tip 으로 제시하여 학습효과를 높였습니다.

03 확실한 이해를 돕는 정확하고 꼼꼼한 해설 수록

모든 문제에 대한 정확하고 꼼꼼한 해설을 수록하고, 문제와 관련된 판례 · 공식 · 암기사항 등을 풍부하게 제시하여 개념을 다시 한 번 정리하고 실력을 향상시킬 수 있도록 하였습니다. 또한 정답의 단서가 되는 부분에 강조 표시하고, 문제집과 해설집을 분리하여 보다 편리한 학습이 가능하도록 하였습니다.

04 최신 개정법령 및 출제경향 반영

최신 개정법령 및 시험 출제경향을 철저하게 분석하여 문제에 모두 반영하였습니다. 또한 기출문제의 경향과 난이도가 충실히 반영된 중요 · 고득점 · 신유형 문제를 수록하여 다양한 문제유형에 충분히 대비할 수 있도록 하였습니다.

05 효율적인 학습을 위한 3주 완성 및 자기주도 학습계획표 제공

개인의 학습방법과 속도에 따라 선택하여 활용할 수 있는 과목별 3주 완성 학습계획표와 자기주도 학습계획표를 수록하였습니다. 또한 학습계획표에 학습체크란을 제시하여 계획적으로 학습할 수 있도록 하였으며, '학습계획표 이용 Tip'을 수록하여 본 교재를 더욱 효과적으로 활용할 수 있도록 하였습니다.

06 학습효과 극대화를 위한 명쾌한 온·오프라인 강의 제공(land.Hackers.com)

해커스 공인중개사학원에서는 공인중개사 전문 교수진의 쉽고 명쾌한 강의를 제공하고 있습니다. 해커스 공인중개사(land.Hackers.com)에서는 학원강의를 온라인으로 학습할 수 있도록 동영상으로 제공하고 있으며, 교수님께 질문하기 게시판을 통하여 교수님에게 직접 질문하고 답변을 받으며 현장강의를 듣는 것과 같은 학습효과를 얻을 수 있습니다.

07 다양한 무료 학습자료 및 필수 합격정보 제공(land.Hackers.com)

해커스 공인중개사(land.Hackers.com)에서는 제35회 기출문제 동영상 해설강의, 온라인 전국 실전모의고사 그리고 각종 무료강의 등 다양한 학습자료와 시험 안내자료, 합격가이드 등 필수 합격정보를 제공하고 있습니다. 이러한 유용한 자료와 정보들을 효과적으로 얻어 시험 관련 내용에 빠르게 대처할 수 있도록 하였습니다.

이 책의 구성

전략 술술! 출제경향

실력 쑥쑥! 예상문제

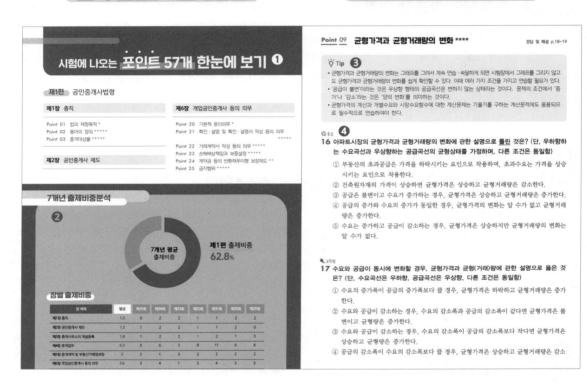

❶ **시험에 나오는 포인트 한눈에 보기**

각 단원별로 흩어져 있는 출제포인트를 교재 앞부분에 모아 수록함으로써 시험에 자주 출제되는 포인트와 포인트별 중요도를 한눈에 확인할 수 있도록 하였습니다.

❷ **7개년 출제비중분석**

최근 7개년의 공인중개사 기출문제를 심층적으로 분석하여 도출한 편별·장별 출제비중을 각 편 시작 부분에 시각적으로 제시함으로써 단원별 출제경향을 한눈에 파악하고 학습전략을 수립할 수 있도록 하였습니다.

❸ **문제 해결능력을 높이는 Tip**

학습방향, 문제풀이 방법 등을 담은 Tip을 수록하여 출제경향에 따라 전략적으로 문제를 해결할 수 있도록 하였습니다.

❹ **다양한 유형의 예상문제**

출제예상문제를 중요·고득점·신유형으로 구분하여 전략적인 문제풀이가 가능하도록 하였습니다.

🌸**중요** : 60점 이상을 목표로 한다면 각 포인트에서 꼭 숙지하여야 할 문제

🔖**고득점** : 고득점을 목표로 한다면 풀어봐야 할 문제

🔍**신유형** : 기존에 출제되지 않았지만 출제될 것으로 예상되는 새로운 유형 대비 문제

이해 쏙쏙! 해설

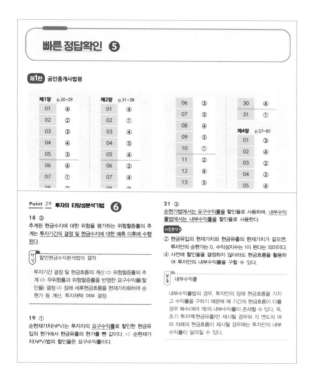

❺ 빠른 정답확인

각 단원별로 제시된 정답박스를 모아 놓은 '빠른 정답확인'을 활용하여 문제풀이 후 간편하게 정답을 확인할 수 있도록 하였습니다.

❻ 이해를 돕는 상세한 해설

문제에 대한 자세하고 친절한 해설뿐만 아니라 '지문분석', '핵심', '보충'과 같은 다양한 학습장치를 수록하여 해설만으로도 관련 이론을 충분히 정리할 수 있도록 하였습니다.

공인중개사 시험안내

응시자격

학력, 나이, 내·외국인을 불문하고 제한이 없습니다.

* 단, 법에 의한 응시자격 결격사유에 해당하는 자는 제외합니다(www.Q-Net.or.kr/site/junggae에서 확인 가능).

원서접수방법

• 국가자격시험 공인중개사 홈페이지(www.Q-Net.or.kr/site/junggae) 및 모바일큐넷(APP)에 접속하여 소정의 절차를 거쳐 원서를 접수합니다.

  * 5일간 정기 원서접수 시행, 2일간 빈자리 추가접수 도입(정기 원서접수 기간 종료 후 환불자 범위 내에서만 선착순으로 빈자리 추가접수를 실시하므로 조기 마감될 수 있음)

• 원서접수시 최근 6개월 이내 촬영한 여권용 사진(3.5cm×4.5cm)을 JPG파일로 첨부합니다.

• 응시수수료는 1차 13,700원, 2차 14,300원, 1·2차 동시 응시의 경우 28,000원(제35회 시험 기준)입니다.

시험과목

차수	시험과목	시험범위
1차 (2과목)	부동산학개론	• 부동산학개론: 부동산학 총론, 부동산학 각론 • 부동산감정평가론
	민법 및 민사특별법	• 민법: 총칙 중 법률행위, 질권을 제외한 물권법, 계약법 중 총칙·매매·교환·임대차 • 민사특별법: 주택임대차보호법, 상가건물 임대차보호법, 집합건물의 소유 및 관리에 관한 법률, 가등기담보 등에 관한 법률, 부동산 실권리자명의 등기에 관한 법률
2차 (3과목)	공인중개사의 업무 및 부동산 거래신고에 관한 법령 및 중개실무	• 공인중개사법 • 부동산 거래신고 등에 관한 법률 • 중개실무(부동산거래 전자계약 포함)
	부동산공법 중 부동산중개에 관련되는 규정	• 국토의 계획 및 이용에 관한 법률 • 도시개발법 • 도시 및 주거환경정비법 • 주택법 • 건축법 • 농지법
	부동산공시에 관한 법령 및 부동산 관련 세법*	• 부동산등기법 • 공간정보의 구축 및 관리 등에 관한 법률(제2장 제4절 및 제3장) • 부동산 관련 세법(상속세, 증여세, 법인세, 부가가치세 제외)

* 부동산공시에 관한 법령 및 부동산 관련 세법 과목은 내용의 구성 편의상 '부동산공시법령'과 '부동산세법'으로 분리하였습니다.

* 답안은 시험시행일 현재 시행되고 있는 법령 등을 기준으로 작성합니다.

시험시간

구분	시험과목 수		입실시간	시험시간
1차 시험	2과목 (과목당 40문제)		09:00까지	09:30~11:10(100분)
2차 시험	1교시	2과목 (과목당 40문제)	12:30까지	13:00~14:40(100분)
	2교시	1과목 (과목당 40문제)	15:10까지	15:30~16:20(50분)

* 위 시험시간은 일반응시자 기준이며, 장애인 등 장애 유형에 따라 편의제공 및 시험시간 연장이 가능합니다(장애 유형별 편의제공 및 시험시간 연장 등 세부내용은 국가자격시험 공인중개사 홈페이지 공지사항 참고).

시험방법

- 1년에 1회 시험을 치르며, 1차 시험과 2차 시험을 같은 날에 구분하여 시행합니다.
- 모두 객관식 5지 선택형으로 출제됩니다.
- 답안작성은 OCR 카드에 작성하며, 전산자동 채점방식으로 채점합니다.

합격자 결정방법

- 1 · 2차 시험 공통으로 매 과목 100점 만점으로 하여 매 과목 40점 이상, 전 과목 평균 60점 이상 득점자를 합격자로 합니다.
- 1차 시험에 불합격한 사람의 2차 시험은 무효로 합니다.
- 1차 시험 합격자는 다음 회의 시험에 한하여 1차 시험을 면제합니다.

최종 정답 및 합격자 발표

- 최종 정답 발표는 인터넷(www.Q-Net.or.kr/site/junggae)을 통하여 확인 가능합니다.
- 최종 합격자 발표는 시험을 치른 한 달 후에 인터넷(www.Q-Net.or.kr/site/junggae)을 통하여 확인 가능합니다.

학습계획표

학습계획표 이용 Tip

- 본인의 학습 진도와 속도에 적합한 학습계획표를 선택한 후, 매일 · 매주 단위의 학습량을 확인합니다.
- 목표한 분량을 완료한 후에는 ☑와 같이 체크하거나 '학습 기간'에 기록하여 학습 진도를 스스로 점검합니다.

[학습 Tip]

- '출제비중분석'을 통해 단원별 출제비중과 해당 단원의 출제경향을 파악하고, 포인트별로 문제를 풀어나가며 다양한 출제 유형을 익힙니다.
- 틀린 문제는 해설을 꼼꼼히 읽어보고 '지문분석', '핵심', '보충' 코너에 수록된 내용을 확실히 이해하고 넘어가도록 합니다.
- 시험에 자주 출제되는 포인트와 포인트별 중요도를 확인하고, 문제풀이 전 단원별 주요 이론을 학습합니다.

[복습 Tip]

- 문제집을 학습하면서 어려움을 느낀 부분은 기본서 페이지를 찾아 관련 이론을 확인하고 주요 내용을 확실히 정리합니다.
- 문제집을 다시 풀어볼 때에는 ★의 개수가 많은 '핵심포인트' 위주로 전체 내용을 정리하고, 틀린 문제가 많았던 '핵심포인트'는 포인트별 💡Tip 에서 강조한 내용을 노트에 정리해 봅니다.
- 다양한 유형과 난이도에 대한 적응력을 높일 수 있도록 고득점 · 신유형 · 중요 문제의 지문과 해설을 다시 한 번 꼼꼼히 살펴봅니다.

부동산학개론 3주 완성 학습계획표

한 과목을 3주에 걸쳐 1회독 할 수 있는 학습계획표로, 한 과목씩 집중적으로 공부하고 싶은 수험생에게 추천합니다.

구분	월	화	수	목	금	토
1주차	Point 01~03	Point 04~06	Point 07~09	Point 10~12	Point 13~16	Point 17~20
2주차	Point 21~23	Point 24~25	Point 26~28	Point 29	Point 30~32	Point 33~36
3주차	Point 37~40	Point 41~45	Point 46~49	Point 50~54	Point 55~57	Point 58~61

자기주도 학습계획표

자율적으로 일정을 설정할 수 있는 학습계획표로, 자신의 학습속도에 맞추어 공부하고 싶은 수험생에게 추천합니다.

	과목	학습 범위	학습 기간
1			
2			
3			
4			
5			
6			
7			
8			
9			
10			
11			
12			
13			
14			
15			
16			
17			
18			
19			
20			
21			
22			
23			
24			
25			

활용예시

	과목	학습 범위	학습 기간
3	민법	2편 2장	8월 1일 ~ 8월 3일

시험에 나오는 포인트 61개 한눈에 보기

제1편 부동산학 총론

Point 01 복합개념과 부동산의 개념 ★★★★
Point 02 토지용어 ★★★★★
Point 03 주택의 분류 ★★
Point 04 부동산의 특성 ★★★★★
Point 05 부동산의 속성 ★
Point 06 부동산학 및 부동산활동 ★★

제2편 부동산경제론

Point 07 수요·공급의 개념과 유량과 저량 ★★★★
Point 08 부동산수요·공급 ★★★★★
Point 09 균형가격과 균형거래량의 변화 ★★★★
Point 10 탄력성 ★★★★
Point 11 부동산경기변동 ★★★★★
Point 12 거미집이론(동적 균형이론) ★★★★

제3편 부동산시장론

Point 13 부동산시장의 특성과 기능 ★★★★★
Point 14 정보의 효율성과 부동산시장 ★★★
Point 15 주택시장분석 ★
Point 16 주택의 여과과정과 주거분리 ★★★
Point 17 지대이론 ★★★★★
Point 18 도시공간구조이론 ★★★★
Point 19 상업입지이론 ★★★★
Point 20 공업입지이론 ★★

제4편 부동산정책론

Point 21 정부의 시장개입 이유와 시장실패의 원인 ★★★★★
Point 22 외부효과 ★★★★
Point 23 토지정책 ★★★★
Point 24 주택정책 ★★★★★
Point 25 조세정책 ★★★★★

제5편 부동산투자론

Point 26 요구수익률과 기대수익률 ★★★
Point 27 투자부동산의 현금흐름 측정 ★★★★★
Point 28 화폐의 시간가치(자본환원계수) ★★★★★
Point 29 투자의 타당성분석기법 ★★★★★
Point 30 위험 – 수익의 상쇄관계를 통한 투자대안의 분석 ★★★★
Point 31 부동산투자의 위험 및 투자위험의 처리·관리 기법 ★★
Point 32 포트폴리오이론(분산투자기법) ★★★★

제6편 부동산금융론

Point 33 담보인정비율(LTV)과 총부채상환비율(DTI) ★★★★★
Point 34 고정금리와 변동금리 / 대출기관의 대출위험요인과 관리방법 ★★★
Point 35 융자금의 상환방식 ★★★★★
Point 36 우리나라의 주택금융 ★★★
Point 37 주택저당유동화제도(MBS) ★★★★★
Point 38 프로젝트 파이낸싱(PF) ⇨ 개발금융 ★★★★
Point 39 부동산투자회사(법) ★★★★★
Point 40 지분금융·부채금융·메자닌금융 ★★★

제7편 부동산개발 및 관리론

Point 41 부동산개발 개념 및 민자유치 개발방식 ****
Point 42 부동산개발의 과정(절차) **
Point 43 부동산개발의 위험(개발업자의 위험) ***
Point 44 부동산개발의 경제적 타당성분석 *****
Point 45 입지계수(LQ) ***
Point 46 민간의 개발방식 유형 *****
Point 47 기타 부동산개발방식(신개발과 재개발)의 유형 *
Point 48 부동산관리 *****
Point 49 부동산마케팅 및 광고 *****

제8편 부동산감정평가론

Point 50 감정평가의 개념과 기준시점 ****
Point 51 감정평가의 분류 ***
Point 52 부동산가격이론 **
Point 53 부동산가격의 제 원칙(감정평가원리) ***
Point 54 지역분석 및 개별분석 ****
Point 55 감정평가방법의 적용 및 시산가액의 조정 **
Point 56 원가법 ****
Point 57 거래사례비교법 및 공시지가기준법 *****
Point 58 수익환원법 *****
Point 59 임대료의 평가방법 **
Point 60 물건별 평가방법 ***
Point 61 부동산가격공시제도 *****

7개년 출제비중분석

제1편 출제비중
8.5%

7개년 평균
출제비중

편별 출제비중

편 제목	평균	제35회	제34회	제33회	제32회	제31회	제30회	제29회
제1편 부동산학 총론	3.4	4	3	4	3	3	3	3
제2편 부동산경제론	5.2	5	5	5	6	6	4	6
제3편 부동산시장론	4.7	4	5	7	4	4	4	5
제4편 부동산정책론	5.2	6	5	4	4	6	7	5
제5편 부동산투자론	6.4	3	8	6	7	3	7	6
제6편 부동산금융론	4.6	5	3	5	6	5	4	5
제7편 부동산개발 및 관리론	4.1	6	5	2	4	6	5	4
제8편 부동산감정평가론	6.4	7	6	7	6	7	6	6

*평균: 최근 7개년 동안 출제된 각 편별 평균 문제 수입니다.

제1편

부동산학 총론

제1장 부동산의 개념과 분류
제2장 부동산의 특성 및 속성
제3장 부동산학의 이해 및 부동산활동

제1편 부동산학 총론

제1장 부동산의 개념과 분류

Point 01 복합개념과 부동산의 개념 ★★★★

기본서 p.19~25

(1) 복합개념의 부동산(부동산학적 개념)

부동산을 법률적·경제적·기술적(물리적) 측면의 종합적인 개념으로 체계화하고 이해(인식)하려는 것을 말한다. ⇨ 부동산학의 사고원리(思考原理)를 의미한다.

법률적 개념	① 부동산의 '무형적' 측면을 이해하는 데 도움을 준다. ② 협의의 부동산: 토지와 그 정착물 ③ 광의의 부동산: 협의의 부동산 + 준(의제)부동산
경제적 개념	① 부동산의 '무형적' 측면을 이해하는 데 도움을 준다. ② 자산, 자본, 생산요소, 소비재, 상품
기술적(물리적) 개념	① 부동산의 '유형적' 측면을 이해하는 데 도움을 준다. ② 공간, 위치, 자연, 환경

(2) 부동산의 법률적 개념(협의·광의)

협의의 부동산 (토지와 그 정착물)	토지	1필지를 1개로 취급하며, 토지와 해면의 분계는 최고만조시의 분계점을 그 표준으로 한다.
	토지 정착물	토지에 부착되어 있고 계속적으로 부착된 상태로 사용되는 것이 사회통념상 인정되는 물건. 토지로부터 이동이 불가능한 물건 ① 토지와 독립: 건물, 등기된 입목, 명인방법의 수목, 권원에 의하여 타인의 토지에서 재배되고 있는 농작물 ② 토지의 일부: 교량, 담장, 구거, 도로의 포장, 다년생식물, 경작목적이 아닌 수목 🔍 동산으로 분류되는 것(정착물이 아닌 것): 경작수확물(예 벼), 가식 중에 있는 수목, 판잣집, 헐어버린 건축물, 컨테이너박스 등
	건물 정착물 (설비, fixture)	① 부동산에 부착된 방법에 따른 구분 ㉠ 부동산정착물 ○: 설비를 제거할 때 부동산에 물리적으로나 기능적으로 둘 중에 하나라도 손상이 발생하면 해당 설비는 부동산정착물로 취급한다. ㉡ 부동산정착물 ✕: 부착되어 있는 물건이 건물로부터 물리적·기능적으로 둘 다 훼손 없이 제거될 수 있으면 해당 설비는 부동산정착물로 취급하지 않는다. ⇨ 동산

② 거래당사자간의 관계에 따른 구분
    ㉠ 임대인이 설치한 것은 부동산정착물로 취급한다.
    ㉡ 임차인의 정착물(가사·농업·거래정착물)은 부동산정착물로 취급하지 않는다. ⇨ 동산
    ㉢ 부동산을 매매할 때 정착물인지 아닌지가 불분명할 경우에는 정착물로 간주되어 매수인에게 넘어간다.
③ 물건의 성격·용도에 따른 구분: 특정 용도에 맞게 특별히 설치된 것이나 주문제작된 것은 부동산정착물로 취급한다(예 임대인이 임대주택에 설치한 방범창, 건물에 부착된 유리문, 교회용 책상 등).
④ 물건을 설치한 의도에 따른 구분
    ㉠ 임대건물의 가치 증진을 위하여 설치한 것(예 붙박이 에어컨 등)은 부동산정착물로 취급한다.
    ㉡ 임차인이 당사자의 편의를 위하여 설치한 것은 부동산정착물로 취급하지 않는다. ⇨ 동산

광의의 부동산 [협의의 부동산 + 준(의제)부동산]	준(의제)부동산은 물권변동을 등기나 등록의 수단으로 하는 동산이나 동산과 부동산의 결합물을 말한다(준부동산은 「민법」상 부동산이 아니다). ⇨ 부동산학의 연구대상과 부동산활동의 대상이 된다. ① 등기: 공장재단, 광업재단, 선박(20t 이상), 입목(「입목에 관한 법률」에 따른 수목집단) Q 한 그루의 수목은 토지의 일부인 정착물이므로, 등기의 대상이 아니다. ② 등록: 자동차, 항공기, 건설기계, 어업권

Q 부동산의 개념은 부동산활동의 범위를 확정시켜 준다.

(3) 부동산의 경제적 개념(생산·소비·교환·분배·투자의 관점)

자산(asset)	① 투자대상으로서 부동산을 매입한 경우 ⇨ 자본이득 획득목적 ② 가격 상승에 대한 기대감으로 부동산을 매입한 경우
자본(capital)	① 사업을 위한 밑천, 최종재화를 생산하기 위한 중간재로서의 토지 ② 주택을 건축하기 위하여 매입한 택지
생산요소(재)	토지(부동성) ⇨ 수동적 생산요소 Q 재화를 생산하기 위하여 필요한 요소: 토지, 자본, 노동 등
소비재	욕구(효용·편익)를 충족시키기 위하여 가격을 지불하고 소비하는 재화(예 휴양림 혹은 공원, 최종소비재로서의 주택)
상품	① 매매 혹은 교환의 대상이 되는 유·무형의 재화 ② 공급자 입장에서 이윤창출의 목적으로 판매되는 부동산

(1) 후보지(候補地) · 이행지(移行地) ⇨ 토지의 용도적(용도의 전환) · 경제적 공급

후보지	임지지역 ⇨ 농지지역 ⇨ 택지지역으로의 용도적 지역 상호간에 전환 중인 토지
이행지	공업지역 ⇨ 주거지역, 과수원지역 ⇨ 답지지역 등으로, 용도적 지역 내에서 상호 이행되고(그 용도가 변경되고) 있는 토지

(2) 택지(宅地) · 부지(敷地)

택지	주거 · 상업 · 공업용지 등의 용도로 이용되고 있거나 해당 용도로 이용할 목적으로 조성된 토지
부지	① 일정한 용도로 제공(이용)되고 있는 바닥토지 ② 택지 + 건축이 불가능한 토지(도로 · 철도 · 수도부지 등 포함)

(3) 나지(裸地) · 건부지(建附地) · 공지(空地)

나지	토지에 건물이나 기타의 정착물이 없고, 지상권 등 사용 · 수익을 제한하는 사법상의 권리가 설정되어 있지 아니한 토지 🔍 나대지: 나지 중에서 지목이 '대(垈)'인 토지 ⇨ 나지는 지목이 반드시 '대(垈)'일 필요는 없다.
건부지	① 건축물의 용도로 (현재) 제공되고 있는 바닥토지 ② 최유효이용상태의 나지가격은 건부지가격보다 높게 평가된다. ⇨ 건부감가 ③ 개발제한구역 내의 건부지가격은 나지가격보다 높게 평가될 수 있다. 토지이용 규제가 강화되면 건부증가가 발생할 수 있다. ⇨ 건부증가
공지	「건축법」상 건폐율 등의 제한으로 한 필지에 건물을 다 채우지 못하고 남겨 놓은(비워 둔) 토지

(4) 필지(筆地) · 획지(劃地)

필지	획지
「공간정보의 구축 및 관리 등에 관한 법률」상의 용어	부동산학 · 감정평가상의 용어
하나의 지번이 붙는 등록 · 등기단위	인위적 · 자연적 · 행정적 조건에 의하여 다른 토지와 구별되는, 가격수준이 비슷한 일단의 토지
토지에 대한 소유권이 미치는 범위와 한계를 표시하는 법적 개념	부동산활동과 부동산현상의 한 단위로 가격수준을 구분하기 위한 경제적 개념

① 한 필지가 한 획지를 구성할 수 있다. ⇨ 물건마다 개별로 하여야 한다.
② 여러 필지가 한 획지로 이용될 수 있다. ⇨ 일괄하여 감정평가할 수 있다.
③ 한 필지가 여러 획지를 구성할 수 있다. ⇨ 구분하여 감정평가할 수 있다.

(5) 법지(法地) · 빈지(濱地) · 바닷가

법지	법으로만 소유할 뿐 활용실익이 없거나 적은 토지(경사면 토지)
빈지	해변토지로, 소유권이 인정되지는 않지만 활용실익이 있는 토지
바닷가	공유수면 관리 및 매립에 관한 법령상 해안선(만조수위선)으로부터 지적공부에 등록된 지역까지의 사이

(6) 공한지(空閑地) · 휴한지(休閑地) · 유휴지(遊休地)

공한지	도시토지로서 투기목적으로 장기간 방치하고 있는 토지
휴한지	비옥도 회복을 위하여 휴경하고 있는(정상적으로 쉬게 하는) 토지
유휴지	농촌토지로서 바람직하지 못하게 놀리는 토지

(7) 기타

맹지(盲地)	타인의 토지로 둘러싸여 있어 도로에 직접 연결되지 않은 한 필지의 토지 「건축법」상 건축 불가, 맹지감가 발생
포락지(浦落地)	공유수면 관리 및 매립에 관한 법령상 지적공부에 등록된 토지가 물에 침식되어 수면 밑으로 잠긴 토지
선하지(線下地)	고압선(송전선) 아래의 토지, 공간의 활용도가 제한되므로 선하지감가 발생
소지(素地)	원지(原地), 자연 그대로의 미개발된 토지(미성숙지)
표준지	지가의 공시를 위해 가치형성요인이 같거나 유사하다고 인정되는 일단의 토지 중에서 선정한 토지를 말한다. 표준지와 표본지는 다른 개념이다.
환지(換地)	도시개발사업에 소요된 비용과 공공용지를 제외한 후 도시개발사업 전 토지의 위치 · 지목 · 면적 등을 고려하여 토지소유자에게 재분배하는 토지
체비지(替費地)	도시개발사업에 필요한 경비에 충당하기 위해 환지로 정하지 아니한 토지

Point 03 주택의 분류 ★★

기본서 p.32~33

단독주택	① 단독주택 ② 다중주택: 연면적 660m² 이하, 3개 층 이하, 독립된 주거형태가 아니며 취사시설은 설치하지 아니한 것 ③ 다가구주택: 1개 동 바닥면적의 합계 660m² 이하, 3개 층(지하층 제외) 이하, 19세대 이하가 거주할 수 있을 것 ④ 공관

공동주택	① 아파트: 5개 층 이상 ② 연립주택: 1개 동 바닥면적의 합계 660m^2 초과, 4개 층(지하층 제외) 이하 ③ 다세대주택: 1개 동 바닥면적의 합계 660m^2 이하, 4개 층(지하층 제외) 이하 ④ 기숙사(일반기숙사 / 임대형기숙사)

🔍 **준주택**: 기숙사, 오피스텔, 다중생활시설, 노인복지주택

제2장 부동산의 특성 및 속성

Point 04 **부동산의 특성** ★★★★★ 기본서 p.34~41

(1) 토지의 자연적 특성

부동성· 비이동성· 위치의 고정성	토지는 물리적·절대적 위치가 고정되어 있다. 즉, 이동시킬 수 없다. ① 부동산과 동산을 구별 짓는 근거(공시수단의 차이)가 된다. ② 부동산활동·부동산현상이 지역별로 상이하게 나타난다. ⇨ 임장활동·정보활동 ③ 지역(국지적)시장·부분시장이 형성(수급상황에 차이 발생)되게 한다. ④ 입지분석(입지론)의 근거를 제시하고, 감정평가시 지역분석을 필연화시킨다. ⑤ 외부효과를 발생시킨다. ⑥ 주변환경과의 부조화로 발생하는 경제적 감가의 근거가 된다.
부증성· 비생산성· 면적의 유한성	토지의 물리적 절대량은 증가시킬 수 없다. 즉, 생산할 수 없다. ① 생산비의 법칙 적용이 불가능하며, 토지에 원가방식의 적용이 곤란하다. ② 토지부족문제의 근본적 원인, 희소성을 증가시킨다. ⇨ 최유효이용의 근거 ③ 외곽지역보다 도심에서의 집약적 토지이용을 필연화시킨다. ④ 지대발생, 토지가격이 급등(지가고)하는 현상을 유발한다. ⑤ 사회성·공공성이 강조되고, 토지공개념(법적 규제)의 이론적 근거가 된다.
영속성· 비소멸성· 비소모성	토지의 물리적 절대량은 소멸하지 않는다. 즉, 물리적 감가는 발생하지 않는다. ① 소모를 전제로 하는 재생산이론을 적용할 수 없다. ② 이용(사용)이익·소득이득을 발생하게 한다. ⇨ 임대차시장의 형성근거 ③ 건물의 내구성(⇨ 재고·저량시장)과 더불어 가치보존력을 높이므로 투자재 　로서 선호도를 가지게 한다. ④ 부동산관리의 필요성 제기, 부동산활동에는 장기적인 고려(배려)가 요구된다. ⑤ 부동산의 가치란 장래 유·무형 편익에 대한 현재가치를 말한다. ⇦ 예측의 　원칙
개별성· 이질성· 비동질성	동일한 토지는 존재하지 않는다. 즉, 표준화가 불가능하다. ① 일물일가의 법칙이 성립하지 않으며, 건물에도 적용된다. ② 물리적 대체가 불가능하다(단, 용도적 대체는 가능 ⇨ 인접성). ③ 상호 비교를 어렵게 하기 때문에 표준지를 선택하여 토지가격을 평가하게 된다. ④ 감정평가시 개별분석을 필연화시킨다. ⑤ 부동산시장에서의 정보의 비대칭성(비공개성)·비조직성을 유발한다.

인접성·연결성·연속성	토지는 다른 토지와 인접·연결되어 있다. ① 토지의 용도적 대체를 가능하게 한다. ② 소유와 관련하여 경계문제를 유발하고, 협동적 토지이용을 필연화시킨다. ③ 개발이익의 사회적 환수의 논리적 근거가 된다. ④ 지역분석의 근거를 제시하고, 외부효과를 발생시킨다.

(2) 토지의 인문적 특성 ⇨ 부동산의 가치를 변화시킨다.

용도의 다양성	토지는 여러 가지 용도로 이용될 수 있다(변용성·다용도성). ① 최유효이용의 성립·판단근거가 된다. ② 토지의 전환과 이행을 가능하게 한다(후보지·이행지). ⇨ 용도적·경제적 공급 ③ 가치(가격)다원설의 논리적 근거가 된다. ④ 적지론(주어진 부지에는 어떤 용도가 적합한가)의 근거가 된다.
병합·분할의 가능성	토지는 법이 정하는 바(일정한 지적절차)에 따라 분필하거나 합필할 수 있다. ① 용도의 다양성을 지원한다. ② 합병증가·감가, 분할증가·감가가 발생할 수 있다.
위치의 가변성	부동산의 인문적 환경변화에 따라 토지의 가치가 변할 수 있다. ① 토지의 절대적 위치는 고정적(부동성)이나, 상대적 위치는 변한다. ② 부동산의 절대적 위치보다는 상대적 위치가 더 중요하다. 　㉠ 사회적 위치: 인구유입, 학군·공원의 조성 등 　㉡ 경제적 위치: 교통체계의 변화, 경제성장 요인, 이자율의 변화 등 　㉢ 행정적 위치: 토지이용규제·조세제도의 변화, 공업단지의 지정 등
국토성	① 토지는 사회성·공공성이 높은 재화이므로 부증성과 함께 '토지공개념'의 성립이 가능하다. ② 법적 규제의 필요성·근거를 제기한다.

(3) 토지의 특성 비교

법칙의 부적용	부증성	생산비의 법칙이 성립하지 않는다.
	영속성	(물리적) 감가상각비의 법칙이 성립하지 않는다.
	개별성	일물일가의 법칙이 성립하지 않는다.
위치의 변화	부동성	물리적(절대적) 위치는 변하지 않는다.
	위치의 가변성	상대적 위치는 변할 수 있다.
양의 변화	부증성	물리적 공급(생산)은 불가능하다.
	영속성	물리적 절대량이 감소(소모)되지 않는다.
	용도의 다양성	경제적 공급은 가능하다.
대체 여부	개별성	물리적(완전한) 대체가 성립하지 않는다.
	인접성	용도적 대체는 가능하다.
입지선정의 중요성	부동성	주어진 용도에 어떤 부지(위치)가 적합 ⇨ 입지론 근거
	용도의 다양성	주어진 부지(위치)에 어떤 용도가 적합 ⇨ 적지론 근거

감가 적용 여부	영속성	토지에 물리적 감가가 발생하지 않는다.
	위치의 가변성, 부동성	토지의 기능적·경제적 감가는 발생할 수 있다.

Point 05 부동산의 속성 ★

기본서 p.42~46

(1) 토지의 공간적 범위

부동산활동의 대상은 3차원 입체공간[공중·수평·지중(지하)공간]이다. 「민법」에서는 "토지의 소유권은 정당한 이익 있는 범위 내에서 토지의 상하에 미친다."라고 정의하고 있어 토지소유권의 범위를 입체적으로 규정하고 있다.

① 부동산가격은 3차원 공간이 가지는 개개의 공간가치의 총화(총합)이다.

② 공간가치의 개념은 물리적·경제적·법률적 등 복합개념으로 이해한다.

③ 공간가치의 개념은 고정적(절대적) 개념이 아니라 시대와 장소, 나라, 사회적 통념에 따라 가변적이다.

(2) 공간에 관한 권리

공중권 (공중공간)	소유권자의 토지구역상 공중공간을 일정한 고도까지 포괄적으로 이용·관리할 수 있는 권리를 말한다. ① 공적 공중권: 전파의 발착(전파권), 비행기의 통행(항공권) 등 공중공간을 공익목적으로 사용할 수 있는 권리를 말한다. ② 사적 공중권: 일정 범위의 공중공간을 토지소유자 개인이 사용할 수 있는 권리(예 조망권, 일조권 등)를 말한다. 　㉠ 개발권양도제(TDR), 용적률 인센티브제도 등은 공중공간의 활용방안을 보여주는 개념이다. 　㉡ 용적률 인센티브제도: 사업시행자가 지구단위계획구역 내에서 공원·녹지·도로와 같은 공공용지를 무상으로 제공하면 용적률을 허가기준보다 올려주는 제도이다.
지표권 (수평공간)	경작(경작권), 지표수의 이용(용수권), 건물 등의 구축(건축권) 등으로 사용·수익·처분할 수 있는 권리를 말한다.
지하권 [지중(지하)공간]	소유권자의 지하공간으로부터 어떤 이익을 획득하거나 이를 사용할 수 있는 권리를 말한다. ① 공적 지하권: 우리나라에서는 광물·광업권에 관하여 개인소유권의 효력이 미치지 못한다. ② 사적 지하권: 지하수를 개발하여 이용할 수 있다.

🔍 지하공간인 한계심도는 시 조례 등 법률에 의해서 그 범위를 규정하고 있지만, 공중공간인 한계고도의 범위는 법률에서 규정하고 있지 않다.

제3장 부동산학의 이해 및 부동산활동

Point 06 부동산학 및 부동산활동 ★★

(1) 부동산학의 학문적 성격

부동산학은 부동산활동의 능률화의 원리 및 그 응용기술을 개척하는 종합응용과학이다.

종합과학	여러 학문의 지원을 받는다는 점에서 종합과학이다.
응용·사회과학	부동산활동에 대한 실천과학·응용과학이다.
경험과학	추상적 학문이 아니라 현실의 부동산활동과 부동산현상을 대상으로 하는 경험과학이다.
규범과학	사회에서 바람직한 부동산행위를 판단·실현하려는 목적을 가진 규범과학이다.

🔍 순수과학 ×, 자연과학 ×, 추상적 학문 ×

(2) 부동산학의 연구목적(지도이념 - 형평성·효율성·합법성)

부동산활동의 능률화를 통한 인간과 부동산간의 관계 개선을 목적으로 한다.

(3) 부동산학의 접근방법

종합식 접근방법은 부동산을 복합개념으로 이해하여 부동산학을 단기간에 종합응용과학으로 정착시킨 접근방법이다.

🔍 의사결정 접근방법: 인간은 합리적인 존재이며, 자기이윤의 극대화를 목표로 행동한다는 기본가정에서 접근하는 방법이다.

(4) 부동산학의 연구분야 및 연구대상

① 부동산학의 (의사)결정분야: 투자, 금융, 개발, (정책)
② 부동산학의 연구대상: 부동산활동과 부동산현상
  ㉠ 사적 주체의 부동산활동은 효율성(효용·이윤극대화)을 강조한다.
  ㉡ 공적 주체의 부동산활동은 효율성보다는 형평성을 강조하며, 둘의 조화가 요구된다.

(5) 한국표준산업분류상의 부동산업

대분류	중분류	소분류	세분류	세세분류
부동산업	부동산업	부동산 임대 및 공급업	부동산임대업	① 주거용 건물임대업 ② 비주거용 건물임대업 ③ 기타 부동산임대업
			부동산개발 및 공급업	① 주거용 건물개발 및 공급업 ② 비주거용 건물개발 및 공급업 ③ 기타 부동산개발 및 공급업
		부동산 관련 서비스업	부동산관리업	① 주거용 부동산관리업 ② 비주거용 부동산관리업
			부동산중개, 자문 및 감정평가업	① 부동산중개 및 대리업 ② 부동산투자자문업 ③ 부동산감정평가업 ④ 부동산분양대행업

🔍 부동산투자업, 부동산금융업, 부동산컨설팅업, 사업시설 유지·관리, 건설업, 토지임대업은 한국표준산업 분류상 제도권 부동산업에 해당되지 않는다. ⇨ 제도권 산업이 아니다.

제1편 단원별 출제예상문제

제1장 부동산의 개념과 분류

Point 01 복합개념과 부동산의 개념 ★★★★

정답 및 해설 p.9~11

💡 Tip

• '복합개념'을 바탕에 두고 법률적 · 경제적 · 기술적(물리적) 개념을 잘 구분하여야 하며, '법률적 개념'과 '정착물'에 관한 내용은 출제비중이 높은 편이다.
• '건물정착물(설비)을 부동산정착물로 판단하는 기준'에 대해서는 각각 구분하여 정리하여야 한다.
• 경제적 개념에서는 '자산'과 '자본'이 동일한 개념이 아닌 것에 유의하여 용어를 잘 정리하여 학습하는 것이 필요하다.

01 부동산의 개념에 관한 설명으로 <u>틀린</u> 것은?

① 복합개념의 부동산이란 부동산을 법률적 · 경제적 · 기술적(물리적) 개념 등이 포함된 종합된 개념으로 이해하려는 것을 말한다.

② 부동산의 물리적 개념은 부동산활동의 대상인 유형(有形)적 측면의 부동산을 이해하는 데 도움이 된다.

③ 물리적 측면의 부동산에는 위치, 자연, 상품, 자본이 포함된다.

④ 토지는 시간의 경과에 의해 마멸되거나 소멸되지 않으므로 투자재로서 선호도가 높다.

⑤ 복합부동산이란 토지와 건물이 각각 독립된 거래의 객체이면서도 마치 하나의 결합된 상태로 다루어져 부동산활동의 대상으로 삼는 부동산을 말한다.

02 부동산의 개념에 대한 설명으로 틀린 것은?

① 「민법」상 부동산은 토지 및 그 정착물을 말한다.
② 좁은 의미의 부동산과 준부동산을 합쳐 광의의 부동산이라고 한다.
③ 10t 이상의 기선(機船)과 범선(帆船)은 등기가 가능하다.
④ 준부동산은 부동산학의 연구대상이 되며, 감정평가 등 부동산활동의 대상으로 삼을 수 있다.
⑤ 부동산학에서 부동산의 개념은 부동산활동의 범위를 확정시켜 준다.

☆중요
03 부동산의 개념에 대한 설명으로 틀린 것은?

① 「입목에 관한 법률」에 의해 소유권보존등기를 한 입목은 토지와 분리하여 양도할 수 없다.
② 법률적 측면에서 부동산의 개념은 협의의 부동산과 광의의 부동산으로 구분할 수 있다.
③ 준(準)부동산은 부동산과 유사한 공시방법을 갖춤으로써 넓은 의미의 부동산에 포함된다.
④ 토지는 제품생산에 필요한 부지를 제공하는 생산요소이다.
⑤ 물리적(기술적) 측면에서의 부동산을 유형적 관점에서 보면 토지의 지세(地勢), 지반(地盤) 등을 연구의 대상으로 한다.

04 부동산의 개념에 관한 설명으로 틀린 것은?

① 토지소유자는 법률의 범위 내에서 토지를 사용, 수익, 처분할 권리가 있다.
② 토지의 소유권 공시방법은 등기이다.
③ 공장재단이나 광업재단은 부동산에 준하여 취급된다.
④ 토지의 정착물 중 토지와 독립된 물건으로 취급되는 것은 없다.
⑤ 부동산에 관한 권리는 거래의 대상이 될 수 있다.

05 다음 중 등기를 통해 소유권을 공시할 수 있는 물건 또는 권리는?

① 총톤수 40톤인 기선(機船)

② 4천만원을 주고 구입하여 심은 한 그루의 소나무

③ 최대 이륙중량 400톤인 항공기

④ 적재용량 20톤인 덤프트럭

⑤ 면허를 받아 김 양식업을 경영할 수 있는 권리

06 부동산의 정착물에 관한 설명 중 틀린 것은?   제17회

① 제거하여도 건물의 기능 및 효용의 손실이 없는 부착된 물건은 동산으로 취급한다.

② 토지에 정착되어 있으나 매년 경작노력을 요하지 않는 나무와 다년생식물 등은 부동산의 정착물로 간주되지 않기 때문에 부동산중개의 대상이 되지 않는다.

③ 정착물은 당사자들간의 합의나 쓰임새, 관계 등에 따라 주물 또는 종물로 구분될 수 있다.

④ 정착물은 사회·경제적인 면에서 토지에 부착되어 계속적으로 이용된다고 인정되는 물건이다.

⑤ 정착물은 토지와 서로 다른 부동산으로 간주되는 것과 토지의 일부로 간주되는 것으로 나눌 수 있다.

07 부동산의 정착물에 관한 설명으로 옳은 것은?

① 정착물은 계속하여 토지에 부착되어 있지 않다고 하더라도 사회·경제적인 면에서 인정되는 독립된 물건이면 된다.

② 정착물이란 주택, 상가, 울타리, 경작수확물(예 벼)처럼 토지에 부가가치를 더한 개량물을 말한다.

③ 개개의 수목은 명인방법을 갖추더라도 토지와 별개의 부동산으로 취급되지 않는다.

④ 임대인이 건물의 가치증진을 위해 설치한 설비(fixture)는 부동산정착물로 취급된다.

⑤ 임차인이 설치한 영업용 선반·카운터 등 사업이나 생활의 편의를 위해 설치한 정착물은 일반적으로 부동산으로 취급된다.

08 토지의 일부로 간주되는 정착물에 해당하는 것은 모두 몇 개인가?

> ㉠ 가식 중에 있는 수목
> ㉡ 매년 경작의 노력을 요하지 않는 다년생 식물
> ㉢ 소유권보존등기된 입목
> ㉣ 건물
> ㉤ 구거
> ㉥ 경작수확물
> ㉦ 명인방법을 구비한 미분리과실
> ㉧ 권원에 의하여 타인의 토지에서 재배되고 있는 농작물

① 1개   ② 2개
③ 3개   ④ 4개
⑤ 5개

09 부동산의 개념에 관한 설명으로 틀린 것은?

① 법률적 개념의 부동산은 부동산의 위치, 환경, 법적 규제, 소유권 및 권리의 개념을 지칭한다.
② 경제적 측면의 부동산은 부동산가치에 영향을 미치는 수익성, 수급조절, 시장정보를 포함한다.
③ 투자자가 소득이득과 자본이득을 획득하기 위하여 매입한 토지는 자산(asset)의 개념이다.
④ 토지는 생활의 편의를 제공하는 최종 소비재이기도 하다.
⑤ 자산으로서의 토지는 그 가치가 시장가치와 괴리되는 경우가 있다.

💡 Tip

• 부동산학에서 사용하는 토지용어는 주로 '감정평가상 용어'로서 기본개념만 충실히 학습하면 된다.
• 가끔 지목에 따른 토지의 분류와 「건축법」상의 용어가 출제되기도 하지만, 이는 2차 시험과목인 부동산공법과 부동산공시법령에서 다루고 있으므로 가볍게 정리해두면 된다.

🏹 고득점

10 다음 중 옳은 것은 모두 몇 개인가?

> ㉠ 후보지(候補地)는 임지지역·농지지역·택지지역 상호간에 다른 지역으로 전환되고 있는 지역의 토지를 말한다.
> ㉡ 빈지(濱地)는 소유권은 인정되지만 이용실익이 없거나 적은 토지를 말한다.
> ㉢ 공한지(空閑地)는 지력회복을 위하여 정상적으로 쉬게 하는 토지를 말한다.
> ㉣ 선하지(線下地)는 타인의 토지에 둘러싸여 도로와 접하고 있지 않은 토지를 말한다.
> ㉤ 필지(筆地)는 하나의 지번을 가진 토지등기의 한 단위를 말한다.

① 1개   ② 2개   ③ 3개
④ 4개   ⑤ 5개

11 토지 관련 용어의 설명으로 옳은 것은?

① 표본지는 지가의 공시를 위해 가치형성요인이 같거나 유사하다고 인정되는 일단의 토지 중에서 선정한 토지를 말한다.
② 갱지(更地)는 택지 등 다른 용도로 조성되기 이전의 자연 상태의 토지를 말한다.
③ 택지는 주거·상업·공업용지 등의 용도로 이용되고 있거나 해당 용도로 이용할 목적으로 조성된 토지를 말한다.
④ 이행지는 택지지역·농지지역·임지지역 상호간에 다른 지역으로 전환되고 있는 일단의 토지를 말한다.
⑤ 획지는 용도상 불가분의 관계에 있는 2필지 이상의 일단의 토지를 말한다.

12 토지의 이용목적과 활동에 따른 토지 관련 용어에 관한 설명으로 옳은 것은?

① 부지(敷地)는 건부지 중 건물을 제외하고 남은 부분의 토지로, 건축법령에 의한 건폐율 등의 제한으로 인해 필지 내에 비어있는 토지를 말한다.

② 건부지는 관련 법령이 정하는 바에 따라 재난시 피난 등의 안전이나 일조 등 양호한 생활환경의 확보를 위하여 건축하면서 남겨 놓은 일정 부분의 토지를 말한다.

③ 나지(裸地)는 토지 위에 정착물이 없는 토지로서 공법상 제한이 없는 토지를 말한다.

④ 포락지(浦落地)는 소유권이 인정되지 않는 바다와 육지 사이의 해변토지를 말한다.

⑤ 소지(素地)는 대지 등으로 개발되기 이전의 자연 상태로서의 토지를 말한다.

13 건부지(建附地)에 관한 설명으로 **틀린** 것을 모두 고른 것은?

> ㉠ 건부지는 건축물의 부지로 이용 중인 토지 또는 건축물의 부지로 이용가능한 토지를 말한다.
> ㉡ 표준지공시지가를 조사 · 평가할 때 나지와 달리 건부지는 표준지로 선정될 수 없다.
> ㉢ 건부지는 지상에 있는 건물에 의하여 사용 · 수익이 제한되는 경우가 있다.
> ㉣ 건부지는 건물 등이 부지의 최유효이용에 적합하지 못한 경우, 건부감가에 의해 나지가격보다 낮게 평가될 수 있다.
> ㉤ 토지이용규제가 강화된 지역에서는 건부지가격이 나지보다 높게 형성되기도 한다.

① ㉠, ㉡   ② ㉠, ㉢   ③ ㉡, ㉣
④ ㉡, ㉤   ⑤ ㉢, ㉣

☆중요

14 토지용어에 관한 설명으로 옳지 <u>않은</u> 것은?

① 빈지는 일반적으로 바다와 육지 사이의 해변 토지와 같이 소유권이 인정되며 이용실익이 있는 토지이다.

② 맹지는 타인의 토지에 둘러싸여 도로에 어떤 접속면도 가지지 못하는 토지이며, 「건축법」에 의해 원칙적으로 건물을 세울 수 없다.

③ 법지는 택지경계와 접한 경사면 토지부분과 같이 법률상으로는 소유를 하고 있지만 이용실익이 없는 토지이다.

④ 공한지는 도시 내의 택지 중 지가 상승만을 기대하고 장기간 방치되고 있는 토지를 말한다.

⑤ 획지는 인위적 · 자연적 · 행정적 조건에 따라 다른 토지와 구별되는 가격수준이 비슷한 일단의 토지를 말한다.

15 이용상태에 따른 토지용어에 대한 설명으로 틀린 것은?

① 부지(敷地)는 도로부지·하천부지와 같이 일정한 용도로 이용되는 토지를 말한다.

② 선하지(線下地)는 고압선 아래의 토지로 이용 및 거래의 제한을 받는 경우가 많다.

③ 맹지(盲地)는 도로에 직접 연결되지 않은 한 필지의 토지다.

④ 휴한지(休閑地)는 지력회복을 위해 정상적으로 쉬게 하는 토지를 말한다.

⑤ 필지는 법률적 개념으로 다른 토지와 구별되는 가격수준이 비슷한 일단의 토지이다.

↖고득점
16 다음 용어 설명 중 틀린 것은?

① 주택지가 대로변에 접하여 상업지로 전환 중인 토지를 이행지라고 한다.

② 획지는 하나의 필지 중 일부에 대해서도 성립한다.

③ 필지란 동일 지번으로 둘러싸인 토지를 말한다.

④ 공업지가 경기불황으로 공장가동률이 저하되어 주거지로 전환 중인 토지를 후보지라고 한다.

⑤ 나지란 토지에 건물 기타의 정착물이 없고, 지상권 등 토지의 사용·수익을 제한하는 사법상의 권리가 설정되어 있지 아니한 토지를 말한다.

17 토지 관련 용어의 설명으로 옳게 연결된 것은?

> ㉠ 택지경계와 인접한 경사된 토지로 사실상 사용이 불가능한 토지
> ㉡ 택지지역 내에서 공업지역이 상업지역으로 용도가 전환되고 있는 토지

① ㉠: 공지, ㉡: 후보지   　② ㉠: 법지, ㉡: 이행지

③ ㉠: 법지, ㉡: 후보지   　④ ㉠: 빈지, ㉡: 이행지

⑤ ㉠: 빈지, ㉡: 후보지

고득점
18 부동산학에서 이용하는 토지용어에 관한 설명으로 틀린 것은?

① 공유수면 관리 및 매립에 관한 법령상 포락지(浦落地)는 지적공부에 등록된 토지가 물에 침식되어 수면 밑으로 잠긴 토지를 말한다.

② 공유수면 관리 및 매립에 관한 법령상 '바닷가'란 해안선(만조)으로부터 지적공부에 등록된 육지 사이를 말한다.

③ 나지는 지목이 '대'로 설정된 토지이다.

④ 후보지는 인근지역의 주위환경 등의 사정으로 보아 현재의 용도에서 장래 택지 등 다른 용도로의 전환이 객관적으로 예상되는 토지를 말한다.

⑤ 유휴지(遊休地)는 바람직하지 못하게 놀리고 있는 농촌토지를 말한다.

고득점
19 부동산 관련 용어의 설명으로 틀린 것은?

① 도시개발사업에 소요된 비용과 공공용지를 제외한 후 도시개발사업 전 토지의 위치·지목·면적 등을 고려하여 토지소유자에게 재분배하는 토지를 환지(換地)라 한다.

② 도시개발사업에 필요한 경비에 충당하기 위해 환지로 정하지 아니한 토지를 체비지(替費地)라 한다.

③ 소유권이 인정되지 않는 바다와 육지 사이의 해변토지를 포락지(捕落地)라 한다.

④ 도시형 생활주택은 300세대 미만의 국민주택규모에 해당하는 주택으로서 대통령령으로 정하는 주택을 말한다.

⑤ 세대구분형 공동주택은 공동주택의 주택 내부 공간의 일부를 세대별로 구분하여 생활이 가능한 구조로 하되, 그 구분된 일부를 구분소유할 수 없는 주택으로서, 대통령령으로 정하는 건설기준, 설치기준, 면적기준 등에 적합한 주택을 말한다.

정답 및 해설 p.12

Point 03 주택의 분류 ★★

> ♀ **Tip**
>
> 부동산공법 과목에서 학습하는 내용으로, 1차 시험만 준비하는 수험생들은 연립주택과 다세대주택에 대해서는 구분하여 암기해두는 것이 좋다.

20 다음의 요건을 모두 충족하는 주택의 유형은?

> • 1개 동의 주택으로 쓰이는 바닥면적(부설 주차장 면적은 제외한다)의 합계가 660m^2 이하이고 주택으로 쓰는 층수(지하층은 제외한다)가 3개 층 이하일 것
> • 독립된 주거의 형태를 갖추지 않은 것(각 실별로 욕실은 설치할 수 있으나, 취사시설은 설치하지 않은 것을 말한다)
> • 학생 또는 직장인 등 여러 사람이 장기간 거주할 수 있는 구조로 되어 있는 것

① 도시형 생활주택
② 다중주택
③ 연립주택
④ 다가구주택
⑤ 다세대주택

☆☆중요

21 다음 중 연립주택에 해당하는 것은?

① 주택으로 쓰는 층수가 5개 층 이상인 주택
② 주택으로 쓰는 1개 동의 바닥면적 합계가 660m^2를 초과하고, 층수가 4개 층 이하인 주택
③ 학교 또는 공장 등의 학생 또는 종업원 등을 위하여 사용하는 것으로서, 1개 동의 공동 취사시설 이용 세대 수가 전체 세대 수의 50% 이상인 것
④ 주택으로 쓰는 1개 동의 바닥면적 합계가 660m^2 이하이고, 층수가 4개 층 이하인 주택
⑤ 주택으로 쓰는 층수가 3개 층 이하이고, 1개 동의 주택으로 쓰이는 바닥면적의 합계가 660m^2 이하인 주택(19세대 이하가 거주할 수 있을 것)

22 건축물 A의 1개 동의 현황이 다음과 같을 경우, 건축법령상 용도별 건축물의 종류는?

- 1층 전부를 필로티 구조로 하여 주차장으로 사용하며, 2층부터 5층까지 주택으로 사용함
- 주택으로 쓰는 바닥면적의 합계가 1,000m²임
- 세대수 합계가 16세대로서 모든 세대에 취사시설이 설치됨

---

① 일반기숙사   ② 다중주택

③ 다세대주택   ④ 다가구주택

⑤ 연립주택

23 주택법령상 준주택에 해당하지 <u>않는</u> 것은?

① 건축법령상 공동주택 중 기숙사

② 건축법령상 업무시설 중 오피스텔

③ 건축법령상 제2종 근린생활시설 중 다중생활시설

④ 건축법령상 노유자시설 중 노인복지시설로서 「노인복지법」상 노인복지주택

⑤ 건축법령상 숙박시설 중 다중이용시설

제2장 부동산의 특성 및 속성

Point 04 부동산의 특성 ★★★★

정답 및 해설 p.12~14

Tip

- 부동산의 특성은 매년 출제되고 있으며, '제2편 부동산경제론~제8편 부동산감정평가론'의 내용을 충실히 정리하였다면 쉽게 정답을 찾을 수 있다.
- 시험일에 다가갈수록 기본서를 정독하여 실수하지 않도록 유의하여야 한다. 또한 부동산의 각 특성을 비교하여 정리할 필요도 있다.

24 다음의 내용과 관련된 토지의 특성은?

> - 부동산활동에서 임장활동이 중요하다.
> - 외부효과가 발생한다.
> - 부동산활동 및 현상을 국지화시킨다.

① 영속성
② 부증성
③ 부동성
④ 개별성
⑤ 기반성

☆중요
25 부동산의 특성 중 부증성에서 파생된 특징을 설명한 것으로 옳지 <u>않은</u> 것은?

① 희소성이 커짐에 따라 토지이용이 점차 조방화된다.
② 토지의 물리적 공급을 제한한다.
③ 토지의 공급조절을 곤란하게 한다.
④ 토지의 독점소유욕을 발생시킨다.
⑤ 토지의 가격문제를 발생시킨다.

제1편 부동산학 총론   37

부동산학 총론

제1편

26 A아파트의 인근지역에 지하철 등 교통여건이 개선되고 학군이 조성되어 A아파트의 수요가 증가하였다면, 이러한 현상은 부동산의 자연적·인문적 특성 중 어떤 특성에 의한 것인가?

① 부증성, 용도의 다양성
② 부증성, 분할의 가능성
③ 영속성, 불가분성
④ 인접성, 국토성
⑤ 부동성, 위치의 가변성

🔖신유형
27 토지의 특성에 관한 내용이다. ( ) 안에 들어갈 것으로 옳은 것은?

> • (㉠)은 부동산관리의 의의를 높게 하며, 부동산활동에 있어서 장기배려를 하게 한다.
> • (㉡)은 감정평가시 개별요인의 분석과 사정보정을 필요하게 한다.
> • (㉢)은 감정평가시 원가방식의 평가를 어렵게 한다.

① ㉠: 영속성, ㉡: 개별성, ㉢: 부증성
② ㉠: 부증성, ㉡: 개별성, ㉢: 영속성
③ ㉠: 부동성, ㉡: 개별성, ㉢: 비가역성
④ ㉠: 가경성, ㉡: 영속성, ㉢: 용도의 다양성
⑤ ㉠: 개별성, ㉡: 부증성, ㉢: 인접성

28 부동산의 특성에 관한 설명이다. 빈칸에 적합한 특성을 순서대로 선택한 것은?

> ㉠ ( )은 지대 또는 지가를 발생시키며, 최유효이용의 근거가 된다.
> ㉡ 부동산은 ( )으로 인해 부동산시장이 지역적 시장으로 되므로 중앙정부나 지방자치단체의 상이한 규제와 통제를 받는다.
> ㉢ ( )으로 인해 특정부동산에 대한 시장정보의 수집이 어렵고 거래비용이 높아질 수 있다.
> ㉣ ( )은 소모를 전제로 하는 재생산이론이나 사고방식을 적용할 수 없게 한다.

	㉠	㉡	㉢	㉣
①	부동성	부증성	개별성	영속성
②	부증성	부동성	개별성	영속성
③	부증성	부동성	개별성	부증성
④	영속성	부증성	부동성	개별성
⑤	인접성	부동성	부증성	국토성

29 부동산의 특성에 관한 설명으로 틀린 것은?

① 부동성은 인근지역과 유사지역의 분류를 가능하게 한다.
② 개별성은 대상토지와 다른 토지의 비교를 어렵게 하며 시장에서 상품간 대체관계를 제약할 수 있다.
③ 분할 · 합병의 가능성은 용도의 다양성을 지원하는 특성이 있다.
④ 공유수면의 매립, 간척 등은 토지자원의 이용전환을 통하여 토지의 물리적 공급을 증가시키는 행위에 해당한다.
⑤ 부동산이 속한 인문적 환경의 변화는 대상부동산의 상대적 위치를 변화시킨다.

30 부동산의 특성에 관한 설명으로 틀린 것은?

① 토지는 이용자에게 소비재이지만, 소유주에게는 자산으로서의 성격도 가지고 있다.
② 토지는 물리적 위치가 고정되어 있어 부동산시장이 국지화된다.
③ 토지의 부증성으로 인해 토지의 물리적 공급은 완전비탄력적이다.
④ 토지는 인접성, 용도의 다양성으로 인해 용도적 관점에서도 공급을 늘릴 수 있다.
⑤ 토지는 영속성으로 인해 물리적 · 경제적인 측면에서 감가상각을 하게 한다.

고득점
31 토지의 자연적 · 인문적 특성과 관련된 설명 중 옳은 것은?

① 토지의 부증성은 토지 사용이나 판매를 둘러싼 계약에 있어 법적으로 대체가능성을 없게 만드는 원인이 되기도 한다.
② 토지의 공공성은 토지시장에 대한 정부개입의 명분을 약화시킨다.
③ 토지의 인문적 특성 중에서 도시계획의 변경, 공업단지의 지정 등은 위치의 가변성 중 사회적 위치가 변화하는 예이다.
④ 토지의 개별성은 부동산활동과 현상을 동질화 · 표준화시킨다.
⑤ 토지는 이용의 비가역성이 있으므로 토지이용과 관련된 의사결정에는 장기적인 관점에서 배려가 필요하다.

32 토지의 특성에 관련된 설명으로 <u>틀린</u> 것을 모두 고른 것은?

> ㉠ 인접성으로 인해 수급이 불균형하여 균형가격 형성이 어렵다.
> ㉡ 개별성은 토지시장을 불완전경쟁시장으로 만드는 요인이다.
> ㉢ 부동성은 감정평가시 지역분석의 필요성을 제기한다.
> ㉣ 영속성은 부동산활동에서 감가상각 필요성의 근거가 된다.
> ㉤ 부증성으로 인해 동산과 부동산이 구분되고, 일반재화와 부동산재화의 특성이 다르게 나타난다.

① ㉠, ㉡, ㉣   ② ㉠, ㉢, ㉣
③ ㉠, ㉣, ㉤   ④ ㉡, ㉢, ㉣
⑤ ㉢, ㉣, ㉤

33 토지의 특성에 관한 설명으로 <u>틀린</u> 것은?

> ㉠ 부동성으로 인해 주변 환경의 변화에 따른 외부효과가 나타날 수 있다.
> ㉡ 부증성으로 인해 토지의 물리적 공급이 어려우므로 토지이용의 집약화가 요구된다.
> ㉢ 영속성으로 인해 재화의 소모를 전제로 하는 재생산이론과 물리적 감가상각이 적용된다.
> ㉣ 용도의 다양성으로 인해 두 개 이상의 용도가 동시에 경합할 수 없고 용도의 전환 및 합병·분할을 어렵게 한다.
> ㉤ 개별성으로 인해 토지별 완전한 대체관계가 제약된다.

① 1개   ② 2개   ③ 3개
④ 4개   ⑤ 없다.

34 토지의 자연적 및 인문적 특성으로 인해 발생되는 부동산활동과 현상에 관한 설명으로 <u>틀린</u> 것은?

① 토지의 영속성은 부동산시장을 국지화시키는 역할을 한다.
② 분할·합병의 가능성은 부동산의 가치를 변화시킨다.
③ 토지의 부동성은 지방자치단체 운영을 위한 부동산조세 수입의 근거가 될 수 있다.
④ 인접성과 부동성은 외부효과를 설명해주는 특성이다.
⑤ 영속성은 미래의 수익을 가정하고 가치를 평가하는 수익환원법(직접환원법)의 적용을 가능하게 한다.

35 부동산의 특성에 대한 설명으로 틀린 것은?

① 영속성은 토지관리의 필요성을 높여 감정평가에서 원가방식의 이론적 근거가 된다.

② 부증성은 생산요소를 투입하여도 토지 자체의 양을 늘릴 수 없는 특성이다.

③ 부동산의 개별성은 지형·지세·면적 등이 서로 다르다는 뜻으로, 이것은 가격이나 수익 등에 구체적이고 개별적인 영향을 미치게 된다.

④ 용도의 다양성은 토지이용의 전환과 이행을 가능하게 한다.

⑤ 토지는 합병·분할이 가능한 인문적 특성이 있다. 따라서 토지소유자는 법적 테두리 내에서 일정한 지적절차에 따라 토지면적을 분할하거나 합병할 수 있다.

36 부동산의 특성에 대한 설명 중 틀린 것은?

제17회

① 부동산은 어느 지역의 수요가 급증했다고 하더라도 다른 재화처럼 그 지역으로 이동할 수 없다. 이는 부동성에 기인한다.

② 토지의 가치보존력이 우수한 것은 부동산의 영속성에 기인한다.

③ 토지는 다른 생산물과 마찬가지로 노동이나 생산비를 투입하여 재생산할 수 있다.

④ 개별성은 토지뿐만 아니라 건물이나 기타 개량물에도 적용될 수 있다.

⑤ 특정 토지의 위치성은 해당 토지에 대한 개인이나 집단의 상호 선택과 선호의 결과로 나타난다.

정답 및 해설 p.14~15

💡 **Tip**
• 출제빈도는 낮지만, 토지(부동산)을 이용하는 것은 일반재화와 달리 '공간'을 이용하는 측면이 있기 때문에 공간개념과 이에 관련된 용어들만 가볍게 정리하여 둔다.
• 공간개념의 부동산에 관한 문제는 기본서의 내용을 크게 벗어나지 않으므로 기출문제와 기본서를 통하여 정리하면 좋다.

37 부동산을 공간개념으로 인식할 때, 다음 설명 중 틀린 것은?

① 공간으로서의 토지는 지표(수평공간)뿐만 아니라 지하와 공중을 포함하는 입체공간을 의미한다.

② 공간으로서의 토지의 가치가 인정되는 것은 영속성으로 설명될 수 있다.

③ 공간에서 창출되는 장래 유·무형의 편익의 현재가치를 부동산가치로 본다면, 이는 부동산을 단순히 물리적인 측면뿐만 아니라 경제적·법률적 측면을 포함하여 복합개념으로 파악한 것이다.

④ 지표권은 토지소유자가 지표상의 토지를 배타적으로 사용할 수 있는 권리를 말하며, 토지와 해면과의 분계는 최고만조시의 분계점을 표준으로 한다.

⑤ 지중권 또는 지하권은 토지소유자가 지하공간으로부터 어떤 이익을 획득하거나 사용할 수 있는 권리를 말하며, 물을 이용할 수 있는 권리가 이에 해당한다.

38 부동산학의 관점에서 토지소유권의 공간적 범위에 관한 설명으로 틀린 것은?

① 「민법」에서 토지의 소유권은 정당한 이익이 있는 범위 내에서 토지의 상하에 미친다고 규정하고 있어, 토지소유권의 효력범위를 입체적으로 규정하고 있다.

② 부동산활동은 3차원의 공간활동으로 농촌지역에서는 주로 지표공간이 활동의 중심이 되고, 도시지역에서는 입체공간이 활동의 중심이 된다.

③ 공적 공중권은 일정 범위 이상의 공중공간을 공공기관이 공익목적의 실현을 위해 사용할 수 있는 권리를 말하며, 항공기 통행권이나 전파의 발착권이 이에 포함된다.

④ 우리나라에서 한계고도와 한계심도의 범위는 법률로 정하고 있다.

⑤ 지하공간은 경제적 이용이 가능한 범위 내에서 지표면 하부에 자연적으로 형성되었거나 인위적으로 조성한 일정 규모의 공간자원으로서, 이 공간자원 내에 일정 목적의 시설이 첨가된 경우가 지하시설 또는 지하시설공간이다.

39 공간으로서의 부동산에 대한 설명으로 **틀린** 것은?

① 공중공간은 주택, 빌딩, 기타 공중을 향하여 연장되는 공간으로서 일정한 높이에 한한다.

② 「민법」 규정에 의하면, 토지소유자는 「광업법」에서 열거하는 미채굴광물에 대한 권리를 갖는다.

③ 토지소유권은 토지의 이용에 관계없는 공중이나 지하에까지 소유권의 효력을 인정할 필요는 없다.

④ 지하수도 토지의 구성부분이기 때문에 지하수를 이용하는 권리도 토지소유권의 내용에 포함된다.

⑤ 공중공간을 활용하는 방안으로서 개발권이전제도, 용적률 인센티브제도 등이 있다.

제3장 부동산학의 이해 및 부동산활동

Point 06 부동산학 및 부동산활동 ★★

정답 및 해설 p.15

 Tip

5~6년 주기로 출제가 되는 분야이다. 부동산학 총론에서 기본적으로 점검할 사항이므로 기본서를 정독하고 기출문제를 통하여 대비하는 것이 좋다. 출제빈도가 증가 추세인 표준산업분류상의 부동산업에 대해서는 세분류 기준인 네 가지 항목을 중심으로 시험 전에 숙지하여 둔다.

40 부동산학에 관한 설명 중 **틀린** 것은?　　　　　　　　　　　　　제19회

① 부동산학은 토지 및 그 정착물에 관하여, 그것과 관련된 직업적·물적·법적·금융적 제 측면을 연구하는 학문이다.

② 부동산학은 여러 분야의 학문과 연계되어 있다는 점에서 종합학문적 성격을 지니고 있다.

③ 부동산학은 복잡한 현대의 부동산문제를 해결하기 위하여 학제적 접근을 취하는 전문적인 학문영역으로 등장하였다.

④ 부동산학은 토지와 건물을 대상으로 하는 탐구라는 점에서 우주와 지구의 기본원리를 탐구하는 물리학이나 지구과학 같은 순수과학이라고 할 수 있다.

⑤ 부동산학의 접근방법 중 의사결정 접근방법은 인간은 합리적인 존재이며, 자기이윤의 극대화를 목표로 행동한다는 기본가정에서 출발한다.

41 부동산학 및 부동산활동에 관한 설명으로 옳은 것은?

① 정부부문, 사적 부문, 전문협회의 부동산활동 중 가장 활발한 것은 사적 부문의 활동이다.

② 부동산학의 일반원칙으로서 경제성의 원칙은 소유활동에 있어서 최유효이용을 지도원리로 삼고 있다.

③ 중점식 접근방법은 부동산을 기술적·경제적·법률적 측면 등의 복합개념으로 이해하여 이를 종합해서 이론을 구축하는 방법이다.

④ 부동산학은 도시스프롤, 지가고(地價高), 여과현상 등 자연현상도 그 연구대상으로 하므로 자연과학이라 할 수 있다.

⑤ 부동산투자·부동산금융·부동산개발은 부동산학의 연구분야 중 (의사)결정지원분야이다.

42 부동산학 및 부동산활동에 관한 설명으로 틀린 것은?

① 부동성, 영속성 등 부동산의 특성은 부동산활동에 영향을 준다.

② 부동산활동은 체계화된 이론적 측면에서는 과학성의 성격을 가지며, 실무활동에 응용한다는 관점에서는 기술성의 성격을 가진다.

③ 부동산학이나 부동산활동에서 능률성의 원칙이란 최소의 비용으로 최대의 효과를 올리려는 행위기준을 말한다.

④ 부동산활동의 주체는 인간으로서 인간을 대상으로 하기 때문에 부동산활동은 대인활동이며, 부동산을 대상으로 하는 측면에서 대물활동이라 할 수 있다.

⑤ 부동산활동은 장기적인 상황을 예측하고 고려하여 의사결정이 이루어진다.

▶ 고득점
43 한국표준산업분류상 부동산업의 분류에 대한 설명으로 틀린 것은?

① 소분류상으로 구분할 때 부동산업은 부동산임대 및 공급업, 부동산 관련 서비스업으로 분류된다.

② 부동산임대업은 주거용 건물임대업, 비주거용 건물임대업, 기타 부동산임대업으로 분류된다.

③ 부동산개발 및 공급업은 주거용 건물개발 및 공급업, 비주거용 건물개발 및 공급업, 기타 부동산개발 및 공급업으로 분류된다.

④ 부동산관리업은 주거용 부동산관리업과 비주거용 부동산관리업으로 분류된다.

⑤ 부동산중개, 자문 및 감정평가업은 부동산중개 및 대리업, 부동산컨설팅업, 부동산투자자문업, 부동산감정평가업으로 분류된다.

44 다음 중 한국표준산업분류상 세분류에 따라 구분할 때 부동산업에 해당하지 <u>않는</u> 것은?

① 부동산임대업

② 부동산개발 및 공급업

③ 부동산관리업

④ 부동산중개, 자문 및 감정평가업

⑤ 부동산건설업

45 한국표준산업분류상 부동산 관련 서비스업에 해당하지 <u>않는</u> 것은?

① 부동산투자자문업

② 주거용 부동산관리업

③ 부동산중개 및 대리업

④ 부동산개발 및 공급업

⑤ 부동산분양대행업

7개년 출제비중분석

제2편 출제비중

13%

7개년 평균
출제비중

편별 출제비중

편 제목	평균	제35회	제34회	제33회	제32회	제31회	제30회	제29회
제1편 부동산학 총론	3.4	4	3	4	3	3	3	3
제2편 부동산경제론	5.2	5	5	5	6	6	4	6
제3편 부동산시장론	4.7	4	5	7	4	4	4	5
제4편 부동산정책론	5.2	6	5	4	4	6	7	5
제5편 부동산투자론	6.4	3	8	6	7	3	7	6
제6편 부동산금융론	4.6	5	3	5	6	5	4	5
제7편 부동산개발 및 관리론	4.1	6	5	2	4	6	5	4
제8편 부동산감정평가론	6.4	7	6	7	6	7	6	6

*평균: 최근 7개년 동안 출제된 각 편별 평균 문제 수입니다.

제2편

부동산경제론

제1장 부동산의 수요 · 공급이론
제2장 부동산의 경기변동

제2편 부동산경제론

제1장 부동산의 수요 · 공급이론

Point 07 수요 · 공급의 개념과 유량과 저량 ★★★★

기본서 p.63~64

유량(flow) 지표 – 일정기간	저량(stock) 지표 – 일정시점
수요(소비), 공급(생산), 소득(급여 · 임금), 임대료수입, 당기순이익, 순영업소득, 주택거래량, 신규주택공급량, 부채서비스액(≒ 연간 이자비용), 손익계산서 등	인구, 부동산가격(가치), 매각대금, 순자산가치, 기존주택공급량(재고량), 통화량, 주택보급률, 재무상태표(자산 / 부채 · 자본) 등

Point 08 부동산수요 · 공급 ★★★★★

기본서 p.63~77

(1) 부동산수요(demand)

유량 및 사전적 개념	부동산 수요량이란 일정기간에 구매하고자 하는 최대수량
유효수요	구매의사 + 지불능력(구매력) ⇨ 부동산의 고가성으로 인하여 시장참여가 제한되며, 금융대출금을 활용하면 잠재수요는 유효수요가 될 수 있다.
비탄력적	부동산수요량은 가격에 대하여 비탄력적이다. ① 고가성이 있어 구매자금을 축적하는 데 오랜 시간이 요구된다. ② 내구재적 성격(수명이 길다)으로 재구매수요가 빈번하지 않다. ③ 개별성에 따라 동일한 효용을 제공하는 부동산은 존재하지 않는다. 　　⇨ 가격이 하락하여도 수요가 바로 늘어나지 못한다(양의 변화가 적다). ④ 단기보다 장기에 더 탄력적이다(단기에는 비탄력적, 장기에는 탄력적이다).

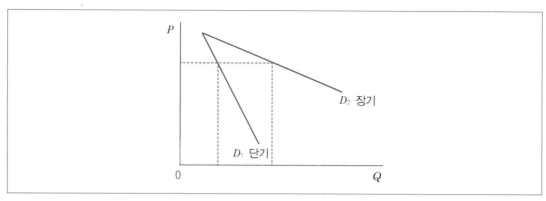

(2) 부동산공급(supply)

유량· 저량개념	① 유량의 공급량: 일정기간에 공급(판매)하고자 하는 양(최대수량)을 말한다. 　　⇨ 일정한 생산기간이 필요한 신규주택의 공급량을 말한다. ② 저량의 공급량: 일정시점(현재)에 시장에 존재하는 주택의 양을 말한다. 　　⇨ 기존주택공급량을 말한다(주택재고량).
유효공급	공급의사 + 공급능력 ⚲ 신규생산자뿐만 아니라, 기존주택의 소유자도 부동산의 공급자가 될 수 있다(저량시장 = 재고시장 ⇨ 영속성, 내구성).
비탄력적	부동산공급량은 가격에 대하여 비탄력적이다. ① 부증성으로 인하여 토지의 물리적 공급은 불가능하다(가격에 대해 물리적 공급 량은 완전비탄력적). ⇨ 물리적 공급곡선: 수직선 ② 용도의 다양성으로 인하여 토지의 경제적 공급은 가능하다. ⇨ 토지서비스의 증가 ⚲ 용도적(경제적) 공급곡선은 우상향 형태로 나타난다. ③ 가격이 상승하여도 토지나 주택공급은 신속하게 증가하지 못한다. 공급을 늘리 는 데 있어서 법적 규제가 많고, 건축물의 경우 생산(건축)에 소요되는 기간이 길어서 부동산공급은 비탄력적이다. ④ 단기보다 장기에 더 탄력적이다(상대적 관점). 　⊙ 단기보다 장기에는 가용생산요소(자본·노동)의 투입이 더 가능하고, 용도전 환에 관한 법적 규제가 완화될 수 있기 때문이다. 　ⓛ 장기공급의 가격탄력성은 단기공급의 가격탄력성보다 더 탄력적이다. 즉, 단 기공급곡선보다 장기공급곡선의 기울기가 더 완만하다.

(3) 부동산수요 · 공급의 결정요인

① 부동산수요의 결정요인(수요함수)

구분	수요량의 변화	수요의 변화
원인	해당 재화(부동산)의 가격변화	해당 재화(부동산)가격 이외의 다른 요인(예 소득, 인구, 대체재, 보완재, 금리, 세금 등)의 변화
형태	동일한 수요곡선상의 점의 이동 ┌ 가격 상승 ⇨ 수요량 감소 └ 가격 하락 ⇨ 수요량 증가	수요곡선 자체의 이동 ┌ 수요 증가 ⇨ 수요곡선 우측 이동 └ 수요 감소 ⇨ 수요곡선 좌측 이동

🔍 소득효과와 대체효과

소득효과	명목소득이 동일하여도 재화의 가격(임대료)이 하락하면 소비자의 실질소득이 증가하고, 이에 따라 구매력이 향상되어 해당 재화(임대주택)의 수요량이 늘어나는 현상
대체효과	대체관계에 있는 재화의 가격이 상승하면(그 재화의 수요량은 감소하고), 해당 재화의 상대적 가격이 하락한 효과가 있으므로 이로 인하여 해당 재화의 수요량이 늘어나는 현상

수요변화의 요인		해당 부동산수요변화	수요곡선의 이동
정상재(우등재)	소득 증가	증가	우측(우상향으로) 이동
	소득 감소	감소	좌측(좌하향으로) 이동
열등재(하급재)	소득 증가	감소	좌측 이동
대체재가격의 상승(대체재 수요량 감소)		증가	우측 이동
보완재가격의 상승(보완재 수요량 감소)		감소	좌측 이동
수요자(소비자)의 가격 상승 예상		증가	우측 이동
수요자(소비자)의 가격 하락 예상		감소	좌측 이동
거래세 인하		증가	우측 이동
보금자리론 및 담보대출금리의 하락		증가	우측 이동
융자비율 · 총부채상환비율의 상향조정		증가	우측 이동

② 부동산공급의 결정요인(공급함수)

구분	공급량의 변화	공급의 변화
원인	해당 재화(부동산)의 가격변화	해당 재화(부동산)가격 이외의 다른 요인(예 생산요소가격, 건축기술, 건축규제 등)의 변화
형태	동일한 공급곡선상의 점의 이동 ┌ 가격 상승 ⇨ 공급량 증가 └ 가격 하락 ⇨ 공급량 감소	공급곡선 자체의 이동 ┌ 공급 증가 ⇨ 공급곡선 우측 이동 └ 공급 감소 ⇨ 공급곡선 좌측 이동

공급변화의 요인		해당 부동산공급변화	공급곡선의 이동
건축자재 등 생산요소가격의 하락		증가	우측(우하향으로) 이동
건축기술의 진보		증가	우측 이동
건축규제의 강화		감소	좌측(좌상향으로) 이동
공급자에게 조세 부과		감소	좌측 이동
공급자에게 보조금 지급		증가	우측 이동
이자비용의 증가		감소	좌측 이동
공급자 수의 증가		증가	우측 이동
신규주택(상품)	가격 상승 예상	증가	우측 이동
	가격 하락 예상	감소	좌측 이동
기존주택(자산)	가격 상승 예상	감소	좌측 이동
	가격 하락 예상	증가	우측 이동

Point 09 균형가격과 균형거래량의 변화 ★★★★

구분	조건	균형가격	균형거래량
수요·공급이 동시에 증가할 경우	수요 증가 > 공급 증가 수요 증가 < 공급 증가 수요 증가 = 공급 증가 수요 증가　공급 증가	상승하고 하락하고 변하지 않고 알 수가 없고	증가한다. 증가한다. 증가한다. 증가한다.
수요·공급이 동시에 감소할 경우	수요 감소 > 공급 감소 수요 감소 < 공급 감소 수요 감소 = 공급 감소 수요 감소　공급 감소	하락하고 상승하고 변하지 않고 알 수가 없고	감소한다. 감소한다. 감소한다. 감소한다.
수요는 증가하고, 공급은 감소할 경우	수요 증가 > 공급 감소 수요 증가 < 공급 감소 수요 증가 = 공급 감소 수요 증가　공급 감소	상승하고 상승하고 상승하고 상승하고	증가한다. 감소한다. 변하지 않는다. 알 수가 없다.
수요는 감소하고, 공급은 증가할 경우	수요 감소 > 공급 증가 수요 감소 < 공급 증가 수요 감소 = 공급 증가 수요 감소　공급 증가	하락하고 하락하고 하락하고 하락하고	감소한다. 증가한다. 변하지 않는다. 알 수가 없다.

Point 10 **탄력성** ★★★★★

기본서 p.83~93

(1) 부동산수요 · 공급의 탄력성

① 수요의 가격탄력성

㉠ 개념: 가격(독립변수)이 변하면, 수요량의 변화율(종속변수)이 얼마나 변화하는지를 파악하는 지표 ➡ 양의 변화를 측정(정량적 지표)

$$수요의 \ 가격탄력성 = \frac{수요량의 \ 변화율(\%)}{가격의 \ 변화율(\%)} = \frac{\dfrac{수요량의 \ 변화분}{최초의 \ 수요량}}{\dfrac{가격의 \ 변화분}{최초의 \ 가격}} = \frac{\dfrac{\Delta Q}{Q}}{\dfrac{\Delta P}{P}}$$

$$\text{⊕ 중간점을 이용하여 탄력성을 구할 경우 수요의 가격탄력성(중간점)} = \frac{\dfrac{\Delta Q}{Q_1 + Q_2}}{\dfrac{\Delta P}{P_1 + P_2}}$$

㉡ 탄력성의 개념과 수요곡선의 기울기

탄력성	수요량의 변화 정도	수요곡선의 기울기
단위탄력적($E_P = 1$)	가격의 변화율 = 수요량의 변화율	45° 기울기
탄력적($E_P > 1$)	가격의 변화율 < 수요량의 변화율	완만한 경사
비탄력적($E_P < 1$)	가격의 변화율 > 수요량의 변화율	급경사
완전비탄력적($E_P = 0$)	가격이 변할 때 수요량은 변하지 않는다.	수직선
완전탄력적($E_P = \infty$)	가격이 변할 때 수요량은 무한대로 변한다.	수평선

㉢ 수요의 가격탄력성 크기의 결정요인

구분	탄력적(양의 변화가 많다)	비탄력적(양의 변화가 적다)
대체재의 유무	대체재가 많을수록	대체재가 적을수록
부동산의 용도	용도가 다양할수록	용도가 제한적 · 획일적일수록
부동산의 종류	주거용	상업용 · 공업용
기간 · 목적달성 여부	장기에는	단기에는
곡선의 기울기	완만해진다.	급해진다.

⊕ 제품가격이 가계소득에서 차지하는 비중이 클수록 수요는 더 탄력적(민감하게 반응)이 된다.

⊕ 대체재의 존재 유무, 부동산의 용도, 부동산의 종류 등에 따라 수요의 가격탄력성의 크기는 달라진다.

㉣ 수요의 가격탄력성과 공급자(임대업자)의 총수입(매출액)과의 관계

단위탄력적일 경우	가격(임대료)에 변화를 주어도 총수입(매출액)은 불변이다.
탄력적일 경우	ⓐ 가격(임대료)을 인하하면 가격인하율보다 수요량이 더 많이 증가하므로 총수입(매출액)은 증가한다. ⓑ 가격(임대료)을 인상하면 가격인상률보다 수요량이 더 많이 감소하므로 총수입(매출액)은 감소한다.
비탄력적일 경우	ⓐ 가격(임대료)을 인하하면 가격인하율보다 수요량이 덜 증가하므로 총수입(매출액)은 감소한다. ⓑ 가격(임대료)을 인상하면 가격인상률보다 수요량이 덜 감소하므로 총수입(매출액)은 증가한다.
완전비탄력적일 경우	가격(임대료)인상분만큼 총수입(매출액)은 증가한다.
완전탄력적일 경우	가격(임대료)을 인상하면 총수입(매출액)은 '0'이 된다.

② 공급의 가격탄력성

$$공급의\ 가격탄력성 = \frac{공급량의\ 변화율(\%)}{가격의\ 변화율(\%)} = \frac{\dfrac{공급량의\ 변화분}{최초의\ 공급량}}{\dfrac{가격의\ 변화분}{최초의\ 가격}} = \frac{\dfrac{\Delta Q}{Q}}{\dfrac{\Delta P}{P}}$$

③ 수요의 소득탄력성

$$수요의\ 소득탄력성 = \frac{수요량의\ 변화율(\%)}{소득의\ 변화율(\%)} = \frac{\dfrac{수요량의\ 변화분}{최초의\ 수요량}}{\dfrac{소득의\ 변화분}{최초의\ 소득}}$$

소득탄력성이 '0'보다 클 경우	소득탄력성이 양(+)의 값을 가지면 소득의 증가로 수요량이 증가한다는 것이다(소득탄력성 > 0 ⇨ 정상재).
소득탄력성이 '0'보다 작을 경우	소득탄력성이 음(−)의 값을 가지면 소득의 증가로 수요량이 감소한다는 것이다(소득탄력성 < 0 ⇨ 열등재).

④ 수요의 교차탄력성

$$수요의\ 교차탄력성 = \frac{Y재\ 수요량의\ 변화율(\%)}{X재\ 가격의\ 변화율(\%)} = \frac{\dfrac{Y재\ 수요량의\ 변화분}{Y재\ 최초의\ 수요량}}{\dfrac{X재\ 가격의\ 변화분}{X재\ 최초의\ 가격}}$$

교차탄력성이 '0'보다 클 경우	교차탄력성이 양(+)의 값 ⇨ 수요의 교차탄력성이 0.1일 경우 두 재화는 대체관계이므로 X재의 가격이 10% 상승할 때(X재 수요량은 감소하고) 이에 따라 Y재의 수요량은 1% 증가한다.
교차탄력성이 '0'보다 작을 경우	교차탄력성이 음(−)의 값 ⇨ 수요의 교차탄력성이 −0.1일 경우 두 재화는 보완관계이므로 X재의 가격이 10% 상승할 때(X재 수요량은 감소하고) 이에 따라 Y재의 수요량은 1% 감소한다.

(2) 탄력성에 따른 균형가격과 균형거래량의 변화(탄 ⇨ 덜, 비 ⇨ 더)

① 가격이 하락할 때 수요가 탄력적일수록 가격은 덜 하락하고, 수요가 비탄력적일수록 가격은 더 하락한다.

② 공급이 증가할 때 수요가 탄력적일수록 가격은 덜 하락하고, 수요가 비탄력적일수록 가격은 더 하락한다.

③ 수요가 증가할 때 공급이 탄력적일수록 가격은 덜 상승하고, 공급이 비탄력적일수록 가격은 더 상승한다.

④ 공급이 가격에 대하여 완전비탄력적일 때 수요가 증가하면, 균형가격은 상승하고 균형거래량은 변하지 않는다.

⑤ 수요가 가격에 대하여 완전탄력적일 때 공급이 증가하면, 균형가격은 변하지 않고 균형거래량만 증가한다.

🔍 탄력적일수록 가격은 덜 상승 · 하락하고(가격변화폭이 작고), 비탄력적일수록 가격은 더 상승 · 하락한다(가격변화폭이 크다).

제2장 부동산의 경기변동

Point 11 부동산경기변동 ★★★★★

(1) 부동산경기변동의 구분

🔍 협의의 부동산경기: 주거용 부동산건축경기(주택경기의 비중이 가장 크다)

부동산경기변동의 개념		부동산경기는 일반경기보다 시간적으로 뒤지는 후순환적 변동으로 나타난다. ① 부동산의 수요·공급은 비탄력적인 경향이 강하다. ② 부동산경기는 일반경기의 변화에 민감하게 반응하지 못한다. ③ 부동산경기순환은 타성기간이 길다(그 순환주기가 긴 편이다). ④ 부동산의 유형별·부문경기별로 변동의 시차가 존재하며, 부문경기가 전체 경기에 영향을 주는 정도가 다르기 때문에 부동산경기는 부문경기의 가중평균치적 성격을 지닌다. ⑤ 도시·지역마다 경기변동의 양상이 다르다(각기 상이한 형태로 나타난다).
다른 형태의 경기변동	계절적 변동	특정한 계절에 반복적으로 나타나는 현상 ① 신학기에 학군 부근의 주택수요가 증가하는 경우 ② 방학 동안 대학 부근 원룸의 공실률이 증가하는 경우 ③ 겨울철에 건축허가면적이나 허가량이 감소하는 경우 등
	추세적 변동	해가 지날수록 전년대비 건축허가면적이 일정 비율씩 증가추세이거나 감소추세인 경우(지속적·계속적)
	우발적 변동	무작위적(random), 예기치 못한 사태 등에 의한 불규칙변동 ① 자연재해, 정부의 일시적인 부동산대책에 의한 경기변동 ② 대외적인 경기변동, 지정학적 위험 등으로 인한 경기변동 ③ 급작스럽게 건축허가면적이 증가하거나 감소하는 경우

(2) 부동산경기변동(순환)의 4국면과 안정시장

확장국면	회복시장	① 금리가 인하되어 거래가 늘고, 투자 및 투기의 징후가 나타난다. ② 부동산활동은 매수자중시태도에서 매도자중시태도로 변한다. ③ 과거의 사례가격은 새로운 거래의 기준가격이 되거나 하한선이 된다.
	상향시장 (호황)	① 매도자는 거래성립시기를 늦추려고 하고, 매수자는 거래성립시기를 당기려고 하는 경향이 있다. 공실률 최저국면 ② 매도자 중심의 시장이 형성된다. ③ 과거의 사례가격은 새로운 거래의 하한선이 된다.

제2편 부동산경제론   55

수축국면	후퇴시장	① 부동산가격 상승이 중단되거나 거래가 한산해지는 국면이다. ② 부동산활동은 매도자중시태도에서 매수자중시태도로 변한다. ③ 과거의 사례가격은 새로운 거래의 기준가격이 되거나 상한선이 된다.
	하향시장 (불황)	① 침체국면으로, 부동산가격도 최저수준이다. 공실률 최대국면 ② 매수자 중심의 시장이 형성된다. ③ 과거의 사례가격은 새로운 거래의 상한선이 된다.
안정시장		① 부동산가격이 안정되어 있거나 완만한 상승을 나타내는 시장이다. ② 불황에 강한 부동산이 속한 시장(유효수요·실수요에 의하여 지탱된다)이다. ③ 중개물건과 관련하여 매각 및 매입의뢰 수집이 다 같이 중요하다. ④ 과거의 사례가격은 신뢰할 수 있는 기준가격이 된다.

부동산경기순환의 4국면

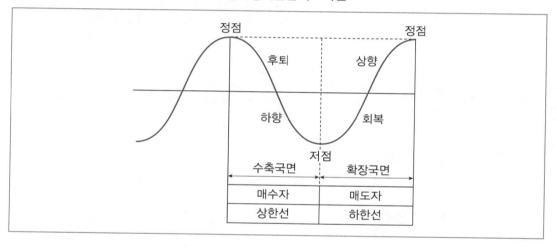

(3) 부동산경기변동의 특징

① 부동산경기는 일반경기에 비하여 타성기간이 길다.

② 일반경기에 비하여 회복은 느리고, 후퇴는 빠르게 진행된다. 일반경기보다 주기가 길고, 진폭도 크다(정점은 높고, 저점은 낮다).

③ 경기순환의 확장국면과 수축국면은 좌우 비대칭적 구조로 나타난다.

④ 부동산경기는 지역별·유형별로 각각 다르게 나타난다.

⑤ 부동산경기의 순환국면은 불규칙·불분명하며, 뚜렷하게 구분되지 않는다.

(4) 부동산경기변동의 측정(지표)

① 통계적 지표가 절대적인 것은 아니므로 종합적인 측정이 바람직하다.

② 개별성·지역성의 영향으로 전체 부동산경기를 파악하는 데 제한이 있다.

③ 인근지역의 경기변동을 측정하기 위해서는 유사(대체·경쟁)지역의 경기변동도 함께 고려할 필요가 있다.

거미집이론(동적 균형이론) ★★★★

기본서 p.102~105

의의	수요는 가격에 대하여 즉각 반응하지만, 공급은 일정한 기간이 경과한 후에 반응한다는 것으로(공급이 시차를 두고 뒤늦게 발생), 농산물과 부동산 등 공급이 비탄력적인 재화에 적용할 수 있다. 🔍 부동산수요는 상대적으로 탄력적이고, 공급은 상대적으로 비탄력적 ⇨ 거미집모형에서 균형으로 수렴하는 조건이다.

기본가정	① 생산기간이 장기이다. ② 인간은 미래가격에 대한 합리적 예상능력이 결여되어 있다. ③ 공급자는 전년도 시장에서 형성된 가격이 금년에도 그대로 유지될 것이라는 전제하에 금년의 생산량을 결정한다. 즉, 공급자는 언제나 현재의 시장임대료(가격)에만 반응한다는 것을 전제로 한다.

유형

① 수렴형: 수요의 가격탄력성보다 공급의 가격탄력성이 더 비탄력적일 경우 ⇨ 공급곡선 기울기가 급할수록, 공급곡선 기울기의 절댓값이 클수록 균형으로 수렴한다.

구분	수요	공급
가격탄력성	1.5	0.5
곡선의 기울기	−1 ⇨ 1	2
함수	P = 100 − Qd	P = 2Qs

② 발산형: 수요의 가격탄력성보다 공급의 가격탄력성이 더 탄력적일 경우

구분	수요	공급
가격탄력성	0.5	1.5
곡선의 기울기	−1 ⇨ 1	0.5
함수	Qd = 100 − P	$\frac{1}{2}$ Qs = P

③ 순환형: 수요와 공급의 가격탄력성, 기울기 절대값이 동일할 경우

적용

① '수요 증가 ⇨ 가격 상승(초과이윤 발생) ⇨ 공급 증가(생산기간의 장기성) ⇨ 공급의 비탄력성(생산에 소요되는 기간이 길기 때문)'으로 인하여 초과이윤이 소멸한 이후에도 시장에 공급물량이 출하된다(초과공급: 주택의 미분양).

② 거미집이론은 주거용 부동산보다는 상·공업용 부동산에서 더욱 강하게 나타난다. 상·공업용 부동산이 주거용 부동산보다 더 비탄력적이라는 것이다.

중요 출제가능성이 높은 중요 문제 고득점 고득점 목표를 위한 어려운 문제 신유형 기존에 출제되지 않은 신유형 대비 문제

제**1**장 부동산의 수요 · 공급이론

Point 07 수요 · 공급의 개념과 유량과 저량 ★★★★

정답 및 해설 p.16

💡 Tip
• 부동산 수요 · 공급의 기본개념(사전적 개념, 유효수요 및 유효공급)에 대한 정리가 필요하다.
• 유량지표(기간을 명시하여 측정하는 지표, 예 1월 1일~3월 31일)와 저량지표(시점을 명시하여 측정하는 지표, 예 1월 1일 현재)를 정확하게 구분하여 숙지하여야 한다.

01 부동산의 수요와 공급에 대한 설명으로 틀린 것은?

① 부동산수요량은 특정 가격수준에서 일정기간 동안 부동산을 구매하고자 하는 최대수량을 말한다.
② 부동산의 수요는 유효수요의 개념이 아니라, 단순히 부동산을 구입하고자 하는 의사만을 의미한다.
③ 부동산공급곡선은 각 가격수준에서 생산자가 기꺼이 공급(판매)하려 하고, 공급(판매)할 수 있는 공급량을 연결한 곡선이다.
④ 부동산공급자에는 신규생산자뿐만 아니라 기존의 주택이나 건물의 소유주도 포함된다.
⑤ 부동산의 신규공급은 일정한 기간 동안 측정되는 유량(flow)개념이다.

02 유량(flow)과 저량(stock)에 관한 설명으로 옳은 것은?

① 저량은 일정한 기간을 정해야 측정이 가능한 개념이다.
② 유량은 일정시점에서만 측정이 가능한 개념이다.
③ 주택재고량, 표준지공시지가, 표준주택가격은 유량지표이다.
④ 주택거래량, 신규주택공급량, 부채는 저량지표이다.
⑤ 만약 현재 우리나라에 총 1,500만채의 주택이 존재하고 그 중 100만채가 공가로 남아 있다면, 현재 주택저량의 수요량은 1,400만채이다.

03 다음 중 유량(flow)지표와 저량(stock)지표를 올바르게 선택한 것은?

㉠ 가계 재산	㉡ 투자	㉢ 가계 소비
㉣ 이자비용	㉤ 주택보급률	㉥ 통화량
㉦ 임대료수입	㉧ 수출	

	유량(flow)지표	저량(stock)지표
①	㉢, ㉣, ㉦, ㉧	㉠, ㉡, ㉤, ㉥
②	㉡, ㉢, ㉣, ㉦, ㉧	㉠, ㉤, ㉥
③	㉡, ㉢, ㉣	㉠, ㉤, ㉥, ㉦, ㉧
④	㉢, ㉣, ㉦	㉠, ㉡, ㉤, ㉥, ㉧
⑤	㉠, ㉢, ㉣, ㉤, ㉧	㉡, ㉥, ㉦

Point 08 　부동산수요 · 공급 ★★★★★

정답 및 해설 p.16~18

💡 Tip

- '수요량(공급량)의 변화'의 원인은 단 하나, '해당 부동산의 가격'뿐이다.
- '수요의 변화'에 영향을 주는 대표적인 것으로는 대체재, 보완재, 인구, 소득 등이 있으며, '공급의 변화'에 영향을 주는 대표적인 것으로는 생산요소가격, 기술수준, 건축규제 등이 있다. 이러한 요인들을 잘 구분해 두어야 한다.
- 대체재가격의 변화에 따른 수요의 변화와 대체효과를 잘 정리해두어야 한다.
- 수요 · 공급의 변화요인(해당 부동산가격 이외의 요인)은 균형가격과 균형거래량의 변화에 응용되므로 연계하여 학습한다.

04 부동산의 수요에 관한 설명으로 틀린 것은?

① 다른 조건이 일정할 때, 부동산가격이 하락하면 부동산수요량은 증가한다.

② 부동산수요곡선이란 단위당 임대료와 수요량과의 관계를 나타낸 것이다.

③ 우하향하는 부동산수요곡선의 높이는 수요자의 편익이다.

④ 수요자의 소득이 변하여 부동산 수요곡선 자체가 이동하는 경우는 부동산수요의 변화에 해당한다.

⑤ 임대료가 하락하게 되면, 소득효과에 의해 다른 재화의 소비량이 상대적으로 감소한다.

05 부동산의 공급에 관한 설명으로 틀린 것은?

① 다른 조건이 일정할 때, 부동산가격이 상승하면 부동산공급량은 증가한다.

② 부동산가격의 변화는 부동산공급량에 영향을 준다.

③ 건축자재가격의 변화로 동일한 가격수준에서 공급량이 변화하는 것은 '부동산공급량의 변화'라고 한다.

④ 부증성은 토지의 물리적 공급을 가격에 대하여 완전비탄력적으로 만든다.

⑤ 토지서비스의 경제적 공급곡선은 우상향하는 모습으로 나타난다.

06 부동산의 수요·공급에 관한 설명으로 틀린 것은? (단, 다른 조건은 일정함)

① 해당 부동산가격 변화에 의한 수요량의 변화는 동일한 수요곡선상의 이동으로 나타난다.

② 주택임대료가 상승하면 다른 재화의 가격이 상대적으로 하락하여 임대수요량이 증가하는 것은 대체효과에 대한 설명이다.

③ 임대료가 하락하면 임차인의 실질소득이 향상되어 임대주택의 수요량이 늘어나는 것은 소득효과에 대한 설명이다.

④ 아파트가격이 가까운 장래에 상승할 것이라는 기대감이 있다면, 동일한 가격수준에서 아파트 수요량이 증가한다.

⑤ 소득이 증가하여 부동산의 수요곡선이 왼쪽으로 이동하였다면, 이러한 재화는 열등재로 볼 수 있다.

07 다음 특정 지역 아파트의 수요와 공급에 관한 그림에서 수요곡선 D_0를 D_1으로 이동시킬 수 있는 요인에 해당하지 <u>않는</u> 것은? (단, 아파트는 정상재이며, 다른 요인은 일정함)

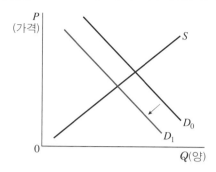

① 아파트가 속한 지역의 주거환경의 악화
② 보금자리론(loan) 금리의 인상
③ 주택수요자(소비자)의 아파트 가격 하락 예상
④ 아파트 거래세 인상
⑤ 대체주택에 대한 수요 감소

08 아파트 매매시장에서 공급변화를 가져오는 요인으로 <u>틀린</u> 것은?

① 아파트가격 변화
② 이자율의 변화
③ 아파트건설용 토지가격의 변화
④ 아파트 건축기술의 변화
⑤ 건축규제의 변화

☆중요
09 부동산의 수요와 공급에 대한 설명으로 <u>틀린</u> 것은? (단, 다른 조건은 일정함)

① 아파트가격이 상승하면 대체관계에 있는 단독주택의 수요는 감소한다.
② 아파트 건축기술이 향상되면 동일한 가격수준에서 아파트 공급량은 증가한다.
③ 해당 주택과 보완관계에 있는 재화의 가격이 하락하면 해당 주택의 수요는 증가한다.
④ 건설종사자들의 임금 상승은 주택의 공급곡선을 좌측으로 이동시키는 요인이다.
⑤ 주택건축용 택지가격이 하락하면 주택의 공급은 증가한다.

10 특정 지역의 아파트시장에서 아파트 수요곡선이 우상향으로 이동하는 요인에 해당하는 것은 모두 몇 개인가? (단, 아파트는 정상재이고, 다른 조건은 동일함)

㉠ 수요자의 실질소득 감소	㉡ 총부채원리금상환비율(DSR) 규제 완화
㉢ 보완재 가격의 하락	㉣ 아파트가격의 하락
㉤ 가구수 증가	㉥ 대체주택 가격의 상승
㉦ 모기지(mortgage) 대출금리의 상승	㉧ 건설노동자의 임금 상승

① 2개　　　　　　　② 3개　　　　　　　③ 4개
④ 5개　　　　　　　⑤ 6개

11 신규주택시장에서 공급곡선을 우측으로 이동시키는 요인에 해당하는 것은? (단, 신규주택은 정상재이며, 다른 조건은 동일함)

① 신규주택가격 상승
② 주택건설용 토지의 가격 상승
③ 이자율의 상승
④ 신규주택가격의 상승 기대
⑤ 주택건설에 대한 보조금 축소

12 부동산시장의 수요와 공급에 관한 설명으로 틀린 것은? (단, X축은 수량, Y축은 가격이고, 아파트와 단독주택은 정상재이며, 다른 조건은 동일함)

① 아파트가격 하락이 예상되면 아파트수요량의 변화로 동일한 수요곡선상에서 하향으로 이동하게 된다.
② 대체재인 단독주택의 가격이 하락하면 아파트의 수요곡선은 좌하향으로 이동하게 된다.
③ 주택의 공급규모가 커지면, 규모의 경제(economy of scale)로 인해 생산단가가 낮아져 건설비용이 줄어드는 효과가 있다.
④ 시장수요곡선의 기울기가 개별수요곡선의 기울기보다 더 완만하다.
⑤ 수요의 가격탄력성이 클수록 수요곡선 기울기의 절댓값은 작아진다.

☆중요
13 어떤 부동산에 대한 시장수요함수는 4P = 800 − 16Qd이며, 이 시장의 수요자는 모두 동일한 개별수요함수를 갖는다. 이 시장의 수요자 수가 4배로 늘어날 경우 새로운 시장수요함수는? (단, 새로운 시장수요량은 Q_M으로 표기하며, 다른 조건은 일정하다고 가정함. 또한 새로운 수요자들도 원래의 수요자들과 동일한 개별수요함수를 갖는다고 가정함. P: 가격, Q_M: 새로운 시장수요량)

① $P = 200 − 4Q_M$ ② $P = 200 − 2Q_M$

③ $P = 200 − Q_M$ ④ $P = 100 − 4Q_M$

⑤ $P = 100 − 2Q_M$

14 부동산의 수요와 공급에 관한 설명으로 <u>틀린</u> 것은? (단, 다른 조건은 동일함)

① 부동산의 수요량과 그 수요량에 영향을 주는 요인들과의 관계를 나타낸 것이 수요함수이며, 수요함수는 가격에 대한 감소함수이다.

② 공급곡선상의 공급량은 주어진 가격에서 공급자들이 공급 또는 판매하고자 하는 부동산의 최대수량이다.

③ 건축원자재의 가격 하락은 부동산의 공급을 증가시켜 공급곡선을 우측(우상향)으로 이동하게 한다.

④ 공급의 탄력성은 생산요소를 쉽게 얻을 수 있는 상품일수록 더 탄력적이다.

⑤ 수요의 교차탄력성이 양(+)이면 두 재화는 보완관계이다.

☆중요
15 A지역 아파트시장에서 공급함수는 일정한데, 수요함수는 다음 조건과 같이 변화하였다. 이 경우 균형가격(㉠)과 수요곡선의 기울기(㉡)는 어떻게 변화하였는가? (단, 가격과 수량의 단위는 무시하며, 주어진 조건에 한함)

• 공급함수: Qs = 30 + P
• 수요함수: Qd1 = 150 − 2P(이전) ⇨ Qd2 = 150 − P(이후)
• P는 가격, Qs는 공급량, Qd는 수요량, X축은 수량, Y축은 가격을 나타냄

	㉠	㉡			㉠	㉡
①	20 하락	$\frac{1}{2}$ 감소		②	20 하락	1 감소
③	20 상승	1 증가		④	20 상승	$\frac{1}{2}$ 증가
⑤	30 상승	$\frac{1}{2}$ 증가				

> 💡 **Tip**
> • 균형가격과 균형거래량의 변화는 그래프를 그려서 계속 연습·숙달하게 되면 시험장에서 그래프를 그리지 않고도 균형가격과 균형거래량의 변화를 쉽게 확인할 수 있다. 이때 여러 가지 조건을 가지고 연습할 필요가 있다.
> • '공급이 불변'이라는 것은 우상향 형태의 공급곡선은 변하지 않는 상태라는 것이다. 문제의 조건에서 '증가'나 '감소'라는 것은 '양의 변화'를 의미하는 것이다.
> • 균형가격의 계산과 개별수요와 시장수요함수에 대한 계산문제는 기울기를 구하는 계산문제에도 응용되므로 필수적으로 연습하여야 한다.

🌟 중요

16 아파트시장의 균형가격과 균형거래량의 변화에 관한 설명으로 틀린 것은? (단, 우하향하는 수요곡선과 우상향하는 공급곡선의 균형상태를 가정하며, 다른 조건은 동일함)

① 부동산의 초과공급은 가격을 하락시키는 요인으로 작용하며, 초과수요는 가격을 상승시키는 요인으로 작용한다.

② 건축원자재의 가격이 상승하면 균형가격은 상승하고 균형거래량은 감소한다.

③ 공급은 불변이고 수요가 증가하는 경우, 균형가격은 상승하고 균형거래량은 증가한다.

④ 공급의 증가와 수요의 증가가 동일한 경우, 균형가격의 변화는 알 수가 없고 균형거래량은 증가한다.

⑤ 수요는 증가하고 공급이 감소하는 경우, 균형가격은 상승하지만 균형거래량의 변화는 알 수가 없다.

📌 고득점

17 수요와 공급이 동시에 변화할 경우, 균형가격과 균형(거래)량에 관한 설명으로 옳은 것은? (단, 수요곡선은 우하향, 공급곡선은 우상향, 다른 조건은 동일함)

① 수요의 증가폭이 공급의 증가폭보다 클 경우, 균형가격은 하락하고 균형거래량은 증가한다.

② 수요와 공급이 감소하는 경우, 수요의 감소폭과 공급의 감소폭이 같다면 균형가격은 불변이고 균형량은 증가한다.

③ 수요와 공급이 감소하는 경우, 수요의 감소폭이 공급의 감소폭보다 작다면 균형가격은 상승하고 균형량은 증가한다.

④ 공급의 감소폭이 수요의 감소폭보다 클 경우, 균형가격은 상승하고 균형거래량은 감소한다.

⑤ 수요와 공급이 동시에 감소하고 수요의 감소폭이 공급의 감소폭보다 더 큰 경우, 균형가격은 상승하고 균형거래량은 감소한다.

18 특정 지역에 소재한 아파트의 시장균형가격을 상승시키고 균형거래량을 증가시킬 수 있는 요인에 해당하는 것은 모두 몇 개인가? (단, 아파트는 정상재이며, 다른 요인은 일정함)

> ㉠ 해당 지역과 대체관계에 있는 주거지역에 쓰레기 소각장 등 유해시설 설치
> ㉡ 대체주택에 대한 수요 감소
> ㉢ 아파트 건축기술의 진보
> ㉣ 가구 소득의 증가
> ㉤ 아파트 건설업체 수의 증가
> ㉥ 소비에 있어서 해당 아파트와 보완관계에 있는 재화의 가격 상승
> ㉦ 아파트 건축규제의 완화

① 1개　　　　　② 2개　　　　　③ 3개
④ 4개　　　　　⑤ 5개

19 다음 그림은 서로 다른 두 유형의 부동산 A와 부동산 B의 수요곡선과 공급곡선을 나타낸 것이다. 공급곡선(S)은 동일하다고 가정하였을 때, 그림에 대한 설명으로 옳은 것은? (단, 부동산 A와 부동산 B는 모두 정상재이며, 다른 조건은 일정함)

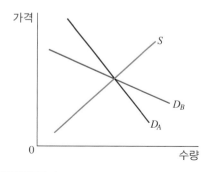

> ㉠ 일반적으로 부동산 B가 부동산 A에 비하여 대체재가 더 많은 편이다.
> ㉡ 소득이 증가하면 부동산 A의 수요곡선은 좌측으로 이동하고, 부동산 B의 수요곡선은 우측으로 이동한다.
> ㉢ 가격이 하락하면 부동산 A보다 부동산 B의 수요량이 더 많이 감소한다.
> ㉣ 공급곡선이 좌측으로 이동할 때 부동산 B보다 부동산 A의 가격변화폭이 더 크다.

① ㉠, ㉡　　　　② ㉠, ㉢　　　　③ ㉠, ㉣
④ ㉡, ㉢　　　　⑤ ㉢, ㉣

20 아파트시장의 수요함수는 단기와 장기 모두 동일하게 $Q = 400 - \dfrac{1}{2}P$이다. 단기공급함수는 $Q = 300$, 장기공급함수는 $Q = P + 250$이다. 이 아파트시장이 단기에서 장기로 변화할 때 아파트시장의 균형가격과 균형거래량의 변화는? (단, P는 가격이고, Q는 수급량이며, 다른 조건은 일정함)

① 균형가격은 100 하락하고, 균형거래량은 100 증가한다.
② 균형가격은 100 하락하고, 균형거래량은 50 증가한다.
③ 균형가격은 100 하락하고, 균형거래량은 50 감소한다.
④ 균형가격은 50 상승하고, 균형거래량은 100 증가한다.
⑤ 균형가격은 50 하락하고, 균형거래량은 50 증가한다.

📝신유형
21 A지역 아파트시장에서 공급은 변화하지 않고 수요는 다음 조건과 같이 변화하였다. 이 경우 균형가격(㉠)과 균형거래량(㉡)의 변화는? (단, P는 가격, Qd_1, Qd_2는 수요량, Qs는 공급량, X축은 수량, Y축은 가격을 나타내고, 가격과 수량의 단위는 무시하며, 주어진 조건에 한함)

> • 수요함수: $Qd_1 = 240 - 2P$(변화 전) ⇨ $Qd_2 = 240 - \dfrac{3}{2}P$(변화 후)
>
> • 공급함수: $Qs = 2P - 40$

① ㉠: 10 상승, ㉡: 10 증가
② ㉠: 10 상승, ㉡: 20 증가
③ ㉠: 10 상승, ㉡: 40 증가
④ ㉠: 10 하락, ㉡: 10 감소
⑤ ㉠: 10 하락, ㉡: 20 감소

> 💡 **Tip**
> - 최근 출제되고 있는 탄력성에 관한 지문들은 종합적인 내용을 묻는 경우가 많다.
> - 탄력적이라는 것은 '양의 변화가 많다'는 것이고, 비탄력적이라는 것은 '양의 변화가 적다'라는 기본개념을 잘 활용할 필요가 있다.
> - 완전비탄력적인 조건하에서는 '균형거래량'이 변하지 않으며, 완전탄력적인 조건하에서는 '균형가격'이 변하지 않는다는 사실에 주목할 필요가 있다.
> - 계산문제는 매 회차 1문제 이상 출제되므로 탄력성에 관한 계산문제의 대비가 필요하다.

✿중요

22 수요의 가격탄력성이 0.6일 때 임대주택의 임대료가 50만원에서 60만원으로 상승함에 따라 임대주택의 수요량이 최초 400채에서 (   )하였다. 빈칸에 적합한 것은? (단, 다른 조건은 일정하며, 탄력성은 최초 값을 기준으로 함)

① 448채로 증가   ② 424채로 증가
③ 380채로 감소   ④ 352채로 감소
⑤ 328채로 감소

23 다음의 자료를 활용하여 ㉠ B점을 기준으로 하는 수요의 가격탄력성과 ㉡ 중간점을 이용한 수요의 가격탄력성을 구하면? (단, 계산과정에서 소수점 셋째 자리까지만 사용, 근사치를 선택함)

구분	가격	수요량
A점	46만원	$880m^2$
B점	40만원	$1,000m^2$

	㉠	㉡			㉠	㉡
①	0.80	1.20		②	0.80	0.91
③	0.80	0.81		④	0.60	0.75
⑤	0.60	0.69				

24 특정 지역의 주택시장에서 주택공급의 가격탄력성은 0.8로 조사되었다. 주택가격이 변화함에 따라 주택공급량이 1,200세대에서 1,440세대로 변하였다고 할 때 주택가격은 얼마나 변화하였겠는가? (단, 탄력성은 최초 값을 기준으로 조사되었고, 주어진 조건 외에는 고려하지 않음)

① 25% 상승 ② 25% 하락 ③ 20% 상승
④ 20% 하락 ⑤ 15% 상승

25 수요와 공급의 가격탄력성에 관한 설명으로 옳은 것은? (단, X축은 수량, Y축은 가격, 수요의 가격탄력성은 절댓값을 의미하며, 다른 조건은 동일함)

① 가격변화율보다 공급량의 변화율이 커서 1보다 큰 값을 가진다면, 공급의 가격탄력성은 비탄력적이다.
② 수요의 가격탄력성이 1보다 작은 값을 가진다면, 수요의 가격탄력성은 탄력적이다.
③ 수요곡선이 수평선이면 수요곡선의 모든 점에서 가격탄력성은 0이다.
④ 가격이 변화하여도 수요량이 전혀 변화하지 않는다면, 수요의 가격탄력성은 완전탄력적이다.
⑤ 공급곡선이 수직선이라면, 공급의 가격탄력성은 완전비탄력적이다.

🌱신유형
26 다음에 설명하는 내용으로 옳지 <u>않은</u> 것은? (단, P는 가격, Qs는 공급량, Qd는 수요량, 다른 조건은 동일함)

- 어떤 도시의 임대주택 시장의 공급함수는 Qs = 300이다.
- 시장수요함수가 $Qd_1 = 400 - 2P$에서 $Qd_2 = 600 - 2P$로 변화하였다.

① 공급곡선은 수직선 형태로 나타난다.
② 공급의 가격탄력성은 0이다.
③ 시장수요함수가 Qd_1에서 Qd_2로 변할 때 균형가격은 100 상승한다.
④ 시장수요함수가 Qd_1에서 Qd_2로 변할 때 균형거래량은 변하지 않는다.
⑤ 수요함수가 Qd_1에서 Qd_2로 변할 때 수요곡선은 좌하향으로 이동한 것으로 볼 수 있다.

27 부동산의 탄력성에 관한 설명으로 **틀린** 것은? (단, 수요의 가격탄력성은 절댓값을 의미하며, 다른 조건은 불변임)

① 수요의 가격탄력성은 가격이 변할 때 수요량이 얼마나 변하는지를 나타내는 정성적 (qualitative) 지표이다.

② 우하향하는 선분으로 주어진 수요곡선의 경우, 수요곡선상 모든 점에서 가격탄력성은 다르다.

③ 수요곡선이 수직선인 경우, 수요의 가격탄력성은 수요곡선상의 모든 점에서 동일하다.

④ 원점에서 출발하는 우상향 직선의 공급의 가격탄력성은 언제나 1의 값을 갖는다.

⑤ 측정하는 기간이 길수록 수요의 탄력성은 더 탄력적이다.

☆중요
28 부동산의 수요 · 공급의 탄력성에 대한 설명으로 옳은 것은? (단, 다른 조건은 일정함)

① 용도전환 및 개발이 가능한 경우에는 공급의 가격탄력성이 커진다.

② 대체재가 많을수록 수요의 가격탄력성은 작아진다.

③ 주거용 부동산에 비하여 특정한 입지조건을 요구하는 상 · 공업용 부동산의 수요의 가격탄력성이 더 탄력적이다.

④ 제품가격이 소득에서 차지하는 비중이 작을수록 수요의 탄력성이 더 탄력적이다.

⑤ 토지이용규제로 인한 택지공급의 비탄력성은 주택공급의 가격탄력성을 탄력적으로 하는 요인 중 하나이다.

🏃고득점
29 다음 (   ) 안에 들어갈 내용으로 바르게 연결된 것은? (단, 다른 조건은 일정함)

> • 수요의 임대료탄력성이 0.5일 경우, 임대업자가 임대료를 20% 인상하면 임대주택의 수요량은 (㉠)한다.
> • 수요가 가격탄력적인 상품을 판매하는 기업이 가격을 내리면 판매수입은 (㉡)한다.

	㉠	㉡		㉠	㉡
①	10% 증가	감소	②	10% 증가	증가
③	10% 감소	불변	④	10% 감소	감소
⑤	10% 감소	증가			

30 부동산수요의 가격탄력성과 공급자(임대업자)의 총수입에 관한 설명 중 옳은 것을 모두 고른 것은? (단, 다른 조건은 일정함)

> ㉠ 수요의 가격탄력성이 '1'보다 큰 경우 임대료가 상승하면, 임대업자의 임대수입은 감소한다.
> ㉡ 수요의 가격탄력성이 '0'인 경우에는 임대료를 인상하여도 임대업자의 총수입은 변하지 않는다.
> ㉢ 수요의 가격탄력성이 '1'보다 작을 경우 전체 수입은 임대료가 상승함에 따라 증가한다.

① 없다.   ② ㉠, ㉡
③ ㉠, ㉢   ④ ㉡, ㉢
⑤ ㉠, ㉡, ㉢

31 부동산 수요·공급의 탄력성에 관한 설명으로 옳은 것은? (단, 다른 조건은 동일함)

① 생산량을 늘릴 때 생산요소가격이 상승할수록 공급의 가격탄력성은 더 탄력적이 된다.
② 용도전환이 용이할수록 공급의 임대료탄력성은 더 비탄력적이다.
③ 용도변경을 제한하는 법규가 강화될수록 공급은 이전에 비해 탄력적이 된다.
④ 생산(공급)에 소요되는 기간이 길수록 공급의 가격탄력성은 더 탄력적이 된다.
⑤ 단기적으로 가격이 상승해도 부동산의 공급량이 크게 증가할 수 없기 때문에 부동산의 공급은 비탄력적이다.

32 부동산의 탄력성에 관한 설명으로 옳지 <u>않은</u> 것은? (단, 다른 요인은 일정함)

① 수요의 가격탄력성이 완전탄력적일 때 수요가 증가할 경우 균형가격은 변하지 않는다.
② 공급이 가격에 대해 완전탄력적인 경우, 수요가 증가하면 균형가격은 변하지 않고, 균형거래량만 증가한다.
③ 부동산수요가 증가하면 부동산공급이 비탄력적일수록 시장균형가격이 더 크게 상승한다.
④ 공급이 증가할 때 수요의 가격탄력성이 비탄력적일수록 가격은 더 하락한다.
⑤ 부동산의 공급이 탄력적일수록 수요 증가에 의한 가격변동의 폭이 작다.

33 주거서비스의 공급곡선이 임대료에 대하여 완전비탄력적이라고 한다. 현재의 임대료 수준에서 초과수요가 존재한다면, 균형임대료와 균형거래량은 각각 어떻게 변하는가? (단, 다른 조건은 일정함)

① 균형임대료 상승, 균형거래량 감소
② 균형임대료 상승, 균형거래량 변화 없음
③ 균형임대료 하락, 균형거래량 증가
④ 균형임대료 하락, 균형거래량 변화 없음
⑤ 균형임대료 변화 없음, 균형거래량 변화 없음

☆중요
34 다음 중 부동산의 탄력성에 관한 설명으로 옳은 것을 모두 고른 것은? (단, 다른 조건은 일정함)

> ⊙ 수요의 소득탄력성은 수요량의 변화율에 대한 소득의 변화율을 말한다.
> ⓛ 수요자의 소득이 20% 증가하자 아파트수요량이 4% 증가하였다면, 수요의 소득탄력성은 0.2이다.
> ⓒ A부동산가격이 1% 상승함에 따라 B부동산의 수요량이 1% 감소한다면, 두 재화는 보완관계이며 수요의 교차탄력성은 음(−)의 값을 갖는다.
> ⓔ 아파트가격에 대한 빌라수요의 교차탄력성이 0.5이면, 아파트의 가격이 10% 하락할 때 빌라의 수요량은 5% 증가한다.

① ㉠, ㉡   ② ㉠, ㉢
③ ㉠, ㉣   ④ ㉡, ㉢
⑤ ㉢, ㉣

35 주택매매시장의 수요와 공급에 관한 설명으로 틀린 것은? (단, X축은 수량, Y축은 가격, 수요의 가격탄력성은 절댓값을 의미하며, 다른 조건은 동일함)

① 수요와 공급이 모두 증가하는 경우, 균형가격의 상승 여부는 수요와 공급의 증가폭에 의해 결정되고 균형량은 증가한다.

② 주택수요의 가격탄력성이 완전탄력적인 경우 공급이 증가하면 균형가격은 변하지 않고 균형거래량은 증가한다.

③ 주택수요가 증가하면 주택공급이 탄력적일수록 균형가격이 더 크게 상승한다.

④ 주택의 단기공급곡선은 가용생산요소의 제약으로 장기공급곡선에 비해 더 비탄력적이다.

⑤ 기술의 개발로 부동산공급이 증가하는 경우 수요의 가격탄력성이 작을수록 균형가격의 하락폭은 커지고, 균형량의 증가폭은 작아진다.

36 인근지역 수요자들의 월 평균소득이 400만원에서 520만원으로 변하자 해당 지역 아파트의 수요가 2,000세대에서 2,240세대로 변하였다면 해당 재화는 (㉠)이고, 수요의 소득탄력성은 (㉡)이다. 괄호 안에 올바른 것은? (단, 다른 요인은 일정하고, 탄력성은 최초 값을 기준으로 함)

① ㉠: 정상재, ㉡: 0.6   ② ㉠: 정상재, ㉡: 0.4

③ ㉠: 정상재, ㉡: 0.2   ④ ㉠: 정상재, ㉡: −0.4

⑤ ㉠: 열등재, ㉡: −0.4

37 A부동산에 대한 수요의 가격탄력성과 소득탄력성이 각각 0.5와 0.9이다. A부동산가격은 7% 상승하였음에도 A부동산수요량은 1% 증가하였다. 그렇다면 소득은 얼마나 변하였을까? (단, A부동산은 정상재이고, 가격탄력성은 절댓값으로 나타내며, 다른 조건은 동일함)

① 3% 증가   ② 4% 증가

③ 5% 증가   ④ 6% 증가

⑤ 8% 증가

38 어느 지역의 오피스텔에 대한 수요의 가격탄력성이 0.4이고 소득탄력성이 0.5이다. 오피스텔 가격이 10% 상승함과 동시에 소득이 변하여 전체 수요량이 1% 감소하였다면, 이때 소득의 변화율은? (단, 오피스텔은 정상재이고, 수요의 가격탄력성은 절댓값으로 나타내며, 다른 조건은 동일함)

① 2% 증가　　　　　　　　② 4% 증가

③ 5% 증가　　　　　　　　④ 6% 증가

⑤ 10% 증가

39 아파트가격이 4% 하락함에 따라 아파트의 수요량이 2% 증가, 아파트의 공급량이 6% 감소, 연립주택의 수요량이 1% 감소하는 경우, ㉠ 공급의 가격탄력성, ㉡ 아파트가격에 대한 연립주택 수요의 교차탄력성은? (단, 다른 조건은 일정함)

	㉠	㉡			㉠	㉡
①	0.5	0.25		②	1.5	0.25
③	0.5	−0.25		④	1.5	−0.25
⑤	1.5	4.0				

40 다음 아파트에 대한 다세대주택 수요의 교차탄력성은? (단, 주어진 조건에 한함)

> • 가구소득이 8% 상승하고 아파트가격은 10% 상승했을 때, 다세대주택 수요는 10% 증가
> • 다세대주택 수요의 소득탄력성은 0.5이며, 다세대주택과 아파트는 대체관계임

① 0.6　　　　　　　　② 0.5

③ 0.4　　　　　　　　④ 0.2

⑤ 0.1

41 아파트에 대한 수요의 가격탄력성은 0.3, 소득탄력성은 0.4이고, 오피스텔가격에 대한 아파트 수요량의 교차탄력성은 0.6이다. 아파트가격, 아파트 수요자의 소득, 오피스텔가격이 각각 5%씩 상승할 때, 아파트 전체 수요량의 변화율은? (단, 두 부동산은 모두 정상재이고 서로 대체재이며, 아파트에 대한 수요의 가격탄력성은 절댓값으로 나타내며, 다른 조건은 동일함)

① 0.5% 증가　　　　　　　　　② 1.5% 증가

③ 3.5% 증가　　　　　　　　　④ 5.0% 증가

⑤ 6.5% 증가

고득점
42 다음 조건을 활용한 단독주택의 가격변화율은? (단, 탄력성은 최초 값을 기준으로 하며, 다른 조건은 일정함)

> • 아파트수요의 가격탄력성은 1.5이다.
> • 단독주택가격에 대한 아파트수요의 교차탄력성은 0.4이다.
> • 아파트가격이 4% 상승하였음에도 아파트수요량은 2% 증가하였다.

① 20% 상승　　　　　　　　　② 20% 하락

③ 10% 상승　　　　　　　　　④ 10% 하락

⑤ 8% 상승

중요
43 아파트 시장에서 수요의 가격탄력성은 0.5이고, 아파트의 대체재인 단독주택 가격에 대한 아파트 수요의 교차탄력성은 0.3이다. 아파트 가격, 아파트 수요자의 소득, 단독주택 가격이 각각 4%씩 상승함에 따른 아파트 전체 수요량의 변화율이 변화가 없다고 하면, 아파트 수요의 소득탄력성은? (단, 아파트와 단독주택 모두 정상재이고, 수요의 가격탄력성은 절댓값으로 나타내며, 다른 조건은 동일함)

① 0.2　　　　　　　　　　　② 0.4

③ 0.6　　　　　　　　　　　④ 0.8

⑤ 1.0

제2장 부동산의 경기변동

Point 11 부동산경기변동 ★★★★

정답 및 해설 p.23~24

💡 Tip
• 부동산경기변동의 기본개념과 경기순환의 4국면의 특징, 다른 형태의 경기변동(예 계절·추세·우발적 변동 등) 개념을 잘 정리하여야 한다. 비교적 평이한 분야이므로 실수하지 않도록 유의하여야 한다.
• 확장국면의 회복시장과 상향시장은 그 성격이 유사하고, 수축국면의 후퇴시장과 하향시장도 그 성격이 유사하다.

44 부동산경기변동에 관한 설명으로 <u>틀린</u> 것은?

① 일반적으로 부동산경기라 함은 주거용 부동산 건축경기를 의미한다.
② 부동산경기의 건축순환은 일반경기의 주글라순환에 비하여 그 순환주기가 길고, 경기의 진폭도 큰 편이다.
③ 부동산경기는 부문시장별로 변동의 시차가 존재하며, 유형이나 지역에 따라서도 각각 다른 변화특성을 나타낸다.
④ 부동산경기는 부동산경기를 구성하는 여러 특수부문들의 가중평균치적 성격을 지닌다.
⑤ 부동산경기는 그 순환국면이 일반경기변동과는 다르게 호황국면과 불황국면이 뚜렷하게 구분된다는 특징이 있다.

45 부동산경기변동과 관련된 설명으로 <u>틀린</u> 것은?

① 부동산시장에 영향을 미치는 요인 중 하나로, 불황과 물가 상승이 동시에 나타나는 경우를 스태그플레이션(stagflation)이라고 한다.
② 부동산경기순환의 확장국면과 수축국면은 비대칭적이라는 특징이 있다.
③ 부동산경기와 일반경기는 동일한 주기와 진폭으로 규칙적·반복적으로 순환한다.
④ 부동산경기변동은 건축착공량, 거래량, 미분양물량 등으로 확인할 수 있다.
⑤ 우발적(무작위적) 변동은 예기치 못한 사태로 초래되는 비순환적 경기변동을 말한다.

46 다음 중 부동산경기변동의 유형에 대한 설명으로 옳은 것을 모두 고른 것은?

> ㉠ 주택거래량이 지난 6월을 저점으로 하여 회복기에 접어들었다면 이는 순환적 변동이다.
> ㉡ 해마다 11월부터 다음 연도 2월까지 건축허가면적이 반복적으로 감소하는 것은 계절적 변동이다.
> ㉢ 경제성장 등의 요인으로 건축허가면적이 매년 일정 비율씩 지속적으로 증가하는 것은 추세적 변동에 해당한다.
> ㉣ 봄, 가을의 반복적인 주택거래건수 증가는 불규칙변동요인에 속한다.
> ㉤ 일시적인 정부의 대출규제 강화로 주택거래량이 급격하게 감소하였다면 이는 우발적 (random) 변동에 해당한다.

① ㉣
② ㉠, ㉢, ㉣
③ ㉡, ㉣, ㉤
④ ㉠, ㉡, ㉢, ㉤
⑤ ㉠, ㉡, ㉢, ㉣, ㉤

47 부동산경기변동과 중개활동에 관한 설명으로 옳지 <u>않은</u> 것은?

① 하향시장의 경우 종전의 거래사례가격은 새로운 매매활동에 있어 가격 설정의 상한선이 되는 경향이 있다.
② 상향시장에서 매도자는 가격 상승을 기대하여 거래의 성립을 미루려는 반면, 매수자는 거래성립을 앞당기려 하는 경향이 있다.
③ 후퇴시장은 임대사무실의 경우 임대되지 않고 비어 있는 기간이나 공간의 비율이 점차 높아지는 국면이다.
④ 중개물건의뢰의 접수와 관련하여 안정기의 경우 공인중개사는 매각의뢰와 매입의뢰의 수집이 다 같이 중요하다.
⑤ 실수요 증가에 의한 공급 부족이 발생하는 경우 공인중개사는 매수자를 확보해 두려는 경향을 보인다.

48 부동산경기변동에 관한 설명으로 옳은 것은?

① 상향시장 국면에서는 부동산가격이 지속적으로 하락하고 거래량은 감소한다.
② 회복시장 국면에서는 매도자가 주도하는 시장에서 매수자가 주도하는 시장으로 바뀌는 경향이 있다.
③ 안정시장 국면에서는 과거의 거래가격을 새로운 거래가격의 기준으로 활용하기 어렵다.
④ 건축허가면적과 미분양물량은 부동산경기를 측정할 수 있는 지표로 활용될 수 있다.
⑤ 부동산경기는 분석대상지역의 인근지역에 한정하여 측정하는 것이 유효하다.

Point 12 거미집이론(동적 균형이론) ★★★★

정답 및 해설 p.24~25

💡 Tip

• 공급의 가격탄력성이 작을수록(비탄력적일수록), 공급곡선 기울기가 더 급할수록, 공급곡선 기울기 절댓값이 더 큰 경우에 수렴형으로 나타난다.
• 문제의 조건이 '탄력성'으로 묻고 있는지, '기울기'의 급하고 완만함으로 묻고 있는지, '기울기의 절댓값'으로 묻고 있는지를 잘 살펴야 한다. '기울기의 절댓값'으로 제시하였을 때 수요곡선 기울기의 음(−)의 값은 무시한다.
• 수요함수 및 공급함수 수식에서 기울기 값을 찾는 계산문제에 대비하여야 한다.

✵중요

49 거미집모형에 관한 설명으로 틀린 것은? (단, 다른 조건은 동일함)

① 공급은 일정기간 후에 변한다는 공급의 시차를 고려하여 균형의 변화를 동태적으로 분석한 모형이다.
② 가격이 변동하면 수요는 즉각적으로 반응한다는 가정을 전제하고 있다.
③ 공급자는 미래의 가격을 고려해 미래의 공급을 결정한다는 가정을 전제하고 있다.
④ 수요의 가격탄력성이 공급의 가격탄력성보다 작으면 발산형이다.
⑤ 수요곡선의 기울기 절댓값보다 공급곡선의 기울기 절댓값이 더 크면 수렴형이다.

50 다음은 거미집이론에 관한 내용이다. (   )에 들어갈 모형 형태는? (단, X축은 수량, Y축은 가격을 나타내며, 다른 조건은 동일함)

• 공급의 가격탄력성의 절댓값이 수요의 가격탄력성의 절댓값보다 작으면 (㉠)이다.
• 공급곡선의 기울기의 절댓값보다 수요곡선의 기울기의 절댓값이 크면 (㉡)이다.

	㉠	㉡		㉠	㉡
①	발산형	수렴형	②	수렴형	순환형
③	발산형	발산형	④	수렴형	수렴형
⑤	수렴형	발산형			

51 다음과 같은 조건에서 거미집이론에 따를 경우, 수요가 증가하면 A부동산과 B부동산의 모형 형태는? [단, X축은 수량(quantity), Y축은 가격(price)을 나타내며, 다른 조건은 동일함]

- A부동산: 수요의 가격탄력성 1.4, 공급의 가격탄력성 0.6
- B부동산: 수요곡선 기울기 −1.5, 공급곡선 기울기 1.5

	A부동산	B부동산
①	발산형	순환형
②	수렴형	순환형
③	발산형	수렴형
④	수렴형	수렴형
⑤	수렴형	발산형

▲ 고득점

52 어느 지역의 수요와 공급함수가 각각 A부동산시장에서는 2Qd = 100 − 2P, 2Qs = −10 + P이고, B부동산시장에서는 Qd = 400 − 2P, Qs = −20 + 4P이다. A상품의 가격이 2% 상승하였을 때 B상품의 수요량이 1.8% 감소하였다. 거미집이론(Cob-web theory)에 의한 A부동산시장과 B부동산시장의 모형 형태와 A상품가격에 대한 B상품수요의 교차탄력성은? (단, X축은 수량, Y축은 가격, 각각의 시장에 대한 P는 가격, Qd는 수요량, Qs는 공급량이며, 다른 조건은 동일함)

	A	B	교차탄력성
①	수렴형	수렴형	0.9
②	순환형	발산형	0.9
③	수렴형	수렴형	−0.9
④	수렴형	발산형	−0.9
⑤	수렴형	순환형	−0.9

★중요
53 수요함수와 공급함수가 각각 A부동산시장에서는 $Qd = 200 - P$, $Qs = 10 + \dfrac{1}{2}P$이고, B

부동산시장에서는 $Qd = 400 - \dfrac{1}{2}P$, $Qs = 50 + 2P$이다. 거미집이론에 의한 A부동산시

장과 B부동산시장의 모형 형태의 연결이 옳은 것은? (단, X축은 수량, Y축은 가격, 각각

의 시장에 대한 P는 가격, Qd는 수요량, Qs는 공급량, 다른 조건은 동일함)

① A: 수렴형, B: 수렴형

② A: 수렴형, B: 발산형

③ A: 수렴형, B: 순환형

④ A: 발산형, B: 수렴형

⑤ A: 발산형, B: 발산형

★중요
54 A주택시장과 B주택시장의 함수조건이 다음과 같다. 거미집이론에 의한 두 시장의 모형

형태는? (단, X축은 수량, Y축은 가격, 각각의 시장에 대한 P는 가격, Qd는 수요량, Qs는

공급량, 다른 조건은 동일함)

- A주택시장: $Qs = 100 + 4P$, $Qd = 200 - P$
- B주택시장: $2P = 500 - Qd$, $\dfrac{1}{2}P = -200 + Qs$

① A: 수렴형, B: 수렴형

② A: 수렴형, B: 발산형

③ A: 수렴형, B: 순환형

④ A: 발산형, B: 수렴형

⑤ A: 발산형, B: 발산형

7개년 출제비중분석

7개년 평균 출제비중

제3편 출제비중 11.7%

편별 출제비중

편 제목	평균	제35회	제34회	제33회	제32회	제31회	제30회	제29회
제1편 부동산학 총론	3.4	4	3	4	3	3	3	3
제2편 부동산경제론	5.2	5	5	5	6	6	4	6
제3편 부동산시장론	4.7	4	5	7	4	4	4	5
제4편 부동산정책론	5.2	6	5	4	4	6	7	5
제5편 부동산투자론	6.4	3	8	6	7	3	7	6
제6편 부동산금융론	4.6	5	3	5	6	5	4	5
제7편 부동산개발 및 관리론	4.1	6	5	2	4	6	5	4
제8편 부동산감정평가론	6.4	7	6	7	6	7	6	6

*평균: 최근 7개년 동안 출제된 각 편별 평균 문제 수입니다.

제3편

부동산시장론

제1장 부동산시장
제2장 입지 및 공간구조론

제3편 부동산시장론

제1장 부동산시장

참고 **불완전경쟁시장으로서의 부동산시장**

완전경쟁시장과 불완전경쟁시장 비교

구분	완전경쟁시장	불완전경쟁시장
시장참여자	① 다수의 수요자와 공급자 ② 진입과 탈퇴가 용이함	① 고가성이 있어 시장참여가 제한됨 ② 유효수요자와 유효공급자로 한정
재화의 동질성	① 표준화된 동질적인 재화를 가정 ② 일물일가의 법칙 성립	① 개별성으로 인하여 재화는 모두 이질적 ② 일물일가의 법칙 불성립
자원의 이동가능성	① 자원의 완전한 이동가능성 ② 지역간 수급불균형 없음	① 부동성으로 인하여 재화의 이동 불가 ② 지역간 수급불균형 발생
정보의 완전성	정보의 양과 질이 동일하여 완전한 정보를 가정함	개별성으로 인하여 정보의 불완전성·비대칭성에 따른 정보비용이 수반됨
가격과 이윤	항상 균형가격에 해당하는 정상이윤만 획득 가능	정보를 많이 가진 주체는 정상 이상의 초과이윤 획득 가능
정부의 개입	완전한 이상적 시장이므로 정부개입 불필요	가격기구를 통한 효율적 자원배분 실패 ⇨ 정부개입 필요

Point 13 **부동산시장의 특성과 기능** ★★★★★

기본서 p.109~116

(1) 부동산시장의 특성

시장의 국지성 (지역시장)	⇨ 부동성 ① 지역시장이 형성되고, 부분시장별로 시장의 세분화가 이루어진다. ② 지역시장별로 초과수요나 초과공급이 발생하더라도 이를 자체적으로 해결할 수 없으며, 지역시장마다 상이한 통제와 규제를 받게 된다. ③ 지역의 환경이 달라지면 부동산가격도 달라지게 된다(균질적 가격 ×).

수요·공급조절의 곤란성	⇨ 근본적인 원인은 부증성 때문이다. 가격이 수요와 공급을 조절하기 어려워 단기적으로 가격왜곡현상이 발생하며, 이에 따라 수급조절에는 장(많은)시간이 소요된다.
거래의 비공개성 (은밀성)	⇨ 개별성 ① 시장참여자간의 정보의 비대칭성으로 인하여 정보탐색비용이 많이 수반되며, 이는 불합리한 가격(가격의 왜곡)을 형성하게 한다. ② 실거래가격신고제도나 간접투자시장의 공시제도는 정보의 비대칭성 문제를 어느 정도 완화시켜 준다. ⇨ 투명성 제고, 투자자 보호
상품의 비표준화성	⇨ 개별성 ① 부동산은 물리적으로 대체가 불가능하며, 시장분석이 복잡해진다. ② 표준화된 상품이 없으므로 일물일가의 법칙이 성립하지 않는다. ③ 하나하나의 개별적 상품은 각각 독점적 시장을 형성한다.
시장의 비조직성	⇨ 개별성 유통조직이 존재하지 않아 집중통제가 제한되며, 거래당사자간의 개별적 사정에 의한 거래행태가 다양하다. 이는 부동산가격을 왜곡시키며, 감정평가의 필요성을 제기한다.
과다한 공적(법적) 개입·규제	⇨ 부증성 ① 사회성·공공성이 높은 시장이므로 공적 개입이나 규제가 많다. ② 과다한 법적 규제는 오히려 부동산시장을 왜곡시킬 수 있다.
공매도의 제한, 매매기간의 장기성 (단기거래의 곤란성)	⇨ 개별성 ① 증권시장과 달리 공매도(short selling)가 제한된다. ② 환금성·유동성 확보가 곤란하며, 장기투자의 필요성을 제기한다.

(2) 부동산시장의 기능

교환기능	부동산과 현금, 부동산과 부동산, 부동산권리와 현금 등이 교환된다. ⇨ 추상적 시장
자원배분기능	개별성이라는 특성이 있음에도 불구하고 가격을 통하여 재화나 서비스(예 물적 자원, 공간, 위치 등)가 배분된다. 🔍 자원배분기능이 원활하게 수행되는 것은 아니다.
정보제공기능	시장참여자에게 가격이나 상품 등에 관한 정보를 제공한다.
가격의 창조기능	매도자의 하한선과 매수자의 상한선의 범위 내에서 상호 협의과정을 통하여 가격이 형성되기도 하고 파괴되기도 한다.
입지주체간의 입지경쟁기능	경제주체의 지대지불능력에 따라 토지이용의 유형이 결정되므로 도심의 높은 지가·지대는 입지경쟁의 산물로 볼 수 있다.
양과 질의 조정기능	수요자의 선호도나 공급상품의 차별화 등에 따라 부동산시장은 양과 질을 조정하는 기능이 있다.

Point 14 정보의 효율성과 부동산시장 ★★★

기본서 p.117~121

(1) 효율적 시장가설(EMH; Efficient Market Hypothesis)

① **효율적 시장**: 부동산에 관한 모든 정보가 신속·정확하게 부동산가격에 반영되는 시장이다.

② **효율적 시장가설**: 정보를 활용하여 초과수익을 달성할 수 없다는 주장으로, 시장이 효율적이라면 기관투자자와 개인투자자의 투자성과가 달라질 수 없다는 것을 의미한다.

③ 정보의 범위·정보가 반영되는 강도에 따른 구분

약성 효율적 시장가설	㉠ 과거의 공개된 정보가 이미 가격에 반영되어 있으므로 정상 이상의 초과수익(이윤)을 달성할 수 없다. ㉡ 과거의 정보: 가격변동추세, 거래량, 패턴 ⇨ 기술적 분석(차트분석)
준강성 효율적 시장가설	㉠ 과거 및 현재의 공개된 모든 정보(공식적으로 이용가능한 정보)가 이미 가격에 반영되어 있으므로 초과수익을 달성할 수 없다. ㉡ 현재의 정보: 공표된 재무제표, 영업실적, 사업계획, 경제환경 등 ⇨ 기본적 분석(내재·본질가치분석)
강성 효율적 시장가설	㉠ 과거·현재의 공개된 정보는 물론 미공개정보가 이미 가격에 반영되어 있으므로 초과수익을 달성할 수 없다. ㉡ 진정한 의미의 효율적 시장은 강성 효율적 시장이다(약성 < 준강성 < 강성).

🔍 일부 부동산학자들은 강성 효율적 시장은 완전경쟁시장과 그 성격이 유사하다고 판단하여 이를 바탕으로 현실적인 부동산시장은 준강성 효율적 시장까지만 나타난다고 주장하기도 한다.

(2) 할당 효율적 시장

할당 효율적이란 시중 자금이 자본·자산시장에 각각 균형적으로 배분되어 있는 상태로, 어느 누구도 싼 값으로 정보를 획득할 수 없는 시장을 할당 효율적 시장이라 한다.

> 정보(기회)비용 = 초과이윤 ⇨ 할당 효율적

① 소수의 투자자가 다른 사람보다 값싸게 정보를 획득할 수 있는 시장은 할당 효율적 시장이 되지 못한다.

② 불완전경쟁시장도 정보로 인한 초과이윤과 정보비용이 동일(일치, 같다)하다면 할당 효율적 시장이 될 수 있다. 독점시장도 독점을 획득하기 위한 기회비용이 모든 투자자에게 동일하다면 할당 효율적 시장이 될 수 있다.

③ 부동산시장은 할당 효율적일 수도 있고, 할당 효율적이지 못할 수도 있다.

④ 부동산시장에 초과이윤이나 투기가 나타나는 이유는 부동산시장이 할당 효율적이지 못하기 때문이다. ⇨ 가격의 왜곡가능성이 커질 수 있다.

(1) 주택시장분석의 기본개념

① 주택서비스: 주택에서 얻는 효용을 말하며, 주택은 이질적 상품이지만 용도적으로 동질화된 상품으로 분석할 수 있다.

② 주택시장의 저량과 유량개념

주택저량의 공급량	일정시점에 시장에 존재하는 주택의 양
주택저량의 수요량	일정시점에 보유한 혹은 보유(구매)하고자 하는 주택의 양
주택유량의 공급량	일정기간에 공급하고자 하는 주택의 양
주택유량의 수요량	일정기간에 보유(구매)하고자 하는 주택의 양

③ 주택수요와 주택소요

구분	주택수요(demand)	주택소요(needs)
개념	주로 구매력이 동반된 고소득층이 주택을 구매하고자 하는 욕구	구매력이 낮은 저소득층에게 필요한 주택의 양과 질
대상	중산층 이상의 유효수요계층	저소득층
공급	유량개념의 신규주택공급	저량개념의 기존주택공급

🔍 주택수요와 주택소요는 다른 개념이다.

(2) 주택시장의 단기 · 장기균형

단기균형	① 단기에는 주택에 대한 공급이 고정(저량공급)되어 있다. ② 단기에는 수요 증가로 가격이 상승하더라도 주택수량은 불변이다. ③ 단기에는 생산요소가격이 하락하더라도 생산공급이 늘어나지 못한다. ⇨ 가격에는 변화가 없다.
장기균형	① 장기에는 신규주택의 공급(유량공급)이 가능해진다. ② 유량과 저량의 개념을 동시에 파악하는 것은 주택의 생산공급이 단기적으로 제한되어 있기 때문이다. ③ 단기적으로 생산공급의 증가가 제한되므로 저량개념의 공급량을 먼저 분석하고, 장기적으로 저량과 유량을 함께 사용하여 주택시장을 분석할 필요가 있다.

(1) 주택의 여과과정(주택순환과정)

개념	제한된 소득(예산)하에 효용을 극대화하는 과정에서 주택의 이용주체가 변화(변모)하는 현상이다. 주택의 질적 변화와 가구의 이동과의 관계를 설명해준다.
주택의 상향여과	고소득층(상위계층)이 저가주택을 매입·개량하여 고소득층(상위계층)의 이용으로 전환되는 현상(재건축·재개발·리모델링·뉴타운개발 등을 동반)이다.
주택의 하향여과	고소득층(상위계층)이 사용하던 주택이 노후화됨에 따라 저소득층(하위계층)에게 이전되어 저가주택으로, 저소득층(하위계층)의 이용으로 대체되는 현상이다.
주택시장의 변화	① 저가주택에 대한 수요 증가 ⇨ 저가주택의 가격 상승 ⇨ 상대적으로 낙후된 고가주택의 일부가 하향여과되어 저소득층에게 제공·공급(수량 불변) 🔍 하향여과가 발생하면 전체 주택시장에서 저가주택이 차지하는 비중은 증가한다. 🔍 공가(空家)의 발생은 여과과정의 중요한 구성요소가 된다. ② 하향여과로 인한 고가주택의 공급 감소(초과수요) ⇨ 고가주택의 가격 상승 ⇨ 고가주택의 신규공급(장기에는 유량공급 가능)
긍정적 효과	주택의 여과과정이 긍정적으로 작동하면 전체적인 주택의 공급량 증가 및 질적 수준 향상에 기여할 수 있다. ⇨ 주거안정의 달성 ⇨ 모든 계층이 이득을 볼 수 있다.
불량주택 문제	① 하향여과로 발생하는 불량주택의 문제는 시장실패로 볼 수 없다. ② 불량주택은 하향여과라는 자원배분의 결과물이다. ③ 불량주택이 발생하는 원인은 낮은 소득에 있다.

(2) 주거분리

개념	① 소득의 차이로 고소득층과 저소득층의 주거지역이 분리되어 나타나는 현상이다. ② 주거분리는 인근지역뿐만 아니라 전체 주거지역에서도 발생할 수 있다. ③ 소득의 차이가 근본적인 원인이며, 외부효과와 여과과정에 의해서도 설명될 수 있다.
여과과정에 따른 주거분리	① 고가주택지역 내에서는 '주택개량비용 < 주택의 가치상승분'일 것이다. 　⇨ 해당 지역은 계속 고가주택지역으로 남게 된다(주거분리). ② 저가주택지역 내에서는 '주택개량비용 > 주택의 가치상승분'일 것이다. 　⇨ 해당 지역은 계속 저가주택지역으로 남게 된다(주거분리).
외부효과에 따른 주거분리	주택소비자가 정(+)의 외부효과에 대한 편익은 추구하려 하고, 부(-)의 외부효과에 대한 피해는 피하려는 동기에서 비롯되기도 한다. ① 고가주택지역에 인접한 저가주택은 정(+)의 외부효과에 의하여 다른 주택보다 할증되어 거래될 가능성이 있다. ② 저가주택지역에 인접한 고가주택은 부(-)의 외부효과에 의하여 다른 주택보다 할인되어 거래될 가능성이 있다.

침입과 계승에 따른 주거분리	① 고가주택지역으로 저소득층이 유입되면, 주택의 하향여과과정이 발생하고 점차 그 지역은 저가주택지역으로 변할 수 있다. ② 저가주택지역으로 고소득층이 유입되면, 주택의 상향여과과정이 발생하고 점차 그 지역은 고가주택지역으로 변할 수 있다. 🔍 저가주택지역 내에서 주택의 개량비보다 가치상승분이 크다면, 저가주택지역에서도 재건축이나 재개발을 통한 상향여과가 발생할 수 있다. ③ 주택의 여과과정과 주거분리현상을 토지 및 공간이용에 대한 침입과 계승(천이)과정으로 이해할 수 있다.

제2장 입지 및 공간구조론

Point 17 지대이론 ★★★★★

기본서 p.129~139

(1) 지대결정이론

(한계지) 차액지대설	리카도	① 우등지와 한계지의 생산성 차이에 따른 토지의 비옥도가 지대를 결정한다. ② 한계지(최열등지): 생산물가격 = 생산비, 생산성이 낮은 토지로 지대가 없다. ⇨ 조방한계 🔍 곡물수요 증가 ⇨ 곡물가격 상승(토지는 부증성과 수확체감의 현상이 있음) ⇨ 재배면적 증가 ⇨ 한계지에서도 경작 ⇨ 지대 발생 ③ 곡물(생산물)가격의 상승으로 지대가 발생하였으므로 지대는 곡물가격에 영향을 주는 비용(구성요소)이 아니다. 즉, 지대는 '잉여(토지소유자의 불로소득)'라고 주장하였다.
절대지대설	마르크스	비옥도가 없는 한계지에서도 지대는 발생한다. 즉, 토지를 소유 · 독점하는 사실만으로도 비옥도와 관계없이 지대가 발생한다.
준지대	마샬	① 리카도의 지대이론(소득)을 재편성하여 준지대 개념을 전개하였다. ② 토지 위에 인간이 만든 기계 등의 인공적인 자본재나 설비로부터 발생하는 소득으로, 단기적으로 생산요소의 공급이 고정되어 있기 때문에 발생하는 일시적인 소득이다. ③ 준지대는 토지에서 발생하는 지대와 달리 영구적이 아니라 고정생산요소로부터 얻는 일시적인 소득으로, 준지대의 크기는 고정생산요소의 수요에 의해 결정된다.
파레토지대 · 경제지대	파레토	생산요소 공급자의 총수입 = 전용(이전)수입 + 경제지대 ① 전용(이전)수입 ⇨ 최소수입(보수) 어떤 생산요소가 현재의 용도에서 다른 용도로 전용되지 않고 현재의 용도에 그대로 사용되도록 하기 위하여 지불하여야 하는 최소한의 지급액을 말한다. 생산요소의 기회비용이다.

| | | ② 경제지대(economic rent) · 파레토지대 ⇨ 초과수입(보수) 공급이 제한되어 있거나 공급의 가격탄력성이 낮은 생산요소(예 토지 · 노동 등)에서 발생하는 추가적인 소득, 공급의 희소성에 따른 잉여분(초과수입)을 말한다. ⇨ 노동시장에서는 유명 연예인이나 운동선수의 높은 소득은 경제적 지대와 관련이 있다. ③ 공급의 가격탄력성에 따른 경제지대의 크기 ㉠ 생산요소공급이 비탄력적일수록 경제지대는 커진다. ㉡ 공급이 완전비탄력적인 경우에는 생산요소에 대한 수입 전체가 경제지대가 된다. 즉, 토지의 물리적 공급은 완전비탄력적이므로 수입 전체(100%)가 경제지대가 된다. ㉢ 공급이 완전탄력적인 경우에는 생산요소공급에 대한 수입 전체가 전용(이전)수입이 되고, 경제지대는 존재하지 않는다. |

지대가 토지로부터 생산된 재화나 용역의 가격에 영향을 주는 생산비(비용)인가 아니면 잉여인가에 핵심을 두고 있다.

구분	고전학파	신고전학파
토지관	인공적인 자본과는 달리 토지를 고정적 자원, 즉 공급의 한정으로 인한 특별한 재화로 취급 · 구분 · 구별(자연적 특성을 강조)	토지는 경제적 공급이 가능하므로 여러 개의 생산요소 중 하나로 취급
지대의 성격	다른 생산요소에 대한 대가를 지불하고 남은 잉여(불로소득)로 간주	잉여가 아니라 생산요소에 대한 대가이므로 지대를 요소비용으로 파악
가격에의 영향	• 곡물가격이 지대를 결정 • 곡물가격 상승 ⇨ 지대 발생	• 지대가 곡물가격을 결정 • 지대 상승 ⇨ 곡물가격 상승

지대논쟁 — 고전학파, 신고전학파

고립국이론 · 위치지대설 · 입지교차 지대설 — 튀넨

지대(순수익) = 매출액(생산물가격) − 생산비 − 수송비*

* 단위당 수송비 × 거리

① 단일작물의 경우, 외곽에서 읍 중심으로 들어갈수록 절약되는 수송비가 지대화된다(지대곡선은 우하향 · 역선형함수).
  🔍 다른 것이 일정할 때, 수송비와 지대는 반비례관계이다.
② 시장(읍)에 가까울수록 수송비가 감소되므로 토지이용자(경작자)가 지불할 수 있는 입찰지대는 증가한다. ⇨ 중심지에서 거리가 멀어짐에 따라 지대는 점점 감소한다.
③ 생산물가격, 생산비, 수송비, 인간의 행태에 따라 한계지대곡선의 기울기는 달라진다.
  ㉠ 집약적 농업의 경우 한계지대곡선의 기울기는 급해지고, 조방적 농업의 경우 한계지대곡선의 기울기는 완만해진다.

        ⓛ 중심지에 가까운 곳은 집약적 이용을 하고, 외곽으로 나갈수
           록 조방적 이용을 한다.
    ④ 입찰지대(bid-rent): 단위면적토지에 대한 토지이용자의 지불용
      의최대금액으로, 토지이용자의 초과이윤이 '0'이 되는 수준의 지
      대를 말한다.
    ⑤ 입찰지대곡선이란 각 위치(거리)별로 최대의 지불능력을 나타내
      는 각 산업의 지대곡선을 연결한 곡선(포락선 ⇨ 우하향하면서
      원점을 향하여 볼록한 형태)을 말한다.

$$\text{입찰지대곡선의 기울기} = \frac{\text{한계운송비}}{\text{토지이용량}}$$

    ⑥ 입찰지대곡선의 기울기가 급한 작물은 단위거리당 수송비의 부
      담이 다른 작물보다 크다는 것을 의미한다. ⇨ 기울기가 급한 업
      종일수록 중심지 가까이 입지하려는 경향이 있다.
    ⑦ 교통이 발달할수록 입찰지대곡선의 기울기는 완만해진다.
    ⑧ 튀넨의 고립국이론은 알론소의 입찰지대이론과 버제스의 동심
      원이론에 영향을 주었다.

(2) 도시지대이론

입찰지대이론 (도시지대이론)	알론소	① 튀넨의 고립국이론을 도시공간에 적용하여 확장·발전시킨 것이다. ② 도심으로부터 일정한 거리에 위치한 토지들은 여러 토지이용활동 들간의 입지경쟁을 통해서 특정용도로 배분된다. ⇨ 지대입찰과정 ③ 단일도심도시에서 상업용 토지이용이 도심 부근에 나타나는 것은 상업용 토지이용이 단위토지면적당 생산성이 높기 때문이다. ④ 교통비부담이 너무 커서 도시민이 거주하려고 하지 않는 한계지 점(한계지)이 도시의 주거한계점이 될 수 있다. ⇨ 단일도심에서 직·주분리 현상을 설명할 수 있다.
마찰비용이론	헤이그	① 교통비의 절약액이 지대라는 것으로, 중심지로부터 거리가 멀어 질수록 수송비는 증가하고 지대는 감소한다고 보고 교통비의 중 요성을 강조하였다(마찰비용 = 교통비 + 지대). ② 교통수단이 좋을수록 공간의 마찰이 적어지며, 이때 토지이용자 는 마찰비용으로 교통비와 지대를 지불한다.

동심원이론 (단핵이론)	버제스	중심업무지구(CBD) ⇨ 천이(점이)지대 ⇨ 저소득층 주거지대 ⇨ 중산층 주거지대 ⇨ 통근자(고소득층) 주거지대 ① 튀넨의 농촌토지이용구조를 도시구조에 적용한 이론이다. ② 중심지에서 멀어질수록 접근성, 지대 및 인구밀도가 낮아지는 반면에 범죄, 인구이동, 빈곤 및 질병 등 도시문제가 적어지는 경향이 있다. ③ 도시의 구조가 침입·경쟁·천이 등의 과정을 통하여 원형을 그리면서 팽창·형성된다는 것(거주지분화현상 − 도시생태학적 관점)이다. ④ 소득수준이 도시구조를 변화시키는 원인이며, 교통망(도로망)의 변화는 고려하지 않음
선형이론 (단핵이론)	호이트	① 동질적인 토지이용은 도심에서 시작되어 점차 방사형 교통망을 따라 확장되면서 원을 변형한 모양(부채꼴, 축)으로 도시가 성장한다는 이론이다. ② 주거지역은 사회적 지위에 따라 분리된 주거군을 형성(계층분화현상)하는데, 주택지불능력이 높은 고소득층이 도시지역과 접근성이 양호한 교통망의 축에 가까이 입지한다는 것이다(점이지대 없음). ③ 고급주택은 교통망의 축에 가까이 입지하고, 주택가격의 지불능력이 주거지 공간이용의 유형을 결정하는 중요한 원인이 된다. ④ 단핵구조이며, 도시구조의 변화원인을 소득과 교통의 발달로 본다.
다핵심이론	해리스, 울만	① 도시에 있어서 그 이용형태는 어떤 지역 내에서 여러 개의 핵을 형성하면서 지역공간을 구성해간다는 이론(다핵심에서도 중심업무지구는 인정됨, 점이지대는 없음)이다. ⇨ 동심원이론과 선형이론을 결합 ② 도시지역 내에서 유사토지이용군은 서로 흡인력을 가지고 동질적인 집단을 형성한다는 이론이다. ③ 다핵의 성립요인(부도심 발달과 기능별 분화를 설명) ⇨ 대도시·현대도시 　㉠ 동종(유사)활동의 집적이익 추구 　㉡ 이종활동의 이해 상반(입지적 비양립성, 분산입지) 　㉢ 업종에 따른 지대지불능력의 차이 　㉣ 특정 활동에 따른 특수시설

소매인력 법칙 (중력모형)	레일리	① 상권의 흡인력은 두 도시의 인구수(도시 크기)에 비례하고, 두 도시로부터의 거리의 제곱에 반비례한다. ② A도시와 B도시로의 인구유인비율 $$\frac{X_A}{X_B} = \frac{A도시의\ 인구}{B도시의\ 인구} \times \left(\frac{B도시까지의\ 거리}{A도시까지의\ 거리}\right)^2$$ ③ A도시가 B도시보다 크다면, 상권의 경계(분기점)는 B도시에 가깝다. 즉, A도시의 재화의 도달범위(상권영향력)가 더 크다는 의미이다.
분기점 모형 (수정소매 인력법칙)	컨버스	상권경계점은 두 도시가 미치는 구매영향력이 같은 점으로서 두 점포로의 구매지향비율이 1 : 1인 지점을 말한다. $$\frac{X_A}{X_B} = \frac{A매장\ 면적}{B매장\ 면적} \times \left(\frac{B매장까지의\ 거리}{A매장까지의\ 거리}\right)^2 = \frac{1}{1}$$
확률모형 (소매지역 이론)	허프	① 소비자가 쇼핑패턴을 결정하는 확률모델을 제시한 모형으로, 다수의 매장단위로 상권을 분석한다(시간거리, 소비자의 효용도 고려). ② 소비자가 특정매장으로 구매하러 갈 확률은 점포면적에 비례하고, 마찰계수 값을 고려하여 거리에 반비례, 경쟁점포 수에 반비례하여 결정된다. $$특정매장에\ 구매하러\ 갈\ 중력 = \frac{매장면적}{거리^{마찰계수}}$$ ③ 공간(거리)마찰계수는 시장의 교통조건과 쇼핑물건의 특성에 따라 달라지며, 교통조건이 나쁠수록 공간(거리)마찰계수가 커지게 된다. ⇨ 전문품점은 일상용품(편의품)점보다 공간마찰계수가 더 작다. ④ 가까운 곳에 고차원중심지가 존재하면 인근의 저차원중심지를 지나칠 가능성은 커진다[고차원중심지에서는 다목적(여러 가지 재화) 구매 가능]. ⑤ 고정된 상권을 놓고 경쟁 ⇨ 제로섬(zero-sum)게임이 된다는 한계

중심지
이론
	크리스탈러	① 고차중심지의 배후지 안에 저차재만 제공하는 저차중심지의 배후지는 중첩되어 나타난다. ⇨ 중심지계층간의 포섭(nesting)의 원리
		② 공간적 중심지 규모의 크기에 따라 상권의 규모가 달라진다.
		③ 중심지의 성립요건: 최소요구치 < 재화의 도달범위
		  ㉠ 중심지: 배후지역에 재화나 서비스를 공급하는 중심기능을 가지는 장소를 말한다.
		  ㉡ 배후지: 중심지에 의해 재화와 서비스를 제공받는 주변지역
		  ㉢ 재화 및 서비스: 중심지에서 배후지로 제공되는 재화 및 서비스
		  ㉣ 최소요구치: 중심지 기능이 유지되기 위한 수요 요구 규모
		  ㉤ 최소요구범위: 판매자가 정상이윤을 얻을 만큼의 충분한 소비자들을 포함하는 경계까지의 거리
		  ㉥ 도달범위(거리): 소비자가 기꺼이 통행하려는 최대한의 범위, 판매량(수요)이 '0'이 되는 한계범위

소매입지 이론	넬슨	① 특정 점포가 최대 이익을 얻을 수 있는 매출액을 확보하기 위해서는 어떤 장소에 입지해야 하는지 8가지 원칙을 제시하였다. ② 양립성: 서로 다른 점포가 인접해 있으면 고객이 한곳에 머무르면서 (고객을 서로 주고받으면서) 점포의 매출고가 높아진다는 개념이다.

Point 20 공업입지이론 ★★

공업지의 입지인자		① 개념: 입지를 유인하는 비용절약상의 이익
		② 종류
		    ⊙ 경제적 인자: 경제적 이익을 계량화할 수 있는 인자(수입인자, 비용인자)
		    ⓛ 비경제적 인자: 수치화를 통하여 계량화할 수 없는 인자(예 정치적·국방적 가치 등)

최소비용이론	베버	① 공장의 최적입지는 비용이 최소화되는 지점으로 인식한다. ② 입지에 영향을 주는 가장 중요한 요인으로 수송비(운송비 – 원료와 제품), 노동비(임금), 집적이익(집적력)이 있다. ③ 입지삼각형모델을 통하여 ⊙ 수송비가 최소화되는 지점, ⓛ 노동비가 최소화되는 지점, ⓒ 집적이익이 최대화되는 지점을 순차적으로 찾는다. ④ 입지삼각형 외부에 노동비 최소화지점이 있을 경우, 수송비의 증가분보다 노동비의 감소분이 크다면 공장의 최적입지는 노동비 최소화지점이 될 수 있다. ⑤ 등비용선: 최소운송비지점으로부터 기업이 입지를 바꿀 경우, 이에 따른 추가적인 운송비의 부담액이 동일한 지점을 연결한 곡선이다.
최대수요이론	뢰쉬	비용은 일정하다는 전제하에, 공장의 최적입지는 수요측면에서 시장확대가능성이 가장 높은 지점에 위치해야 한다고 보았다.
산업별 입지요인		① 원료지향형 입지와 시장지향형 입지

원료지향형 입지	시장지향형 입지
원료 중량 > 제품 중량	원료 중량 < 제품 중량
(제품)중량감소산업	(제품)중량증가산업
국지(편재)원료를 많이 사용하는 공장	보편원료를 많이 사용하는 공장
원료지수(MI) > 1	원료지수(MI) < 1
부패하기 쉬운 원료를 사용하는 공장	부패하기 쉬운 제품을 생산하는 공장
시멘트·통조림제조공장 등	가구·음료(물)제조공장 등

$$\text{원료지수(MI)} = \frac{\text{국지원료 중량}}{\text{제품 중량}} \quad \begin{array}{l} > 1 \Rightarrow \text{원료지향형 입지} \\ = 1 \Rightarrow \text{자유지향형 입지} \\ < 1 \Rightarrow \text{시장지향형 입지} \end{array}$$

🔍 베버는 운송비의 관점에서 특정 공장이 원료지향적인지 또는 시장지향적 인지 판단하기 위해 원료지수(MI; material index) 개념을 사용한다.

② 집적지향형 입지: 수송비 비중이 적고 기술연관성이 큰 계열화된 산 업의 경우에는 한곳에 모임으로써 비용절감효과를 얻을 수 있다.

③ 중간지향형 입지: 원료산지와 소비시장 사이에 수송수단이 바뀌는 적 환(이적)지점에 공장이 입지하면 수송비절감효과를 얻을 수 있다.

④ 노동집약(지향)형 입지: 제화·섬유·전자조립산업(미숙련공, 저임금 지역에 주로 입지하는 경우)

제3편 단원별 출제예상문제

제1장 부동산시장

Point 13 부동산시장의 특성과 기능 ★★★★★

정답 및 해설 p.26~27

> 💡 **Tip**
> • 출제빈도가 비교적 높은 분야이다. 불완전경쟁시장으로서의 부동산시장의 개념을 정리하고, 부동산시장과 일반재화시장과의 차이점을 묻는 문제가 많으므로 부동산의 특성과 잘 연계하여 정리하여야 한다.
> • 부동산시장의 기능은 암기하여야 할 사항이 아니라 시장이 어떠한 역할을 수행하는지 그 '용어를 정리하는 것'에 주력하여야 한다.

01 완전경쟁시장과 달리 부동산시장에서 발생될 수 있는 현상에 대한 설명으로 틀린 것은?

① 부동산은 일반적으로 고가(高價)이므로 자금조달가능성이 시장참여에 영향을 미친다.

② 부동산시장의 특징 중 하나는 특정 지역에 다수의 판매자와 다수의 구매자가 존재한다는 것이다.

③ 부동산상품은 개별성이 있어 부동산시장에서는 일물일가의 법칙이 성립하지 않는다.

④ 부동산상품은 위치가 고정되어 있으므로 지역시장에 따라 수요와 공급의 불균형문제가 발생할 수 있다.

⑤ 부동산시장에서는 불완전한 정보의 차이로 인하여 시장참여자가 초과이윤을 획득할 수 있다.

02 부동산시장에 관한 설명으로 **틀린** 것은?

① 취득세의 강화는 수급자의 시장진입을 제한하여 시장의 효율성을 제한한다.

② 부동산시장은 시장진입과 탈퇴가 자유롭지 못하여 매수자 중심이나 매도자 중심의 시장이 형성될 수 있다.

③ 부동산시장은 거래의 비공개성으로 인하여 불합리한 가격이 형성되는데, 이는 비가역성과 관련이 깊다.

④ 부동산시장은 단기적으로 수급조절이 쉽지 않기 때문에 가격의 왜곡이 발생할 가능성이 높다.

⑤ 부동산시장은 가격기구에 따른 자원의 효율적 배분이 제한되어 시장실패가 발생할 수 있다.

03 부동산시장에 대한 설명으로 **틀린** 것은?

① 부동산시장의 분화현상은 경우에 따라 부분시장(sub-market)별로 시장의 불균형을 초래하기도 한다.

② 부동산의 입지성으로 인해 소유자는 해당 부동산의 활용과 가격결정에 있어서 입지독점권(location monopoly)을 가지며, 이것은 하위시장의 형성과 관련이 있다.

③ 거래행태의 은밀성과 비공개성은 시장참여자에게 많은 정보탐색비용을 부담하게 한다.

④ 개별성의 특성은 부동산상품의 표준화를 어렵게 할 뿐만 아니라 부동산시장을 복잡하고 다양하게 한다.

⑤ 부증성이 있어 지역시장이 형성되고, 물리적으로 동질적이라도 지역시장에 따라 각각 다른 가격이 형성된다.

04 부동산시장의 특성에 관한 설명으로 **틀린** 것은?

① 부동산시장은 규모, 유형, 품질 등에 따라 세분화 되고, 지역별로 구분되는 특성이 있다.

② 부동산시장은 장기보다 단기에서 공급의 가격탄력성이 크므로 단기 수급조절이 용이하다.

③ 개별성은 부동산시장을 독점적 시장으로 형성되게 하는 요인이며, 상품간 대체관계를 제약하여 공급을 비탄력적으로 만든다.

④ 부동산시장에 대한 과다한 법적 규제는 부동산의 가격과 시장기능을 왜곡시킬 수 있다.

⑤ 일반상품시장과 달리 비조직성을 갖고, 부동산이 속한 지역에 국한되는 특징이 있다.

05 부동산시장에 관한 설명으로 **틀린** 것은? (단, 다른 조건은 동일함)

① 부동산은 대체가 불가능한 재화이기에 부동산시장에서 공매(short selling)가 빈번하게 발생한다.

② 부동산시장에서는 상황이 변해도 수요와 공급을 조절하는 데 많은 시간이 소요된다.

③ 진입장벽의 존재는 부동산시장을 불완전하게 만드는 원인이다.

④ 일반적으로 부동산은 일반재화에 비해 거래비용이 많이 들고, 부동산이용의 비가역적 특성 때문에 일반재화에 비해 의사결정지원분야의 역할이 더욱 중요하다.

⑤ 부동산시장은 정보의 비대칭으로 폐쇄적 시장이라는 특성이 있다.

★ 고득점
06 다음 중 부동산시장의 특성 및 기능에 관한 설명으로 옳은 것은 모두 몇 개인가?

> ㉠ 부동산시장은 부동산재화와 서비스가 교환되는 메커니즘이기 때문에 유형의 부동산거래는 허용되며, 무형의 이용과 관련한 권리는 제외된다.
> ㉡ 부동산의 개별성이라는 특성에도 불구하고 부동산시장은 자원배분기능을 수행한다.
> ㉢ 토지의 인문적 특성인 지리적 위치의 고정성으로 인하여 개별화된다.
> ㉣ 부동산시장에서는 매도인의 제안가격과 매수인의 제안가격의 접점에서 부동산가격이 형성된다.
> ㉤ 부동산시장은 입지주체간의 입지경쟁에 의하여 토지이용의 유형이 결정되는 기능을 갖는다.
> ㉥ 부동산시장은 거래를 비공개하는 기능이 있다. 이러한 비공개는 정보수집을 어렵게 한다.

① 2개   ② 3개   ③ 4개   ④ 5개   ⑤ 6개

07 이자율의 하락이 부동산시장에 미치는 영향으로 옳은 것은? (단, 다른 조건은 일정함)

① 생산비의 하락으로 신규주택의 공급이 장기적으로 감소한다.

② 전세금의 기회비용이 하락하면서 전세수요가 감소한다.

③ 투자의 기회비용의 감소로 부동산 투자수요가 증가한다.

④ 부동산의 공간서비스에 대한 수요가 감소한다.

⑤ 전세금의 운용수익이 줄어들면서 월세공급이 감소한다.

08 다음 중 부동산상품 및 부동산시장에 관한 설명으로 옳은 것을 모두 고른 것은?

> ㉠ 토지의 영속성은 부동산 임대차시장의 형성 근거가 된다.
> ㉡ 부동산상품은 매매의 단기성으로 인하여 유동성과 환금성이 우수하다.
> ㉢ 부동산거래는 다른 상품거래에 비하여 시간이나 비용(중개보수, 등기비용, 세금 등)이 많이 소요된다.
> ㉣ 가계지출항목 중 부동산에 대하여 드는 비용은 상대적으로 많다고 할 수 있다.
> ㉤ 장기주택저당대출제도가 활성화되면 무주택자의 주택구입이 용이해질 것이다.

① ㉠, ㉡, ㉢, ㉣　　　　　　　　　② ㉠, ㉡, ㉢, ㉤

③ ㉠, ㉢, ㉣, ㉤　　　　　　　　　④ ㉡, ㉢, ㉣, ㉤

⑤ ㉠, ㉡, ㉢, ㉣, ㉤

Point 14　**정보의 효율성과 부동산시장 ★★★**

정답 및 해설 p.27~28

💡 **Tip**

• '부동산시장에서는 정보를 활용하여 초과이윤을 달성할 수 있다.', '부동산시장이 효율적 시장이라면 정보를 활용하여 초과이윤(평균이상의 초과수익)을 달성할 수 없다.' ⇨ 제시된 두 가지 지문은 모두 옳은 지문으로, 문제의 조건을 잘 보고 대응하여야 한다.

• 출제빈도가 늘어나는 추세이며, 개발정보의 현재가치를 구하는 계산문제는 제5편 부동산투자론에서 학습하는 화폐의 시간가치 개념을 적용하는 것이므로 문제의 조건을 잘 파악하여 대응할 필요가 있다.

09 부동산시장의 효율성에 관한 설명으로 <u>틀린</u> 것은?

① 시장(가격)에 관한 모든 정보가 신속·정확하게, 지체 없이 부동산가격에 반영된다면 부동산시장을 효율적 시장이라고 할 수 있다.

② 과거의 정보를 가지고 투자분석을 하는 것을 기술적 분석이라 하는데, 약성 효율적 시장에서는 기술적 분석을 통해서 초과이윤을 달성할 수 없다.

③ 준강성 효율적 시장은 새로운 정보가 공표되는 즉시 가격에 반영되는 시장으로 공표(공개)된 자료를 토대로 기본적 분석을 하여도 초과이윤을 달성할 수 없다.

④ 강성 효율적 시장은 공표된 정보뿐만 아니라 미공개정보까지도 이미 가격에 반영된 시장으로, 투자자는 미공개정보를 이용하면 정상 이상의 초과이윤을 획득할 수 있다.

⑤ 강성 효율적 시장이야말로 진정한 의미의 효율적 시장이라 할 수 있다.

10 부동산시장과 효율적 시장에 관한 설명으로 틀린 것은?

① 효율적 시장은 본질적으로 제품의 동질성과 상호간의 대체성이 있는 시장이다.

② 약성 효율적 시장은 정보가 완전하고 공개되어 있으며 정보비용이 없다는 완전경쟁시장의 조건을 만족한다.

③ 준강성 효율적 시장에서는 기술적 분석으로 초과이익을 얻을 수 없다.

④ 강성 효율적 시장은 준강성 효율적 시장의 성격을 포함하고 있다.

⑤ 부동산증권화 및 실거래가신고제도 등으로 우리나라 부동산시장의 효율성이 점차 증대되고 있다고 평가할 수 있다.

11 정보의 효율성 등에 관한 설명으로 옳은 것은?

① 완전경쟁시장에서는 초과이윤이 발생할 수 있다.

② 할당 효율적 시장은 완전경쟁시장만을 의미하며 불완전경쟁시장은 할당 효율적 시장이 될 수 없다.

③ 완전경쟁시장이나 강성 효율적 시장에서는 할당 효율적인 시장만 존재한다.

④ 약성 효율적 시장에서 과거의 역사적 정보를 통해 정상 이상의 수익을 획득할 수 있다.

⑤ 준강성 효율적 시장은 공표된 정보는 물론 공표되지 않은 정보도 시장가치에 반영된 시장을 말한다.

12 부동산시장의 효율성에 관한 설명으로 틀린 것은?

① 특정 투자자가 얻는 초과이윤이 이를 발생시키는 데 소요되는 정보비용보다 크면 할당(배분) 효율적 시장이 아니다.

② 독점시장에서 정보비용과 정보를 활용하여 획득한 이윤이 동일하다면 독점시장도 할당 효율적 시장이 될 수 있다.

③ 부동산시장이 할당효율적이지 못할 경우, 부동산거래의 은밀성으로 인해 부동산가격의 과소평가 또는 과대평가 등 왜곡가능성이 높아질 수 있다.

④ 부동산시장의 제약조건을 극복하는 데 소요되는 거래비용이 타 시장보다 부동산시장을 더 비효율적이게 하는 주요한 요인이다.

⑤ 부동산시장은 여러 가지 불완전한 요소가 많으므로 할당 효율적 시장이 될 수 없다.

13 대형마트가 개발된다는 다음과 같은 정보가 있을 때 만약 부동산시장이 할당 효율적이라면 투자자가 최대한 지불할 수 있는 이 정보의 현재가치는? (단, 주어진 조건에 한함)

- 대형마트 개발예정지 인근에 일단의 A토지가 있다.
- 1년 후 대형마트가 개발될 가능성은 60%로 알려져 있다.
- 1년 후 대형마트가 개발되면 A토지의 가격은 5억 5,000만원, 개발되지 않으면 2억 7,500만원으로 예상된다.
- 투자자의 요구수익률(할인율)은 연 10%이다.

① 2억 5,000만원 ② 2억원
③ 1억 5,000만원 ④ 1억원
⑤ 8,000만원

신유형

14 X노선 신역사가 들어선다는 다음과 같은 정보가 있을 때, 해당 A토지를 매수하려는 사람은 현재 얼마의 가격으로 매수해야만 요구수익률 10%를 충족할 수 있겠는가? (단, 주어진 조건에 한함)

- X노선 신역사 예정지 인근에 일단의 A토지가 있다.
- 2년 후 X노선 신역사가 들어설 확률은 45%로 알려져 있다.
- 2년 후 X노선 신역사가 들어서면 A토지의 가격은 12억 1,000만원, 신역사가 들어서지 않으면 4억 8,400만원으로 예상된다.

① 6억 7,000만원 ② 7억원
③ 7억 7,000만원 ④ 8억원
⑤ 10억원

• 주택시장을 분석할 때에는 동질적 재화를 가정하는 '주택서비스'라는 개념을 사용한다.
• 단기에 고정된 주택의 양을 '저량'이라 하고, 장기에 생산공급이 늘어나는 주택의 양을 '유량'이라 한다.
• 주택시장분석에서는 주택시장에서 주택가격이 상승하여도 생산공급이 적시에 늘어나지 못하는 '수급불균형'의 개념을 주로 묻고 있다.

✿중요
15 주택시장에 대한 설명으로 <u>틀린</u> 것은?

① 물리적 주택시장은 완전경쟁을 전제로 하는 이론이나 모형으로 분석이 용이하지 않은 편이다.
② 주택은 이질성이 강한 제품이지만, 용도적으로 동질화된 상품으로 분석할 수 있다.
③ 주택서비스란 주택의 소유자나 이용자에게 제공되는 효용을 의미한다.
④ 주택시장은 지역적 경향이 강하고, 지역수요에 의존하기 때문에 적정가격의 도출이 용이한 편이다.
⑤ 주택소요(needs)는 저소득층에게 필요한 주택의 양과 질에 해당하는 개념이다.

16 주택시장에 대한 설명으로 <u>틀린</u> 것은?

① 7월 10일 현재 A지역에 50,000채의 주택이 존재하고 있다면, 주택유량의 공급량은 50,000채이다.
② 일정시점에 시장에 존재하는 주택의 양과 사람들이 보유하고자 하는 주택의 양은 다를 수 있다.
③ 주택시장의 단기공급곡선은 저량개념을, 장기공급곡선은 유량개념을 의미한다.
④ 유량의 개념뿐만 아니라 저량의 개념을 동시에 파악하는 것은 주택공급이 단기적으로 제한되어 있기 때문이다.
⑤ 주택시장은 단기적으로 수요가 급증하여도 생산공급이 적시에 이루어지지 못하는 수급불균형의 문제가 있다.

17 아파트 신축에 필요한 원자재가격이 하락하였을 때, 아파트임대료의 변화를 경제학적 관점에서 단기와 장기로 나누어 설명한 것 중 옳은 것은? (단, 다른 조건은 일정함) 제18회

① 단기에는 임대료 상승, 장기에도 임대료 상승
② 단기에는 임대료 상승, 장기에는 임대료 하락
③ 단기에는 임대료 변화 없음, 장기에는 임대료 상승
④ 단기에는 임대료 변화 없음, 장기에는 임대료 하락
⑤ 단기에는 임대료 변화 없음, 장기에도 임대료 변화 없음

Point 16 주택의 여과과정과 주거분리 ★★★

정답 및 해설 p.28~29

⑨ Tip
• 주택의 여과과정과 주거분리는 기본개념만 잘 정리하면 된다.
• 학자(출제자)들마다 그 견해가 다른 부분이 있기 때문에 최근에 기출된 문제 위주로 학습의 범위를 한정하여 학습할 필요가 있다.
• 주택의 이용주체가 상위계층으로 전환된 것인지, 하위계층으로 전환된 것인지에 초점을 맞추면 된다.

18 주택의 여과과정이론과 주거분리에 관한 설명으로 <u>틀린</u> 것은? 제21회

① 주택의 상향여과는 상위소득계층이 사용하던 기존주택이 하위소득계층의 사용으로 전환되는 것을 말한다.
② 주거분리는 도시 전체뿐만 아니라 지리적으로 인접한 근린지역에서도 발생할 수 있다.
③ 주거분리는 도시 내에서 소득계층이 분화되어 거주하는 현상을 말한다.
④ 침입과 천이현상으로 인해 주거입지의 변화를 가져올 수 있다.
⑤ 공가(空家)의 발생은 주택여과과정의 중요한 구성요소 중 하나이다.

19 주택의 여과과정(filtering process)과 주거분리에 관한 설명으로 <u>틀린</u> 것은?

① 저급주택이 재개발되어 고소득가구의 주택으로 사용이 전환되는 것을 주택의 상향여과 과정이라 한다.

② 주택의 하향여과과정이 원활하게 작동하면 저급주택이 차지하는 비중은 증가한다.

③ 주택의 개량비용보다 개량 후 주택가치의 상승분이 크다면 하향여과과정이 발생하기 쉽다.

④ 여과과정에서 주거분리를 주도하는 것은 고소득가구로 정(+)의 외부효과를 추구하고 부(−)의 외부효과를 회피하려는 동기에서 비롯된다.

⑤ 저소득가구의 침입과 천이현상으로 인하여 주거입지의 변화가 야기될 수 있다.

☆중요

20 주택의 여과과정과 주거분리에 관한 설명으로 <u>틀린</u> 것은?

① 주택의 여과현상을 주택순환과정이라고도 한다.

② 저소득층 주거지역에서 주택의 보수를 통한 가치 상승분이 보수비용보다 크다면 상향여과가 발생할 수 있다.

③ 주택시장에서 불량주택과 같은 저가주택이 생산되는 것은, 시장의 실패에 기인하는 것으로 볼 수 있다.

④ 고가주택에 가까이 위치한 저가주택에는 정(+)의 외부효과가 발생할 수 있다.

⑤ 주택의 여과과정이 긍정적으로 작동하면 주거의 질을 개선하고, 장기적으로 주택공급량 증가에 기여할 수 있다.

21 여과과정과 주거분리에 관한 설명으로 <u>틀린</u> 것은? (단, 다른 조건은 일정함)

① 여과과정이 원활하게 작동하면 신규주택에 대한 정부지원으로 모든 소득계층이 이득을 볼 수 있다.

② 고소득층 주거지역과 인접한 저소득층 주택은 할증료(premium)가 붙어 거래되며, 저소득층 주거지역과 인접한 고소득층 주택은 할인되어 거래될 것이다.

③ 주거분리는 주택소비자가 정(+)의 외부효과 편익은 추구하려 하고, 부(−)의 외부효과 피해는 피하려는 동기에서 비롯된다.

④ 저소득층 주거지역에 고소득층이 유입되어 주택의 하향여과과정이 계속되면, 저소득층 지역은 점차 고소득층 주거지역으로 바뀔 것이다.

⑤ 어떤 지역의 토지이용이 이질적 요소의 침입으로 인하여 다른 종류의 토지이용으로 변화되어 가는 과정을 계승·천이(succession)라 한다.

제2장 입지 및 공간구조론

Point 17 지대이론 ★★★★★

정답 및 해설 p.29~30

> 💡 **Tip**
> • 지대이론은 리카도의 차액지대설과 튀넨의 위치(입찰)지대설이 비교적 출제비중이 높다.
> • 최근에는 지대이론 전체에 대하여 학자와 학설을 연결하는 문제가 출제되고 있다. 단, 출제문제가 1~2문제로 한정되므로 기본개념만 충실히 준비하면 된다.
> • 박스형 선택형 문제의 비중이 늘어나고 있으므로 이에 대한 대비가 필요하다.

☆중요
22 리카도(D. Ricardo)의 차액지대설에 관한 설명으로 <u>틀린</u> 것은?

① 차액지대설에서 생산물 가격과 생산비가 일치하는 한계지에서는 지대가 발생하지 않는다.

② 비옥도의 차이, 비옥한 토지량의 제한, 수확체감법칙의 작동을 지대 발생의 원인으로 보았다.

③ 차액지대설에서 어떤 토지는 그 토지의 생산성과 한계지의 생산성과의 차이에 의해 결정된다.

④ 지대는 토지생산물가격의 구성요인이 되지 않으며 또한 될 수도 없다.

⑤ 차액지대설에 따르면 지대는 경제적 잉여가 아니고 생산비이다.

23 지대이론에 관한 설명으로 <u>틀린</u> 것을 모두 고른 것은?

> ㉠ 지대론에 관한 논쟁은 지대가 토지로부터 생산된 재화의 가격에 영향을 주는 생산비, 즉 비용이냐 아니냐에 핵심을 두고 있다.
> ㉡ 차액지대설에 따르면 집약한계의 토지에는 지대가 발생하지 않으므로 무지대(無地代) 토지가 된다.
> ㉢ 신고전학파는 토지를 원시적인 재화로 취급하고, 토지와 자본을 엄격하게 구별하여 지대를 불로소득이라고 주장하였다.
> ㉣ 리카도(D. Ricardo)는 지대는 잉여이기에 토지생산물의 가격이 높아지면 지대가 높아지고 토지생산물의 가격이 낮아지면 지대도 낮아진다고 보았다.

① ㉠, ㉡   ② ㉠, ㉢   ③ ㉡, ㉢
④ ㉢, ㉣   ⑤ ㉡, ㉢, ㉣

24 지대론에 관한 설명으로 <u>틀린</u> 것은?

① 절대지대설에 따르면 토지 소유자는 최열등지에 대해서는 지대를 요구할 수 없다.
② 절대지대는 토지의 생산성과 무관하게 토지가 개인에 의해 배타적으로 소유되는 것으로부터 발생한다.
③ 위치지대설에 따르면 다른 조건이 동일한 경우, 지대함수는 중심지에서 거리가 멀어질수록 감소(하락)하는 역선형함수이다.
④ 위치지대설에 따르면 토지의 비옥도가 동일하더라도 위치에 따라 지대의 차이가 날 수 있다.
⑤ 입찰지대설에서는 가장 높은 지대를 지불할 의사가 있는 용도에 따라 토지이용이 이루어진다.

25 다음 중 준지대에 관한 설명으로 <u>틀린</u> 것을 모두 고른 것은?

> ⊙ 마샬(A. Marshall)은 토지와 유사한 성격을 가지는 생산요소에 귀속되는 소득을 준지대로 설명하고, 단기적으로 공급량이 일정한 생산요소에 지급되는 소득으로 보았다.
> ⓛ 준지대는 생산을 위하여 사람이 만든 기계나 기구들로부터 얻는 소득이다.
> ⓒ 다른 조건이 일정할 때, 준지대는 영구적으로 지대의 성격을 가지는 소득이다.
> ⓔ 고정생산요소의 공급량은 단기적으로 변동하지 않으므로 다른 조건이 동일하다면 준지대는 고정생산요소에 대한 수요에 의하여 결정된다.
> ⓜ 마샬(A. Marshall)의 준지대이론은 리카도(D. Ricardo)의 차액지대설에 영향을 주었다.

① ㉠, ㉢

② ㉠, ㉣

③ ㉡, ㉢

④ ㉢, ㉤

⑤ ㉣, ㉤

26 지대이론에 관한 설명으로 옳은 것은?

① 리카도(D. Ricardo)의 차액지대설에서 지대는 토지의 생산성과 운송비의 차이에 의해 결정된다.

② 마샬(A. Marshall)의 준지대이론에 의하면 고정생산요소에 귀속되는 소득은 단기에는 지대의 성격을 갖지만, 장기에는 비용의 성격을 갖는다.

③ 마르크스(K. Marx)는 한계지의 생산비와 우등지의 생산비 차이를 차액지대로 보았다.

④ 절대지대설에 따르면 최열등지에서는 지대가 발생하지 않는다.

⑤ 튀넨(J. H. von Thünen)의 위치지대설에 따르면, 비옥도 차이에 기초한 지대에 의해 비농업적 토지이용이 결정된다.

27 경제적 지대(economic rent)와 전용(이전)수입에 대한 설명으로 <u>틀린</u> 것을 모두 고른 것은?

> ㉠ 경제적 지대를 파레토(V. Pareto)지대라고 한다.
> ㉡ 경제적 지대란 공급이 제한된 생산요소에서 발생하는 추가적인 보수로, 생산요소의 초과수익(잉여)을 말한다.
> ㉢ 전용(이전)수입이란 생산요소의 공급자가 받고자 하는 최대한의 금액으로, 생산요소의 기회비용을 말한다.
> ㉣ 다른 조건이 일정할 때, 생산요소의 공급이 비탄력적일수록 경제적 지대는 작아진다.

① ㉠, ㉡   ② ㉠, ㉢

③ ㉡, ㉢   ④ ㉡, ㉣

⑤ ㉢, ㉣

28 튀넨의 위치지대설에 관한 설명 중 <u>틀린</u> 것은?

① 단일작물의 경우, 시장(읍 중심)에 가까울수록 수송비가 감소하기 때문에 토지이용자가 지불할 수 있는 지대는 감소한다.

② 한계지대곡선의 기울기는 생산물가격, 생산비, 수송비 등에 따라서 달라진다.

③ 집약적 농업일수록 읍 중심지 가까이에 입지하려는 경향이 있다.

④ 입찰지대 개념에 따르면 각 위치별로 입지주체의 지대지불능력에 따라 토지이용의 유형이 결정된다.

⑤ 교통이 발달하여 단위거리당(한계) 수송비가 감소하게 되면 한계지가 외곽으로 연장되고 입찰지대곡선의 기울기는 완만해진다.

29 지대이론에 관한 설명으로 <u>틀린</u> 것은?

① 튀넨(J. H. von Thünen)은 도시로부터 거리에 따라 농작물의 재배형태가 달라진다는 점에 착안하여, 수송비의 차이가 지대의 차이를 가져온다고 보았다.

② 튀넨의 고립국이론에 따르면 서로 다른 지대곡선을 가진 농산물들이 입지경쟁을 벌이면서 각 지점에 따라 가장 높은 지대를 지불하는 농업적 토지이용에 토지가 할당된다.

③ 입찰지대란 토지이용에 따른 판매액이 극대화되는 지대를 말한다.

④ 생산요소간의 대체가 일어날 경우, 일반적으로 입찰지대곡선은 우하향하면서 원점을 향해 볼록한 형태를 지니게 된다.

⑤ 단일도심에서 상업용 토지이용이 도심 부근에 나타나는 것은 상업용 토지이용이 단위 토지면적당 생산성이 높기 때문이다.

30 알론소(W. Alonso)의 입찰지대이론에 관한 설명으로 <u>틀린</u> 것은?

① 튀넨의 고립국이론을 도시공간에 적용하여 확장·발전시킨 것이다.

② 지대는 토지이용자에게 최소지불용의금액이라 할 수 있다.

③ 도심지역의 이용 가능한 토지는 외곽지역에 비하여 한정되어 있어 토지이용자들 사이에 경쟁이 치열해질 수 있다.

④ 입찰지대곡선은 도심으로부터 교외로 이동하면서 거리에 따라 가장 높은 지대를 지불할 수 있는 산업들의 지대곡선을 연결한 선이다.

⑤ 교통비부담이 너무 커서 도시민이 거주하려고 하지 않는 한계지점이 도시의 주거한계점이다.

31 지대이론에 관한 설명으로 틀린 것은?

① 알론소(W. Alonso)의 입찰지대곡선은 여러 개의 지대곡선 중 가장 높은 부분을 연결한 포락선이다.

② 특정 토지는 입지경쟁이 일어난다면 최대의 순현재가치를 올릴 수 있는 이용에 할당되는데, 이때 최대의 순현재가치를 올릴 수 있는 원인이 무엇이든 아무런 상관이 없다.

③ 헤이그(R. Haig)의 마찰비용이론은 중심지로부터 거리가 멀어질수록 수송비는 증가하고 지대는 감소한다고 보고 교통비의 중요성을 강조했다.

④ 헤이그(R. Haig)의 마찰비용이론에 의하면 교통수단이 좋을수록 공간의 마찰이 적어지며, 이때 토지이용자는 마찰비용으로 교통비와 지대를 지불한다고 본다.

⑤ 마샬(A. Marshall)은 일시적으로 토지의 성격을 가지는 기계, 기구 등의 생산요소에 대한 대가를 파레토지대로 정의하였다.

Point 18 **도시공간구조이론** ★★★★   정답 및 해설 p.30~31

> 💡 **Tip**
> • 난이도는 높지 않은 부분으로 핵심적인 내용만 잘 정리하면 된다.
> • 버제스의 동심원이론과 호이트의 선형이론은 단핵이론으로 전통적인 소도시구조를 설명하는 데 유용하며, 해리스와 울만의 다핵심이론은 현대도시에서 부도심의 기능별 분화현상을 설명하는 데 유용하다.
> • 동심원이론은 소득이 향상될수록 외곽으로 주거지를 밀고 나가면서 원형의 도시구조가 팽창된다는 것이고, 선형이론은 교통망의 축에 소득이 높은 계층이 주거지를 형성한다는 것이다.

32 버제스(E. W. Burgess)의 동심원이론에 관한 설명으로 틀린 것은?   제19회

① 20세기 초반, 미국 시카고대학의 시카고학파를 중심으로 발전하였다.

② 도시의 공간구조를 도시생태학적 관점에서 접근하였다.

③ 도시의 공간구조 형성을 침입, 경쟁, 천이 등의 과정으로 설명하였다.

④ 튀넨(J. H. von Thünen)의 고립국이론은 버제스의 동심원이론을 농업부문에 응용한 것이다.

⑤ 이 이론에 따르면 천이지대(혹은 점이지대)는 중심업무지구와 저소득층 주거지대의 사이에 위치한다.

33 도시구조이론에 관한 설명으로 **틀린** 것은?

① 선형이론에서의 점이지대는 중심업무지구에서 직장 및 생활터전이 있어 중심업무지구에 근접하여 거주하는 지대를 말한다.

② 동심원이론에 따르면 중심업무지구(CBD)에서 멀어질수록 지대는 점차 낮아진다.

③ 해리스(C. Harris)와 울만(E. Ullman)의 다핵이론에서는 상호 편익을 가져다주는 활동(들)의 집적지향성(집적이익)을 다핵입지발생요인 중 하나로 본다.

④ 다핵심이론에서 서로 다른 도시활동 중에서는 집적 불이익이 발생하는 경우가 있는데, 이러한 활동은 상호 분리되는 경향이 있다.

⑤ 다핵심이론은 현대도시에서 부도심의 발달이나 기능별 분화현상을 잘 설명해준다.

34 도시성장구조이론에 관한 설명으로 옳지 <u>않은</u> 것은?

① 동심원이론은 도시 그 중심에서 동심원상으로 확대되어 분화되면서 성장한다는 이론이다.

② 호이트(H. Hoyt)의 선형이론은 도시공간의 성장 및 분화가 주요 교통노선을 따라 부채꼴모양으로 확대되면서 나타난다고 본다.

③ 해리스(C. Harris)와 울만(E. Ullman)의 다핵심이론에 따르면 하나의 중심이 아니라 몇 개의 분리된 중심이 점진적으로 통합됨에 따라 전체적인 도시구조가 형성된다.

④ 해리스(C. Harris)와 울만(E. Ullman)의 다핵심이론에서 지대를 지불하는 능력의 차이와 유사한 활동이 집중하는 성향을 도시의 다핵화 요인으로 설명하고 있다.

⑤ 다핵심이론과 호이트(H. Hoyt)의 선형이론의 한계를 극복하기 위해서 개발된 동심원이론에서 점이지대는 저소득지대와 통근자(고소득층)주거지대 사이에 위치하고 있다.

35 도시공간구조이론에 관한 설명으로 옳은 것은?

① 동심원이론에 의하면 중심지와 가까워질수록 범죄, 빈곤 및 질병이 적어지는 경향을 보인다.

② 동심원이론에 따르면 저소득층일수록 고용기회가 적은 부도심과 접근성이 양호하지 않은 지역에 주거지를 선정하는 경향이 있다.

③ 해리스(C. Harris)와 울만(E. Ullman)의 다핵심이론에 교통축을 적용하여 개선한 이론이 호이트의 선형이론이다.

④ 다핵심이론에서는 다핵의 발생요인으로 유사활동간 분산지향성, 이질활동간 입지적 비양립성 등을 들고 있다.

⑤ 선형이론에 의하면 주택구입능력이 높은 고소득층의 주거지는 주요 간선도로 인근에 입지하는 경향이 있다.

36 도시공간구조이론에 관한 설명으로 옳은 것을 모두 고른 것은?

> ㉠ 동심원이론에 의하면 점이지대는 통근자지대보다 도심으로부터 근거리에 위치한다.
> ㉡ 버제스(E. W. Burgess)의 동심원이론에서는 주택가격의 지불능력이 주거지 공간이용의 유형을 결정하는 중요한 요인이다.
> ㉢ 버제스(E. W. Burgess)의 동심원이론은 도시구조의 변화요인을 소득증가와 교통의 발달로 본다.
> ㉣ 다핵심이론의 핵심요소에는 공업, 소매, 고급주택 등이 있으며, 도시성장에 맞춰 핵심의 수가 증가하고 특화될 수 있다.

① ㉠, ㉡　　　　　　　② ㉠, ㉣

③ ㉡, ㉢　　　　　　　④ ㉡, ㉣

⑤ ㉢, ㉣

Point 19 상업입지이론 ★★★★

정답 및 해설 p.31~33

💡 **Tip**

- 입지론은 부동산학의 고유영역이기 때문에 '지문형식'으로 출제될 때에는 기본서 내용 이외의 지문들이 출제되는 경우가 종종 있다. 이렇게 되면 학습할 내용이 지나치게 많아지기 때문에 기본서 내용 위주로 학습범위를 좁혀서 공부하는 것이 좋다.
- 상업입지론에서는 계산문제의 출제비중이 높은 편이며, 레일리의 소매인력법칙과 허프의 확률모형에 관한 계산문제는 철저한 대비가 필요하다.

☆중요

37 상업입지이론에 관한 설명으로 틀린 것은?

① 레일리(W. J. Reilly)의 소매인력법칙에 따르면, 2개 도시의 상거래 흡인력은 두 도시의 인구에 비례하고, 두 도시의 분기점으로부터 거리의 제곱에 반비례한다.

② 레일리(W. J. Reilly)의 소매인력법칙에 의하면, 만약 X도시가 Y도시보다 크다면 상권의 경계는 X도시 쪽에 더 가깝게 형성될 것이다.

③ 컨버스(P. Converse)는 경쟁관계에 있는 두 소매시장간 상권의 경계지점을 확인할 수 있도록 소매중력모형을 수정하였다.

④ 허프(D. L. Huff)의 확률모형에 따르면, 소비자가 특정 점포를 이용할 확률은 경쟁점포의 수와 마찰계수를 고려하여 거리에 반비례하고, 점포의 면적에 비례하여 결정된다.

⑤ 중력모형은 중심지의 형성과정보다는 중심지간 상호작용에 더 중점을 두고 있다.

38 인구 20,000명의 A도시와 5,000명의 B도시 사이에 소비자 거주지가 있다. 이 소비자 거주지는 A도시로부터 4km, B도시로부터는 2km 떨어져 있다. 레일리(W. J. Reilly)의 소매인력법칙에 따르면 이 소비자 거주지에서 A도시로 구매고객은 몇 % 유입될 것인가? (단, 다른 조건은 일정함)

① 40%   ② 50%

③ 60%   ④ 75%

⑤ 80%

39 A도시(인구 10만명)와 B도시(인구 30만명) 사이에 C마을(2만명 거주)이 있다. C마을에서 A도시까지 거리는 20km이고, C마을에서 B도시까지 거리는 20km이다. 레일리(W. J. Reilly)의 소매인력법칙을 적용할 경우, C마을에서 A도시와 B도시로 구매활동에 유인되는 인구수는? (단, C마을 인구의 60%만 A도시 또는 B도시에서 구매하고, 주어진 조건에 한함)

2017. 감정평가사

① A: 3,000명, B: 9,000명   ② A: 4,000명, B: 8,000명
③ A: 5,000명, B: 7,000명   ④ A: 5,500명, B: 6,500명
⑤ A: 6,000명, B: 6,000명

40 A도시와 B도시 사이에 있는 C도시는 A도시로부터 5km, B도시로부터 10km 떨어져 있다. 각 도시의 인구변화가 다음과 같을 때, 작년에 비해 금년에 C도시로부터 B도시의 구매활동에 유인되는 인구수의 증가는? (단, 레일리의 소매인력법칙에 따르고, C도시 모든 인구는 A도시와 B도시에서만 구매하며, 다른 조건은 동일함)

구분	작년 인구수	금년 인구수
A도시	5만명	5만명
B도시	20만명	30만명
C도시	4만명	6만명

① 24,000명   ② 20,000명
③ 16,000명   ④ 12,000명
⑤ 10,000명

41 A매장과 B매장간의 거리는 9km이다. A매장의 면적은 4,000m²이고, B매장의 면적은 1,000m²이라고 할 때, 컨버스의 분기점모형을 이용하여 구한 두 매장의 상권경계선은 어디인가? (단, 상권은 거리의 제곱에 반비례하고, 매장면적에 비례함)

① A매장으로부터 1.5km   ② A매장으로부터 3.0km
③ A매장으로부터 4.5km   ④ A매장으로부터 6.0km
⑤ A매장으로부터 7.5km

42 컨버스(P. D. Converse)의 분기점모형에 기초할 때, A시와 B시의 상권 경계지점은 B시로부터 얼마만큼 떨어진 지점인가? (단, 주어진 조건에 한함)

- A시와 B시는 동일 직선상에 위치하고 있다.
- A시 인구: 21만명
- B시 인구: 84만명
- A시와 B시 사이의 직선거리: 36km

① 9km
② 12km
③ 18km
④ 24km
⑤ 30km

43 C도시 인근에 A와 B 두 개의 할인점이 있다. 허프(D. L. Huff)의 상권분석모형을 적용할 경우, A할인점의 이용객 수는? (단, 거리에 대한 소비자의 마찰계수값은 2이고, 도시인구의 80%가 할인점을 이용함)

① 60,000명
② 90,000명
③ 120,000명
④ 150,000명
⑤ 200,000명

44 소비자 거주지 C도시에 인구 20만명이 거주하고 있고, C도시 인근에 A할인점과 B할인점이 있다. A할인점의 면적은 8,000m², C도시까지의 거리는 8km이며, B할인점의 면적은 2,000m², C도시까지의 거리는 2km이다. 허프(D. L. Huff)의 상권분석모형을 적용할 경우 A할인점의 이용객 수는 C도시 인구의 몇 %인가? (단, 거리에 대한 소비자의 거리마찰계수값은 2이고, C도시 인구 중 50%가 A할인점이나 B할인점을 이용함) 2016. 감정평가사

① 5%　　　　　　　　　　　　② 10%

③ 15%　　　　　　　　　　　　④ 20%

⑤ 25%

45 허프(D. Huff)모형을 활용하여 점포 B의 구매확률을 계산하는 과정에서 착오에 의한 공간(거리)마찰계수가 잘못 적용된 것을 확인하였다. 공간마찰계수가 잘못 적용되었을 경우에 비해 올바르게 적용하였을 때 이전보다 점포 B의 구매확률은 얼마나 증가하는가? (단, 주어진 조건에 한함)

- X지역의 현재 주민: 200,000명
- 잘못 적용된 공간(거리)마찰계수: 1
- 올바른 공간(거리)마찰계수: 2
- X지역의 주민은 모두 구매자이고, 점포(A, B, C)에서만 구매한다고 가정함
- 각 점포의 매출액은 X지역 주민에 의해서만 창출됨

구분	점포 A	점포 B	점포 C
면적	500m²	750m²	2,500m²
X지역 거주지로부터의 거리	5km	5km	10km

① 30%　　　　　　　　　　　　② 25%

③ 20%　　　　　　　　　　　　④ 15%

⑤ 10%

46 허프(D. L. Huff)의 확률모형에 관한 설명으로 <u>틀린</u> 것은? (단, 다른 조건은 동일함)

① 허프(D. L. Huff)의 확률모형에 의하면 어떤 매장이 고객에게 주는 효용이 클수록 그 매장이 고객들에게 선택될 확률이 더 높아지며, 일반적으로 소비자는 가장 가까운 곳에서 상품을 선택하려는 경향이 있다.

② 고정된 상권을 놓고 경쟁함으로써 제로섬(zero-sum)게임이 된다는 한계가 있다.

③ 특정매장의 구매확률을 계산하기 위해서는 공간(거리)마찰계수가 정해져야 한다.

④ 공간(거리)마찰계수는 시장의 교통조건과 매장물건의 특성에 따라 달라지며, 교통조건이 나빠지면 더 커진다.

⑤ 전문품점의 경우 일상용품점보다 공간(거리)마찰계수가 크다.

47 다음 설명에 모두 해당하는 입지이론은?

- 재화의 도달거리와 최소요구치와의 관계를 설명하는 것으로 최소요구치가 재화의 도달범위 내에 있을 때 판매자의 존속을 위한 최소한의 상권범위가 된다.
- 재화와 서비스에 따라 중심지가 계층화되며 서로 다른 크기의 도달범위와 최소요구범위를 가진다고 보았다.
- 공간적 중심지 규모의 크기에 따라 상권의 규모가 달라진다는 것을 실증하였다.

① 베버(A. Weber)의 최소비용이론
② 레일리(W. Reilly)의 소매중력모형
③ 버제스(E. Burgess)의 동심원이론
④ 컨버스(P. Converse)의 분기점 모형
⑤ 크리스탈러(W. Christaller)의 중심지이론

48 크리스탈러(W. Christaller)의 중심지이론에 관한 설명으로 옳은 것은?

① 최소요구범위란 중심지 기능이 유지되기 위한 최소한의 수요 요구 규모를 말한다.

② 최소요구치란 판매자가 초과이윤을 얻을 만큼의 충분한 소비자들을 포함하는 경계까지의 거리를 말한다.

③ 재화의 도달범위란 중심지로부터 어느 기능에 대한 수요가 0이 되는 곳까지의 거리를 말한다.

④ 중심지 재화 및 서비스란 배후지에서 중심지로 제공되는 재화 및 서비스를 말한다.

⑤ 고차중심지는 저차중심지와 달리 고차재(전문품점)만 취급한다.

▲ 고득점

49 입지 및 도시구조이론에 대한 설명으로 **틀린** 것은?

① 레일리(W. J. Reilly)의 소매인력법칙은 소비자들의 특정 상점의 구매를 설명할 때 실측거리, 시간거리, 매장규모와 같은 공간요인뿐만 아니라 효용이라는 비공간요인도 고려하였다.

② 허프(D. Huff)모형의 공간(거리)마찰계수는 도로환경, 지형 등 다양한 요인에 영향을 받을 수 있는 값이며, 이 모형을 적용하려면 공간(거리)마찰계수가 정확해져야 한다.

③ 넬슨(R. Nelson)은 소매입지이론에서 특정 점포가 최대 이익을 얻을 수 있는 매출액을 확보하기 위해서는 어떤 장소에 입지하여야 하는지를 제시하였다.

④ 버제스(E. W. Burgess)는 토지이용이 도시를 중심으로 지대지불능력에 따라 달라진다는 튀넨(J. H. von Thünen)의 이론을 동심원의 도시구조에 적용하였다.

⑤ 호이트(H. Hoyt)의 선형이론은 단핵의 중심지를 가진 동심원 도시구조를 기본으로 하고 있다는 점에서 동심원이론을 발전시킨 것이라 할 수 있다.

💡 **Tip**
- 베버의 최소비용이론과 뢰쉬의 최대수요이론은 기본개념만 정리하고, 산업별 입지요인을 비교·구분하여 정리해야 하며, 시험일에 가까워질수록 필요에 따라 숙지 또는 암기해 두어야 한다.
- 원료지수(MI)에 대한 개념정리가 필요하며, 원료지향형 입지와 시장지향형 입지는 구분하여 정리한다.

50 베버(A. Weber)의 공업입지론에 관한 설명으로 **틀린** 것은? (단, 기업은 단일입지공장이고, 다른 조건은 동일함)

① 생산자는 합리적 경제인이라고 가정한다.

② 제품의 수요가 최대가 되는 지점을 기업의 최적입지점으로 본다.

③ 공장의 최적입지는 수송비 최소화지점을 찾고, 인건비(노동비) 최소화지점을 찾고, 집적이익은 최대가 되는 지점을 순차적으로 찾는다.

④ 등비용선(isodapane)은 최소수송비지점으로부터 기업이 입지를 바꿀 경우, 이에 따른 추가적인 수송비의 부담액이 동일한 지점을 연결한 곡선을 의미한다.

⑤ 베버(A. Weber)는 운송비의 관점에서 특정 공장이 원료지향적인지 또는 시장지향적인지 판단하기 위해 '원료지수(MI; Material Index) 개념'을 사용하였다.

☆중요
51 산업입지를 원료지향형 입지와 시장지향형 입지로 구분할 때, 다음 중 시장지향형 입지를 선호하는 경우에 해당하는 것을 모두 고른 것은?

┌───┐
│ ㉠ 국지(편재)원료를 많이 사용하는 산업 │
│ ㉡ 원료지수(MI)가 1보다 작은 경우의 산업 │
│ ㉢ 제품보다 원료의 중량이나 무게가 큰 산업 │
│ ㉣ 중량증가산업 │
│ ㉤ 중간재나 부패하기 쉬운 완제품을 많이 생산하는 산업 │
└───┘

① ㉠, ㉡, ㉣   ② ㉠, ㉢, ㉣
③ ㉠, ㉣, ㉤   ④ ㉡, ㉢, ㉣
⑤ ㉡, ㉣, ㉤

52 다음 이론에 관한 설명 중 **틀린** 것을 모두 고른 것은?

> ㉠ 튀넨(J. H. von Thünen)은 완전히 단절된 고립국을 가정하여 이곳의 작물재배활동은 생산비와 수송비를 반영하여 공간적으로 분화된다고 보았다.
> ㉡ 버제스(E. Burgess)의 동심원이론에서 저소득층 주거지대는 가장 외곽에 위치한다.
> ㉢ 뢰쉬(A. Lösch)의 최대수요이론은 운송비와 집적이익을 고려한 특정 사업의 팔각형 상권체계 과정을 보여준다.
> ㉣ 해리스(C. Harris)와 울만(E. Ullman)의 다핵심이론에는 중심업무지구와 점이지대가 존재한다.

① ㉠, ㉡
② ㉠, ㉢
③ ㉡, ㉣
④ ㉡, ㉢, ㉣
⑤ ㉠, ㉡, ㉢, ㉣

53 입지 및 도시공간구조 이론에 관한 설명으로 **틀린** 것은?

① 호이트(H. Hoyt)는 저소득층의 주거지가 형성되는 요인으로 도심과 부도심 사이의 도로, 고지대의 구릉지, 주요 간선도로의 근접성을 제시하였다.
② 알론소(W. Alonso)는 단일도심도시의 토지이용형태를 설명함에 있어 입찰지대의 개념을 적용하였다.
③ 해리스(C. Harris)와 울만(E. Ullman)의 다핵심이론은 단일의 중심업무지구를 핵으로 하여 발달하는 것이 아니라, 몇 개의 분리된 핵이 점진적으로 통합됨에 따라 전체적인 도시구조가 형성된다는 것이다.
④ 베버(A. Weber)의 최소비용이론에서는 노동비, 운송비, 집적이익 가운데 운송비를 최적입지 결정에 가장 우선적으로 적용한다.
⑤ 뢰시(A. Lösch)의 최대수요이론은 장소에 따라 수요가 차별적이라는 전제하에 수요 측면에서 경제활동의 공간조직과 상권조직을 파악한 것이다.

54 입지 및 도시구조이론에 관한 설명으로 틀린 것은?

① 크리스탈러(W. Christaller)는 중심성의 크기를 기초로 중심지가 고차중심지와 저차 중심지 등으로 구분되는 중심지이론을 설명했다.

② 해리스(C. Harris)와 울만(E. Ullman)은 도시 내부의 토지이용이 단일한 중심의 주위에 형성된다는 점을 강조하면서, 도시공간구조가 다핵심구조를 가질 수 있다고 보았다.

③ 호이트(H. Hoyt)에 의하면 도시는 전체적으로 원을 반영한 부채꼴 모양의 형상으로 그 핵심의 도심도 하나이나 교통의 선이 도심에서 방사되는 것을 전제로 하였다.

④ 레일리(W. Reilly)의 소매인력법칙은 특정 점포가 최대이익을 확보하기 위해 어떤 장소에 입지하는가에 대한 8원칙을 제시한다.

⑤ 뢰시(A. Lösch)는 수요측면의 입장에서 기업은 시장확대 가능성이 가장 높은 지점에 위치해야 한다고 보았다.

7개년 출제비중분석

7개년 평균
출제비중

제4편 출제비중
13%

편별 출제비중

편 제목	평균	제35회	제34회	제33회	제32회	제31회	제30회	제29회
제1편 부동산학 총론	3.4	4	3	4	3	3	3	3
제2편 부동산경제론	5.2	5	5	5	6	6	4	6
제3편 부동산시장론	4.7	4	5	7	4	4	4	5
제4편 부동산정책론	5.2	6	5	4	4	6	7	5
제5편 부동산투자론	6.4	3	8	6	7	3	7	6
제6편 부동산금융론	4.6	5	3	5	6	5	4	5
제7편 부동산개발 및 관리론	4.1	6	5	2	4	6	5	4
제8편 부동산감정평가론	6.4	7	6	7	6	7	6	6

*평균: 최근 7개년 동안 출제된 각 편별 평균 문제 수입니다.

제4편

부동산정책론

제1장   부동산정책의 의의와 기능
제2장   토지정책
제3장   주택정책
제4장   조세정책

제4편 부동산정책론

제1장 부동산정책의 의의와 기능

Point 21 정부의 시장개입 이유와 시장실패의 원인 ★★★★★

기본서 p.169~178

(1) 정부의 시장개입 이유(정책의 기능)

형평성 달성 (정치적 기능)	사회적 목표를 달성하기 위한 개입	① 저소득층의 주거안정을 위한 공공주택정책, 주거복지의 증진, 차등과세(누진세) ② 소득재분배: 정부가 계층간 불균등한 소득분포를 수정하는 행위 ③ 토지공개념의 실천, 개발이익의 환수, 택지공영개발 등
효율성 제고 (경제적 기능)	시장실패를 수정하기 위한 개입	① 시장실패: 가격기구가 자원을 효율적으로 배분하지 못한 상태(균형 ×)를 말한다. ② 부동산시장에서는 부동산가격이 수요·공급을 효율적으로 조절하지 못한다[최적(효율적) 자원배분의 제한 ⇨ 사회적 후생 감소]. 🔍 불완전경쟁시장인 부동산시장은 정부에 의한 시장개입의 필요성이 제기된다. ③ 정부는 부동산자원의 최적사용과 최적배분을 위하여 부동산시장에 개입할 수 있다.

(2) 시장실패(market failure)의 원인

불완전경쟁	① 독점·과점 등의 불완전한 시장(진입장벽의 존재)구조는 자원의 비효율적 배분을 초래하여 사회적 후생 감소를 유발할 수 있다. ② 독과점기업이 생산량을 적게 조정하고 가격을 높게 책정하면, 소비자는 높은 가격을 부담하게 되고 재화의 소비량도 감소하게 된다.
규모의 경제	생산이나 판매규모의 확대에 따른 (대)기업의 평균비용이 장기적으로 감소하는 현상을 말한다. 🔍 비용체감산업의 등장 ⇨ 시장구조의 자연독점화
공공재	① 개념: 도로·공원·명승지·산림 등 가격이 없는 재화(공동소비)를 말한다. ② 특성 ㉠ 비경합성: 재화를 다른 사람이 추가로 사용하여도 다른 사람의 소비와 경합되지 않는 성질을 말한다. ㉡ 비배제성: 재화를 소비함에 있어서 가격을 지불하지 않더라도 그 재화의 소비로부터 배제되지 않는 성질을 말한다.

③ 공공재는 무임승차(free rider)의 문제가 발생하여 사적 기업의 수익성 확보를 어렵게 만들고, 시장기능에 맡겨두면 사회적 적정(균형)량보다 더 적게(과소) 생산되는 문제가 발생한다.
⇨ 사적 주체에게 보조금 지급, 공적 주체가 직접 공급

정보의 비대칭성 · 불완전성	① 경제주체들이 가지는 정보의 질과 양이 다른 경우로 정보의 불공평한 배분, 정보의 불완전성은 자원배분의 비효율성을 초래할 수 있다. ⇨ 가격의 왜곡현상 ② 정보를 많이 가진 자는 도덕적 해이(moral hazard)를 유발하고, 그렇지 못한 자는 역(逆)선택의 문제가 발생할 수 있다.
외부효과	시장기구를 통하지 않고 제3자에게 의도하지 않은 이익이나 손해를 가져다주면서도 이에 합당한 대가나 보상이 이루어지지 않는 행위를 말한다. 🔍 정의 외부효과, 부의 외부효과 모두 균형상태가 아니므로 시장실패의 원인이 된다.

🔍 완전경쟁(재화의 동질성, 정보의 완전성)은 시장실패의 원인이 아니다.

Point 22 외부효과 ★★★★

기본서 p.174~178

(1) 개념 및 현상

정(+)의 외부효과(외부경제)	부(−)의 외부효과(외부불경제)
① 시장기구를 통하지 않고 제3자에게 의도하지 않은 이익을 주는 재화나 행위 ② 과소생산 ⇨ 사적 비용 > 사회적 비용 ③ 과소소비 ⇨ 사적 편익 < 사회적 편익 ④ 보조금 지급, 규제 완화 ⇨ 생산·소비 증가 ⇨ 균형(최적)으로 유도 ⑤ PIMFY현상(긍정적 시설 개발유치현상)	① 시장기구를 통하지 않고 제3자에게 의도하지 않은 피해를 주는 재화나 행위 ② 과다생산 ⇨ 사적 비용 < 사회적 비용 ③ 과다소비 ⇨ 사적 편익 > 사회적 편익 ④ 규제, 과징금 부과, 환경부담금 부과 ⇨ 생산·소비 감소 ⇨ 균형(최적)으로 유도 ⑤ NIMBY현상(부정적 시설 개발기피현상)

(2) 정부의 개입 및 시장의 변화

구분	정(+)의 외부효과(외부경제)	부(−)의 외부효과(외부불경제)
정부 개입	정(+)의 외부효과를 발생시키는 재화는 사회적 최적량보다 과소생산(소비)되는 문제가 발생할 수 있다. ⇨ 사적 주체에게 보조금 지급, 세금감면 등을 통하여 개입한다.	부(−)의 외부효과를 발생시키는 재화는 사회적 최적량보다 과다생산(소비)되는 문제가 발생할 수 있다. ⇨ 사적 주체에게 규제(예 환경부담금·세금·과징금 부과 등)를 통하여 개입한다.
시장 변화	정(+)의 외부효과로 인한 정부의 시장개입은 수요곡선이나 공급곡선을 우측으로 이동시킨다. ⇨ 정부는 최적생산량이나 최적소비량을 맞추기 위해서 개입한다.	부(−)의 외부효과로 인한 정부의 시장개입은 수요곡선이나 공급곡선을 좌측으로 이동시킨다. ⇨ 정부는 최적생산량이나 최적소비량을 맞추기 위해서 개입한다.

(3) 외부경제와 외부불경제 모두 시장실패의 원인이다.

⇨ 정부는 사적 비용과 사회적 비용을 일치시키기 위하여, 사적 편익과 사회적 편익을 일치시키기 위하여 부동산시장에 개입한다.

(4) **코즈의 정리**

시장실패의 문제를 경제주체간의 재산권에 대한 직접적 교섭이나 협상 등을 통하여 해결할 수도 있다. 즉, 정부의 개입 없이 시장기구 스스로 외부효과문제를 해결할 수도 있다. 단, 협상 및 법적 비용의 과다, 진상조사의 어려움, 제3자라는 관계의 모호성 등으로 인하여 사적 주체간 해결이 곤란한 경우가 많다.

(5) **외부효과의 내부화**

부동산시장 참여자가 자신들의 행동이 초래하는 외부효과를 의사결정에 감안하도록 하는 과정을 말한다.

참고 정부의 실패

정부의 시장개입은 정부가 의도하지 않은 부작용이 나타나는 등 실패할 가능성도 있다. 즉, 정부의 시장개입 결과 자원배분의 효율성이 더욱 악화되는 경우로, 사회적(경제적) 후생손실이 발생할 수 있다.

제2장 토지정책

Point 23 토지정책 ★★★★

기본서 p.179~191

(1) 토지정책의 수단(시장개입방법)

직접적 개입	공적 주체가 토지시장의 수요자 · 공급자의 역할을 수행하는 방법 예 토지수용, 선매, 협의매수, 도시재개발, 공영개발, 토지은행, 공공투자사업 등
간접적 개입	시장의 틀을 유지한 채 그 기능을 통하여 효과를 노리는 방법 예 조세 · 금융 · 행정상의 지원, 보조금 지급 등
토지이용규제	토지이용을 바람직한 방향으로 유도하기 위한 법적 · 행적적 조치(구속 · 제한) 예 지역지구제, 각종 인허가 제도, 건축규제 등

(2) 토지정책의 구분

① 지역지구제

경제적 개념과 필요성	㉠ 어울리지 않는 토지이용을 규제, 부(−)의 외부효과를 제거 · 차단하여 토지이용의 효율성 제고, 주거전용지역 지정의 경우 집적이익 증대 효과 ⇨ 토지이용을 경제적 · 효율적으로 이용 ㉡ 개발과 보전의 조화 ⇨ 세대(후대)간 형평성 유지 ⇨ 공공복리 증진 도모 ㉢ 공공토지서비스의 공급(공공용지 확보)수단으로 활용되기도 한다. ㉣ 국토의 계획 및 이용에 관한 법령상 용도지역으로서 도시지역은 주거지역, 상업지역, 공업지역, 녹지지역으로 구분하여 지정한다.
문제점	토지이용규제가 심한 지역(규제 · 보전지역)과 독점적 지위를 부여한 지역(개발가능지역)의 토지소유자간 재산상 불평등문제를 발생 · 심화시킨다. ⇨ 지역에 따라 지가의 상승 또는 하락을 유발할 수 있다.

② 개발권양도(이전)제

개념	㉠ 개발이 제한된 지역(규제지역)의 토지소유권에서 개발권을 분리하여 토지소유자에게 개발권을 부여하고, 개발이 필요한 다른 지역에서 개발권을 양도할 수 있도록 하는 제도이다. 단, 우리나라의 제도는 아니다. ㉡ 토지이용규제에 따른 토지소유자의 개발손실을 시장기구를 통하여 해결하고자 하는 제도로, 정부의 재정부담은 발생하지 않는다(공공의 부담 없다). ㉢ 규제지역의 상부 미이용공간을 인근의 다른 지역(개발적지)으로 이전시켜 개발하는 공간성의 논리로, 공중공간의 활용방안으로 볼 수 있다.
장점	㉠ 토지이용규제에 따른 재산상 불평등문제를 정부의 개입 없이 시장기능에 의하여 어느 정도 완화하는 것이 가능하다(규제지역 토지소유자의 손실보상). ㉡ 문화재 등 보전지역을 유지함으로써 사회적 편익에 기여할 수 있다. ⇨ 공익과 사익의 적절한 조화를 도모할 수 있다.
단점	과도하게 사용될 경우 기존의 개발가능지역의 과밀 및 혼잡을 가중시킬 수 있다.

③ 토지은행(비축)제도

개념	정부 등 공적 주체가 재원을 투입하여, 장래의 용도를 위하여 미개발토지를 매입·확보하여 비축하였다가 비축한 토지에 대하여 민간의 토지수요가 증가하면 이를 공급·판매하는 직접적 개입방법이다.
목적	장래 공익사업의 원활한 시행과 수급조절을 통해 토지시장 안정화를 목적으로 시행하고 있다.
우리 나라의 토지 은행 (비축) 제도	국토교통부장관이 10년 단위의 비축종합계획과 1년 단위의 비축시행계획을 수립하고, 한국토지주택공사가 사업주체가 되어 시행한다. ㉠ 재원: 한국토지주택공사는 주로 토지은행적립금과 「한국토지주택공사법」에 따른 토지채권 발행 등을 통해 비축재원을 조달한다. ㉡ 회계의 구분: 토지은행은 공공토지의 비축을 위하여 한국토지주택공사에 설치하는 토지은행계정으로, 한국토지주택공사의 회계와 구분한다. ㉢ 공공토지비축을 통하여 토지를 공급받은 자는 그 토지를 3년 이내에 지정용도대로 사용하지 않은 경우 환매할 수 있도록 한다. ㉣ 비축대상토지 ⓐ 공공개발용 토지의 취득을 위하여 필요한 때에는 「공익사업을 위한 토지 등의 취득 및 보상에 관한 법률」에서 정하는 토지·물건 또는 권리(이하 '토지 등')를 수용(사용 포함)할 수 있다. ⓑ 수급조절용 토지 등의 비축을 위하여 한국토지주택공사는 시행계획에 따라 수급조절용 토지 등의 비축사업계획을 수립하여 국토교통부장관의 승인을 받아야 한다. ⓒ 한국토지주택공사는 필요한 경우 「농지법」으로 정하는 바에 따라 농지를 취득할 수 있다.
장점 (기대 효과)	㉠ 계획적인 토지이용이 가능하다(사적 주체의 무질서한 개발 방지). ㉡ 시장상황에 따른 토지수급조절을 통하여 토지시장 안정에 기여한다. ㉢ SOC용지, 산업용지, 주택용지 등을 저렴하게 공급할 수 있다. ⇨ 공공주택 등의 주택분양가, 공공주택임대료의 인하효과 ㉣ 임대용지의 공급효과: 임대산업단지의 경우 초기 투자비용의 감소로 중소기업의 경쟁력 강화에 기여한다. ㉤ 사전에 낮은 가격으로 비축토지를 매입·확보함에 따라 토지보상비의 부담을 완화할 수 있다. ㉥ 사적 주체에 의한 것보다 개발이익 환수가 용이하다.
단점	㉠ 막대한 토지매입비용이 수반된다. ㉡ 비축토지에 대하여 민간의 토지수요가 발생하지 않을 경우 관리상의 문제가 발생할 수 있다. ⇨ 불법점유, 불량주택지역이 형성될 수 있다. ㉢ 투기방지대책 없이 토지를 매입할 경우 주변지역의 지가 상승(투기)을 유발할 수 있다.

④ 기타의 토지정책수단

토지공개념	공공복리를 위하여 소유권의 일부(예 처분·이용권 등)를 일정 정도 제한하는 개념(사회성·공공성의 강조)이다. ⇨ 토지소유자의 절대적 소유권을 인정하지 않는다.
토지거래 허가제	「부동산 거래신고 등에 관한 법률」에 따라 투기적 거래가 성행하거나 지가급등 우려지역을 토지거래허가구역으로 지정하여 계약 전에 시장·군수·구청장의 허가를 받고 거래(투기적 거래를 방지)하는 제도이다.
개발부담금제	「개발이익 환수에 관한 법률」에 따라 개발이익을 환수하는 제도이다. 　　⇨ 시장·군수·구청장이 개발부담금을 부과한다. 🔍 개발이익: 개발사업의 시행 또는 토지이용계획의 변경, 그 밖에 사회적·경제적 요인에 따라 정상지가상승분을 초과하여 개발사업을 시행하는 자 또는 토지소유자에게 귀속되는 토지가액의 증가분
개발제한구역	도시의 무질서한 확산을 방지하고 도시주변의 자연환경 보전을 목적으로 한다(「국토의 계획 및 이용에 관한 법률」).
토지적성평가 제도	토지에 대한 개발과 보전에 문제가 발생했을 때 이를 합리적으로 조정하는 제도이다.
부동산 실권리자명의 등기제도	부동산투기·탈세·탈법행위 등 반사회적 행위를 방지하고, 부동산거래의 정상화와 부동산가격 안정을 도모하기 위한 목적으로 부동산에 관한 소유권과 기타 물권을 실체적 권리관계에 부합하도록 실권리자 명의로 등기하게 하는 제도이다.

🔍 시행하지 않는(폐지된) 정책: 택지소유상한제, 토지초과이득세제, 공한지세, 종합토지세

⑤ 주요 제도의 근거법률과 시행시기

공인중개사제도 「공인중개사법」 2014년 개정	1985년
개발부담금(개발이익환수)제 「개발이익 환수에 관한 법률」	1990년
부동산실명제 「부동산 실권리자명의 등기에 관한 법률」	1995년
자산유동화(ABS)제도 「자산유동화에 관한 법률」	1998년
주택저당유동화(MBS)제도 「한국주택금융공사법」	2004년
재건축부담금(초과이익환수)제 「재건축초과이익 환수에 관한 법률」	2006년
부동산거래신고제 「부동산 거래신고 등에 관한 법률」	2006년
토지비축(은행)제도 「공공토지의 비축에 관한 법률」	2009년

🔍 DTI(소득대비 부채비율)제도 이후에 DSR(총체적 상환능력비율)제도가 시행되고 있다.

제3장 주택정책

Point 24 **주택정책** ★★★★★

기본서 p.192~210

(1) 임대료규제정책(임대료 최고가격제, 임대료상한제, 임대료통제)

① 개념: 저소득 임차인의 주거비 부담을 완화하기 위해 시장균형임대료보다 임대료를 낮게 규제하는 최고가격제 · 상한제 ⇨ 공급은 감소하고 수요는 증가 ⇨ 초과수요 발생

② 효과

임대인	○ 임대료 규제에 따른 임대사업 수익성 하락 ○ 임대주택의 투자기피, 용도전환 ⇨ 임대주택공급 감소 ○ 단기보다 장기로 갈수록 공급은 더 많이 감소(단기에는 비탄력적, 장기에는 공급이 탄력적으로 반응) ○ 임대주택 관리소홀 ⇨ 임대주택의 질적 수준 하락
임차인	○ 공급 감소와 관리소홀로 인한 주택난의 심화 ○ 기존임차인의 주거이동 감소 ○ 신규임차인의 음성적 지불현상(암시장 형성) ⇨ 임대료의 이중가격 형성

③ 공급이 완전비탄력적인 한 임대인의 소득 일부가 임차인의 소득으로 귀속되는 소득재분배효과가 있다.

④ 임대료규제정책으로 공급이 탄력적으로 반응하면 임대주택을 구하기가 어려워진다.

⑤ 규제임대료가 시장균형임대료보다 높을 경우에는 임차인 보호효과가 없으며, 시장에서 아무런 변화도 발생하지 않을 것이다.

※「민간임대주택에 관한 특별법」주요 내용

1. '민간임대주택'이란 임대목적으로 제공하는 주택으로서 임대사업자가 등록한 주택을 말하며, 민간건설임대주택과 민간매입임대주택으로 구분한다.
   ① 민간건설임대주택: 다음의 어느 하나에 해당하는 민간임대주택을 말한다.
      ○ 임대사업자가 임대를 목적으로 건설하여 임대하는 주택
      ○「주택법」에 따라 등록한 주택건설사업자가 사업계획승인을 받아 건설한 주택 중 사용검사 때까지 분양되지 아니하여 임대하는 주택
   ② '민간매입임대주택'이란 임대사업자가 매매 등으로 소유권을 취득하여 임대하는 민간임대주택을 말한다.
2. '공공지원민간임대주택'이란 임대사업자가 민간임대주택을 10년 이상 임대할 목적으로 취득하여 임대료 및 임차인의 자격 제한 등을 받아 임대하는 민간임대주택을 말한다.
3. '장기일반민간임대주택'이란 임대사업자가 공공지원민간임대주택이 아닌 주택을 10년 이상 임대할 목적으로 취득하여 임대하는 민간임대주택[아파트(도시형 생활주택이 아닌 것)를 임대하는 민간매입임대주택은 제외한다]을 말한다.
4. '임대사업자'란「공공주택 특별법」에 따른 공공주택사업자가 아닌 자로서 1호 이상의 민간임대주택을 취득하여 임대하는 사업을 할 목적으로 등록한 자를 말한다.

---

128 해커스 공인중개사 land.Hackers.com

(2) 임대료보조정책

정부가 임대료를 무상으로 보조하므로 임차인의 효용이 증대되는 효과가 있다. 임대료규제정책과 달리 장기적으로 임대주택의 공급이 증가하므로 저소득 임차인의 주거안정에 기여한다.

① **수요자(임차인)보조**: 공급자보조에 비하여 주거선택의 자유가 보장된다.

　　㉠ **효과**

단기효과	보조금 지급 ⇨ 임차인 효용 증가 ⇨ 저소득층 실질소득 향상 ⇨ 임대주택수요 증가 ⇨ 임대료 상승(임대업자 초과이윤 획득)
장기효과	신규공급자 시장진입 ⇨ 임대주택공급 증가 ⇨ 임대료 하락(원래 수준) ⇨ 저소득층의 주거안정

　　　　🔍 임대료가 하락하여 임대주택의 소비가 증가하는 것은 소득효과와 대체효과로 이해할 수 있다.

　　㉡ **임대료보조와 소득보조**

임대료보조 (가격보조)	⇨ 주택바우처(임차인에게 쿠폰 지급) ⓐ 보조받은 금액을 전액 임대주택재화의 소비에 한정하는 방식 ⓑ 보조금을 지급받은 만큼 실질소득 향상(다른 재화 소비여력 증대)
소득보조 (현금보조)	ⓐ 임대료보조금과 동일한 금액을 임차인에게 현금으로 지급하는 방식 ⓑ 임차인이 임대주택 이외의 다른 재화의 소비를 더 많이 할 수 있다. ⓒ 임차인의 효용 증가 측면에서는 가격보조보다 더 효과적이다.

② **생산자보조**: 수요자에게 보조금을 지급하는 것보다 임차인의 주거선택권이 제한된다.

> 생산자에게 장기저리자금 지원 ⇨ 생산비 절감 ⇨ 임대주택공급 증가 ⇨ 임대료 하락

(3) 공공임대주택공급정책

① 국가나 지방자치단체의 재정과 주택도시기금을 지원받아 정부 등 공적 주체가 건설 또는 기존주택을 매입하여 임대하는 공공임대주택을 말한다.

② 사적 임대주택시장보다 낮은 임대료(가격)의 공공임대주택을 공급하여 사회 전체 임대주택 비중에서 공공임대주택의 비율을 높이려는 정책이다. ⇨ 임대주택시장이 이원화되고, 임대료도 이중가격으로 형성된다.

③ 공공임대주택 임차인의 임대료부담이 작아짐에 따라 소득재분배 효과를 기대할 수 있다.

④ 임차인(입주자)의 주거지 선택이 상대적으로 제한된다는 단점이 있다.

(4) 공공주택 특별법령상 임대주택의 유형

① **영구임대주택**: 국가나 지방자치단체의 재정을 지원받아 최저소득 계층의 주거안정을 위하여 50년 이상 또는 영구적인 임대를 목적으로 공급하는 공공임대주택

② **분양전환공공임대주택**: 일정 기간 임대 후 분양전환할 목적으로 공급하는 공공임대주택 ⇨ 국가 및 지방자치단체의 재정 및 주택도시기금의 자금지원이 없다.

③ 그 밖의 공공임대주택

국가나 지방자치단체의 재정이나 주택도시기금의 자금을 지원	국민임대주택	30년 이상
	행복주택	젊은 층의 주거안정
	통합공공임대주택	최저소득계층, 저소득 서민, 젊은 층 및 장애인·국가유공자 등(등장인물 많음)
	장기전세주택	전세계약의 방식
	기존주택등 매입임대	주택 또는 건축물을 매입 ⇨ 임대
	기존주택 전세임대	기존주택을 임차 ⇨ 전대(轉貸)하는 공공임대

🔍 PIR(Price to Income Ratio) = $\dfrac{\text{주택가격}}{\text{연소득대비}}$ × 100, 연소득 대비 주택가격의 비율을 말한다.

⇨ PIR이 높다는 것은 주택부담능력이 악화되는 것을 의미한다. 즉, 가구의 주택지불능력을 측정하는 지표이다.

(5) 분양가규제정책[분양가 최고가격(상한)제]

정부가 신규주택의 분양가를 시장가격 이하로 통제하여 주택가격을 안정시키고, 저소득층의 주택구입을 용이하게 하기 위한 정책이다.

① 주택건설사업자의 수익성 악화로 주택생산성 저하, 주택건설업자의 투자기피, 장기적으로 공급 감소, 질적 수준 저하의 가능성이 있다.

② 분양가상한제를 적용받는 주택의 공급은 감소할 수 있고, 이를 적용받지 않는 주택의 공급은 증가할 수 있다.

③ 분양주택에 대한 프리미엄이 형성되면 분양권을 불법으로 전매하는 등의 현상이 나타날 수 있다.

④ 주택법령상 국민주택건설사업을 추진하는 공공사업에 의하여 개발·조성되는 공동주택이 건설되는 용지에는 주택의 분양가격을 제한할 수 있다.

⑤ 주택법령상 사업주체가 공급하는 공동주택 중 공공택지에서 공급하는 도시형 생활주택은 분양가상한제를 적용하지 않는다.

⑥ 주택법령상 분양가상한제 적용주택의 분양가격은 택지비와 건축비로 구성된다.

제4장 조세정책

참고 부동산조세의 유형과 기능

구분		취득단계	보유단계	처분단계
국세		상속세, 증여세, 인지세	종합부동산세	양도소득세
		부가가치세(취득 – 보유 – 처분단계)		
지방세		취득세, 등록면허세	재산세	지방소득세

① 부동산자원배분: 용도에 따라 차등 적용, 외부효과문제 해결 등(공공부문·민간부문)
② 부동산경기조절: 거래 활성화 유도 및 신규주택 공급 촉진 등
③ 소득재분배: 상속세, 증여세, 종합부동산세, 양도세 등으로 사회계층간 소득불균형 해소
④ 투기억제 및 지가안정수단: 양도소득세 중과 등
⑤ 주택문제 해결수단: 부동산 조세재원을 확보하고, 조세감면정책 등을 통하여 소형주택공급 확대 및 호화주택 건축억제 등과 같은 주택문제 해결수단

Point 25 조세정책 ★★★★★

기본서 p.211~217

(1) 조세의 전가와 귀착

개념	① 조세의 전가: 납세의무자가 부과된 세금을 다른 방법을 통하여 타인에게 이전시키는 현상을 말한다. ② 조세의 귀착: 조세의 전가가 완료되어 실질적인 조세부담이 임대인과 임차인에게 각각 최종적으로 귀속되는 것을 말한다.
경제적 효과	세금 부과 ⇨ 공급 감소 ⇨ 균형가격(임대료) 상승 ⇨ 부과된 세금은 수요자의 지불가격을 높이고, 공급자의 수입(이윤)을 감소시키는 부정적인 효과를 발생시키며, 거래량도 감소시킨다. ⇨ 사회적(경제적) 후생손실을 유발한다.
탄력성에 따른 조세의 전가와 귀착	조세의 전가와 귀착은 수요와 공급의 상대적 가격탄력성에 따라 달라진다. ⇨ 탄력적일수록 세금부담(귀착)분은 적어지고, 비탄력적일수록 세금부담(귀착)분은 많아진다. ① 수요가 탄력적이고, 공급이 비탄력적일 경우: 수요자의 세금부담은 적고, 공급자의 세금부담은 많다. ⇨ 경제적 후생(손실)은 작아진다. ② 수요가 비탄력적이고, 공급이 탄력적일 경우: 수요자의 세금부담은 많고, 공급자의 세금부담은 적다. ⇨ 경제적 후생(손실)은 커진다.

탄력성과 기울기에 따른 조세부담의 효과

조세부담이 작다	조세부담이 크다
• 가격탄력성이 탄력적일수록(클수록)	• 가격탄력성이 비탄력적일수록(작을수록)
• 기울기가 완만할수록	• 기울기가 급할수록
• 기울기의 절댓값이 작을수록	• 기울기의 절댓값이 클수록

🔍 **토지세의 경제적 효과**
- 고전학파의 논리에 따르면 토지의 공급은 완전비탄력적이므로 토지에 세금을 부과하더라도 토지세는 전가되지 않고 모두 토지소유자가 부담하게 된다. 따라서 토지세는 사회적 후생손실이 적은 효율적인 세금이므로 형평성과 효율성을 달성할 수 있다. ⇨ 이러한 토지세는 자원배분의 왜곡을 초래하지 않는다.
- 헨리 조지의 토지단일(가치)세: 지주의 몫인 지대는 불로소득이므로, '토지에만 세금을 부과하더라도 재정을 모두 충당할 수 있다'라는 것이다.

(2) 탄력성에 따른 재산세의 전가

임대차시장	① 재산세가 임차인에게 일부 전가될 수 있다. ② 임차인에게 전가되는 세금을 줄이기 위해서는 공공임대주택공급의 확대를 통하여 수요의 탄력성을 높이는 정책이 필요하다.
매매시장	① 주택가격에 관계없이 일률적으로 같은 비율의 세금을 부과하면 고소득층이 저소득층에 비하여 조세의 상대적 혜택이 큰 역진세적 효과가 발생한다. ② 형평성을 위하여 누진세·차등과세가 필요하다.

(3) 양도소득세의 경제적 효과 – 주택공급의 동결효과(lock-in effect)

소유자가 양도소득세를 납부하지 않기 위하여 부동산처분을 기피함(부동산 보유기간이 늘어날 수 있다)으로써 공급(매물)이 뒤따라서 감소하는 효과로, 그 결과 오히려 부동산가격이 상승할 수 있다. ⇨ 부동산투기억제를 위하여 양도소득세를 중과할 때의 부작용

제4편 단원별 출제예상문제

☆중요 출제가능성이 높은 중요 문제 ↖고득점 고득점 목표를 위한 어려운 문제 ✎신유형 기존에 출제되지 않은 신유형 대비 문제

제1장 부동산정책의 의의와 기능

Point 21 정부의 시장개입 이유와 시장실패의 원인 ★★★★★

정답 및 해설 p.34~35

💡 Tip
- 형평성 달성의 정치적 기능과 효율성 제고의 경제적 기능을 구분하여 정리하여야 한다.
- 시장실패가 발생하면 균형이 달성되지 않으므로 자원배분의 효율성이 감소하게 되는데, 이러한 문제를 해결하는 것은 효율성을 높이고자 하는 '경제적 기능'임에 유의하여야 한다. 이와 함께 '시장실패의 원인'에 대해서도 잘 정리해 두어야 한다.

☆중요
01 부동산 문제와 이에 대한 정부의 보완책을 연결한 것으로 적합하지 <u>않은</u> 것은?

① 토지자원배분의 비효율성 - 용도지역제
② 부동산 투기의 문제 - 토지거래허가제
③ 저소득층 주거문제 - 공공임대주택의 공급
④ 분양가상한제에 따른 분양프리미엄 유발 - 분양주택의 전매제한 완화
⑤ 도로, 공원 등 기반시설의 부족 - 민간사업자에게 보조금 지급

02 정부의 부동산시장개입과 시장실패에 관한 설명으로 <u>틀린</u> 것은?

① 정부는 사회적 형평성을 달성하기 위해서 시장에 개입한다.
② 정부는 시장의 실패를 수정하기 위해서 시장에 개입한다.
③ '시장실패'란 어떠한 요인에 의하여 부동산자원이 효율적으로 배분되지 못한 상태를 말한다.
④ 정부는 부동산자원의 최적사용이나 최적배분을 위해서 시장에 개입한다.
⑤ 주택보급률이 100%를 넘게 되면 시장효율성과 형평성이 달성되므로 정부가 주택시장에 개입하지 않는다.

03 정부의 부동산시장개입에 대한 설명으로 틀린 것은?

① 주택시장은 시장실패의 요인이 있기 때문에 정부의 시장개입이 필요하다.

② 공공재는 일반적으로 정부가 세금이나 공공의 기금으로 공급하는 경우가 많다.

③ 시장기능으로 달성하기 어려운 소득재분배, 공공재의 공급, 경제안정화를 달성하기 위하여 정부의 개입이 필요하다.

④ 공공재는 비내구재이기 때문에 정부만 생산비용을 부담한다.

⑤ 정부의 시장개입은 정부가 의도하지 않은 부작용이 나타나는 등 실패할 가능성도 있다.

☆중요

04 다음 중 시장실패를 발생시키는 요인으로 옳지 <u>않은</u> 것은?

① 역선택

② 불완전한 정보

③ 긍정적 외부성

④ 규모에 대한 수익체감기술

⑤ 소비의 비경합성과 배제불가능성

05 시장실패 또는 정부의 시장개입에 관한 설명으로 틀린 것은?

① 외부효과는 시장실패의 원인이 된다.

② 시장실패는 시장의 자율적 조절기능 상실을 유발한다.

③ 부동산시장에서 정보가 불완전하더라도 자원배분의 효율성이 달성된다.

④ 시장가격에 임의로 영향을 미칠 수 있는 독과점 공급자의 존재는 시장실패의 원인이 된다.

⑤ 공공재는 비배제성에 의해 비용을 부담하지 않은 사람도 소비할 수 있다.

06 시장실패 및 정부의 부동산시장에 대한 개입을 설명한 내용으로 **틀린** 것은?

① 진입장벽의 존재는 시장실패의 원인에 해당하지 않는다.

② 토지소유자의 입장에서 효율적인 토지이용이라 할지라도 주변토지이용과의 공간적 부조화가 생길 수 있기 때문에 정부의 개입이 필요하다.

③ 공공재는 무임승차의 문제로 생산을 시장기구에 맡기면 과소생산되는 경향이 있다.

④ 환경오염이나 공해 등 부(−)의 외부효과를 발생시키는 재화는 사회적 최적수준보다 과잉생산되는 경향이 있다.

⑤ 정부의 시장개입 결과, 이전보다 자원배분의 효율성이 낮아지는 것은 정부의 실패와 관련이 깊다.

Point 22 **외부효과** ★★★★

정답 및 해설 p.35

💡 **Tip**
- '외부효과'에 대해서만 묻는 단일문제로 자주 출제되는데, 최근에는 이를 응용하여 출제하고 있으므로 사고(思考)의 범위를 확장시킬 필요가 있다.
- 정(+)의 외부효과와 부(−)의 외부효과는 모두 균형상태가 아니기 때문에 이는 시장실패이다.

07 외부효과에 관한 설명으로 **틀린** 것은? (단, 다른 조건은 불변임)

① 부동산의 부동성과 연속성(인접성)은 외부효과와 관련이 있다.

② 외부효과란 한 사람의 의도하지 않은 행위가 거래상대방의 경제적 후생에 영향을 미치지만, 그에 대한 대가나 보상이 이루어지지 않는 현상을 말한다.

③ 부(−)의 외부효과가 발생하는 재화나 행위는 시장에만 맡겨 두면 지나치게 많이 생산될 수 있다.

④ 정(+)의 외부효과의 경우 비용을 지불하지 않은 사람도 발생되는 이익을 누릴 수 있다.

⑤ 정(+)의 외부효과를 발생시키는 재화나 행위에 정부의 개입이 없다면, 이러한 재화나 행위는 사회적 최적수준보다 더 적게 생산되거나 소비되는 문제가 있다.

08 외부효과에 관한 설명으로 틀린 것은? (단, 다른 조건은 동일함)

① 지역지구제나 토지이용계획은 외부효과문제의 해결수단이 될 수 없다.

② 부(−)의 외부효과는 사회가 부담하는 비용을 증가시킨다.

③ 부(−)의 외부효과를 발생시키는 기업에 대해서 정부가 부담금을 부과하면, 해당 기업의 생산비가 증가하여 이 공장에서 생산되는 제품의 공급곡선이 좌측으로 이동할 것이다.

④ 부(−)의 외부효과에 대한 규제는 부동산의 가치를 상승시키는 효과를 가져올 수 있다.

⑤ 부(−)의 외부효과가 발생하게 되면 법적 비용, 진상조사의 어려움 등으로 인해 사적 주체간 협상이나 교섭 등을 통하여 해결하기 곤란한 경우가 많다.

09 외부효과와 정부의 시장개입에 관한 설명으로 틀린 것은? (단, 다른 조건은 일정함)

① 새로 조성된 공원이 쾌적성이라는 정(+)의 외부효과를 발생시키면, 공원 주변 주택에 대한 수요곡선이 우측으로 이동한다.

② 정(+)의 외부효과는 소비에 있어 사회적 편익이 사적 편익보다 큰 결과를 초래한다.

③ 사적 비용이 사회적 비용보다 큰 경우, 정부의 시장개입이 필요하지 않다.

④ 부(−)의 외부효과는 의도하지 않은 손해를 주면서 그 보상이 이루어지지 않는 외부비경제라고 할 수 있다.

⑤ 생산측면에서 정(+) 외부효과가 발생할 경우, 보조금 지급 등을 통한 정부의 시장개입은 시장 공급곡선을 우측으로 이동시킨다.

10 다음 중 ( )에 들어갈 내용으로 옳은 것은?

- 생산의 긍정적 외부효과가 있을 때, (㉠)이 (㉡)보다 크다.
- 소비의 부정적 외부효과가 있을 때, (㉢)이 (㉣)보다 크다.

	㉠	㉡	㉢	㉣
①	사회적 한계비용	사적 한계비용	사회적 한계편익	사적 한계편익
②	사적 한계비용	사회적 한계비용	사적 한계편익	사회적 한계편익
③	사회적 한계편익	사적 한계편익	사적 한계편익	사회적 한계편익
④	사적 한계비용	사회적 한계비용	사회적 한계편익	사적 한계편익
⑤	사적 한계편익	사회적 한계비용	사적 한계비용	사회적 한계편익

제2장 토지정책

💡 Tip

- 직접적 개입방법과 간접적 개입방법을 구분하는 문제는 출제빈도가 높은 편이다.
- 정부 등 공적 주체가 부동산의 수요자나 공급자 역할을 수행하는 방법을 직접적 개입이라 하며, 행정상·금융상·조세상 지원 및 보조금 지급 등을 통하여 개입하는 것은 간접적 개입이라 한다.
- 토지정책 수단 및 여러 가지 제도의 경제적 개념 및 장·단점 위주로 정리한다.
- 시행 중인 각 제도의 근거법률과 시행시기에 대한 문제도 출제되고 있는 추세이다.

11 지가고(地價高)가 부동산시장에 미치는 영향에 대한 설명으로 옳은 것은?   제13회

① 지가고가 직주분리를 촉진하지는 않는다.
② 높은 택지가격은 주택이나 건물의 고층화를 야기한다.
③ 택지구입에 많은 비용이 소모된다고 하여 건축의 질적 수준이 저하되는 것은 아니다.
④ 지가고는 토지이용을 질서정연하게 만든다.
⑤ 지가고가 택지 취득을 어렵게 만들지는 않는다.

☆중요
12 다음 중 우리나라 정부의 부동산시장에 대한 직접개입수단은 모두 몇 개인가?

• 선매권제도	• 종합부동산세
• 개발부담금	• 국민임대주택
• 공공투자사업	• 토지수용
• 공영개발사업	• 총부채상환비율(DTI)

① 3개   ② 4개   ③ 5개   ④ 6개   ⑤ 7개

13 다음 중 정부의 간접적 시장개입방법이 <u>아닌</u> 것은?

① 토지비축정책   ② 주택에 대한 금융지원정책
③ 토지에 대한 조세감면정책   ④ 토지거래에 관한 정보체계 구축
⑤ 임대주택에 대한 임대료 보조

14 부동산정책에 대한 설명으로 <u>틀린</u> 것은?

① 부동산정책이란 바람직한 부동산활동을 유도하기 위한 목표설정과 이를 달성하기 위한 각종 부동산대책의 결정 및 운용에 관한 정부의 공적 계획이나 실행행위를 말한다.

② 부동산정책의 의사결정 과정에서 가장 우선적으로 수행하는 것은 정책의 계획 수립이다.

③ 담보인정비율(LTV)과 총체적 상환능력비율(DSR)은 부동산시장에 대하여 정부가 수행하는 금융규제 수단이다.

④ 토지수용, 선매권제도, 토지은행제도는 공적 주체의 직접적 개입방법이다.

⑤ 종합부동산세는 조세부담의 형평성을 제고하고 가격안정을 도모하기 위해 도입되었다.

🏹 고득점
15 다음의 토지정책수단 중 공공용지를 확보할 수 있는 수단으로만 짝지어진 것은?

㉠ 지역지구제	㉡ 토지거래허가제
㉢ 표준지공시지가	㉣ 토지비축제도
㉤ 개발부담금제	㉥ 택지공영개발

① ㉠, ㉡, ㉣　　　　　　　　　　② ㉠, ㉣, ㉥

③ ㉡, ㉣, ㉥　　　　　　　　　　④ ㉢, ㉣, ㉥

⑤ ㉣, ㉤, ㉥

16 우리나라의 토지비축(은행)제도에 관한 설명으로 <u>틀린</u> 것은?

① 공공토지의 비축에 관한 법령상 '비축토지'란 한국토지주택공사가 토지은행사업으로 취득하여 관리하는 공공토지를 말한다.

② 한국토지주택공사는 국가 및 지방자치단체의 재정과 주택도시기금의 지원을 받아 토지비축사업을 수행한다.

③ 토지은행은 공공토지의 비축을 위해 한국토지주택공사에 설치하는 토지은행계정으로, 한국토지주택공사의 고유회계와는 별도로 구분하여 관리한다.

④ 공공개발용 토지의 취득을 위하여 필요한 때에는「공익사업을 위한 토지 등의 취득 및 보상에 관한 법률」에서 정하는 토지·물건 또는 권리를 수용할 수 있다.

⑤ 공공토지비축제도는 공익사업의 원활한 공급과 토지시장의 안정에 기여하는 것을 목적으로 한다.

17 정부의 부동산시장개입에 관한 설명으로 틀린 것은?

① 정부가 토지시장의 수요자나 공급자 역할을 수행하지 않고, 시장기구의 틀을 그대로 유지하면서 그 기능을 제고하여 소기의 효과를 노리는 방법을 간접적 개입이라고 한다.

② 토지이용규제는 토지이용을 사회적으로 바람직한 방향으로 유도하기 위해 토지이용행위를 제한하는 방법이다.

③ 용도지역지구제에 따른 용도 지정 후, 관련 법에 의해 사적 주체의 토지이용이 제한되지 않는다.

④ 부동산가격공시제도는 정부가 간접적으로 시장에 개입하는 수단이다.

⑤ 부동산가격공시제도에서 표준지공시지가는 국토교통부장관이 공시한다.

18 지역지구제에 관한 설명으로 틀린 것은?

① 토지시장의 부(−)의 외부효과 발생은 지역지구제의 필요성을 제기한다.

② 지역지구제는 토지이용의 효율성을 제고하기 위한 수단으로 활용되며, 주거지역 지정의 경우 주거지의 집적이익 증대효과를 기대할 수 있다.

③ 사적 시장이 외부효과에 대한 효율적인 해결책을 제시하지 못할 때, 정부에 의하여 채택되는 부동산정책의 한 수단이다.

④ 용도지역지구제는 토지의 기능을 계획에 부합하도록 하기 위하여 마련된 법적·행정적 장치이다.

⑤ 도시 내의 지가를 합리적으로 조정하기 위해서 지역지구제가 필요하다.

★ 중요
19 용도지역지구제에 관한 설명으로 틀린 것은?

① 용도지역지구제는 특정 토지를 용도지역이나 용도지구로 지정한 후 해당 토지의 이용을 지정목적에 맞게 제한하는 제도이다.

② 용도지역지구제는 사회적 후생손실을 완화하기 위해 지정된다.

③ 정부는 토지를 경제적·효율적으로 이용하고 공공복리의 증진을 도모하기 위하여 용도지역지구제를 활용하고 있다.

④ 지역지구제는 부동산의 공급을 조절할 수 없다.

⑤ 국토의 계획 및 이용에 관한 법령상 용도지역으로서 도시지역은 주거지역·상업지역·공업지역·녹지지역으로 구분하여 지정한다.

20 국토의 계획 및 이용에 관한 법령상 현재 지정될 수 있는 용도지역을 모두 고른 것은?

> ㉠ 준주거지역   ㉡ 준공업지역
> ㉢ 준상업지역   ㉣ 준농림지역

① ㉠, ㉡   ② ㉠, ㉢

③ ㉡, ㉢   ④ ㉡, ㉣

⑤ ㉢, ㉣

21 개발권양도제(TDR)에 관한 설명으로 틀린 것은?

① 개발권양도제(TDR)는 개발이 제한되는 지역의 토지소유권에서 개발권을 분리하여 개발이 필요한 다른 지역에 개발권을 양도할 수 있도록 하는 제도이다.

② 규제지역(보전지역)에서 개발제한으로 발생하는 토지소유자의 손실을 시장기구를 통해 보전하는 제도이다.

③ 토지이용규제가 극심한 지역에 적용할 수 있다.

④ 개발권양도제는 토지이용규제에 따른 토지소유자간 재산상 불평등문제를 어느 정도 완화시켜 줄 수 있다.

⑤ 개발권양도제는 공익과 사익의 적절한 조화를 도모하여 사회적 편익에 기여할 수 있는 것으로, 현재 우리나라에서 시행되고 있다.

22 부동산정책의 공적 개입에 대한 설명으로 옳지 않은 것은?

① 부동산시장은 불완전정보, 공급의 비탄력성으로 인한 수요·공급 시차로 인하여 시장실패가 나타날 수 있다.

② 개발제한구역은 도시의 무질서한 팽창을 억제하는 효과가 있다.

③ 공공재는 시장기구에 맡겨둘 경우 경합성과 배제성으로 인하여 무임승차(free ride)현상이 발생할 수 있다.

④ 토지비축제도는 사적 주체의 무계획적인 토지개발을 방지할 수 있어서 효과적인 도시계획목표 달성에 기여할 수 있다.

⑤ 부동산개발에서 토지수용방식의 문제점 중 하나는 토지매입과 보상과정에서 발생하는 사업시행자와 피수용자 사이의 갈등이다.

☆중요
23 부동산정책에 관한 설명으로 틀린 것은?

① 개발이익이란 개발사업의 시행이나 토지이용계획의 변경, 그 밖에 사회적·경제적 요인에 따라 정상지가상승분을 초과하여 발생하는 토지가액의 증가분을 말한다.

② 개발부담금제는 개발사업의 시행으로 이익을 얻은 사업시행자로부터 개발이익의 일정액을 환수하는 제도이다.

③ 시장·군수·구청장은 개발부담금 부과 대상사업이 시행되는 지역에서 발생하는 개발이익을 「개발이익 환수에 관한 법률」에 정하는 바에 따라 개발부담금으로 징수하여야 한다.

④ 「재건축초과이익 환수에 관한 법률」에 근거하여 재건축부담금제(재건축초과이익환수제)가 시행되고 있다.

⑤ 법령상 도입순서를 비교하면 부동산거래신고제는 부동산실명제보다 빠르다.

24 토지정책 및 부동산거래규제에 관한 설명으로 틀린 것은?

① 부동산실명제의 근거법률은 「부동산등기법」이다.

② 토지거래허가구역으로 지정된 지역에서 토지거래계약을 체결할 경우 시장·군수·구청장의 허가를 받아야 한다.

③ 토지선매란 토지거래허가구역 내에서 토지거래계약의 허가신청이 있을 때 공익목적을 위하여 사적 거래에 우선하여 국가·지방자치단체·한국토지주택공사 등이 그 토지를 매수할 수 있는 제도이다.

④ 토지적성평가제는 토지에 대한 개발과 보전의 문제가 발생했을 때 이를 합리적으로 조정하는 제도이다.

⑤ 농지취득자격증명제는 농지취득을 제한하는 제도이다.

◥고득점
25 법령을 기준으로 현재 우리나라에서 시행되고 있는 제도는 모두 몇 개인가?

㉠ 실거래가신고제	㉡ 택지소유상한제
㉢ 분양가상한제	㉣ 토지초과이득세제
㉤ 토지거래허가제	㉥ 공한지세
㉦ 주택청약종합저축제도	㉧ 종합토지세

① 2개 ② 3개 ③ 4개

④ 5개 ⑤ 6개

26 법령을 기준으로 현재 시행되고 있는 부동산제도에 대한 설명으로 틀린 것은?

① 토지초과이득세제는 도시계획구역 안의 택지에 한하여 가구별 소유상한을 초과하는 해당 택지에 대하여는 초과소유부담금을 부과하는 것을 말한다.

② 개발부담금제가 재건축부담금제도보다 먼저 도입되었다.

③ 「부동산 거래신고 등에 관한 법률」에 따라 토지거래허가구역(제)은 토지의 투기적인 거래가 성행하거나 지가가 급격히 상승하는 지역을 대상으로 지정될 수 있다.

④ 주택거래신고제는 국토부장관이 지정하는 지역에 있는 주택에 관한 소유권을 이전하는 계약을 체결한 당사자는 공동으로 주택거래가액 등을 해당 주택 소재지의 관할 시장·군수 또는 구청장에게 신고해야 하는 것을 말한다.

⑤ 부동산 실권리자명의 등기제도는 부동산에 관한 소유권과 기타 물권을 실체적 권리관계에 부합하도록 실권리자 명의로 등기하게 함으로써, 투기·탈세·탈법행위 등 반사회적 행위를 방지하고, 부동산거래의 정상화와 부동산가격 안정을 도모하기 위한 목적으로 시행되고 있다.

27 부동산시장에 대한 정부의 개입에 관한 설명으로 틀린 것은?

① 불완전경쟁, 규모의 경제(economy of scale)로 인한 자연독점의 발생은 정부의 부동산시장에 대한 개입근거가 된다.

② 국토교통부장관은 재건축사업에서 발생하는 재건축 초과이익을 재건축부담금으로 징수하여야 한다.

③ 토지이용계획은 토지이용규제의 근간을 이루지만 법적 구속력을 가지고 있지 않다.

④ 용도지역지구제는 토지이용규제의 대표적인 예로 들 수 있다.

⑤ 부동산정책이 자원배분의 효율성을 오히려 악화시키는 것을 시장의 실패라 한다.

제3장 주택정책

정답 및 해설 p.37~40

> ## 💡 Tip
> • 주택정책 중 임대료규제정책은 출제빈도가 매우 높다. 임대료규제정책을 잘 정리하면 분양가규제정책도 같은 논리적 구조로 이해하고 해결할 수 있다.
> • 임대료규제정책에서는 시장균형가격 이하로 규제하면 임대업자의 수익성이 악화되어 '공급이 감소한다'는 것에 주목하여야 한다. 나머지 파생현상은 '공급의 감소'에 따른 것이다.
> • 임대료보조정책은 임대료규제와 달리 '장기적으로 임대주택의 공급을 증가시킨다'에 핵심이 있으며, 이 부분은 비교적 해결이 용이한 분야이다. 또한 임대료보조정책에서는 제2편 부동산경제론에서 학습하였던 내용이 그대로 접목되고 있다.
> • 현 정부의 임대주택정책도 종종 출제되고 있으므로 관련 법령의 규정을 숙지하여 둔다.

28 주택정책에 관한 설명으로 틀린 것은?

① 금융지원정책은 정부의 주택시장 간접개입방식에 속한다.

② 주택정책은 주거안정을 보장해 준다는 측면에서 복지기능도 수행한다.

③ 주거복지정책상 주거급여제도는 생산자보조방식의 일종이다.

④ 주택시장의 지표로서 PIR(Price to Income Ratio)은 그 값이 클수록 주택구매능력이 악화된다는 것을 의미한다.

⑤ 소득대비 주택가격비율(PIR)과 소득대비 임대료비율(RIR)은 주택시장에서 가구의 지불능력을 측정하는 지표이다.

☆중요
29 저소득층의 주거안정을 위한 임대료규제정책에 관한 설명으로 틀린 것은? (단, 다른 조건은 일정함)

① 정부가 임대료를 시장균형임대료 이하로 규제하면 장기적으로 임대주택공급량이 증가한다.

② 균형임대료보다 임대료상한이 낮을 경우, 임대주택에 대한 공급이 단기적으로는 비탄력적, 장기적으로는 탄력적으로 반응한다.

③ 임대료의 상한이 시장균형임대료보다 낮을 경우, 기존임차인이 임대주택을 구하기 어렵게 만들기 때문에 주거이동을 기피하게 된다.

④ 균형임대료보다 임대료상한이 낮을 경우, 임대료에 대한 이중가격이 형성될 수 있다.

⑤ 규제임대료가 시장균형임대료보다 높을 경우에는 균형임대료와 공급량에 아무런 영향을 미치지 않는다.

30 어느 상품시장에서 최고가격제를 도입하는 경우에 대한 설명으로 <u>틀린</u> 것은? (단, 다른 조건은 일정하고, 우하향하는 수요곡선과 우상향하는 공급곡선을 가정함)

① 저소득 임차인의 주거안정을 위해 실시하는 임대료규제는 최고가격제의 일환이다.

② 시장균형임대료 이하로 최고가격이 설정되어야 효과가 있다.

③ 최고가격제에서는 초과수요가 존재한다.

④ 최고가격제의 시행은 임대주택의 공급이 탄력적으로 반응할수록 저소득 임차인의 보호효과가 커진다.

⑤ 시장균형가격 이상으로 임대료를 지불해서라도 임대주택을 구입하기 위한 암시장이 형성될 수 있다.

🔖 고득점
31 저소득층을 위한 주택정책에 관한 설명으로 <u>틀린</u> 것은? (단, 다른 조건은 일정함)

① 정부가 임대료 상승을 균형가격 이하로 규제하면 장기적으로 기존임대주택이 다른 용도로 전환될 가능성이 높아진다.

② 정부가 임대료 상승을 균형가격 이하로 규제하면 장기적으로 임대주택의 공급량이 줄어들기 때문에 임대료규제의 효과가 충분히 발휘되지 못한다.

③ 정부가 임차인에게 임대료를 보조해주면 단기적으로는 시장임대료가 상승하지만, 장기적으로는 시장임대료가 하락하게 된다.

④ 정부가 임대료한도를 시장균형임대료보다 높게 설정하면 초과수요가 발생하여 임대부동산의 부족현상이 초래된다.

⑤ 주거급여는 생활이 어려운 사람에게 주거안정에 필요한 임차료 등을 지급하는 것을 말한다.

32 저소득층의 주거안정을 위한 주택정책에 관한 설명으로 <u>틀린</u> 것은? (단, 다른 조건은 동일함)

① 정부가 임대료 상승을 통제하면 단기적으로 임차인의 주거이전이 촉진될 것이다.

② 사적 시장의 임대주택공급이 늘어날 때 임차수요의 임대료탄력성이 클수록 사적 시장에서 임대료 하락효과가 작아질 수 있다.

③ 민간임대주택에 관한 특별법령상 '민간매입임대주택'이란 임대사업자가 매매 등으로 소유권을 취득하여 임대하는 민간임대주택을 말한다.

④ 공공지원민간임대주택이란 임대사업자가 민간임대주택을 10년 이상 임대할 목적으로 취득하여 임대료 및 임차인의 자격제한 등을 받아 임대하는 민간임대주택을 말한다.

⑤ 장기일반민간임대주택이란 임대사업자가 (공공)지원민간임대주택이 아닌 주택을 10년 이상 임대할 목적으로 취득하여 임대하는 민간임대주택을 말한다.

33 저소득층을 위한 주택정책에 대한 설명으로 <u>틀린</u> 것은? (단, 다른 조건은 일정함)

① 주택시장은 시장으로의 진입과 퇴거가 자유롭지 못하기 때문에 정부가 시장에 개입한다.

② 정부의 규제임대료가 균형임대료보다 낮아야 저소득층의 주거비부담 완화효과를 기대할 수 있다.

③ 정부가 임대료를 균형가격 이하로 규제하면 민간임대주택의 공급량은 감소할 수 있다.

④ 시장임대료 이하로 임대료를 통제하면 공급이 완전비탄력적인 한, 임대인의 소득 일부가 임차인에게 귀속되는 소득의 재분배효과가 있다.

⑤ 정부가 저소득층 임차가구에게 임대료보조금을 지급하면 해당 주거서비스가 정상재인 한, 주거서비스 소비가 감소한다.

34 분양가규제정책에 대하여 기술한 것으로 <u>틀린</u> 것은? (단, 다른 조건은 일정함)

① 상한가격이 시장가격보다 높을 경우 일반적으로 초과수요가 발생한다.

② 시장가격보다 낮은 가격으로 상한가격을 설정하여 실수요자의 내집마련 부담을 완화하기 위해 도입되었다.

③ 건설업자의 수익성이 악화되므로 아파트건설업의 생산성이 저하되고 신규주택공급이 감소할 것이다.

④ 분양주택에 대한 프리미엄이 형성되면 분양권을 불법으로 전매하는 등의 현상이 나타날 수 있다.

⑤ 분양주택에 대한 수요와 공급의 가격탄력성이 탄력적일수록 초과수요량이 더 커진다.

35 분양가상한제에 관한 설명으로 <u>틀린</u> 것은? (단, 다른 조건은 일정함)

① 신규분양주택의 공급위축현상과 질이 하락하는 문제점이 나타날 수 있다.

② 분양가상한제를 소형 주택에만 적용하면 소형 주택의 공급은 위축되고, 상대적으로 대형 주택의 공급은 확대될 수 있다.

③ 정부가 주택가격 안정을 목적으로 신규주택의 분양가를 규제할 경우, 신규주택공급량이 감소하면서 사회적 후생손실이 발생할 수 있다.

④ 주택법령상 분양가상한제 적용주택의 분양가격은 택지비와 건축비로 구성된다.

⑤ 주택법령상 사업주체가 일반인에게 공급하는 공동주택 중 공공택지에서 공급하는 도시형 생활주택은 분양가상한제를 적용한다.

☆☆중요
36 임대아파트의 수요함수는 $Qd = 1,700 - P$, 공급함수는 $Qs = 100 + 3P$라고 하자. 이 때 정부가 아파트임대료를 350만원/m^2으로 규제하였다. 이 규제하에서 시장의 초과수요 또는 초과공급 상황과 그 수량은? [여기서 P는 가격(단위: 만원), Qd, Qs는 각각 수요량과 공급량(단위: m^2), 다른 조건은 불변이라고 가정함]

① 초과공급 100m^2　　　　　② 초과수요 100m^2

③ 초과공급 200m^2　　　　　④ 초과수요 200m^2

⑤ 초과수요 300m^2

🔻고득점
37 어느 도시의 임대주택에 대한 단기공급함수는 $Q = 100$, 장기공급함수는 $Q = 2P - 100$이며, 임대주택에 대한 수요함수는 $Q = 200 - P$로 수요함수는 장·단기 동일하다. 만일 정부가 임대주택의 호당 임대료를 월 90만원으로 통제할 경우, 임대주택의 부족량은 단기와 장기에 각각 얼마인가? [Q는 임대주택 수(단위: 호), P는 임대주택 호당 월 임대료(단위: 만원), 모든 임대주택은 동일한 양과 질의 주거서비스를 제공한다고 가정함] 제18회

① 단기 10호, 장기 20호

② 단기 10호, 장기 30호

③ 단기 20호, 장기 30호

④ 단기 20호, 장기 40호

⑤ 단기 30호, 장기 40호

38 임대주택정책에 대한 설명으로 <u>틀린</u> 것은? (단, 다른 조건은 일정함)

① 임대료보조정책은 장기적으로 임대주택의 공급을 증가시킬 수 있다.

② 임대료보조금을 주택재화의 구입에만 한정하더라도 저소득 임차인의 실질소득 향상효과가 발생한다.

③ 임대료보조 대신 동일한 금액을 현금으로 제공하면 저소득층의 효용은 더 많이 증가한다.

④ 주택바우처(voucher)제도는 정부가 임대주택시장에 간접적으로 개입하는 방법이다.

⑤ 임대주택의 공급자에게 저리의 자금을 지원해주면 장기적으로 임대주택의 공급이 감소한다.

39 임대 관련 제도에 관한 설명으로 <u>틀린</u> 것은? (단, 다른 요인은 불변임)

① 임대료보조를 받은 저소득층의 효용은 임대료보조를 받지 않은 경우보다 더 높아진다.

② 정부가 저소득층에게 임차료를 보조해주면 저소득층 주거의 질적 수준이 높아질 수 있다.

③ 임대료보조를 받은 저소득층의 주택소비가 증가하는 이유는 소득효과와 대체효과 때문이다.

④ 임대료보조 대신 동일한 금액을 현금으로 제공하면 임대주택 외에 다른 재화의 소비량은 보조금 지급 전보다 더 많이 감소한다.

⑤ 임대주택생산자에게 보조금을 지급하는 방식은 수요자에게 보조금을 지급하는 방식에 비하여 임차인의 주거지 선택의 자유가 제한된다는 단점이 있다.

제4편

40 주택시장 및 정부의 시장개입에 관한 설명으로 옳지 <u>않은</u> 것은?

① 주택은 긍정적인 외부효과를 창출하므로 생산과 소비를 장려해야 할 가치재(merit goods)이다.

② 주택구입을 제고하기 위한 정책은 소득계층에 따라 달라진다.

③ 임대료 보조정책은 민간임대주택의 공급을 장기적으로 증가시키므로 저소득 임차인의 주거안정에 기여할 수 있다.

④ 우리나라는 「주거기본법」에 근거하여 주거에 대한 권리를 보장하고 있다.

⑤ 저소득층에 대한 공공임대주택의 공급은 소득의 직접분배효과가 있다.

🔖 고득점
41 정부의 임대주택정책에 관한 설명으로 <u>틀린</u> 것을 모두 고른 것은? (단, 다른 조건은 동일함)

> ㉠ 국민임대주택, 공공지원민간임대주택은 공적 주체의 직접적 개입 정책수단이다.
> ㉡ 정부가 저소득층의 주거안정을 위해 공급하는 국민임대주택의 임대료가 시장임대료보다 낮다면 임대료 차액만큼 임차가구에게 주거비를 보조하는 효과가 있다.
> ㉢ 공공임대주택은 한국토지주택공사가 외부재원의 지원 없이 자체자금으로 건설하여 임대를 목적으로 공급하는 주택을 말한다.
> ㉣ 공공임대주택 공급정책은 입주자가 주거지를 자유롭게 선택할 수 있는 것이 장점이다.

① ㉠, ㉡, ㉢   ② ㉠, ㉡, ㉣

③ ㉠, ㉢, ㉣   ④ ㉡, ㉢, ㉣

⑤ ㉠, ㉡, ㉢, ㉣

42 공공주택 특별법령상 공공임대주택의 용어 정의로 <u>틀린</u> 것은?

① 영구임대주택은 국가나 지방자치단체의 재정을 지원받아 최저소득계층의 주거안정을 위하여 50년 이상 또는 영구적인 임대를 목적으로 공급하는 공공임대주택을 말한다.

② 행복주택은 국가나 지방자치단체의 재정이나 주택도시기금의 자금을 지원받아 대학생, 사회초년생, 신혼부부 등 젊은 층의 주거안정을 목적으로 공급하는 공공임대주택을 말한다.

③ 분양전환공공임대주택은 국가나 지방자치단체의 재정을 지원받아 일정 기간 임대 후 분양전환할 목적으로 공급하는 공공임대주택을 말한다.

④ 장기전세주택은 국가나 지방자치단체의 재정이나 주택도시기금의 자금을 지원받아 전세계약의 방식으로 공급하는 공공임대주택을 말한다.

⑤ 기존주택전세임대주택은 국가나 지방자치단체의 재정이나 주택도시기금의 자금을 지원받아 기존주택을 임차하여 「국민기초생활 보장법」에 따른 수급자 등 저소득층과 청년 및 신혼부부 등에게 전대(轉貸)하는 공공임대주택을 말한다.

43 우리나라의 부동산정책 및 제도에 관한 설명으로 <u>틀린</u> 것은?

① 공공주택 특별법령상 통합공공임대주택이란 국가나 지방자치단체의 재정이나 주택도시기금의 자금을 지원받아 최저소득 계층, 저소득 서민, 젊은층 및 장애인·국가유공자 등 사회 취약계층 등의 주거안정을 목적으로 공급하는 공공임대주택을 말한다.

② 「국민기초생활 보장법」상 주거급여란 주거안정에 필요한 임차료, 수선유지비, 그 밖의 수급품을 지급하는 것을 말한다.

③ 민간임대주택에 관한 특별법령상 '임대사업자'란 「공공주택 특별법」에 따른 공공주택사업자가 아닌 자로서 1호 이상의 민간임대주택을 취득하여 임대하는 사업을 할 목적으로 등록한 자를 말한다.

④ 정부는 국민이 보다 인간다운 생활을 영위하게 하기 위하여 필요한 최저주거기준을 두고 있다.

⑤ 주거기본법령상 국가 및 지방자치단체는 주거급여대상이 아닌 중산층 가구에게도 예산의 범위에서 주거비의 전부 또는 일부를 보조할 수 있다.

44 부동산정책 등에 관한 설명으로 **틀린** 것은?

① 주택시장에서 단기적으로 수요에 비해 공급이 부족하여 시장실패가 발생할 경우, 이는 정부의 주택시장에 대한 개입근거가 된다.

② 아파트가격이 급등하는 등 부동산시장이 과열국면일 경우, 전매제한기간 확대는 정부가 시행할 수 있는 부동산시장 안정화대책이 될 수 있다.

③ 후분양제도는 초기 주택건설자금의 대부분을 주택구매자로부터 조달하므로 건설자금에 대한 이자의 일부를 주택구매자가 부담하게 된다.

④ 주택바우처(voucher)는 지역별·소득별로 차등지급하고 있으며, 임차인에게 임대료의 일부를 교환권으로 지급하는 제도이다.

⑤ 부동산거래신고제는 부동산 매매계약을 체결하는 경우 그 실제 거래가격 등을 거래계약의 체결일로부터 30일 이내에 공동으로 신고하는 제도이다.

제4장 조세정책

Point 25 조세정책 ★★★★★

정답 및 해설 p.40~41

💡 **Tip**
- 부동산세법에서 학습하는 부동산조세의 유형도 부동산학개론 문제로 출제되고 있다.
- 조세의 전가에서는 납세의무자가 공급을 감소시켜 가격 인상을 통하여 세금의 일부를 다른 주체에게 넘긴다는 기본원리를 잘 정리해 두어야 한다.
- 부동산조세의 경제적 효과에 중점적으로 학습하며, 가격탄력성 또는 곡선의 기울기 값을 제시하여 조세의 전가와 귀착분을 묻는 문제도 출제될 가능성이 있다.

45 우리나라의 부동산조세정책에 관한 설명으로 **틀린** 것은?

① 증여세는 국세로서 취득단계에 부과하는 조세이다.
② 양도소득세는 지방세로서 처분단계에 부과하는 조세이다.
③ 재산세는 지방세로서 보유단계에 부과하는 조세이다.
④ 종합부동산세는 국세로서 보유단계에 부과하는 조세이다.
⑤ 상속세와 증여세는 누진세율을 적용한다.

46 부동산조세에 관한 설명으로 옳은 것을 모두 고른 것은?

> ㉠ 등록면허세와 부가가치세는 국세에 속한다.
> ㉡ 재산세와 종합부동산세의 과세기준일은 6월 1일로 동일하다.
> ㉢ 재산세와 종합부동산세의 과세대상은 다르다.
> ㉣ 상속세, 증여세 등은 사회계층간의 소득격차를 좁히는 기능을 갖는다.

① ㉠, ㉡, ㉢   ② ㉠, ㉡, ㉣
③ ㉠, ㉢, ㉣   ④ ㉡, ㉢, ㉣
⑤ ㉠, ㉡, ㉢, ㉣

47 부동산조세의 기능에 관한 설명으로 <u>틀린</u> 것은?

① 토지이용을 특정 방향으로 유도하기 위해 정부가 토지보유세를 부과할 때에는 토지용도에 관계없이 동일한 세금을 부과해야 한다.
② 부(−)의 외부효과가 발생하면 정부는 사적 주체에게 조세를 부과하여 과다소비의 문제를 해결할 수 있다.
③ 취득세 감면은 부동산거래의 활성화에 기여할 수 있다.
④ 주택의 보유세 감면은 자가소유를 촉진할 수 있다.
⑤ 부동산조세는 소형 주택 공급의 확대, 호화주택의 건축 억제 등과 같은 주택문제 해결 수단의 기능을 갖는다.

48 정부가 주택에 부과하는 재산세를 상승시켰다고 가정할 경우, 단기적으로 주택시장에 나타나는 현상에 관한 설명으로 옳은 것은? (단, 다른 조건은 일정함)   제13회

① 임대인과 임차인은 부과되는 재산세를 절반씩 부담한다.
② 재산세의 귀착문제는 수요의 탄력성과 공급의 탄력성의 상대적 크기에 따라 다르게 나타난다.
③ 주택의 임대료는 상승하고, 공급량은 증가한다.
④ 주택가격에 일률적으로 같은 세율을 적용하는 재산세는 누진세적인 효과를 나타낸다.
⑤ 수요가 완전탄력적일 경우 재산세상승분은 전부 임차인에게 귀착된다.

49 주택구입에 대한 거래세 인상에 따른 경제적 후생의 변화로 옳은 것을 모두 고른 것은? (단, 우상향하는 공급곡선과 우하향하는 수요곡선을 가정하며, 다른 조건은 일정함)

> ㉠ 수요자가 실질적으로 지불하는 금액이 상승하므로 소비자잉여는 감소한다.
> ㉡ 공급자가 받는 가격이 상승하므로 생산자잉여는 증가한다.
> ㉢ 공급곡선이 수요곡선에 비해 더 탄력적이면 공급자에 비해 수요자의 부담이 더 커진다.
> ㉣ 조세의 중립성은 조세가 시장의 자원배분에 영향을 미치지 않아야 한다는 원칙을 의미한다.
> ㉤ 거래세 인상에 의한 세수입증가분은 정부에 귀속되므로 경제적 순손실은 발생하지 않는다.

① ㉠, ㉡, ㉢
② ㉠, ㉢, ㉣
③ ㉡, ㉢, ㉣
④ ㉢, ㉣, ㉤
⑤ ㉠, ㉡, ㉢, ㉣

50 부동산조세 및 경제적 효과에 관한 설명으로 <u>틀린</u> 것은? (단, 다른 조건은 일정함)

① 임대주택에 재산세가 중과되면, 중과된 세금은 장기적으로 임차인에게 전가될 수 있다.
② 조세의 사실상 부담이 최종적으로 어떤 사람에게 귀속되는 것을 조세의 귀착이라 한다.
③ 시장임대료보다 낮은 공공임대주택을 확대공급하면 사적 임대시장에서 세금이 저소득 임차인에게 전가되는 현상을 완화시킬 수 있다.
④ 수요의 가격탄력성이 완전탄력적일 때 부과된 세금은 수요자에게 모두 전가된다.
⑤ 주택에 대한 양도소득세가 중과하여 주택수요가 감소하면 주택가격이 하향 안정화될 수 있다.

51 부동산조세의 경제적 효과에 관한 설명으로 **틀린** 것은? (단, 다른 조건은 일정함)

① 수요곡선이 변하지 않을 때, 세금부과에 의한 경제적 순(후생)손실은 공급이 비탄력적일수록 작아진다.

② 토지공급의 가격탄력성이 '0'인 경우, 부동산조세 부과시 토지소유자가 전부 부담하게 된다.

③ 공급이 완전비탄력적인 재화에 부과되는 세금은 경제적 후생손실이 크기 때문에 비효율적인 세금이 된다.

④ 토지의 공급곡선이 완전비탄력적인 상황에서는 토지보유세가 부과되더라도 자원배분의 왜곡이 초래되지 않는다.

⑤ 헨리 조지(Henry George)는 토지에서 발생하는 지대수입을 100%로 징세할 경우, 토지세수입만으로 재정을 충당할 수 있기 때문에 토지세 이외의 모든 조세는 철폐하자고 주장하였다.

52 부동산조세에 관한 설명으로 **틀린** 것은? (단, 다른 조건은 일정함)

① 부동산조세는 부동산자원을 재분배하는 도구로 쓰인다.

② 부동산세금은 정부나 지방자치단체가 필요한 재원을 조달하거나 분배의 불공평성을 개선하기 위하여 부과하기도 한다.

③ 주택공급의 동결효과(lock-in effect)란 가격이 오른 주택의 소유자가 양도소득세를 납부하기 위해 주택의 처분을 적극적으로 추진함으로써 주택의 공급이 증가하는 효과를 말한다.

④ 양도소득세를 중과하면 부동산의 보유기간이 늘어나는 현상이 발생할 수 있다.

⑤ 양도소득세가 중과되면 주택공급의 동결효과(lock-in effect)로 인하여 주택가격이 상승할 수 있다.

53 임대주택에 대한 수요의 가격탄력성은 1.5이고, 공급의 가격탄력성은 0.5로 추정되었다. 정부가 100만원의 재산세를 임대인에게 부과할 때, 임차인(수요자)에게 전가되는 세금 부담액을 계산하면? (단, 다른 요인은 일정함)

① 80만원   ② 75만원
③ 40만원   ④ 25만원
⑤ 20만원

54 부동산조세의 경제적 효과에 관한 설명으로 **틀린** 것은? (단, 다른 조건은 일정함)

① 조세 부과는 수요자와 공급자 모두에게 세금을 부담하게 하나, 상대적으로 가격탄력성이 높은(큰) 쪽이 세금을 더 많이 부담하게 된다.
② 수요의 가격탄력성이 상대적으로 크다는 것은 그만큼 조세가 전가되는 것을 많이 회피할 수 있다는 것을 의미한다.
③ 공급곡선 기울기의 절댓값이 수요곡선 기울기의 절댓값보다 큰 경우, 부과된 세금은 공급자에게 더 많이 귀착된다.
④ 토지의 물리적 공급은 완전비탄력적이므로 지대소득에 부과되는 토지세는 조세의 중립성을 저해하지 않는다.
⑤ 양도소득세의 중과는 부동산 보유자로 하여금 매각을 뒤로 미루게 하는 동결효과(lock-in effect)를 발생시킬 수 있다.

7개년 출제비중분석

제5편 출제비중

16%

7개년 평균
출제비중

편별 출제비중

편 제목	평균	제35회	제34회	제33회	제32회	제31회	제30회	제29회
제1편 부동산학 총론	3.4	4	3	4	3	3	3	3
제2편 부동산경제론	5.2	5	5	5	6	6	4	6
제3편 부동산시장론	4.7	4	5	7	4	4	4	5
제4편 부동산정책론	5.2	6	5	4	4	6	7	5
제5편 부동산투자론	6.4	3	8	6	7	3	7	6
제6편 부동산금융론	4.6	5	3	5	6	5	4	5
제7편 부동산개발 및 관리론	4.1	6	5	2	4	6	5	4
제8편 부동산감정평가론	6.4	7	6	7	6	7	6	6

*평균: 최근 7개년 동안 출제된 각 편별 평균 문제 수입니다.

제5편

부동산투자론

제1장   부동산투자분석 및 기법
제2장   부동산투자이론

제5편 부동산투자론

제1장 부동산투자분석 및 기법

참고 부동산 직접투자의 과정

취득(지분 + 부채)	(일정기간) 운영	(투자기간 말) 처분
영속성 · 내구성	임대료수입	매각대금
	이용 · 사용이익	소유이익
	소득이득	자본이득(양도 · 시세차익)
	영업현금흐름	매각현금흐름
	임대차(공간)시장	매매(자산)시장

Point 26 요구수익률과 기대수익률 ★★★

기본서 p.236

(1) 요구수익률(기회비용 = 자본비용)의 개념

> 요구수익률 = 무위험이자율 ± 위험할증(보상)률 + 예상인플레이션율
> (시간에 대한 비용) (위험에 대한 비용)

① 투자가 이루어지기 위한 최소한의 필수수익률로서, 요구수익률이 충족될 때 부동산투자가 유발될 수 있다.

② 무위험(이자)률: 일반경제상황과 관련이 있고(자금시장동향에 따라 달라질 수 있다), 중앙은행의 기준금리에 따라 변할 수 있다.

③ 위험할증(보상 · 대가)률

  ㉠ 투자자의 태도에 따라 달라질 수 있다. 따라서 요구수익률도 투자자마다 달라지게 된다.

  ㉡ 위험할증률(프리미엄)이 커지면(= 위험을 기피할수록) 요구수익률도 상승한다.

  ㉢ 투자자가 보상을 받고자 하는 것은 체계적(시장) 위험이다.

  🔍 비체계적 위험은 분산투자를 통하여 감소시킬 수 있다.

④ 대상부동산의 투자가치와 순현가(NPV)를 구할 때 할인율로 사용된다.

> • 투자가치 = $\dfrac{\text{장래 순영업소득}}{\text{요구수익률}}$
>
> • 순현가(NPV) = 현금유입의 현재가치 − 현금유출의 현재가치

(2) 요구수익률과 균형시장(기대수익률 ≧ 요구수익률 ⇨ 투자채택)

'기대수익률 > 요구수익률'인 경우	부동산의 기대수익률이 점차 하락하여 기대수익률과 요구수익률이 일치하는 수준에서 균형을 이루게 될 것이다.
'기대수익률 < 요구수익률'인 경우	부동산의 기대수익률이 점차 상승하여 기대수익률과 요구수익률이 일치하는 수준에서 균형을 이루게 될 것이다.

Point 27 투자부동산의 현금흐름 측정 ★★★★★

(1) 영업수지의 추계 ⇨ 보유기간 동안 발생하는 임대료수입

```
      가능총소득           … 단위당 예상임대료 × 임대단위수
    + 기타소득             … 자판기, 주차요금, 구내식당 수입 등
    − 공실 및 불량부채(채권) 대손충당금  … 가능총소득의 일정비율 적용
      유효총소득           … 영업(운영)수익
    − 영업경비             … 유지 · 관리비, 보험료, 용역비, 종업원급여, 재산세 등
      순영업소득           … 총투자액에 대한 결과물
    − 부채서비스액          … 융자(대출)조건에 따라 상이
      세전현금수지          … 지분투자액에 대한 결과물
    − 영업소득세*
      세후현금수지
```

* 영업소득세의 계산

```
      순영업소득                    세전현금수지
    + 대체충당금                  + 대체충당금
    + 이자지급분                  + 원금상환분
    − 감가상각액                  − 감가상각액
      과세소득                      과세소득
    ×     세율                   ×     세율
      영업소득세                    영업소득세
```

🔍 부동산투자는 차입이자와 감가상각에 대한 절세효과를 기대할 수 있다.

(2) 지분복귀액의 추계 ⇨ 투자기간 말 매각대금

```
      매도가격        … 총매각대금(현금흐름)
    − 매도경비
      순매도액        … 순매각대금(현금흐름)
    − 미상환저당잔금   … 미상환대출잔액
      세전지분복귀액   … 세전매각대금(현금흐름)
    − 자본이득세
      세후지분복귀액   … 세후매각대금(현금흐름)
```

🔍 지분복귀액의 구성요소 = 초기 지분투자액 + 원금상환분(지분형성분) + 가치상승분(자본이득)

현재가치계수(현가)	미래가치계수(내가)
일시불의 현가계수 $= \dfrac{1}{(1+r)^n} = (1+r)^{-n}$	**일시불의 내가계수** $= (1+r)^n$
할인율이 r일 때, n년 후의 1원이 현재 얼마만한 가치가 있는가를 나타낸다. 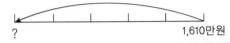 ? 1,610만원	1원을 이자율 r로 예금했을 때 n년 후에 찾게 되는 금액을 구한다.  1,000만원 ?
연금의 현가계수 $= \dfrac{1-(1+r)^{-n}}{r}$	**연금의 내가계수** $= \dfrac{(1+r)^n - 1}{r}$
매년 1원씩 n년 동안 받게 될 연금을 일시불로 환원한 액수를 구한다. ? 1,000 1,000 1,000 1,000 1,000	매년 1원씩 받게 될 연금을 이자율 r로 계속 적립하였을 때, n년 후에 찾게 되는 금액을 구한다. 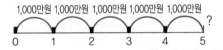 0 1 2 3 4 5
저당상수 $= \dfrac{r}{1-(1+r)^{-n}}$	**감채기금계수** $= \dfrac{r}{(1+r)^n - 1}$
원리금균등상환방식으로 일정액을 빌렸을 때 매 기간마다 상환할 원금과 이자의 합계(원리금)를 구한다. 3,790만원 ? ? ? ? ?	n년 후에 1원을 만들기 위해서 매 기간마다 적립하여야 할 금액을 구한다. 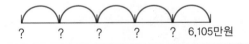 ? ? ? ? ? 6,105만원

🔍 • 역수끼리 곱하면 '1'이 된다.
    • 감채기금계수에 연금의 현가계수를 곱하면 일시불의 현가계수가 된다.
    • 저당상수에 연금의 내가계수를 곱하면 일시불의 내가계수가 된다.
    • 이자율(r)이 상승하면 저당상수는 커지고, 감채기금계수는 작아진다.

🔍 중도상환시 미상환대출잔액을 구하는 방법

> **미상환대출잔액** = 원리금(저당지불액) × 연금의 현가계수(남은 기간)
>
>   = 융자금(대출원금) × 잔금비율 $\left[\dfrac{\text{연금의 현가계수(남은 기간)}}{\text{연금의 현가계수(만기)}}\right]$

• 잔금비율이란 저당대출액에 대한 미상환된 금액의 비율로서 이자율, 만기, 남은 저당기간의 함수로 구성된다.
• 상환비율은 대출원금에 대한 상환된 금액의 비율을 말하며, 이자율, 만기, 경과한 저당기간의 함수로 구성된다.

(1) 할인현금수지분석법(DCF; Discounted Cash Flow method)

순현가 (NPV)법	순현가(NPV) ≧ 0 ⇨ 투자채택
	순현가(NPV) = 현금유입(수익)의 현재가치합 − 현금유출(투자비용)의 현재가치
	① 할인율: 요구수익률(기회비용) ⇨ 위험보상 반영, 투자자마다 다르다.
	② 순현가를 구하기 위해서는 사전에 할인율을 확정하여야 한다.
	③ 순현가가 '0'보다 크다는 것은 순현가의 크기만큼 투자자의 부(富)가 증가하였다는 의미이다.
	④ 가치합산의 원칙이 적용된다. 예 A(100원), B(200원) ⇨ A + B = 300원 (○)
내부수익률 (IRR)법	내부수익률(IRR) ≧ 요구수익률 ⇨ 투자채택
	① 현금유입의 현재가치합과 현금유출의 현재가치를 일치시키는 할인율, 순현가를 '0'으로, 수익성지수를 '1'로 만드는 할인율
	② 할인율: 내부수익률(r) ⇨ 위험보상 반영 ×
	③ 적정한 할인율을 알 수 없을 때 현금흐름만 알고 있어도 투자안의 수익률을 파악할 수 있다는 장점이 있다.
	④ 현금흐름에 따라 복수의 내부수익률이 존재할 수 있다.
	⑤ 가치합산의 원칙이 적용되지 않는다. 예 A(10%), B(20%) ⇨ A + B = 30% (×)
수익성지수 (PI)법	수익성지수(PI) ≧ 1 ⇨ 투자채택
	$$수익성지수(PI) = \frac{현금유입의\ 현재가치합}{현금유출의\ 현재가치}$$
	① 현금유출의 현재가치에 대한 현금유입의 현재가치합, 편익/비용(B/C)비율
	② 투자금액 대비 상대적 효율성(수익성)을 파악하는 투자분석방법이다. 두 투자안의 순현가가 동일하다면 수익성지수가 큰 것이 우선적으로 채택될 수 있다. ⇨ 분석지표에 따라 투자우선순위는 달라질 수 있다.
	③ 가치합산의 원칙이 적용되지 않는다. 예 A(1), B(2) ⇨ A + B = 3 (×)

🔍 단일투자안의 경우 순현재가치, 수익성지수, 내부수익률에 의한 투자결정기준
- 순현재가치 > 0, 수익성지수 > 1, 내부수익률 > 요구수익률
- 순현재가치 = 0, 수익성지수 = 1, 내부수익률 = 요구수익률
- 순현재가치 < 0, 수익성지수 < 1, 내부수익률 < 요구수익률

(2) 어림셈법

경험·대충셈하여 투자분석하는 방법이다(화폐의 시간가치를 고려하지 않음).

수익률법		역수관계	승수법	
–		–	조소득승수	$\dfrac{총투자액}{조소득}$
종합자본환원율 (총자본수익률)	$\dfrac{순영업소득}{총투자액}$	⇔	순소득승수 (자본회수기간)	$\dfrac{총투자액}{순영업소득}$
지분배당률 (자기자본수익률)	$\dfrac{세전현금수지}{지분투자액}$	⇔	세전현금수지승수	$\dfrac{지분투자액}{세전현금수지}$
세후수익률	$\dfrac{세후현금수지}{지분투자액}$	⇔	세후현금수지승수	$\dfrac{지분투자액}{세후현금수지}$

지렛대(재무레버리지)효과(leverage effect)

1. **개념**

   타인자본, 부채를 활용하여 자기자본수익률을 증폭시키는 것으로, 대부비율이나 부채비율의 증감이 자기자본(지분투자)수익률에 미치는 효과를 말한다. 타인자본을 동반하면(레버리지를 활용하면) 위험과 수익을 동시에 증폭시킨다.
   - 정(+)의 지렛대효과: 차입이자율(저당이자율) < 총투자수익률 < 자기자본수익률
   - 부(-)의 지렛대효과: 차입이자율(저당이자율) > 총투자수익률 > 자기자본수익률
   - 중립적 지렛대효과: 차입이자율(저당이자율) = 총투자수익률 = 자기자본수익률

2. **대부(대출·융자)비율과 지렛대효과**
   - 정(+)의 지렛대효과가 존재할 때, 대부비율을 높일수록 자기자본수익률은 높아진다.
   - 부(-)의 지렛대효과가 존재할 때, 대부비율을 높일수록 자기자본수익률은 낮아진다.
   - 중립적 지렛대효과가 발생할 때, 대부비율을 높이더라도 자기자본수익률은 변하지 않는다.

3. **대출기간과 지렛대효과**
   - 정(+)의 지렛대효과가 존재하면, 대출의 만기가 길수록 자기자본수익률은 상승한다.
   - 부(-)의 지렛대효과가 존재하면, 대출의 만기가 길수록 자기자본수익률은 하락한다.
   - 중립적 지렛대효과가 존재하면, 대출의 만기와는 관계가 없다.

4. **이자율의 변화와 지렛대효과**
   - 정(+)의 레버리지는 이자율의 상승으로 부(-)의 레버리지로 전환될 수 있다.
   - 부(-)의 레버리지는 이자율의 하락으로 정(+)의 레버리지로 전환될 수 있다.

(3) 재무비율분석법

계산과정에서 비율이 왜곡될 수 있으며, (재무)비율마다 투자의사결정이 다를 수 있다.

대부비율 · 부채비율	• 대부비율 = $\dfrac{융자금}{총투자액(부동산가치)}$			• 부채비율 = $\dfrac{타인자본(부채총계)}{자기자본(자본총계)}$	
	대부비율	20%	50%	60%	80%	100% 이상
	자기자본비율	80%	50%	40%	20%	
	부채비율	25%	100%	150%	400%	무한대

부채감당률

$$부채감당률 = \dfrac{순영업소득}{부채서비스액(= 융자금 \times 저당상수)}$$

① 순영업소득이 매기의 부채서비스액(원리금)을 감당할 수 있는지의 능력을 의미한다.
② 부채감당률이 '1'보다 크다는 것은 순영업소득이 매기의 원리금을 상환하고도 잔여액이 있다는 것을 의미한다.

채무불이행률

$$채무불이행률 = \dfrac{영업경비 + 부채서비스액}{유효조소득}$$

영업경비비율

$$영업경비비율 = \dfrac{영업경비}{조소득}$$

(4) 회수기간법

> 투자안의 회수기간 ≦ 목표회수기간

① 여러 투자안 중에서 회수기간이 짧은 투자대안이 타당성이 높다.
② 단순회수기간법은 화폐의 시간가치를 고려하지 못한다는 단점이 있다. 이를 보완하기 위하여 현가(PV)회수기간법이 사용된다(시간가치를 고려함).
　🔍 초기 현금유입이 빠른 투자대안이 타당성이 높다.

(5) 회계적 이익률(수익률)법

> 회계적(장부상) 이익률 ≧ 목표이익률

$$회계적 이익률 = \dfrac{연평균세후순이익}{연평균투자액(= 총투자액 \div 2)}$$

① 화폐의 시간가치를 고려하지 못하고, 투자자의 위험보상을 반영하지 못한다.
② 초기의 총투자금액이 일정액씩 감가(정액법)된다는 것을 전제로 한다.
　▷ 실제 현금흐름을 기준으로 평가하지 못한다는 단점이 있다.

제2장 부동산투자이론

Point 30 위험-수익의 상쇄관계를 통한 투자대안의 분석 ★★★★ 기본서 p.260~266

(1) 통계적 기법을 이용한 위험과 수익의 측정(정규분포를 가정)

① 수익: 가중평균, 기대수익률(%)

② 위험: 분산(V, σ^2), 표준편차(σ, %)

    🔍 확률분포도가 좁게 분포되어 있을수록 분산, 표준편차, 투자위험이 더 작다는 것이다. 따라서 기대수익률을 달성할 가능성은 더 높아진다.

③ 위험에 대한 투자자의 태도(위험회피적·기피적·혐오적 투자자): 위험회피적이라는 말은 사람들이 전혀 위험을 감수하지 않겠다는 의미가 아니다. 위험회피적인 투자자라도 수익을 얻기 위해서는 기꺼이 위험을 감수한다.

④ 위험회피적 투자자는 위험이 커지면 기대수익을 높이게 된다. 이는 무차별효용곡선으로 표시된다(아래쪽을 향하여 볼록한 우상향의 형태).

    🔍 무차별효용곡선: 특정 투자자에게 동일한 효용을 제공해주는 기대수익률과 분산의 조합을 연결한 곡선을 말한다.

(2) 평균-분산 지배원리와 효율적 포트폴리오의 선택

① 평균-분산 지배원리: 기대수익(평균)이 동일하다면 위험(분산)이 작은 투자대안을 선택하고, 위험(분산)이 동일하다면 기대수익(평균)이 높은 투자대안을 선택하는 것을 말한다.

② 효율적 포트폴리오(효율적 투자대안): 지배원리에 의하여 선택된 개별투자대안 혹은 투자대안의 집합체를 말한다. ⇨ 투자대상후보

③ 효율적 포트폴리오 집합(효율적 투자대안의 묶음)

    ㉠ 효율적 전선(프론티어): 동일한 위험하에서 최고의 수익률을 얻을 수 있는 투자대안을 모두 연결한 곡선(우상향)을 말한다. ⇨ 위험-수익의 상쇄(비례)관계를 의미한다.

    ㉡ 효율적 전선에 존재하는 투자대안은 모두 동일한 효용을 제공한다.

④ 변동(변이)계수(CV): 상호 지배관계에 있지 않은, 기대수익률과 위험이 서로 다른 투자대안의 상대적 위험척도를 구하는 지표이다.

$$\text{변동(변이)계수} = \frac{\text{표준편차(\%)}}{\text{기대수익률(\%)}}$$

⑤ 최적포트폴리오: 효율적 전선과 투자자의 무차별(효용)곡선이 접하는 점(접점)에서 위험선호도까지 고려하여 최종적으로 선택된 투자대안을 말한다.

    ㉠ 공격적 투자자와 보수적 투자자의 최적투자대안은 다를 수 있다.

    ㉡ 보수적 투자자일수록(위험을 회피하려 할수록) 무차별곡선의 기울기는 급하고, 공격적 투자자일수록 무차별곡선의 기울기는 완만하다.

부동산투자의 위험 및 투자위험의 처리 · 관리기법 ★★ 기본서 p.269~273

(1) 부동산투자위험의 주요내용

사업상 위험	① 시장위험: 수요 · 공급상황에 따른 위험, 시장의 불확실성에 따른 위험을 말한다. ② 운영위험: 경영관리의 어려움에 따른 위험(⑩ 종업원 · 영업경비의 통제 · 근로자의 파업 등)을 말한다. ③ 위치적 위험: 부동성, 상대적 위치의 가변성에 따른 위험을 말한다.
금융적(재무적) 위험	① 타인자본의 활용으로 부(−)의 지렛대효과 발생 ⇨ 투자자의 채무불이행가능성 증가, 고정금리로 차입하여도 금융적 위험은 존재한다. ② 전액 자기자본으로 투자하면 금융적 위험은 제거할 수 있다.
인플레이션위험	① 예상 인플레이션보다 실제 인플레이션이 높으면, 실질임대료는 줄어든다(= 구매력 하락위험). ② 부동산가격이 물가상승률과 연동하여 상승하는 기간에는 인플레이션을 방어하는(hedge) 효과가 있다. ⇨ 영속성
유동성(환금성) 위험	① 시장가치보다 낮은 가격으로 매도하는 과정에서 발생하는 부동산가치의 손실가능성을 의미한다. ② 간접투자(부동산투자회사의 주식)를 선택하면 유동성위험은 감소한다.

(2) 부동산투자위험의 처리 · 관리기법

위험한 투자를 제외시키는 방법	정기예금이자 · 국채수익률만 기대하는 방법이다. 🔍 위험자산에 투자하지 않고, 무위험수익률만 기대하는 방법이다.
보수적 예측방법	기대수익은 가능한 한 낮게(하향조정), 위험(비용)은 가능한 한 높게 설정하여 위험을 분석한다.
위험조정할인율법	위험이 높은 투자안일수록 높은 할인율(요구수익률)을 적용한다. 🔍 위험이 큰 투자안일수록 할인율(요구수익률)을 상향조정하여 위험을 관리한다.
민감도(감응도)분석 ⇨ 회귀모형	① 수익(종속변수)에 영향을 주는 여러 가지 위험요소(독립변수)를 파악하고, 위험요소의 변화가 수익에 어떠한 영향을 미치는지를 분석한다. ② 미래현금흐름에 영향을 주는 요소 중 하나만 변동시킬 때 수익성이 어떻게 변동하는지를 분석함으로써 그 요소의 영향을 검토하기도 한다. ③ 위험요소 중 집중관리의 대상을 파악하고, 이를 통제하여 수익률의 범위를 예측하는 데 활용한다. ④ 민감도가 높은 투자안일수록 기대수익과 순현가의 변동가능성이 큰 것으로 파악한다. ⇨ 더욱 위험한 투자대안으로 판단한다.
투자위험의 전가	① 부동산은 개별성이 있어서 표준화가 제한되므로 투자위험을 타인에게 전가하기가 제한된다. ② 인적 손실이나 재산상 손실에 따른 순수위험은 보험가입을 통하여 그 일부를 보험회사에 전가할 수 있다.

(1) 의의

포트폴리오를 구성하는 구성종목을 다양화하여 비체계적 위험을 감소시켜 안정된 결합편익 (잠재적 이익)을 추구하고자 하는 방법이다.

(2) 포트폴리오 총위험의 정리

체계적 위험(시장위험)	비체계적 위험(개별위험)
모든 투자대안에 공통적으로 미치는 위험(이자율변동위험, 경기변동위험, 인플레이션위험)	개별투자대안마다 각각 다르게 나타나는 위험
분산투자로 회피할 수 없는 위험, 분산불가능위험, 분산투자를 통하여 제거할 수 없는 위험	분산투자로 회피할 수 있는 위험, 분산가능위험, 불필요한 위험 🔍 포트폴리오를 구성하면 비체계적 위험은 감소되는 효과가 있다.

① 포트폴리오를 구성하는 종목 수를 증가시키면, 개별자산간의 수익률분포도가 상이하므로 서로 위험이 상쇄되는 효과가 발생한다.

② 체계적 위험은 제거가 불가능하므로 포트폴리오 총위험이 '0'이 되지는 않는다.

(3) 효율적인 분산투자전략

① 포트폴리오를 구성하는 종목 수를 무한대로 증가시키면, 통계학적으로 비체계적 위험을 '0'까지 감소시킬 수 있다.

② 위험자산(부동산 + 주식)끼리 배합하는 것보다 위험자산(부동산)과 무위험자산(국채)을 결합하는 것이 포트폴리오의 위험분산효과가 더 크다.

③ 두 자산간 수익률의 움직임(= 상관계수)이 유사한 종목으로 구성하는 것보다 상이한 종목으로 구성하는 것이 분산투자효과가 더 크다. ⇨ 두 자산간 상관계수가 −1에 근접할수록 분산투자효과가 커진다.

상관계수 = +1	두 자산의 수익률 움직임이 완전 정(+)의 관계로, 분산투자효과는 전혀 없다. 즉, 비체계적 위험을 전혀 감소시킬 수 없다.
상관계수 = −1	두 자산의 수익률 움직임이 완전 부(−)의 관계로, 분산투자효과는 극대화된다. 즉, 비체계적 위험을 '0'으로 만들 수 있다.
상관계수 = 0	두 자산의 수익률 움직임이 아무런 관련이 없다(random). 그렇다고 하더라도 분산투자효과는 있다.

④ 기대수익률과 표준편차만 고려하면, 종목 수가 많은 포트폴리오가 종목 수가 적은 포트폴리오보다 분산투자효과는 더 크다. 그러나 상관계수까지 고려한다면, 수익률의 움직임이 상이한 두 종목의 포트폴리오가 수익률의 움직임이 유사한 세 종목의 포트폴리오보다 분산투자효과가 더 클 수 있다.

(4) 부동산 포트폴리오의 장·단점

장점	① 투자금액에 제한을 두지 않는다면, 개별성·지역성·부동성 등으로 포트폴리오 구성이 용이하기 때문에 분산투자효과를 기대할 수 있다. ② 동일한 부동산의 유형이라도 지역을 달리하면 분산투자효과는 존재하고, 또한 동일한 지역시장이라도 유형을 달리하면 분산투자효과는 존재한다.
단점	① 개별성으로 인하여 시장 포트폴리오의 수익률(투자성과)을 측정하는 것이 곤란하다. 따라서 수익률로만 투자성과를 판단하는 것은 합리적이지 못하다. ② 포트폴리오관리(시장상황에 따른 대응) 및 수정이 곤란하다. 부동산은 표준화되지 못하는 특성상 환금성이 취약하므로 주식과 달리 장기 포트폴리오를 구성할 필요가 있다.

제5편 단원별 출제예상문제

☆중요 출제가능성이 높은 중요 문제 ➔고득점 고득점 목표를 위한 어려운 문제 ✎신유형 기존에 출제되지 않은 신유형 대비 문제

제1장 부동산투자분석 및 기법

Point 26 요구수익률과 기대수익률 ★★★

정답 및 해설 p.41~42

> 💡 **Tip**
> • 요구수익률은 투자의 기회비용, 자본비용의 개념으로, 이러한 요구수익률이 충족되어야 부동산투자가 유 발될 수 있다는 점에서 이에 대한 개념 정리는 필수적이다.
> • 요구수익률의 개념은 부동산투자론, 부동산금융론(프로젝트 금융), 감정평가론(수익방식) 등에서 광범위하 게 응용되고 있다.

☆중요
01 부동산투자의 위험과 수익과의 관계를 설명한 것으로 **틀린** 것은?

① 요구수익률은 대상부동산에 투자가 이루어지기 위한 최소한의 필수수익률을 말한다.
② 요구수익률은 무위험률과 위험할증률을 합산하여 계산해야 한다.
③ 요구수익률에는 시간에 대한 비용(보상)과 위험에 대한 비용(보상)이 포함되어 있다.
④ 무위험(이자)률은 일반경제상황과 관계가 있다.
⑤ 투자자의 개별적인 위험혐오도에 따라 무위험률이 결정된다.

02 부동산투자와 요구수익률에 관한 설명으로 **틀린** 것은? (단, 다른 조건은 일정함)

① 요구수익률은 다른 투자의 기회를 포기한다는 점에서 기회비용이라고도 한다.
② 위험회피형 투자자는 위험부담에 대한 보상심리로 위험할증률을 요구수익률에 반영한다.
③ 위험회피형 투자자는 부동산투자의 위험이 증가할 때 요구수익률을 낮춘다.
④ 투자안의 기대수익률이 10%이고, 요구수익률이 6%라면 투자를 채택할 수 있다.
⑤ 투자안의 기대수익률이 요구수익률보다 높으면 해당 투자안의 수요증가로 기대수익률 이 점차 낮아져 요구수익률에 수렴한다.

03 부동산 투자수익률에 관한 설명으로 **틀린** 것은? (단, 다른 조건은 일정함)

① 실현수익률은 투자가 이루어진 후 현실적으로 달성된 수익률을 말한다.

② 시장금리의 상승은 투자자의 요구수익률을 하락시키는 요인이다.

③ 동일 투자자산이라도 개별투자자가 위험을 회피할수록 요구수익률이 높아진다.

④ 요구수익률은 대상부동산의 투자가치를 구할 때 할인율로 사용된다.

⑤ 투자의 위험이 커지면 대상부동산의 투자가치는 하락한다.

04 다음과 같은 투자안에서 부동산의 투자가치는? (단, 연간 기준이며, 주어진 조건에 한함)

- 무위험률: 3%
- 위험할증률: 4%
- 예상인플레이션율: 1%
- 예상순수익: 6,000만원

① 7억원

② 7억 5천만원

③ 8억원

④ 8억 5천만원

⑤ 9억원

정답 및 해설 p.42~43

> **Tip**
> 영업수지의 계산과정(임대료수입)과 지분복귀액(매각대금)의 계산과정을 반드시 숙지하고, 반복하여 연습하여야 한다. 계산문제는 기본으로 연습하고, 계산과정을 지문으로 묻는 문제 유형에 익숙해져야 한다. 해당 내용은 비율분석법의 수식에도 사용된다.

05 부동산 운영수지분석에 관한 설명으로 틀린 것은?

① 유효총소득은 가능총소득에 기타 수입을 더하고 공실손실상당액과 불량부채액(충당금)을 차감하여 구한 소득이다.

② 영업경비는 부동산운영과 직접 관련 있는 경비로, 광고비, 인건비, 재산세 등이 이에 해당된다.

③ 순영업소득은 유효총소득에 각종 영업외수입을 더한 소득으로 부동산운영을 통해 순수하게 귀속되는 영업소득이다.

④ 세전현금흐름은 지분투자자에게 귀속되는 세전소득을 말하는 것으로, 순영업소득에서 부채서비스액(원리금상환액)을 공제한 소득이다.

⑤ 세전지분복귀액은 자산의 순매각금액에서 미상환저당잔액을 차감하여 지분투자자의 몫으로 되돌아오는 금액을 말한다.

06 부동산투자 및 현금흐름 계산과정에 대한 설명으로 틀린 것은?

① 순영업소득과 세전현금수지는 동일할 수 없다.

② 영업소득세를 계산하기 위해서는 감가상각비를 알아야 한다.

③ 임대사업을 영위하는 법인은 건물에 대한 감가상각과 이자비용을 세금산정시 비용으로 인정받을 수 있다.

④ 적용되는 영업소득세율에 따라 세후현금수지가 달라질 수 있다.

⑤ 매각시점에 미상환대출잔액이 남아 있다면 순매도액보다 세전지분복귀액이 더 작을 것이다.

07 다음 수익형 부동산 A에 관한 자료를 이용하여 계산한 순영업소득은? (단, 모든 금액은 연 기준이며, 제시된 자료에 한함)

• 가능총수익: 9,000만원	• 공실손실상당액: 600만원
• 대손충당금: 300만원	• 관리직원 인건비: 3,000만원
• 용역비: 500만원	• 소유자 개인업무비: 1,200만원
• 수선유지비: 300만원	• 재산세: 200만원
• 광고비: 100만원	• 임대소득세: 500만원

① 4,900만원   ② 4,600만원   ③ 4,400만원

④ 4,000만원   ⑤ 2,900만원

08 대상부동산의 순영업소득(NOI)은?

• 건축연면적: 2,000m^2
• 유효임대면적비율: 80%(건축연면적 대비)
• 연평균임대료: 4,000원/m^2
• 영업경비율: 30%(가능조소득 기준)
• 평균공실률: 5%
• 연간 부채서비스액: 600원/m^2(유효임대면적 기준)

① 400만원   ② 416만원   ③ 432만원

④ 446만원   ⑤ 460만원

09 임대주택의 1년간 운영실적에 관한 다음 자료를 이용하여 계산한 세후현금수지는? (단, 주어진 조건에 한함)

• 재산세: 400만원	• 순영업소득: 2억 3,000만원
• 원리금상환액(연간 융자원리금): 3,000만원	
• 원금상환분: 1,000만원	• 감가상각액: 1,000만원
• 소득세율: 30%	

① 1억 6,200만원   ② 1억 5,000만원   ③ 1억 4,000만원

④ 1억 2,400만원   ⑤ 1억 1,400만원

💡 **Tip**
- 자본환원계수의 여섯 가지 개념을 정확하게 정리하면 이를 응용하는 문제도 해결이 가능하다.
- 최근 공식을 활용하는 계산문제가 출제되고 있으므로 공식도 암기하여 연습해 두어야 한다.
- 자본환원계수는 3편, 5편, 6편, 8편에서 출제되는 계산문제에도 활용된다.

🌟 중요
10 화폐의 시간가치 계산에 관한 설명으로 옳은 것은?

① 원금에 대한 이자뿐만 아니라 이자에 대한 이자도 함께 계산하는 것은 단리방식이다.

② 현재가치에 대한 미래가치를 산출하기 위해 사용하는 이율을 이자율이라 하고, 미래가치에 대한 현재가치를 산출하기 위하여 사용되는 이율을 할인율이라 한다.

③ 현재 5억원인 주택이 매년 5%씩 가격이 상승한다고 가정할 때, 연금의 미래가치계수를 사용하여 10년 후의 주택가격을 산정할 수 있다.

④ 10년 후에 1억원이 될 것으로 예상되는 토지의 현재가치는 1억원을 일시불의 현재가치 계수(10년)로 나누어 계산한다.

⑤ 매월 말 50만원씩 5년간 들어올 것으로 예상되는 임대료수입의 현재가치를 계산하려면, 일시불의 내가계수의 역수를 활용할 수 있다.

🏹 고득점
11 화폐의 시간가치와 관련한 설명으로 **틀린** 것은? (단, 다른 조건은 동일함)

① 주택마련을 위하여 은행으로부터 원리금균등상환방식으로 주택구입자금을 대출받은 가구가 매월 상환할 금액을 산정하는 경우 저당상수를 사용한다.

② 연금의 현재가치계수에 저당상수를 곱하면 1이 된다.

③ 3년 후에 주택자금 5억원을 만들기 위해 매 기간 납입해야 할 금액을 계산하는 경우, 5억원에 감채기금계수(3년)를 곱하여 산정한다.

④ 연금의 내가계수는 이자율이 상승할수록 커진다.

⑤ 저당상수는 이자율이 상승할수록 작아진다.

12 A씨는 주택구입자금을 마련하기 위하여 2025년 1월 1일 현재, 4년 동안 매년 말 2,000만 원씩 불입하는 4년 만기의 정기적금에 가입하였다. 이 정기적금의 이자율이 복리로 연 10%라면 4년 후의 미래가치는?

① 8,882만원
② 8,964만원
③ 9,082만원
④ 9,282만원
⑤ 9,421만원

✍신유형
13 5년 후에 1억원을 만들기 위해 매월 적립(불입)할 금액을 계산하기 위한 식으로 옳은 것은? (단, 명목금리는 연 4%, 월 복리 조건이며, 주어진 조건에 한함)

① $1억원 \times \dfrac{0.04}{(1+0.04)^5-1}$

② $1억원 \times \dfrac{\dfrac{0.04}{12}}{\left(1+\dfrac{0.04}{12}\right)^{5\times12}-1}$

③ $1억원 \times \left\{\dfrac{(1+0.04)^5-1}{0.04}\right\}$

④ $1억원 \times \left\{\dfrac{\left(1+\dfrac{0.04}{12}\right)^{5\times12}-1}{\dfrac{0.04}{12}}\right\}$

⑤ $1억원 \times \dfrac{0.04}{(1+0.04)^{5\times12}-1}$

14 다음 조건을 이용하여 계산한 5년 후 4억원의 현재가치는? (단, 주어진 조건에 한함)

- 할인율: 연 5%(복리 계산)
- 최종 현재가치금액은 천원 단위 이하를 절사(가장 근사치를 선택함)

① 3억 2,371만원
② 3억 1,341만원
③ 3억 271만원
④ 2억 9,341만원
⑤ 2억 8,441만원

15 임대인 A와 임차인 B는 임대차계약을 체결하려고 한다. 향후 3년간 순영업소득의 현재가치 합계는? (단, 주어진 조건에 한하며, 모든 현금유출입은 매 기간 말에 발생함)

- 연간 임대료는 1년차 4,000만원에서 매년 100만원씩 증가
- 연간 영업경비는 1년차 1,000만원에서 매년 200만원씩 증가
- 1년 후 일시불의 현가계수 0.95
- 2년 후 일시불의 현가계수 0.90
- 3년 후 일시불의 현가계수 0.85

---

① 7,120만원   ② 7,240만원   ③ 7,440만원
④ 7,640만원   ⑤ 7,840만원

☆중요
16 화폐의 시간가치 계산에 관한 설명으로 틀린 것은?

① 임대기간 동안 월 임대료를 모두 적립할 경우, 이 금액의 현재시점 가치를 산정한다면 연금의 현재가치계수를 사용한다.
② 연금의 현재가치계수에 감채기금계수를 곱하면 일시불의 현재가치계수이다.
③ 원리금균등상환방식으로 매기 일정액을 상환하다가 중도상환시에 미상환대출잔액은 융자금에 연금의 현가계수(남은 기간)를 곱하여 구한다.
④ 잔금비율은 저당대출액에 대한 미상환된 금액의 비율을 말하며 이자율, 만기, 남은 저당기간의 함수이다.
⑤ 잔금비율과 상환비율의 합은 '1'이 된다.

17 A씨는 원리금균등분할상환조건으로 5억원을 대출받았다. 은행의 대출조건이 다음과 같을 때, 대출 후 5년이 지난 시점에 남아있는 대출잔액을 구하기 위한 수식은? (단, 주어진 조건에 한함)

- 대출금리: 고정금리, 연 5%
- 총대출기간과 상환주기: 30년, 월말 분할상환
- 월별 원리금지급액: 270만원
- 기간이 30년인 저당상수: 0.0054
- 기간이 25년인 저당상수: 0.0058
- 기간이 30년인 연금의 현가계수: 185.18
- 기간이 25년인 연금의 현가계수: 171.06

① 5억원 × 0.0054 × 171.06
② 5억원 × 0.0058 × 171.06
③ 5억원 × 0.0054 × 185.18
④ 270만원 × 0.0058 × 185.18
⑤ 270만원 × 185.18

💡 **Tip**

- 할인현금수지분석법은 화폐의 시간가치(할인)의 개념을 정리해 주면 이해하기가 쉽다. 지문상에서 현금유입의 미래가치가 아닌 '현금유입의 현재가치'라는 표현에 유의하여야 하며, 계산문제를 포함하여 2문제 정도까지 출제되고 있으므로 잘 정리해 두어야 한다.
- 어림셈법 중 총자본수익률(종합자본환원율)과 자기자본수익률(지분투자수익률)에 관한 수식을 정리하고, 이 수식의 분모와 분자를 바꾸어서 승수를 정리하면 된다. 종합자본환원율에 '환원'이라는 표현이 있다고 하여도 화폐의 시간가치를 고려하는 분석기법이 아니라는 점에 유의하여야 한다. 최근에는 어림셈법과 비율분석법에서 계산문제의 비중이 늘어나는 추세이다.
- 지렛대(레버리지)효과는 계산문제나 지문형식의 문제가 번갈아가며 출제되고 있다.

🌟중요
18 할인현금수지분석법에 관한 설명으로 틀린 것은?

① 할인현금수지분석법은 현금흐름의 추계에서는 부동산운영으로 인한 영업소득뿐만 아니라 처분시의 지분복귀액도 포함된다.
② 순현가법, 내부수익률법 및 수익성지수법 등은 현금흐름을 할인하여 투자분석을 하는 방법이다.
③ 추계된 현금수지에 대한 위험을 평가하는 위험할증률의 추계는 투자기간의 결정 및 현금수지에 대한 예측 이전에 해야 한다.
④ 순현가법은 장래 기대되는 세후소득의 현가 합과 투자비용의 현가 합을 서로 비교하여 투자의사를 결정한다.
⑤ 내부수익률(IRR)은 현금유입의 현재가치 합과 현금유출의 현재가치 합을 일치시키는 할인율을 의미한다.

19 투자타당성분석에 관한 설명으로 틀린 것은?

① 순현재가치(NPV)는 투자자의 내부수익률로 할인한 현금유입의 현가에서 현금유출의 현가를 뺀 값이다.
② 투자안의 순현가(NPV)가 '0'보다 크면 투자의 타당성이 있다고 본다.
③ 내부수익률(IRR)법에서는 내부수익률과 요구수익률을 비교하여 투자의사결정을 한다.
④ 사전에 할인율을 결정해야만 수익성지수(PI)를 구할 수 있다.
⑤ 수익성지수(PI)는 투자로 인해 발행하는 현금유입의 현재가치를 현금유출의 현재가치로 나눈 비율로서, 1보다 크면 경제적 타당성이 있는 것으로 판단한다.

20 다음과 같은 현금흐름을 가지는 투자안 A의 순현가(NPV), 수익성지수(PI), 내부수익률 (IRR)은? (단, 할인율은 7%, 사업기간은 1년이며, 사업 초기에 현금지출만 발생하고 사업 말기에 현금유입만 발생함)

투자안	초기 현금지출	1년 후 현금유입
A	6,000만원	6,420만원

	NPV	PI	IRR
①	0원	1.0	7%
②	0원	1.1	7%
③	10원	1.0	7%
④	10원	1.1	7.7%
⑤	100원	1.0	7.7%

중요

21 부동산투자의사결정방법에 관한 설명으로 옳지 <u>않은</u> 것은?

① 순현가(NPV)가 양(+)의 값을 가지면 투자자의 요구수익률을 충족하고도 남는 금액이 있다는 의미이다.

② 내부수익률은 투자안의 순현가를 '0'으로, 수익성지수를 '1'로 만드는 할인율을 의미하며, 투자자 입장에서는 최소한의 요구수익률이기도 하다.

③ 순현가법과 내부수익률법에서는 투자판단기준을 위한 할인율로서 요구수익률을 사용한다.

④ 내부수익률(IRR)은 사전적으로 요구수익률을 결정하지 않아도 구할 수 있다.

⑤ 투자안의 현금흐름에 따라 복수의 내부수익률이 존재할 수 있다.

22 다음 표에 제시된 투자사업들을 분석한 내용으로 **틀린** 것은? (단, 주어진 조건에 한함)

(단위: 만원)

사업	현금유출의 현가	현금유입의 현가
부동산 A	4,500	5,000
부동산 B	3,000	3,150
부동산 C	2,000	2,400
부동산 D	4,000	4,300

① 부동산 B의 순현가 값은 150만원이다.

② 부동산 D의 수익성지수(PI)는 1.075이다.

③ 투자액 대비 투자효율성이 가장 높은 것은 부동산 C이다.

④ 부(富)의 극대화 관점에서 우선순위를 판단하면 C > A > D > B의 순서가 된다.

⑤ 부동산 A와 C를 함께 수행한 포트폴리오 투자대안의 순현가는 900만원이다.

23 할인현금수지분석법에 관한 설명으로 **틀린** 것은?

① 할인율(재투자율) 측면에서 볼 때 순현가법이 내부수익률법보다 더 합리적이다.

② 순현재가치가 다른 두 투자안의 수익성지수는 동일할 수 있다.

③ 여러 투자안의 투자 우선순위를 결정할 때, 순현재가치법과 수익성지수법 중 어느 방법을 적용하더라도 투자 우선순위는 달라질 수 있다.

④ 서로 다른 내부수익률을 가지는 두 자산에 동시에 투자하는 내부수익률은 각 자산의 내부수익률을 더한 것과 같다.

⑤ 매년 현금유입액의 크기가 동일(일정)할 경우, 투자안의 순현가(NPV)를 구할 때에는 연금의 현가계수를 사용한다.

24 다음 현금흐름표를 기초로 계산한 수익성지수(PI)는? (단, 0년차 현금흐름은 초기 투자액, 1년차부터 5년차까지 현금흐름은 현금유입과 현금유출을 감안한 순현금흐름이며, 할인율은 연 10%, 이때 기간이 5년인 연금의 현가계수는 3.790790이고 일시불의 현가계수는 0.620921임)

(단위: 만원)

기간(년)	0	1	2	3	4	5
현금흐름	−1,840	230	230	230	230	2,530

① 1.12 ② 1.15 ③ 1.20

④ 1.25 ⑤ 1.40

25 향후 2년간 현금흐름을 이용한 다음 사업의 순현가(NPV)는? (단, 연간 기준이며, 주어진 조건에 한함)

- 모든 현금의 유입과 유출은 매년 말에만 발생
- 현금유입은 1년차 1,000만원, 2년차 1,200만원
- 현금유출은 현금유입의 90%
- 1년 후 일시불의 현가계수 0.95
- 2년 후 일시불의 현가계수 0.90

① 183만원 ② 193만원 ③ 203만원

④ 213만원 ⑤ 223만원

26 투자의 타당성 분석방법 중 다음 중 화폐의 시간적 가치를 고려하는 할인기법에 해당하는 것은 모두 몇 개인가?

㉠ 총소득승수법	㉡ 종합자본환원율법
㉢ 내부수익률법	㉣ 수익성지수법
㉤ 단순회수기간법	㉥ 회계적 이익률법

① 1개 ② 2개 ③ 3개

④ 4개 ⑤ 5개

27 투자의 타당성분석 중 수익률법과 승수법에 관한 설명으로 **틀린** 것은?

① 총투자수익률(종합자본환원율)의 역수는 순소득승수이다.

② 지분투자수익률(ROE)은 세전현금수지를 지분투자액으로 나눈 비율이다.

③ 어림셈법 중 순소득승수법의 경우 승수값이 작을수록 자본회수기간이 짧아진다.

④ 투자의 타당성은 총투자액 또는 지분투자액을 기준으로 분석할 수 있으며, 총소득승수는 총투자액을 기준으로 분석하는 지표다.

⑤ 총투자수익률(종합자본환원율)은 지분투자수익률(지분배당률)과 동일할 수 없다.

28 승수법과 수익률법에 관한 설명으로 **틀린** 것은?

① 수익률법과 승수법은 투자현금흐름의 시간가치를 반영하여 투자타당성을 분석하는 방법이다.

② 순소득승수(NIM)는 순영업소득(NOI)에 대한 총투자액의 배수를 말한다.

③ 세전현금흐름승수(BTM)는 지분투자액을 세전현금흐름(BTCF)으로 나눈 값이다.

④ 동일한 투자안의 경우, 일반적으로 순소득승수가 총(조)소득승수보다 크다.

⑤ 동일한 투자안의 경우, 일반적으로 세후현금수지승수가 세전현금수지승수보다 크다.

29 다음 자료는 A부동산의 1년간 운영수지이다. A부동산의 세후현금흐름승수는? (단, 주어진 조건에 한함)

- 총투자액: 50,000만원
- 지분투자액: 40,000만원
- 가능총소득(PGI): 8,000만원
- 공실률: 10%
- 재산세: 200만원
- 원리금상환액: 1,500만원
- 영업소득세: 500만원

① 8   ② 10   ③ 12

④ 15   ⑤ 20

30 부동산투자에서 (㉠) 타인자본을 60% 활용하는 경우와 (㉡) 타인자본을 활용하지 않는 경우, 각각의 1년간 자기자본수익률(%)은? (단, 주어진 조건에 한함)

- 부동산매입가격: 50,000만원
- 1년 후 부동산 처분
- 순영업소득(NOI): 연 800만원(기간 말 발생)
- 보유기간 동안 부동산가격 상승률: 연 4%
- 대출조건: 이자율 연 5%, 대출기간 1년, 원리금은 만기 일시상환

① ㉠: 7.0, ㉡: 6.5   ② ㉠: 6.5, ㉡: 7.0

③ ㉠: 6.5, ㉡: 6.0   ④ ㉠: 6.5, ㉡: 5.6

⑤ ㉠: 6.0, ㉡: 5.6

31 오피스빌딩에 대한 종합자본환원율은 12%이고, 차입금리는 연 10%이다. 대부비율을 50%에서 60%로 올린다면, 자기자본수익률은 어떻게 변하는가?

① 5.0%p 상승   ② 4.0%p 상승

③ 2.5%p 상승   ④ 2.0%p 상승

⑤ 1.0%p 상승

32 부동산투자에서 재무레버리지(지렛대)효과에 관한 설명으로 <u>틀린</u> 것은?

① 부동산투자자는 저당권과 전세제도 등을 통해 레버리지를 활용할 수 있다.

② 정(+)의 지렛대효과를 예상하고 투자했을 때 부채비율이 커질수록 경기변동이나 금리변동에 따른 투자위험이 감소한다.

③ 자기자본이 같다면, 융자를 이용하는 것이 융자를 이용하지 않는 것보다 분산투자효과를 누릴 수 있다.

④ 대부비율(LTV)이 높아질수록 투자의 재무레버리지 효과가 커질 수 있다.

⑤ 지분투자수익률은 지분투자자의 성과를 나타낸다.

33 부동산투자의사결정과 지렛대효과에 관한 설명으로 <u>틀린</u> 것은?

① 중립적 레버리지효과란 대부비율이나 부채비율이 변화해도 자기자본수익률은 변하지 않는 경우를 말한다.

② 총투자수익률에서 지분투자수익률을 차감하여 정(+)의 수익률이 나오는 경우에는 정(+)의 레버리지가 발생한다.

③ 저당수익률이 총자본수익률보다 클 때, 부채비율을 낮추는 자본의 구조 조정은 자기자본수익률을 이전보다 상승시킬 수 있다.

④ 부(−)의 지렛대효과가 존재할 때, 대출기간을 짧게 하면 할수록 부(−)의 지렛대효과는 이전보다 축소될 것이다.

⑤ 정(+)의 레버리지는 이자율의 변화 등에 따라 부(−)의 레버리지로 변화될 수 있다.

🏅신유형

34 甲은 시장가치 5억원의 부동산을 인수하고자 한다. 해당 부동산의 부채감당률(DCR)은? (단, 모든 현금 유출입은 연말에만 발생하며, 주어진 조건에 한함)

• 담보인정비율(LTV): 시장가치의 60%
• 연간 저당상수: 0.1
• 가능총소득(PGI): 6,000만원
• 공실손실상당액 및 대손충당금: 가능총소득의 10%
• 영업경비비율: 가능총소득의 15%

---

① 1.12 　　　② 1.20 　　　③ 1.50
④ 1.75 　　　⑤ 1.80

⭐중요

35 시장가격이 6억원이고 순영업소득이 연 8,000만원인 상가를 보유하고 있는 A가 추가적으로 받을 수 있는 최대 대출가능금액은? (단, 주어진 조건에 한함)

• 연간 저당상수: 0.2
• 대출승인조건(모두 충족하여야 함)
  − 담보인정비율(LTV): 시장가격 기준 50% 이하
  − 부채감당률(DCR): 2 이상
• 상가의 기존저당대출금: 1억 2천만원

---

① 6천만원 　　　② 8천만원 　　　③ 1억원
④ 1억 8천만원 　　　⑤ 2억원

36 A부동산의 1년 동안 예상되는 현금흐름이다. 다음 중 옳은 것은? (단, 주어진 조건에 한함)

2017. 감정평가사

- A부동산가격: 15억원(자기자본: 10억원, 대출: 5억원)
- 순영업소득: 1억 5,000만원
- 영업소득세: 5,000만원
- 저당지불액: 8,000만원
---

① 부채비율: 20%　　　　　　　　② 순소득승수: 15

③ 지분투자수익률: 30%　　　　　④ 부채감당비율: 53%

⑤ 총투자수익률: 10%

37 다음 자료를 활용하여 산정한 순소득승수, 채무불이행률, 세전현금흐름승수를 순서대로 나열한 것은? (단, 주어진 조건에 한함)

- 총투자액: 10억원　　　　　　　　　- 지분투자액: 6억원
- 유효총소득승수: 2.5　　　　　　　- 영업경비비율(유효총소득 기준): 50%
- 부채서비스액: 5천만원/년　　　　- 영업소득세: 2천만원/년

	순소득승수	채무불이행률	세전현금흐름승수
①	5	62.5%	4
②	5	62.5%	5
③	10	64%	4
④	10	64%	5
⑤	10	65%	10

38 다음의 조건을 가진 A부동산의 대부비율(LTV)은? (단, 주어진 조건에 한함)

> • 매매가격: 5억원 • 순영업소득: 3,000만원
> • 부채감당률: 1.5 • 연 저당상수: 0.1

① 20% ② 30%

③ 40% ④ 50%

⑤ 60%

39 다음 설명 중 틀린 것은?

① 투자안의 대부비율이 높아지면 부채비율은 더욱 높아진다.
② 부채비율은 부채총계를 자본총계로 나눈 비율이며, 대부비율이 80%일 때 부채비율은 400%가 된다.
③ 부채감당률이 1보다 작으면 차입자의 원리금 지불능력이 충분하다고 판단할 수 있다.
④ 채무불이행률은 유효총소득으로 영업경비와 부채서비스액을 감당할 수 있는지를 판단하며, 손익분기율이라고도 한다.
⑤ 영업경비비율은 영업경비를 유효총소득으로 나눈 비율이다.

40 부동산투자의 타당성분석에 관한 설명으로 틀린 것은?

① 비율분석법에 의한 투자대안 판단시 사용지표에 따라 투자결정이 달라질 수 있다.
② 단순회수기간법은 화폐의 시간가치를 고려하지 않으며, 회수기간이 짧을수록 투자의 타당성이 있다고 본다.
③ 회수기간법에서는 회수기간 이후의 현금흐름은 고려하지 않는다.
④ 회계적 이익률법에서는 상호배타적인 투자안일 경우에 요구수익률보다 큰 투자안 중에서 회계적 이익률이 가장 큰 투자안을 선택한다.
⑤ 회계적 이익률(accounting rate of return)은 연평균세후순이익을 연평균투자액으로 나눈 비율이다.

Point 30 위험-수익의 상쇄관계를 통한 투자대안의 분석 ★★★★ 정답 및 해설 p.49~51

> 💡 **Tip**
> - 위험에 대한 정의와 표준편차(분산)의 개념을 정확하게 이해할 필요가 있다. 박스형 문제에서는 '표준편차(분산)'의 의미를 알고 있는지가 핵심이다.
> - 가중평균 개념을 활용하는 기대수익률을 구하는 계산문제는 꼭 대비해 두어야 한다.
> - 평균-분산 지배원리, 효율적 포트폴리오, 변동계수, 최적포트폴리오의 개념을 연계하여 정리할 필요가 있다.
> - 제5편 제2장은 종합적 사고를 요구하는 문제가 늘어나고 있다.

☆중요

41 상가, 오피스텔, 아파트에 대한 경제상황별 수익률이 다음과 같이 추정될 때, 이에 관한 설명으로 <u>틀린</u> 것은? (단, 주어진 조건에 한함)

구분		경제상황	
		호황	불황
확률		0.5	0.5
수익률(%)	상가	16	6
	오피스텔	12	4
	아파트	8	2

① 각 상품의 기대수익률은 경제상황별 확률에 해당 상품의 경제상황별 추정수익률을 곱하여 계산한다.

② 기대수익률은 상가가 가장 높고, 그 다음은 오피스텔이며, 아파트가 가장 낮다.

③ 투자위험은 추정수익률의 분포, 즉 분산이나 표준편차로 측정할 수 있다.

④ 투자위험은 아파트가 가장 낮고, 그 다음은 오피스텔이며, 상가가 가장 높다.

⑤ 평균-분산 지배원리를 기준으로 볼 때, 상가가 아파트를 지배한다.

42 상가 경제상황별 예측된 확률이 다음과 같을 때, 상가의 기대수익률이 17%라고 한다. 정상적 경제상황의 경우 (   )에 들어갈 예상수익률은? (단, 주어진 조건에 한함)

상가의 경제상황		경제상황별 예상수익률(%)	상가의 기대수익률(%)
상황별	확률(%)		
비관적	30	5	17%
정상적	40	( )	
낙관적	30	25	

① 10   ② 12   ③ 15   ④ 18   ⑤ 20

43 불확실성하에서의 평균-분산 지배원리에 따른 투자분석에 관한 설명으로 <u>틀린</u> 것은?

① 위험회피형 투자자는 위험 증가에 따른 보상으로 높은 기대수익률을 요구한다.
② 투자안의 표준편차가 클수록 투자에 수반되는 위험은 커진다.
③ 평균-분산 지배원리에 따르면, A투자안과 B투자안의 기대수익률이 같은 경우 A투자안보다 B투자안의 표준편차가 더 크다면 A투자안이 선호된다.
④ A투자안이 B투자안보다 기대수익률과 분산(표준편차)이 크다면, A투자안은 B투자안을 지배한다.
⑤ C투자안이 D투자안보다 기대수익률은 크고, 표준편차가 더 작다면, 합리적인 투자자는 C와 D 중에서 D는 투자대상에서 배제하고 C투자안을 선택할 것이다.

44 부동산투자이론에 관한 설명으로 <u>틀린</u> 것은?

① 특정 투자자에게 동일한 효용을 제공해주는 기대수익률과 분산(위험)의 조합을 연결한 것을 무차별효용곡선이라고 한다.
② 평균분산기준에 의해 동일한 위험에서 최고의 기대수익률을 달성할 수 있는 투자대안을 모두 연결한 것을 효율적 투자선(프론티어)이라고 한다.
③ 효율적 프론티어(efficient frontier)와 투자자의 무차별효용곡선이 접하는 점에서 최적의 포트폴리오가 선택된다.
④ 위험회피형 투자자 중 공격적 투자자와 보수적 투자자의 최적 포트폴리오(투자대안)는 다를 수 있다.
⑤ 위험회피형 투자자 중 보수적 투자자는 공격적 투자자에 비해 위험이 높더라도 기대수익률이 높은 투자안을 선호한다.

45 기대수익률 – 위험 평면에서 투자자산들을 보여주고 있는 다음 그림과 관련된 설명 중 <u>틀린</u> 것은? (단, 투자자산은 A, B, C, D, E만 존재하며, 투자자는 위험회피형으로서 기대 수익률과 위험을 기준으로 투자의사결정을 한다고 가정함)

제18회

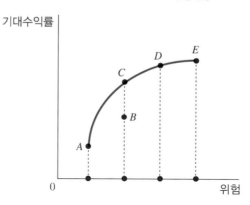

① 투자자산 A, C, D, E를 연결한 곡선을 효율적 프론티어(efficient frontier)라고 한다.

② A와 C에 각각 50%씩 투자한 'A + C' 포트폴리오의 기대수익률은 A와 D에 각각 50% 씩 투자한 'A + D' 포트폴리오의 기대수익률보다 낮다.

③ 투자자들은 투자자산 B와 C 중에서 하나를 선택한다면 C를 선택하게 된다.

④ 'A + C + E' 포트폴리오의 분산효과보다 'A + C' 포트폴리오의 분산효과가 더 크다.

⑤ A를 선택하는 투자자보다 E를 선택하는 투자자가 더 공격적인 투자자이다.

46 부동산투자의 수익과 위험에 관한 설명으로 <u>틀린</u> 것은? (단, 다른 조건은 동일함)

① 투자위험(표준편차)과 기대수익률은 부(−)의 상관관계를 가진다.

② 투자자가 위험을 회피할수록 위험(표준편차, X축)과 기대수익률(Y축)의 관계를 나타낸 투자자의 무차별곡선의 기울기는 급해진다.

③ 효율적 투자선·프론티어(efficient frontier)는 우상향형태로 나타난다.

④ 평균 – 분산 지배원리로 투자 선택을 할 수 없을 때 변동계수(변이계수)를 활용하여 투자안의 우위를 판단할 수 있다.

⑤ 변동계수는 수익률을 올리기 위해 감수하는 위험의 비율로 표준편차를 기대수익률로 나눈 값이다.

💡 **Tip**
- 부동산투자에 수반되는 각 위험의 개념을 구분하여야 하며, 특히 금융적 위험과 유동성위험에 대해서는 주의하여 정리하여야 한다.
- 위험관리기법은 종류를 숙지하고 암기하는 것이 아니라, 어떻게 투자위험을 관리하는지의 기법이나 방법에 초점을 맞출 필요가 있다. 여기서는 '민감도분석'이 가장 중요도가 높다.

47 부동산투자의 위험에 대한 설명으로 <u>틀린</u> 것은? (단, 다른 조건은 일정함)

① 사업위험이란 부동산 사업 자체에서 발생하는 수익성 변동의 위험을 말하며 시장위험, 관리 · 운영위험, 위치적 위험 등이 있다.
② 시장위험이란 부동산이 위치한 입지여건의 변화 때문에 발생하는 위험을 말한다.
③ 임대부동산의 영업경비의 과다 발생 및 관리능력 저하와 관련된 것은 운영위험이다.
④ 전액 자기자본으로 투자할 경우, 금융적 위험은 제거될 수 있다.
⑤ 부동산투자자가 대상부동산을 원하는 시기와 가격에 현금화하지 못하는 경우는 유동성위험에 해당한다.

☆중요
48 부동산투자의 위험과 관련하여 다음의 빈 칸에 들어갈 용어로 가장 적합한 것은?

> ㉠ (   )이란 예상인플레이션보다 실제인플레이션이 높으면 부동산의 실질임대료가 줄어드는 것을 말한다.
>
> ㉡ (   )이란 투자재원의 일부인 부채가 증가함에 따라 원금과 이자에 대한 채무불이행의 가능성이 높아지며, 금리 상승기에 추가적인 비용부담이 발생하는 경우를 말한다.

	㉠	㉡
①	금융적 위험	운영위험
②	인플레이션 위험	위치적 위험
③	시장위험	금융적 위험
④	인플레이션 위험	금융적 위험
⑤	유동성위험	운영위험

49 다음 부동산투자 및 투자위험의 분석에 대한 설명 중 옳은 것은?

① 부동산에 직접 투자하는 것은 부동산투자회사의 주식에 투자하는 것보다 환금성(유동성)위험이 더 작은 편이다.

② 위험도가 높은 자산을 투자에서 제외시키는 것은 위험을 전가(risk shifting)시키는 방법의 하나다.

③ 보수적 예측방법은 산출된 기대수익률의 상향 조정을 통해 투자의사결정을 보수적으로 함으로써 위험을 관리하는 방법이다.

④ 위험조정할인율을 적용하는 방법으로 장래 기대되는 소득을 현재가치로 환산하는 경우, 위험한 투자일수록 높은 할인율을 적용한다.

⑤ 부동산은 실물자산이기 때문에 인플레이션 방어 능력이 우수하며 디플레이션과 같은 경제침체기에 좋은 투자대상이다.

☆중요
50 민감도(감응도)분석에 관한 설명으로 틀린 것은?

① 투자효과를 분석하는 모형의 투입요소가 변화함에 따라 그 결과치에 어떠한 영향을 주는가를 분석하는 기법이다.

② 미래현금흐름의 예측에 영향을 주는 요소 중 하나만 변동시킬 때 수익성이 어떻게 변동하는지 분석함으로써 그 요소의 영향을 검토하기도 한다.

③ 민감도분석을 통해 미래의 투자환경 변화에 따른 투자가치의 영향을 검토할 수 있다.

④ 민감도분석을 통해 투입요소의 변화가 그 투자안의 내부수익률에 미치는 영향을 분석할 수 있다.

⑤ 시장상황에 대한 자산가격의 민감도가 높을수록 수익률의 표준편차는 작아진다.

Point 32 포트폴리오이론(분산투자기법) ★★★★

정답 및 해설 p.51~52

> **♡ Tip**
> • 분산투자로 제거될 수 있는 위험은 비체계적 위험이고, 체계적 위험은 절대 제거될 수 없다는 점에 유의하여야 한다. 용어정리가 절대적으로 중요하다.
> • 두 자산간 수익률의 움직임을 나타내는 상관계수가 지문으로 제시될 수도 있고, 숫자로 제시될 수도 있으며, 그림으로 제시될 수도 있다는 가정하에 잘 이해하여 학습할 필요가 있다.
> • 포트폴리오의 기대수익률을 구하는 계산문제(가중평균)는 필수적으로 대비하여야 한다.

51 부동산 포트폴리오(분산투자)이론에 관한 설명으로 옳은 것은?

① 이자율변동위험이나 인플레이션위험은 수익률의 움직임이 상이한 종목끼리 구성하면 감소시킬 수 있다.

② 다양한 자산들로 분산된 포트폴리오는 체계적 위험을 감소시킨다.

③ 비체계적 위험은 투자대안마다 다르게 나타나는 위험으로, 포트폴리오의 구성종목 수를 증가시키면 감소될 수 있다.

④ 포트폴리오전략에서 구성자산간에 수익률이 반대방향으로 움직일 경우 위험감소의 효과가 작아진다.

⑤ 부동산은 위치가 고정되어 있기 때문에 부동산 포트폴리오를 구성한다는 것은 쉽지 않다.

🌟중요
52 상관계수와 분산투자효과에 관한 설명으로 틀린 것은? (단, 다른 조건은 일정함)

① 두 자산간 수익률 움직임이 완전히 상호 연관되어 있지 않을 경우, 분산투자효과가 있다.

② 두 자산으로 포트폴리오를 구성할 경우, 포트폴리오에 포함된 개별투자안의 수익률간 상관계수에 상관없이 분산투자효과가 있다.

③ 포트폴리오를 구성하는 두 자산의 상관계수가 +1에 가까우면 두 자산간 수익률의 움직임이 상당히 유사하다는 의미이다.

④ 두 자산으로 포트폴리오를 구성할 경우, 포트폴리오에 포함된 개별투자안의 수익률간 상관계수가 1인 경우에는 분산투자효과가 없다.

⑤ 부동산 A와 B의 상관계수(ρ)가 0.384이고, 부동산 C와 D의 상관계수(ρ)가 0.628일 경우, 부동산 A와 B로 결합한 투자대안이 분산투자효과가 더 크다.

53 포트폴리오이론에 관한 설명으로 **틀린** 것은? (단, 위험회피형 투자자를 가정함)

① 개별자산의 기대수익률간 상관계수가 "0"인 두 개의 자산으로 포트폴리오를 구성할 때 포트폴리오의 위험감소효과가 최대로 나타난다.

② 위험자산끼리 결합하여 투자하는 것보다 위험자산에 무위험자산을 결합하여 투자하는 것이 위험감소효과가 커지므로 잠재적 이익을 기대할 수 있다.

③ 투자대안별 수익률 변동이 유사한 것보다 상이한 추세를 보일 것으로 예상되는 부동산에 투자하는 것이 위험분산효과가 더 크다.

④ 포트폴리오의 기대수익률은 개별자산의 기대수익률을 가중평균하여 구한다.

⑤ 동일한 자산들로 포트폴리오를 구성하여도 개별자산의 투자비중에 따라 포트폴리오의 기대수익률과 분산은 다를 수 있다.

☆중요
54 부동산 A와 부동산 B의 상황에 따른 예상수익률이 다음과 같은 경우, 부동산 A와 부동산 B에 대하여 각각 40% : 60%로 투자한 포트폴리오의 기대수익률은?

상황	확률	예상수익률	
		부동산 A	부동산 B
불황	0.3	4%	−10%
정상	0.4	12%	15%
호황	0.3	20%	40%

① 12.2% ② 12.6%
③ 12.8% ④ 13.2%
⑤ 13.8%

7개년 출제비중분석

제6편 출제비중
11.5%

7개년 평균
출제비중

편별 출제비중

편 제목	평균	제35회	제34회	제33회	제32회	제31회	제30회	제29회
제1편 부동산학 총론	3.4	4	3	4	3	3	3	3
제2편 부동산경제론	5.2	5	5	5	6	6	4	6
제3편 부동산시장론	4.7	4	5	7	4	4	4	5
제4편 부동산정책론	5.2	6	5	4	4	6	7	5
제5편 부동산투자론	6.4	3	8	6	7	3	7	6
제6편 부동산금융론	4.6	5	3	5	6	5	4	5
제7편 부동산개발 및 관리론	4.1	6	5	2	4	6	5	4
제8편 부동산감정평가론	6.4	7	6	7	6	7	6	6

*평균: 최근 7개년 동안 출제된 각 편별 평균 문제 수입니다.

제6편
부동산금융론

제1장   부동산금융
제2장   부동산증권론 및 개발금융

제1장 부동산금융

Point 33 담보인정비율(LTV)과 총부채상환비율(DTI) ★★★★★   기본서 p.285~286

담보인정비율 (LTV)	$$담보인정비율(LTV) = \frac{융자금}{부동산가치}$$
	⇨ 담보인정비율이 높을수록(대출기관의 채무불이행위험이 커지므로) 대출이 자율은 높아진다.
소득대비 부채비율 (DTI)	$$소득대비 부채비율(DTI) = \frac{원리금상환액^*}{연소득}$$ <div align="right">* 융자금 × 저당상수</div>
	① DTI를 적용하는 것은 담보대출규제를 강화하는 것이다. ⇨ 대출수요 감소 ② DTI비율이 상향조정되면 이전보다 융자가능액이 증가할 수 있다. ③ 다른 조건이 일정할 때, 소득대비 부채비율(DTI)이 높을수록 채무불이행 위험이 높아진다.
총체적상환능력비율 (DSR; Debt Service Ratio)	$$총체적상환능력비율(DSR) = \frac{모든\ 대출\ 원리금상환액}{연소득}$$
	① 모든 대출의 원리금상환액을 반영해 대출금액을 판단하는 지표이다. 즉, 원리금상환액을 따질 때 주택담보대출뿐만 아니라 일반신용대출, 마이너 스통장, 카드론, 할부거래 등이 모두 포함된다. ② DSR은 모든 대출의 연간 원리금상환액을 연간 소득으로 나눠 계산한 비율 이다. 즉, 차입자의 소득 대비 모든 대출원리금의 비율을 말한다. ③ DSR이 40%일 때, 연소득이 5천만원이면 모든 대출액의 연간 원리금상환 액이 2천만원을 넘을 수 없다는 의미이다.

🔍 주택금융에서는 LTV와 DTI를 적용하여 적은 한도를 기준으로 대출가능금액을 결정하며, 추가대출을 제한하기
위해 총체적상환능력비율(DSR)도 적용되고 있다. ⇨ 금융위원회 등의 운영·감독

기본서 p.287~291

(1) 고정금리저당대출(전 대출기간 동안 동일한 이자율이 적용되는 형태)

다른 조건이 동일할 때, 고정금리대출이 변동금리대출보다 초기의 대출이자율이 더 높은 편이다. ⇨ 고정금리대출은 대출 실행 이후 금융기관이 위험요인을 대출금리에 추가적으로 반영하지 못한다(위험프리미엄을 사전에 반영).

① 고정금리대출이자율의 결정요인(= 금융기관의 요구수익률)

> 대출이자율(명목금리) = 실질금리 ± (대출 관련) 위험에 대한 대가 + 예상인플레이션율

② 대출기관의 대출위험(저당위험)요인

채무불이행위험	㉠ 차입자의 상환능력 부족에 따른 위험, 대출 이후 주택의 담보가치가 하락하여 대부비율이 상승하는 경우 ㉡ 차입자의 신용평가를 강화(DTI 적용)하고, 대출 초기에 대부비율을 하향조정하면 채무불이행위험을 감소시킬 수 있다.
금리(이자율) 변동위험	㉠ 대출 실행 이후 시장금리가 상승하는 경우 ㉡ 다른 대출기관과 이자율스왑(swap)계약 체결을 통하여 금리변동위험을 상호 전가시킬 수 있다.
조기상환위험 (만기 전 변제위험)	㉠ 시장금리하락기에 차입자의 조기상환이 발생할 수 있다. ㉡ 대출기관은 차입자의 조기상환에 대한 조기상환수수료를 부과할 수 있다.
유동성위험	㉠ 장기대출에 따른 원금회수 불확실성의 위험으로, 주택저당대출채권에 대한 유동화(MBS제도)가 요구된다. ㉡ 대출기관이 대출채권을 유동화시켜서 추가적으로 자금을 더 조달할 수 있으면 유동성위험은 감소한다.
법적·행정적 위험	정부의 정책이나 행정적 규제로 인하여 발생하는 위험

🔍 이자율스왑(swap)
- **고정금리대출기관의 경우**: 금리 상승을 예상하거나 상승위험에 노출되어 있을 때에는 고정금리를 지급하고 대신 변동금리대출기관으로부터 변동금리를 받는 스왑거래를 할 수 있다.
- **변동금리대출기관의 경우**: 금리 하락을 예상하거나 하락위험에 노출되어 있을 때에는 고정금리대출기관으로부터 고정금리를 받고, 변동금리를 지급하는 스왑거래를 할 수 있다.

③ 고정금리저당대출의 특징

㉠ 예상하지 못한 인플레이션이 발생하면(≒ 시장금리가 상승하면) 대출기관은 불리해지고(손해), 차입자는 상대적으로 유리해진다(이익).

㉡ 장기대출일수록 대출기관의 금리변동위험과 유동성위험은 커진다.

㉢ 향후 시장금리가 상승할 것으로 예상되면, 차입자는 변동금리대출보다는 고정금리대출을 이용하는 것이 유리하다.

(2) 변동금리저당대출(시장금리에 따라 대출금리가 계속 변동하는 형태)

① 변동금리의 결정요인

> 변동금리의 대출금리 = 기준금리(지표) ± 가산금리(마진)

㉠ 기준금리: 코픽스(COFIX)금리[은행의 자금(자본)조달비용을 반영한 지수]

🔍 **지수산출대상상품:** 정기예금, 정기적금, 상호부금, 주택부금, 양도성예금증서(CD), 환매조건부 채권, 표지어음매출, 금융채(단, 후순위채 및 전환사채 제외)

🔍 코픽스연동 주택담보대출은 기준금리를 결정하는 요인이 다양한 편이다. ⇨ 대출기관에게 기준금리를 결정하는 재량권을 더 많이 부여한다.

㉡ 가산금리: 금융기관이 차입자의 직업·신용도 등에 따라 차등적용한다.

② 다른 조건이 일정할 때, 기준금리의 조정주기가 짧은 것보다 조정주기가 긴 상품(코픽스연동 주택담보대출)을 이용하는 것이 차입자의 금리변동위험을 줄일 수 있다.

CD연동 주택담보대출과 코픽스연동 주택담보대출 비교

구분	CD연동 주택담보대출	코픽스연동 주택담보대출
기준금리	CD금리(3개월物)	코픽스기준금리
기준금리 조정주기	3개월	6~12개월(1년)
차입자의 금리변동위험	상대적으로 큰 편	상대적으로 작은 편
시장금리 상승기	차입자 상대적으로 불리	차입자 상대적으로 유리
시장금리 하락기	차입자 상대적으로 유리	차입자 상대적으로 불리

③ 변동금리저당대출의 특징

㉠ 대출기관은 금리변동위험을 회피하기 위하여 변동금리대출상품을 판매한다. ⇨ 변동금리대출은 대출자(대출기관)를 인플레이션위험으로부터 어느 정도 보호해준다.

㉡ 금리변동위험을 대출기관이 차입자에게 전가시키는 형태이다. 기준금리의 조정주기가 짧을수록 금리변동위험은 대출기관에서 차입자에게 더 많이 전가된다.

㉢ 대출기관이 차입자에게 금리위험을 전가하였다고 해서 대출기관의 금리변동위험이 완전히 제거되는 것은 아니다. 기준금리의 조정주기를 길게 하면 차입자의 금리변동위험이 작아지지만, 대출기관의 금리변동위험은 커지므로 최초적용되는 대출금리는 높아지게 된다.

㉣ 금리상한선(cap)이 설정된 대출상품은 차입자를 금리 상승위험으로부터 어느 정도 보호해준다. 반면, 금리하한선(floor)이 설정된 대출상품은 대출기관을 금리 하락위험으로부터 어느 정도 보호해준다.

원리금균등
상환방식
	① 매년 원리금(상환금액)이 균등(일정)한 상환방식으로, 원리금에서 원금과 이자의 구성비율은 시간이 경과함에 따라 달라진다(이자지급분은 점차 감소하고, 원금상환분은 점차 증가한다).
	② 상환조견표: 매기의 원리금, 이자지급분, 원금상환분, 잔금과 잔금비율 등을 표기한 것이다. ⇨ 대출기간의 약 3분의 2 정도가 지나야만 원금의 절반 정도가 상환된다.
	③ 매기의 상환금액이 일정하므로 차입자의 소득이 일정한 경우에 적합한 방식이다.
	   ㉠ 원금균등상환방식에 비하여 차입자의 초기 상환부담이 적은 편이다.
	   ㉡ 잔고가 신속하게 감소하지 않으므로 전체 대출기간을 고려한 차입자의 이자상환부담이 원금균등상환방식에 비하여 많은 편이다.

원금균등
상환방식
(체감식
상환방식)
	① 매년 상환하는 원금이 균등(일정·고정)한 상환방식이다.
	② 원금이 매년 일정액씩 상환되므로 이자지급분도 점차 감소한다.
	   ㉠ 매기 원리금은 상환기간이 지남에 따라 감소한다.
	   ㉡ 대출기간의 2분의 1이 지나면 대출원금의 2분의 1이 정확히 감소한다.
	③ 원리금균등상환방식에 비하여 초기 차입자의 원리금상환부담이 많다. ⇨ 원리금균등상환방식보다 대출기관의 원금회수가 빠르다. ⇨ 원리금균등상환방식보다 대출기관의 가중평균상환기간(duration)이 더 짧다.

체증식 (점증) 상환방식	① 소득이 증가함(계획된 증가율)에 따라 상환금액을 늘려가는 상환방식이다. ② 젊은 저소득층이나 주택의 보유예정기간이 짧은 사람에게 적합한 방식이다. ③ 금융기관 입장에서는 대출 초기에 원금회수위험이 큰 편이다.

(1) 원리금상환구조 요약

구분	원리금(A + B)	원금상환분(A)	이자지급분(B)
원금균등상환방식	감소	일정	감소
원리금균등상환방식	일정	증가	감소

(2) 원리금균등 · 원금균등 · 체증식 상환방식 비교

차입자의 초기상환금액부담 정도	원금균등상환방식 > 원리금균등상환방식 > 체증식 상환방식
대출기관의 대출원금회수속도 (가중평균상환기간)가 빠른 순서	원금균등상환방식 > 원리금균등상환방식 > 체증식 상환방식
대출기관의 원금회수위험 크기	체증식 상환방식 > 원리금균등상환방식 > 원금균등상환방식
중도상환시 미상환대출잔액 크기	체증식 상환방식 > 원리금균등상환방식 > 원금균등상환방식
대출기간 전체를 고려한 이자상환부담 정도	원리금균등상환방식 > 원금균등상환방식

Point 36 우리나라의 주택금융 ★★★

기본서 p.298~304

주택도시기금	① 국토교통부장관이 기금을 운용·관리하며, 주택도시보증공사에 업무를 위탁할 수 있다. ② 국민주택채권 발행, 청약저축 판매, 차입 등으로 자금을 조달한다. ③ 주택계정: 국민주택규모 이하의 주택 구입·임차, 국민주택 및 준주택의 건설 등 ④ 도시계정: 도시재생사업에 출자·투자·융자 등
한국주택 금융공사(HF)	주택저당증권(MBS)을 발행하여 자금을 조달하고, 금융기관을 통하여 주택의 수요자에게 주택자금(예 보금자리론 등)을 공급한다.
주택신용 보증기금	신용보증서 등을 제공하여 개인이나 사업자의 채무불이행을 방지·보전하여 주택금융을 활성화하고 주택건설을 촉진하며, 무주택 서민들의 주거안정 목적(예 전세·월세자금보증, 임대보증금 반환자금보증, 모기지 신용보증 등)
주택도시 보증공사	주택선분양제도하에서 주택건설사업자의 주택 완공을 보증하여 입주예정자의 안전한 입주를 보장하는 기관이다. 건설회사의 부도 발생시에 주택계약자에게 계약금·중도금을 환급받게 해 주거나 새로운 시공사를 선정하여 계속 공사를 진행할 수 있도록 주택사업보증업무를 수행한다. ① 주택도시기금의 운용·관리에 관한 사무 ② 분양보증, 임대보증금보증, 하자보수보증, 전세보증금반환보증 등

참고 주택(담보노후)연금(역저당·역모기지론)

(1) 개념

대출기관이 노년층을 대상으로 주택을 담보로 연금형태로 일정액을 지불하는 방식으로, 이용자가 연금을 받는 형태이다. ⇨ 연금수령액 산정시 소득대비 부채비율(DTI)은 적용하지 않는다.

(2) 한국주택금융공사의 주택(담보노후)연금 – 공적 보증, 주택소유권 유지

① 1세대 1주택
② 대상주택:「주택법」상 주택 및 지방자치단체에 신고된 노인복지주택 및 주거목적 오피스텔(상가 등 복합용도주택은 전체 면적 중 주택이 차지하는 면적이 2분의 1 이상인 경우 가입 가능) ⇨ 시행령 기준 주택가격 12억원까지 가능
③ 주택소유자가 담보를 제공하는 저당권 설정등기 방식(소유권 이전등기, 저당권 변경등기 필요)과 신탁등기 방식(공동상속인 동의 등 별도의 절차 없이 자동승계)이 있다.
④ 연금지급 유형

종신방식	종신지급방식	수시인출한도 설정 없이 월 지급
	종신혼합방식	수시인출한도 설정, 나머지 부분 월 지급
확정기간방식		소유자가 선택한 일정한 기간 동안 지급

대출상환방식	주택담보대출상환용으로 인출한도 범위 안에서 대출금을 상환하고, 나머지 부분을 월 지급 ⇨ 매기 담보대출 이자상환
우대방식	1인 이상이 기초연금수급자일 경우 일반 주택연금 대비 최대 20% 이상 더 수령

⑤ 계약 종료(이용자 사망) 후 금융기관이 주택처분 후 대출금을 회수·일시상환한다.
 ⇨ 부족부분을 상환청구하지 않으며(비소구금융), 남는 부분은 상속인에게 반환된다.
⑥ 중도상환수수료 없이 언제든지 일부·전부 정산이 가능하다(단, 초기 보증료는 환급되지 않는다).
⑦ 재개발, 재건축, 리모델링 등으로 소유권을 상실한 경우에도 연금을 유지할 수 있다.
⑧ 주택담보노후연금을 받을 권리는 양도·압류하거나 담보로 제공할 수 없다.

제2장　부동산증권론 및 개발금융

Point 37　주택저당유동화제도(MBS) ★★★★★

기본서 p.305~319

(1) 주택저당유동화증권(MBS) 및 제도

금융기관이 보유한 장기주택저당채권을 집합화(pooling)하여 한국주택금융공사에 매각하고, 한국주택금융공사가 이를 기초(담보)로 주택저당증권(MBS)을 발행(투자자에게 매각)하여 자금을 조달하며, 금융기관(예 은행 등)에 자금을 공급하고, 금융기관이 주택의 수요자(차입자)에게 차입기회를 확대하는 제도이다. ⇨ 보금자리론 공급 ⇨ 주택경기조절수단으로 활용

(2) 주택저당유동화시장의 구조

1차 저당시장	2차 저당시장
① 주택자금대출시장: 주택자금의 차입자와 1차 대출기관간의 시장이다. ② 대출기관은 설정된 주택저당채권을 자산포트폴리오의 일부로 보유하거나(매기 원리금을 상환받거나), 자금 필요시 2차 저당시장에 매각하여 자금을 조달한다. ③ 유동화가 원활하게 수행되기 위해서는 1차 저당시장의 대출금리가 2차 저당시장의 대출금리보다 높아야 한다.	① 유동화시장·주택자금공급시장: 주택저당채권집합물을 사고파는 금융기관과 기관투자자간의 시장이다(1차 대출기관 - 2차 대출기관 - MBS투자자). ② 한국주택금융공사가 유동화 중개기관 역할을 수행하거나 유동화전문회사(SPC, 주식회사 또는 유한회사)가 수행하기도 한다. ③ 1차 저당시장의 차입자와 2차 저당시장과는 아무런 관련이 없다. ④ 1차 저당시장에 많은 자금이 공급되기 위해서는 2차 저당시장이 필요하다. 즉, 저당의 유동화에 결정적 역할을 한다.

(3) 주택저당증권(MBS)의 발행효과

주택의 수요자 (차입자)	① 차입기회가 확대되어 소자본으로 주택구입 용이 ② 주택수요의 증가 ⇨ 주택가격 상승요인으로 작용
금융기관 (1차 기관)	① 주택저당(대출)채권 매각으로 현금유입 · 자금조달 용이 ② 유동성위험 감소효과(유동성 증가) ③ 한정된 재원으로 더 많은 차입자에게 주택자금공급 가능 ④ 자기자본비율(BIS) 상승, 재무건전성 개선효과
한국주택 금융공사 (2차 기관)	① MBS 발행 · 보관, MBS 및 ABS(주택저당채권 기초) 지급보증 ② 장기보금자리론 · 안심전환대출 등의 공급 ③ 주택신용보증업무(개인 및 사업자) ④ 주택연금보증업무
기관투자자	① 장기투자수단으로 활용, 분산투자효과 기대, 안정적인 투자 가능 ② 저당수익률이 투자자의 요구수익률을 만족시켜야 함 ③ 기관투자자가 MBS 매입대금을 증가시키면 주택금융시장에 많은 자금공급
정부(정책)	① 일반경기나 주택경기 침체시 MBS제도를 통하여 경기조절수단으로 활용 ② 주택자금의 수급불균형 문제를 완화 ③ 주식시장 등 다른 자본시장 침체시 자금흐름이 왜곡되는 것을 방지할 수 있는 제도적 장치로서 유용

(4) 주택저당증권(MBS)의 종류

구분	원리금수취권 (조기상환위험)	집합물소유권 = 저당권 (채무불이행위험)	콜방어형태	발행기관 부채표시
MPTS(지분형) 저당대출지분이전증권	투자자	투자자	불가	×
MBB(채권형) 저당대출담보부 채권	발행기관	발행기관	가능	○
MPTB(혼합형) 저당대출원리금이체채권	투자자	발행기관	불가	○
CMO(혼합형) 다계층채권	투자자	발행기관	가능(부분)	○

① MPTS는 지분형 증권이기 때문에 증권의 수익은 기초자산인 주택저당채권 집합물(mortgage pool)의 현금흐름(저당지불액)에 의존한다. ⇨ 집합물과 발행액이 동일하며, 발행기관의 부채로 표시되지 않는다.

② MBB는 차입자의 조기상환이 발생하여도 MBB에 대한 원리금(원금 + 이자)을 발행자가 투자자에게 지급하여야 한다. ⇨ call방어 가능

   🔍 MBB는 차입자의 채무불이행이 발생하여도 MBB에 대한 원리금(원금 + 이자)을 발행자가 투자자에게 지급하여야 한다. ⇨ 발행기관의 부채로 표시된다.

③ 다계층채권(CMO): 위험의 분산과 다양한 투자욕구를 충족시키기 위하여 하나의 집합에서 트렌치마다 만기와 이자율을 다양화하여 발행하는 여러 가지 종류의 채권을 말한다.

ㄱ CMO의 첫 번째 트렌치가 아닌 나머지 트렌치는 MBB와 그 성격이 유사하다.

ㄴ 장기투자자(후순위 트렌치)들이 원하는 콜방어를 실현할 수 있다.

ㄷ 마지막(후순위) 트렌치에게 더 높은 이자율이 지급된다.

ㄹ 선순위 증권의 신용등급(AAA)은 후순위 증권의 신용등급(AA)보다 높다.

ㅁ 신용등급이 낮은 채권에 더 높은 이자율이 지급된다(투자자에게 위험이 크므로).

(5) 채권수익률과 주택저당증권(MBS) 가격과의 관계

① 채권수익률(이자율)이 상승하면 주택저당증권(채권)가격은 하락한다.

② 채권수익률(이자율)이 하락하면 주택저당증권(채권)가격은 상승한다.

③ 가중평균상환기간(duration)이 긴(= 만기가 긴) 저당담보부증권일수록 가격변동위험이 더 큰 편이다.

ㄱ 채권시장 수익률이 상승할 때 가중평균상환기간이 긴 저당담보부증권일수록 그 가격은 더 크게 하락한다.

ㄴ 채권시장 수익률이 하락할 때 가중평균상환기간이 긴 저당담보부증권일수록 그 가격은 더 크게 상승한다.

Point 38 프로젝트 파이낸싱(PF) ⇨ 개발금융 ★★★★

기본서 p.320~323

(1) 일반적인 기업금융(일반대출)과의 차이점

① 부동산개발사업의 프로젝트로부터 발생되는 장래 현금흐름을 기초로 금융기관으로부터 자금(부채금융)을 조달하는 것으로, 물적 담보나 개발업자의 신용에 의존하지 않는다.

② 차입금에 대한 상환재원은 프로젝트사업에서 발생하는 현금흐름을 기초로 한다.

③ 차주(사업주) 입장에서는 다양하고 복잡한 업무로 인하여 전통적인 기업금융보다 높은 금융비용(대출금리)과 별도의 수수료부담이 있다.

(2) 프로젝트 파이낸싱의 구조 및 특징

① 여러 이해관계자가 위험분산(배분)을 위하여 법적 · 경제적으로 독립된 프로젝트회사(명목회사 – 주식회사)를 설립하여 사업을 추진하게 된다.

ㄱ 사업주(개인 · 기업 · 법인 가능)는 프로젝트회사[주식회사 ⇨ 명목회사(paper company)]를 통하여 법인세 절감효과를 누릴 수 있다.

ㄴ 금융기관은 개별사업주와 개발사업의 현금흐름을 분리할 수 있어 개별사업주의 파산이 개발사업에 영향을 미치지 않게 할 수 있다.

② 개별사업주는 관련 부채가 재무상태표에 기재되지 않는 부외금융효과를 기대할 수 있다[채무수용능력이 제고된다(높아진다)].

③ 비소구금융(이론적) · 제한소구금융(실무적)
　　㉠ 이론적으로는 프로젝트의 도산이 개별사업주체의 신용에 영향을 주지 않는다. ⇨ 단,
　　　프로젝트 부도발생시 대출기관은 개별사업주체에게 상환청구할 수 없다.
　　㉡ 대출기관은 프로젝트사업의 위험에 대비하여 실무적으로 직 · 간접의 보증을 요구하게
　　　된다.
　　　ⓐ 책임준공 및 프로젝트사업 부도시 부채인수 요구 ⇨ 사전에 약정
　　　ⓑ 시행사와 시공사에 대한 추가적인 출자 및 지급보증 요구
　　　ⓒ 대출금 선상환, 공사비 정산 후 개발이익은 후지급
　　　ⓓ 개발사업토지(부지)에 대한 권리 확보(담보신탁) ⇨ 질권 설정

(3) 프로젝트금융에 참여하는 대출기관

① 대출기관은 프로젝트의 성공적인 수행시 높은 이자수익을 획득할 수 있다. 단, 프로젝트
　사업이 실패하면 대출기관의 부실로 이어질 수 있다.
② 대출기관은 프로젝트의 성공적 수행을 위하여 프로젝트회사가 단일사업에 치중(한정)할
　것을 요구할 수 있다.
③ 대출기관은 해당 프로젝트사업에만 치중하므로 차주와 대주간에 발생하는 정보의 비대칭
　문제가 완화될 수 있다.
④ PF ABS 발행을 통하여 대출기관의 유동성위험이 감소할 수 있다.
　㉠ 프로젝트 파이낸싱 대출채권을 기초로 유동화전문회사(SPC)가 PF ABS(자산유동화
　　증권)와 PF ABCP(자산담보부 기업어음)를 발행한 사례가 있다.
　㉡ 부동산개발 관련 대출채권을 유동화시키면 개발업자나 공급자에게 더 많은 자금이 공
　　급될 수 있다.

구분	PF ABS	PF ABCP
근거법률	「자산유동화에 관한 법률」	「상법」
유동화중개기관	유동화전문회사(SPC) 설립 ⇨ 주식회사 또는 유한회사	「상법」상 유동화전문회사 (도관체; conduit)
금융감독기관 등록 여부	금융위원회에 발행회차마다 등록 ⇨ 발행절차가 까다롭다.	등록하지 않고 임의대로 자유롭게 발행 가능
유가증권 만기	3년(장기)	3개월~6개월(단기)
발행금리	발행금리가 더 높다.	발행금리가 더 낮다.

(4) 「자산유동화에 관한 법률」 주요내용

① '유동화자산'이란 자산유동화의 대상이 되는 채권, 부동산, 지식재산권 및 그 밖의 재산권을 말한다.

② **자산양도의 방식**: 유동화자산의 양도는 자산유동화계획에 따라 다음의 방식으로 하여야 한다. 이 경우 해당 유동화자산의 양도는 담보권의 설정으로 보지 아니한다.
   ㉠ 매매 또는 교환으로 할 것
   ㉡ 유동화자산에 대한 수익권 및 처분권은 양수인이 가질 것
   ㉢ 양도인은 유동화자산에 대한 반환청구권을 가지지 아니하고, 양수인은 유동화자산에 대한 대가의 반환청구권을 가지지 아니할 것
   ㉣ 양수인이 양도된 자산에 관한 위험을 인수할 것

③ 유동화전문회사, 신탁업자 및 자산유동화업무를 전업으로 하는 외국법인은 자산유동화에 관하여 자산유동화계획을 금융위원회에 등록하여야 한다.

④ 유동화전문회사(명목회사; SPC)는 주식회사 또는 유한회사로 한다.
   ㉠ 유동화전문회사는 자산유동화 고유 업무 외의 다른 업무를 할 수 없다.
   ㉡ 본점 외의 영업소를 설치할 수 없으며, 직원을 고용할 수 없다.
   ㉢ 유동화전문회사가 아닌 자는 그 상호 또는 업무를 표시할 때 유동화전문회사임을 나타내는 명칭을 사용하여서는 아니 된다.
   ㉣ 다른 회사와 합병하거나 다른 회사로 조직을 변경할 수 없다.

⑤ '유동화증권'이란 유동화자산을 기초로 하여 자산유동화계획에 따라 발행되는 주권, 출자증권, 사채(社債), 수익증권, 그 밖의 증권이나 증서를 말한다.

⑥ 유동화증권의 발행에 관하여는 「자산유동화에 관한 법률」에서 달리 정한 경우를 제외하고는 「상법」, 「자본시장과 금융투자업에 관한 법률」, 그 밖의 관계 법령에 따른다.

참고 조인트벤처(joint venture)방식의 프로젝트금융투자회사(주)

(1) 조인트벤처(joint venture)

부동산개발 프로젝트사업에 금융기관이나 재무적 투자자가 지분으로 참여하는 형태의 조직을 조인트벤처(joint venture)라고 한다. ⇨ 지분금융

(2) 프로젝트금융투자회사(PFV; Project Financing Vehicle)

부동산개발사업, 사회간접자본시설, 주택건설 등 특정 사업을 통상 한시적으로 운영하여 그 수익을 주주에게 배분하는 주식회사(명목회사)를 말한다.

🔍 부동산투자회사의 주식은 부동산을 지분증권화한 대표적 형태이다.

(1) 부동산투자회사의 발기설립 및 운용 – 국토교통부장관의 인가, 명목회사의 경우 등록허용

구분	자기관리	위탁관리	기업구조조정
영업개시	국토교통부 영업인가	인가 및 등록(요건 충족시)	
회사형태	실체회사, 직접 수행	명목(서류상)회사, 자산관리회사에 위탁	
자산운용 전문인력	공인중개사 · 감정평가사 5년 이상, 5인 이상	없음	
투자자보호 장치	내부통제기준 준법감시인제도	정관으로 정하는 바에 따라 감독이사를 둘 수 있음	
설립 자본금	5억원	3억원	
최저자본금	70억원	50억원	
투자대상 및 운용방법	부동산 취득, 개발, 개량 및 처분, 관리(시설운영), 임대차 및 전대차, 대출		기업구조조정용 부동산
주식분산	1인당 50%를 초과하여 소유하지 못함		제한 없음
공모의무비율	주식 총수의 30% 이상을 일반의 청약에 제공		의무사항 아님
상장	요건 충족시		요건 충족시 (의무사항 아님)
자산구성 (매 분기말)	부동산, 부동산 관련 증권 및 현금 80% 이상 (부동산 70% 이상)		구조조정 대상 부동산 70% 이상
처분제한	5년 (단, 분양이 목적일 경우 등에는 처분제한 없음)		제한 없음
배당	90% 이상 의무배당	90% 이상 의무배당(초과배당가능)	
자금차입 및 사채 발행	자기자본의 2배 이내(주총 특별결의시 10배)		

🔍 **자산관리회사와 부동산투자자문회사**
- **자산관리회사:** 위탁관리 부동산투자회사 또는 기업구조조정 부동산투자회사의 위탁을 받아 자산의 투자 · 운용업무를 수행하는 것을 목적으로 설립된 회사(자기자본 70억원 이상, 자산운용전문인력 · 내부통제기준 및 준법감시인 상근)
- **부동산투자자문회사:** 부동산투자회사의 위탁으로 그 자산의 투자 · 운용에 관한 자문 및 평가업무 등을 수행하는 회사

① 자기관리 부동산투자회사의 설립보고 및 주요출자자 적격성 심사

    ㉠ 자기관리 부동산투자회사는 그 설립등기일로부터 10일 이내에 대통령령이 정하는 바에 따라 설립보고서를 작성하여 국토교통부장관에게 제출하여야 한다.

    ㉡ 국토교통부장관은 자기관리 부동산투자회사가 최저자본금을 준비하였음을 확인한 때에는 지체 없이 주요출자자의 적격성을 심사하여야 한다.

        🔍 **주요출자자**: 발행주식의 100분의 5를 초과하여 소유한 자

② **부동산투자회사의 공모(자기/위탁)**: 부동산투자회사는 영업인가를 받거나 등록을 한 날부터 2년 이내에 주식 총수의 100분의 30 이상을 일반의 청약에 제공하여야 한다.

③ **주식의 분산(자기/위탁)**: 주주 1인과 그 특별관계자는 최저자본금 준비기간이 끝난 후에는 부동산투자회사가 발행한 주식 총수의 100분의 50(1인당 주식소유한도)을 초과하여 주식을 소유하지 못한다.

④ **현물출자**: 부동산투자회사는 영업인가를 받거나 등록을 하고 최저자본금 이상을 갖추기 전에는 현물출자를 받는 방식으로 신주를 발행할 수 없다.

⑤ **외부차입 · 회사채 발행 가능(영업인가를 받거나 등록을 한 후 가능)**: 주주총회의 특별결의를 한 경우에는 그 합계가 자기자본의 10배를 넘지 않는 범위에서 자금차입 및 사채 발행을 할 수 있다.

⑥ **자산의 투자 · 운용방법**

    ㉠ 부동산투자회사는 그 자산을 다음의 어느 하나에 투자하여야 한다.

        ⓐ 부동산

        ⓑ 부동산개발사업

        ⓒ 지상권, 임차권 등 부동산사용에 관한 권리

        ⓓ 신탁이 종료된 때에 신탁재산 전부가 수익자에게 귀속하는 부동산신탁 수익권

        ⓔ 증권, 채권

        ⓕ 현금(금융기관의 예금을 포함한다)

    ㉡ 부동산투자회사는 다음 하나에 해당하는 방법으로 투자 · 운용하여야 한다.

        ⓐ 취득, 개발, 개량 및 처분

        ⓑ 관리(시설운영을 포함한다), 임대차 및 전대차

        ⓒ 부동산개발사업을 목적으로 하는 법인 등 대통령령으로 정하는 자에 대하여 부동산에 대한 담보권 설정 등 대통령령으로 정한 방법에 따른 대출, 예치

⑦ **부동산의 처분제한**: 부동산을 취득한 후 5년의 범위 내에서 부동산을 처분하여서는 안 된다.

    ㉠ **예외**: 부동산개발사업으로 조성하거나 설치한 토지 · 건축물을 분양하는 경우, 투자자 보호를 위한 사유가 있는 경우

    ㉡ 부동산투자회사가 부동산을 취득하거나 처분하는 경우 자기관리 부동산투자회사 또는 자산관리회사는 대통령령으로 정하는 바에 따라 해당 부동산의 현황, 거래가격 등이 포함된 실사보고서를 작성하여 국토교통부장관에게 미리 제출하고 이를 본점에 갖추어 두어야 한다.

⑧ **이익배당**: 배당한도의 100분의 90 이상을 주주에게 배당하여야 한다. 이 경우 이익준비금은 적립하지 아니한다.

🔍 위탁관리 부동산투자회사 및 기업구조조정 부동산투자회사는 이익을 초과하여 배당할 수 있다.

⑨ **내부통제기준**: 준법감시인제도 ⇨ 자산운용규정 준수, 투자자 보호
　㉠ 자기관리 부동산투자회사 및 자산관리회사는 법령을 준수하고 자산운용을 건전하게 하며 주주를 보호하기 위하여 임직원이 따라야 할 기본적인 절차와 기준(내부통제기준)을 제정하여 시행하여야 한다.
　㉡ 자기관리 부동산투자회사 및 자산관리회사는 내부통제기준의 준수 여부를 점검하고 내부통제기준을 위반할 경우 이를 조사하여 감사에게 보고하는 준법감시인을 상근으로 두어야 한다.

(2) 기업구조조정 부동산투자회사

① **목적**: 부실화된 기업의 구조조정을 촉진(정상화 목적)하기 위하여 도입되었다.
② **형태**: 명목회사이며, 일반적으로 존속기간은 한시적(5~7년)이다.
　㉠ 자산의 투자·운용을 자산관리회사에게 위탁한다.
　㉡ 국토교통부장관은 기업구조조정 부동산투자회사의 등록을 하려는 경우에는 미리 금융위원회의 의견을 들어야 한다.
　㉢ 법인세 면제특례가 있다.
　㉣ 공모의무비율·주식분산기준(1인당 소유한도)을 적용받지 않는다.
　㉤ 자산의 구성, 부동산 처분제한에 관한 규정이 적용되지 않는다.

지분금융 · 부채금융 · 메자닌금융 ★★★　　　　기본서 p.339~341

지분금융	자금조달주체가 지분권 · 출자증권 · 주식(보통주/우선주) 등을 발행하여 자금을 조달하는 것으로, 조달한 자금은 자기자본이 된다. ① 자금조달에 대한 확정적 지급의무가 없으며, 투자자에게 투자 · 운영성과를 배당이나 분배금으로 지급한다. ② 지분증권: 부동산투자회사(주식), 공모에 의한 증자, 부동산펀드(수익증권), 신디케이트(출자증권), 조인트-벤처(명목회사형 주식회사) 등
부채금융	저당을 설정하거나 부채증권(채권) 등을 발행하여 타인자본을 조달하는 것으로, 자금조달주체는 대출기관이나 채권투자자에게 고정적인 이자와 원금을 상환하여야 한다. ① 저당금융: 부동산(주택 등)담보대출 ② 프로젝트 파이낸싱: 프로젝트의 수익성(현금흐름)을 기초로 외부차입 ③ 부채증권 발행 　㉠ MBS(주택저당증권), CMBS, PF ABCP 등 　㉡ 국채, 지방채, 부동산투자회사의 회사채, 주택상환사채, 토지채권 ④ 신탁증서금융(담보신탁): 수익증권에 질권 설정하여 차입
메자닌금융	지분금융과 부채금융의 혼합적(중간적) 성격을 가지고 있다. ① 전환사채(CB): 부채(채권) ⇨ 지분(주식) ② 신주인수권부 사채(BW): 부채(채권) ⇨ 지분(주식) ③ 상환우선주: 지분(주식) ⇨ 부채 ④ 상환전환우선주: 지분(주식) ⇨ 부채 ⑤ 후순위채권(후순위대출) ⇨ 후순위채권발행액을 자기자본으로 인정 ⑥ 교환사채(EB): 부채(채권) ⇨ 지분(주식)

🔍 자산유동화증권(ABS)은 기초자산에 따라 채권, 주권, 출자증권, 수익증권 등으로 발행할 수 있다. ⇨ 채권(bond) 형태로 발행되는 경우가 많다.

제6편 단원별 출제예상문제

제1장 부동산금융

Point 33 담보인정비율(LTV)과 총부채상환비율(DTI) ★★★★★   정답 및 해설 p.53~54

💡 **Tip**
- 계산문제가 지속적으로 출제되는 분야이다. 기본개념과 수식을 정리하면 계산문제도 어렵지 않게 해결할 수 있다.
- 계산문제를 해결하게 되면 담보인정비율(융자비율)과 총부채상환비율에 관한 지문은 덤으로 정리가 된다. 따라서 출제되었던 계산문제를 반복하여 연습해 두어야 한다.

01 A는 연소득이 5,000만원이고 시장가치가 6억원인 주택을 소유하고 있다. 현재 A가 이 주택을 담보로 8,000만원을 대출받고 있을 때, 추가로 대출 가능한 최대금액은? (단, 주어진 조건에 한함)

> - 연간 저당상수: 0.1
> - 대출승인기준
>   - 담보인정비율(LTV): 시장가치기준 40% 이하
>   - 총부채상환비율(DTI): 50% 이하
>   ※ 두 가지 대출승인기준을 모두 충족시켜야 함

① 1억 2,000만원 ② 1억 6,000만원
③ 1억 7,000만원 ④ 2억 4,000만원
⑤ 2억 5,000만원

02 A가 다음과 같이 주택을 담보로 대출을 받고자 할 때, A가 받을 수 있는 최대 대출가능금액은? (단, 주어진 조건에 한함)

- 대출승인기준
  - 담보인정비율(LTV): 시장가치기준 50%
  - 총부채상환비율(DTI): 40%
    (두 가지 대출승인조건을 모두 충족시켜야 함)
- A의 서울 소재 주택의 담보평가가격: 5억원
- 차입자의 연간소득: 6,000만원
- 기존 주택담보대출: 연간 1,200만원 원리금상환
- 연간 저당상수: 0.12

---

① 2억 5,000만원   ② 2억 4,000만원

③ 1억 4,000만원   ④ 1억 2,000만원

⑤ 1억원

03 주택금융과 관련된 다음 상황에서 옳은 것은? (단, 다른 조건과 가정은 배제함)

㉠ A는 총부채상환비율(DTI; Debt To Income)이 적용되지 않는 지역에 소재하는 주택매입을 위하여 담보인정비율(LTV; Loan To Value) 50%를 적용하여 주택담보대출 3억원을 받으려 할 때, A가 매입하고자 하는 주택의 담보평가가격은 얼마 이상이어야 하는가?

㉡ 담보인정비율(LTV; Loan To Value)은 적용되지 않으나 총부채상환비율(DTI; Debt To Income)이 40%인 지역에서 연소득 5,000만원인 B가 매월 원리금균등분할상환액이 160만원인 주택담보대출을 받으려 할 때, B의 대출가능 여부는?

	㉠	㉡
①	1.5억원	대출 불가능
②	1.8억원	대출 가능
③	3억원	대출 불가능
④	6억원	대출 불가능
⑤	6억원	대출 가능

04 금융기관이 대출비율(Loan To Value) 50%와 총부채상환비율(Debt To Income) 30% 중에서 적은 금액을 한도로 주택담보대출을 제공하고 있다. 다음과 같은 상황일 때 차입자의 첫 월 불입액은? (단, 주어진 조건에 한정함)

> • 주택가격이 4억원이고 차입자의 연 소득은 4,000만원이다.
> • 대출기간은 25년, 대출이자율은 연 6% 그리고 원리금균등분할상환방식이다(월 저당상수 = 0.006443).
> • 차입자는 대출을 최대한 많이 받고 싶어한다.

① 1,288,600원   ② 1,200,000원
③ 1,120,000원   ④ 1,000,000원
⑤ 920,000원

05 주택금융에 대한 설명으로 <u>틀린</u> 것은? (단, 다른 요인은 일정함)

① 담보인정비율(LTV)은 주택의 담보가치를 중심으로 대출규모를 결정하는 기준이다.
② 소득대비 부채비율(DTI)과 총부채원리금상환비율(DSR; Debt Service Ratio)은 차입자의 소득을 기준으로 채무불이행 위험을 측정하는 지표이다.
③ 총부채상환비율(DTI)이 높을수록 채무불이행 위험이 낮아진다.
④ 주택저당대출의 기준인 담보인정비율(LTV)과 차주상환능력(DTI)이 변경되면 주택수요가 변화될 수 있다.
⑤ 금융당국이 주택담보대출에 적용하는 소득대비 부채비율(DTI)을 상향조정하면 융자가능액이 늘어나는 효과가 있다.

06 주택금융에 대한 설명으로 <u>틀린</u> 것은? (단, 다른 조건은 일정함)

① 일반적으로 차입자의 소득과 담보부동산의 가치는 시간이 지날수록 증가하는 경향으로 인해 차입자의 채무불이행가능성이 높아진다.
② 총체적 상환능력비율(DSR; Debt Service Ratio)은 주택담보대출뿐만 아니라 모든 대출의 원리금상환액을 반영하여 대출금액을 판단한다.
③ 대출금이 과도한 경우 차입자의 채무불이행가능성이 커질 위험이 있다.
④ 주택저당대출의 융자(상환)기간이 길어질수록 매기의 원리금상환부담이 감소하기 때문에 주택수요는 증가한다.
⑤ 대출의 만기가 길수록 소득대비 부채비율(DTI)은 낮아진다.

정답 및 해설 p.54~55

> 💡**Tip**
> • 주택금융에서 고정금리와 변동금리에 대해 기본적으로 정리하여야 한다.
> • 차입자 입장에서는 변동금리대출보다 고정금리대출이 금리변동위험을 줄이는 방법이고, 대출자 입장에서는 고정금리대출이 금리변동위험에 많이 노출되어 있기 때문에 '변동금리대출'을 통하여 금리변동위험을 차입자에게 전가한다. 이러한 기본적 성격에 대한 개념정리가 우선되어야 한다.
> • 대출위험의 용어를 정확하게 정리하고 이를 관리하는 방법에 대하여 학습하여야 한다. 예를 들어 '금융기관이 보유하고 있는 대출채권을 유동화시키면 채무불이행위험은 감소한다.'라는 지문은 성립하지 않고, '유동성위험이 감소한다.'라고 하여야 맞다.

✿중요

07 고정금리 주택금융에 관한 설명으로 <u>틀린</u> 것은? (단, 다른 조건은 일정함)

① 고정금리저당대출은 변동금리저당대출보다 초기 이자율이 더 높다.

② 대출시점의 예상 인플레이션보다 실제 인플레이션이 높으면 금융기관에는 이익이고 차입자는 손해이다.

③ 시장이자율이 대출약정이자율보다 높아지면 대출기관의 수익성이 상대적으로 악화된다.

④ 대출 이후 시장이자율이 대출약정이자율보다 낮아지면 고정금리 차입자에게 조기상환할 유인이 생긴다.

⑤ 대출기관은 이자율 하락에 따른 위험을 감안하여 대출기간 중 조기상환을 금지하는 기간을 설정하고, 위반시에는 조기상환수수료를 부과하기도 한다.

08 주택금융에 관한 설명으로 <u>틀린</u> 것은? (단, 다른 조건은 일정함)

① 대출자의 명목이자율은 시장실질이자율, 위험에 대한 대가, 기대인플레이션율 등으로 구성된다.

② 고정금리대출을 실행한 금융기관은 대출 실행 이후 시장금리 상승에 대비하여 고정금리조건을 지급하고 변동금리조건을 수취하는 이자율스왑(swap)계약을 체결하기도 한다.

③ 향후 금리변동이 심할 것으로 예상되면 차입자는 변동금리보다 고정금리로 대출받는 것이 금리변동위험을 줄일 수 있다.

④ 연간 이자율이 같은 1년 만기 대출의 경우 대출자는 기말에 한 번 이자를 받는 것보다 기간 중 4회로 나누어 받는 것이 더 유리하다.

⑤ 고정금리저당대출은 대출기관을 인플레이션위험으로부터 어느 정도 보호해준다.

09 금융기관이 부동산대출 관련 위험을 줄이는 방법으로 틀린 것은?

① 금리변동이 심할 것으로 예상되면 변동금리로 대출한다.

② 담보인정비율(LTV)을 하향조정한다.

③ 소득대비 부채비율(DTI)을 하향조정한다.

④ 금리변동위험을 방어하기 위하여 다른 금융기관과 이자율스왑(swap) 등의 방법으로 위험을 전가한다.

⑤ 상업용 부동산의 부채감당률(DSCR)이 1보다 작은 대출안의 작은 순서대로 대출을 실행한다.

10 변동금리저당대출에 관한 설명으로 틀린 것은? (단, 다른 변수는 동일함)

① 금리변동위험을 차입자에게 전가시키는 형태이므로, 대출 실행시점에서 금리는 고정금리보다 낮은 것이 일반적이다.

② 사전에 약정한 방법으로 일정한 기간마다 대출금리를 조정하는 방식이다.

③ 은행연합회가 제공하는 코픽스(COFIX)기준금리가 상승하면, 이를 기준으로 하는 주택담보대출금리도 상승한다.

④ 기준금리의 조정주기가 짧을수록 금리(이자율)변동의 위험은 차입자에게 더 신속하게 전가된다.

⑤ 시장이자율 상승시 이자율 조정주기가 짧을수록 대출기관에게 불리하다.

11 주택담보대출에 관한 설명으로 틀린 것은? (단, 다른 변수는 동일함)

① 변동금리저당대출은 시장상황에 따라 이자율을 변동시킬 수 있으므로 기준금리 외에 가산금리는 별도로 고려하지 않는다.

② 변동금리저당대출의 경우, 기준금리의 조정주기가 긴 상품일수록 대출 당시 적용되는 최초이자율은 높아진다.

③ COFIX연동 주택담보대출은 변동금리부 주택담보대출이다.

④ 금리상한(cap)이 설정된 변동금리대출을 받은 차입자는 금리상한 이상으로 금리가 상승할 때 생기는 금리변동위험을 줄일 수 있다.

⑤ 금융기관은 대출 이후 시장이자율 하락에 따른 위험을 줄이기 위해 금리하한선(floor)이 설정된 대출상품을 판매하기도 한다.

💡 **Tip**
- 원리금균등상환방식과 원금균등상환방식에 대해서는 상환조견표를 활용하여 계산문제를 시간 안에 해결하려는 노력이 필요하다.
- 계산과정을 정리하면 상환구조에 대한 이론이나 그림을 쉽게 정리할 수 있고, 상환방식을 비교하는 문제 유형도 쉽게 해결할 수 있다.
- 원금균등상환방식, 원리금균등상환방식, 체증식 상환방식 중에서 일정한 조건에 대한 그 순서를 묻는 문제에 대응할 때에는 '원금균등상환방식'과 '체증식 상환방식'이 극명하게 대조를 이루며, 세 가지 방식 중 중간 순서는 '원리금균등상환방식'이라는 것을 기억할 필요가 있다.

12 A씨는 주택을 구입하기 위해 은행으로부터 6억원을 대출받았다. 은행의 대출조건이 다음과 같을 때, 11회차에 상환할 이자납부액과 16회차에 납부하는 원리금상환액을 순서대로 나열한 것은? (단, 주어진 조건에 한함)

- 대출금리: 고정금리, 연 4%
- 대출기간: 30년
- 원리금상환조건: 원금균등상환이고, 연 단위 매 기말 상환

① 1,200만원, 2,400만원
② 1,200만원, 3,200만원
③ 1,600만원, 3,200만원
④ 1,600만원, 3,600만원
⑤ 2,000만원, 4,800만원

13 A는 주택 구입을 위해 연초에 5억원을 대출받았다. A가 받은 대출조건이 다음과 같을 때, (㉠)대출금리와 3회차에 상환할 (㉡)원리금은? (단, 주어진 조건에 한함)

• 대출금리: 고정금리
• 대출기간: 20년
• 원리금상환조건: 원금균등상환방식, 매년 말 연 단위로 상환
• 1회차 원리금상환액: 5,000만원

	㉠	㉡
①	연 5%	4,750만원
②	연 5%	4,500만원
③	연 5%	4,400만원
④	연 6%	4,260만원
⑤	연 6%	4,240만원

14 A는 아파트를 구입하기 위해 은행으로부터 연초에 4억원을 대출받았다. A가 받은 대출의 조건이 다음과 같을 때, 대출금리(㉠)와 2회차에 상환할 원금(㉡)은? (단, 주어진 조건에 한함)

• 대출금리: 고정금리
• 대출기간: 20년
• 연간 저당상수: 0.087
• 1회차 원금상환액: 1,080만원
• 원리금상환조건: 원리금균등상환방식, 매년 말 연 단위 상환

	㉠	㉡
①	연간 5.5%	11,448,000원
②	연간 6.0%	11,448,000원
③	연간 6.0%	12,448,000원
④	연간 6.5%	11,448,000원
⑤	연간 6.5%	12,448,000원

15 A금융기관은 원금균등분할상환방식과 원리금균등분할상환방식의 대출을 제공하고 있다. 두 방식에 의해 산정한 첫 번째 월 불입액의 차액은? (단, 주어진 조건에 한함)

2017. 감정평가사

- 주택가격: 6억원
- 담보인정비율(LTV): 50%
- 대출조건(매월 말 상환): 대출기간은 30년, 대출이자율은 연 6%(월 0.5%, 월 저당상수 = 0.006443)
- 원금균등분할상환방식: 3년 거치 후 원금균등분할상환하며, 거치기간 동안에는 이자만 지급함
- 원리금균등분할상환방식: 거치기간 없음

① 332,900원
② 432,900원
③ 532,900원
④ 632,900원
⑤ 732,900원

16 주택저당대출의 상환방식에 관한 설명으로 틀린 것은?

① 원리금균등분할상환에 의하면 대출기간 중 매월 납부하는 원리금상환액 중 원금상환액의 규모는 점점 늘어난다.

② 원금균등분할상환방식은 대출기간 동안 매기의 원금을 균등하게 분할상환하고 이자는 점차적으로 감소하는 방식이다.

③ 체증(점증)분할상환방식은 초기에 대출이자를 전부 내고, 나머지 대출원금을 상환하는 방식으로 부(−)의 상환이 일어날 수 있다.

④ 원금균등상환방식이나 원리금균등상환방식에서 거치기간을 별도로 정할 수 있다.

⑤ 원금균등상환방식의 경우, 매기의 원리금상환액이 점차 감소한다.

17 주택저당대출의 상환방식에 관한 설명으로 <u>틀린</u> 것은? (단, 다른 조건은 동일함)

① 만기일시상환방식은 만기 이전에는 이자만 상환하다가 만기에 일시로 원금을 상환하는 방식이다.

② 원리금균등분할상환방식은 원금균등분할상환방식에 비해 초기에는 원리금의 지불액이 적다.

③ 체증분할상환방식은 장래 소득이 줄어들 것으로 예상되는 차입자에게 적합한 대출방식이다.

④ 대출기관 입장에서 대출원금의 평균 회수기간(가중평균상환기간; duration)은 원리금균등상환방식보다 원금균등상환방식이 더 짧다.

⑤ 원금균등상환방식은 대출자 측에서 볼 때, 원금회수위험이 원리금균등분할상환방식보다 상대적으로 적다.

↖ 고득점
18 저당상환방법에 관한 설명 중 <u>틀린</u> 것을 모두 고른 것은? (단, 고정금리이며, 대출금액과 기타 대출조건은 동일함)

> ㉠ 원금균등상환방식과 원리금균등상환방식의 1회차 월 불입액은 동일하다.
> ㉡ 원리금균등상환방식의 경우, 매 기간에 상환하는 원금상환액이 점차적으로 증가한다.
> ㉢ 만기일시상환방식(거치식)의 경우, 원금균등상환방식에 비해 대출 금융기관의 이자수입이 줄어든다.
> ㉣ 대출 실행시점에서 총부채상환비율(DTI)이 높은 것은 '원금균등상환방식 > 원리금균등상환방식 > 체증(점증)상환방식' 순이다.
> ㉤ 차입자가 대출액을 중도상환할 경우 원금균등상환방식은 원리금균등상환방식보다 미상환 대출잔액이 더 많다.

① ㉠, ㉡, ㉢   ② ㉠, ㉢, ㉤

③ ㉠, ㉣, ㉤   ④ ㉡, ㉣, ㉤

⑤ ㉢, ㉣, ㉤

☆중요

19 저당상환방법에 관한 설명 중 옳은 것을 모두 고른 것은? (단, 대출금액과 기타 대출조건은 동일함)

> ㉠ 융자기간의 2분의 1 경과 후 담보인정비율(LTV)은 원금균등상환방식이 원리금균등상환방식보다 더 높다.
> ㉡ 차입자의 총상환액은 원리금균등상환방식이 원금균등상환방식보다 더 많다.
> ㉢ 원금만기일시상환방식은 원금균등상환방식보다 가중평균상환기간(duration)이 더 길다.

① 없다.
② ㉠, ㉡
③ ㉠, ㉢
④ ㉡, ㉢
⑤ ㉠, ㉡, ㉢

20 다음 〈그림 1〉은 주택저당대출 원리금지급액 추이를, 〈그림 2〉는 주택저당대출 대출잔액 추이를 표시한 것이다. ㉠과 ㉡에 해당되는 주택저당대출의 상환방식은?　제18회

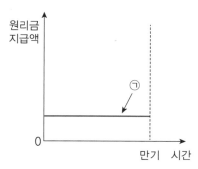

〈그림 1〉 원리금지급액 추이

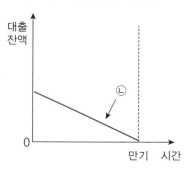

〈그림 2〉 대출잔액 추이

	㉠	㉡
①	원리금균등분할상환방식	원금균등분할상환방식
②	원금균등분할상환방식	원리금균등분할상환방식
③	원리금균등분할상환방식	점증상환방식
④	점증상환방식	원금균등분할상환방식
⑤	원금균등분할상환방식	점증상환방식

> ♀ **Tip**
> • 「주택도시기금법」이 제정되어 시행되고 있으므로 주택도시기금과 주택도시보증공사에 관련된 내용은 기본서를 활용하여 잘 정리해 두어야 한다.
> • 주택연금, 보금자리(모기지)론 등의 금융상품은 숫자 규정보다는 일반적인 담보대출과의 차이인 '상품의 경제적 성격' 위주로 학습하면 된다.

21 우리나라의 주택금융에 관한 설명으로 **틀린** 것은?

① 주택도시기금은 한국주택금융공사가 운용·관리한다.

② 국토교통부장관은 주택도시기금의 운용·관리에 관한 사무의 전부 또는 일부를 주택도시보증공사에 위탁할 수 있다.

③ 국토교통부장관은 주택도시기금을 운용하기 위하여 기금의 부담으로 한국은행 또는 금융기관으로부터 자금을 차입할 수 있다.

④ 주택도시기금은 국민주택의 건설이나 국민주택규모 이하의 주택 구입에 출자 또는 융자할 수 있다.

⑤ 공공주택금융은 일반적으로 민간주택금융에 비하여 대출금리가 낮고, 대출기간이 긴 편이다.

22 우리나라의 주택금융제도에 관한 설명으로 **틀린** 것은?

① 한국주택금융공사는 40년, 50년 만기 초장기 보금자리론도 발행하여 공급하고 있다.

② 주택청약종합저축에 가입할 수 있는 자는 무주택세대주이어야 한다.

③ 주택도시보증공사(HUG)는 주택 관련 각종 보증을 통하여 분양계약자의 안전한 입주와 주택건설사업자의 원활한 사업수행을 지원한다.

④ 주택도시보증공사는 분양보증, 임대보증금보증, 하자보수보증, 전세보증금반환보증 등의 업무를 수행한다.

⑤ 주택신용보증기금은 차입자에게 신용보증서 등을 제공하여 개인이나 사업자의 채무불이행을 방지·보전하여 주택금융을 활성화하는데 목적이 있다.

23 한국주택금융공사에서 시행하고 있는 주택연금제도에 관한 설명으로 <u>틀린</u> 것은?

① 주택연금은 한국주택금융공사가 연금가입자를 위해 은행에 보증서를 발급하고, 은행은 공사의 보증서에 의해 가입자에게 주택연금을 지급하며, 주택연금이용자와 배우자가 모두 사망한 경우에는 연금지급이 종료된다.

② 주택소유자가 담보를 제공하는 방식에는 저당권 설정등기 방식과 신탁등기 방식이 있다.

③ 주택소유권을 유지 · 거주하면서 주택연금을 받을 수 있다.

④ 담보주택의 대상으로 주택, 노인복지주택, 복합용도주택, 업무용 오피스텔이 있다.

⑤ 55세 이상의 주택소유자(또는 배우자)가 선택하는 일정 기간 동안 노후생활자금을 매월 지급받는 방식으로 연금을 받을 수 있다.

24 한국주택금융공사의 주택담보노후연금(주택연금)에 관한 설명으로 <u>틀린</u> 것은?

① 주택연금은 이용자가 중도상환을 할 때에는 중도상환수수료를 부과하지 않는다.

② 종신지급방식에서 가입자가 사망할 때까지 지급된 주택연금대출 원리금이 담보주택가격을 초과하는 경우에도 초과지급된 금액에 대해서 법적 상속인에게 상환청구하지 않는다.

③ 연금 수령 중 담보주택이 주택재개발 · 주택재건축이 되더라도 계약을 유지할 수 있다.

④ 한국주택금융공사는 주택연금 담보주택의 가격 하락에 대한 위험을 부담할 수 있다.

⑤ 주택담보노후연금채권 및 공사의 주택담보노후연금보증채무 이행으로 인한 구상권은 항상 주택담보노후연금채권을 담보한 대상주택(이하 '담보주택'이라 한다)에 대하여만 행사할 수 있다.

제2장 부동산증권론 및 개발금융

Point 37 주택저당유동화제도(MBS) ★★★★★

정답 및 해설 p.57~59

🔆 Tip

- 「자산유동화에 관한 법률」과 「한국주택금융공사법」에 근거하여, 주택저당유동화제도는 주택저당채권집합물을 기초로 한국주택금융공사가 주택저당증권(MBS)을 발행하여 조달한 자금을 금융기관에 제공하여 '보금자리론대출'을 공급해주고 있는 주택금융시스템이다. 이러한 배경을 숙지하고 주택저당시장의 구조 및 발행효과에 대한 개념정리가 필요하다.
- 자산유동화증권(ABS)과 주택저당증권(MBS)은 주식이 아닌 채권(부채증권)이며, 이에 대한 종류도 잘 정리해 두어야 한다.

---

25 주택저당유동화제도(MBS)에 대한 설명으로 틀린 것은?

① 주택금융시장은 금융기관이 수취한 예금 등으로 주택담보대출을 제공하는 주택자금대출시장, 투자자로부터 자금을 조달하여 주택자금 대출기관에 공급해주는 주택자금공급시장, 신용보강이 일어나는 신용보증시장 및 기타의 간접투자시장으로 구분할 수 있다.

② 주택저당유동화제도가 원활하게 운영되기 위해서는 1차 저당시장의 대출금리가 2차 저당시장의 금리보다 높아야 한다.

③ 2차 저당시장은 1차 저당시장에 자금을 공급하는 역할을 한다.

④ 2차 저당시장에서 발행되는 투자상품은 1차 저당시장의 대출금리보다 더 높은 액면금리를 가진다.

⑤ 한국주택금융공사는 장기보금자리론에 소요되는 자금을 주택저당증권(MBS)의 발행을 통해서 조달하고 있다.

🌟중요
26 한국주택금융공사법령 및 주택저당유동화제도에 대한 설명으로 틀린 것은?

① 한국주택금융공사법령상 자산의 양도는 매매 및 교환에 의한다.

② 한국주택금융공사법령상 양수인이 주택저당채권에 대한 수익권 및 처분권을 갖는다.

③ 한국주택금융공사법령상 자산의 양도인은 주택저당채권에 대한 반환청구권을 갖는다.

④ 주택수요자의 소득대비 주택가격(PIR)이 높아질수록 주택저당유동화의 필요성은 높아진다.

⑤ 주택저당증권(MBS)은 기관투자자에게 투자포트폴리오를 다양화하고 자산운용을 장기적으로 할 수 있는 기회를 제공해준다.

27 저당담보부증권(MBS) 도입에 따른 부동산시장의 효과에 관한 설명으로 <u>틀린</u> 것은? (단, 다른 조건은 동일함)

① 주택금융이 확대됨에 따라 대출기관의 자금이 풍부해져 궁극적으로 주택자금대출이 확대될 수 있다.

② 주택금융의 확대로 주택수요가 증가할 수 있다.

③ 금융기관은 보유한 주택저당(대출)채권을 매각하여 자금을 조달함으로써 유동성위험을 감소시키고, 자기자본비율(BIS)이 상승하는 효과를 기대할 수 있다.

④ 주택금융자금의 수급불균형문제를 심화시킬 가능성이 있다.

⑤ 거래 증가 및 신규공급 촉진 등을 유도하여 주택경기의 조절수단으로 활용될 수 있다.

28 다음 중 한국주택금융공사의 업무가 <u>아닌</u> 것은?

① 주택저당채권 유동화 및 주택저당증권(MBS) 발행

② 주택저당증권 지급보증 및 「자산유동화에 관한 법률」에 따른 유동화전문회사 등이 주택저당채권을 유동화자산으로 하여 발행한 유동화증권 지급보증

③ 장기보금자리론 등 다양한 대출상품 공급

④ 주택담보노후연금 보증

⑤ 주택도시기금 관리 및 운용

☆중요
29 주택저당증권(MBS)에 관한 설명으로 <u>틀린</u> 것은?

① 주택저당증권은 자산유동화증권(ABS)의 일종이다.

② 투자자가 주택저당증권에 투자하면 고정적인 이자수익을 획득할 수 있다.

③ 주택저당대출의 만기보다 긴 만기를 가지는 주택저당증권은 발행할 수 없다.

④ 주택저당증권의 수익률은 일반적으로 국채 등 무위험이자율보다 높다.

⑤ 주택저당증권은 채권수익률의 변동에 따라 가격변동위험이 있다.

30 주택저당증권(MBS)에 대한 설명으로 <u>틀린</u> 것은?

① MPTS(Mortgage Pass-Through Securities)란 지분형 주택저당증권으로 관련 위험이 투자자에게 이전된다.

② MBB(Mortgage Backed Bond: 저당대출담보부채권)는 발행기관이 원리금 수취권과 집합물의 소유권을 갖는다.

③ MBB(Mortgage Backed Bond: 저당대출담보부채권)의 투자자는 채무불이행 위험을 부담하지 않는다.

④ MPTB(Mortgage Pay-Through Bond)에서 조기상환위험은 발행기관이 부담한다.

⑤ 다계층채권(CMO)은 MPTS와 MBB의 두 가지 성질을 다 가지고 있다.

☆중요
31 저당담보부증권(MBS)에 관련된 설명으로 <u>틀린</u> 것은?

① MPTS(Mortgage Pass-Through Securities)는 지분형 증권이기 때문에 증권의 수익은 기초자산인 주택저당채권집합물(mortgage pool)의 현금흐름(저당지불액)에 의존한다.

② MPTS(Mortgage Pass-Through Securities)의 발행액은 발행기관의 부채로 표시되지 않는다.

③ MBB(Mortgage Backed Bond)는 채권형 증권으로, 투자자는 조기상환에 따른 위험을 부담한다.

④ 다계층채권(CMO)에서 신용등급이 높은 채권일수록 지급되는 금리는 낮아진다.

⑤ CMBS(Commercial Mortgage Backed Securities)란 금융기관이 보유한 상업용 부동산 모기지(mortgage)를 기초자산으로 하여 유동화전문회사(SPC)를 통해 발행되는 증권이다.

32 다계층채권(CMO; Collateralized Mortgage Obligations)에 관한 설명으로 <u>틀린</u> 것은?

① 다계층채권(CMO)은 저당채권의 발행액을 몇 개의 계층으로 나눈 후 각 계층마다 상이한 이자율을 적용하고 원금이 지급되는 순서를 다르게 정할 수 있다.

② 트렌치별로 적용되는 이자율과 만기가 다른 것이 일반적이다.

③ 조기상환위험은 증권투자자가 부담한다.

④ 지분형 증권으로만 구성되어 있다.

⑤ 선순위 증권의 신용등급은 후순위 증권의 신용등급보다 높다.

33 모기지(mortgage) 유동화에 관한 설명으로 **틀린** 것은?

① MPTS(mortgage pass-through securities)는 지분형 주택저당증권이다.

② MBB(mortgage backed bond)의 경우, 차입자가 상환한 원리금은 유동화기관이 아 닌 MBB 투자자에게 직접 전달된다.

③ MBB(mortgage backed bond)의 발행자는 초과담보를 제공하는 것이 일반적이다.

④ MPTB(mortgage pay-through bond)의 경우, 조기상환위험은 증권투자자가 부담 하고, 채무불이행위험은 증권발행자가 부담한다.

⑤ CMO(collateralized mortgage obligation)는 상환우선순위와 만기가 다른 다수의 층(tranche)으로 구성된 증권이다.

🔖 고득점
34 부동산증권에 관한 설명으로 옳지 **않은** 것은?

① 자산유동화증권(ABS)은 금융기관 및 기업이 보유하고 있는 매출채권, 부동산저당채권 등 현금흐름이 보장되는 자산을 담보로 발행하는 증권을 의미한다.

② 저당이체증권(MPTS)은 발행기관이 원리금수취권과 주택저당채권에 대한 지분권을 모 두 투자자에게 이전하는 증권이다.

③ 저당담보부채권(MBB)에서 채무불이행위험은 투자자가 부담한다.

④ 주택저당담보부 채권(MBB)은 주택저당대출차입자의 채무불이행이 발생하더라도 MBB 에 대한 원리금을 발행자가 투자자에게 지급하여야 한다.

⑤ CMO(Collateralized Mortgage Obligations)는 발행자가 주택저당채권집합물을 가지고 일정한 가공을 통하여 위험-수익구조가 다양한 트랜치(tranche)로 구성된 주 택저당증권을 말한다.

35 저당담보부증권(MBS)의 가격변동에 관한 설명으로 틀린 것은? (단, 주어진 조건에 한함)

① 일반 회사채와 달리 투자자에게는 발행자의 채무불이행위험이 없지만, 저당담보부증권의 가격도 채권시장 수익률의 변동에 영향을 받게 된다.

② 고정이자를 지급하는 저당담보부증권은 채권시장 수익률이 상승하면 그 가격이 하락한다.

③ 채권시장 수익률이 상승할 때 가중평균상환기간이 긴 저당담보부증권일수록 그 가격의 하락폭이 커서 보유평가손실도 커질 수 있다.

④ 투자자들이 가까운 시일에 채권시장 수익률의 하락을 예상한다면, 가중평균상환기간(duration)이 긴 저당담보부증권일수록 그 가격이 더 크게 상승한다.

⑤ 자본시장 내 다른 투자수단들과 경쟁하므로, 동일위험 수준의 다른 투자수단들의 수익률이 상승하면 저당담보부증권의 가격은 상승한다.

36 주택금융의 의의와 기능에 관한 설명으로 틀린 것은?

① 주택소비금융은 주택을 구입하려는 사람이 신용을 담보로 제공하고, 자금을 제공받는 형태의 금융을 의미한다.

② 주택소비금융은 주택수요자에게 자금을 융자해 줌으로써 주택구매력을 높여준다.

③ 주택금융은 주택시장이 침체하여 주택거래가 부진하면 수요자금융을 확대하여 주택수요를 증가시킴으로써 주택거래를 활성화 시킬 수 있다.

④ 공공부문의 주택금융은 장기·저금리의 특수(정책)금융의 성격이 강하므로, 주택경기 및 일반경기의 조절수단으로 활용될 수 있다.

⑤ 주택자금융자는 주로 장기융자 형태이므로, 대출기관의 유동성 제약이 발생할 우려가 있어 주택저당채권의 유동화 필요성이 있다.

37 부동산금융에 관한 설명으로 **틀린** 것은?

① 부동산금융은 부동산의 매입이나 매각, 개발 등과 관련하여 자금이나 신용을 조달 또는 제공하는 것을 말한다.

② 부동산금융이 일반금융과 다른 점으로는 담보기능과 감가상각 및 차입금 이자에 대한 세금 감면이 있다.

③ 정부는 주택가격의 급격한 하락 등 시장침체에 대비하여 주택소비금융의 확대와 대출금리 인하, 대출규제의 완화의 방법으로 시장에 개입할 수 있다.

④ 총부채원리금상환비율(DSR)은 차주의 총 금융부채 상환부담을 판단하기 위하여 산정하는 차주의 연간 소득대비 연간 금융부채 원리금상환액 비율을 말한다.

⑤ 전세제도와 주택건설업자의 선분양은 「건축물의 분양에 관한 법률」에 의해서 시행되고 있다.

Point 38   프로젝트 파이낸싱(PF) ⇨ 개발금융 ★★★★

정답 및 해설 p.59~60

💡 Tip

- 프로젝트 파이낸싱은 공급자가 물적 담보가 아닌 장래 현금흐름을 기초로 금융기관으로부터 부채자금을 조달하는 방식으로, 대출기관이 사업주에 대하여 직접적인 상환청구가 불가능하므로 위험에 대비하여 사전에 여러 가지의 직·간접 보증을 요구한다는 점에 초점을 맞출 필요가 있다.
- 전통적인 프로젝트 파이낸싱은 주로 차입하는 방식이었지만, 최근에는 지분형 방식의 프로젝트 금융투자회사(SPC)가 설립·운용된 사례가 있으며, 부채와 지분을 혼합하여 자금을 조달하는 프로젝트 파이낸싱도 있다.
- 시험에서 별다른 언급이 없을 경우, 일반적인 프로젝트 파이낸싱은 부채금융기법이다.

38 프로젝트 파이낸싱(PF)에 관한 설명으로 옳지 **않은** 것은?

① 사업 자체의 현금흐름을 근거로 자금을 조달하고, 원리금상환도 해당 사업에서 발생하는 현금흐름에 근거한다.

② 대출기관은 시행사에게 원리금상환을 요구하고, 시행사가 원리금을 상환하지 못하면 책임준공 의무가 있는 시공사 등에게 채무상환을 요구할 수 있다.

③ 일반적으로 PF의 차입금리는 기업대출금리보다 높다.

④ 프로젝트 파이낸싱(PF)은 일반개발사업에 비해 사업진행이 신속한 편이다.

⑤ 프로젝트 파이낸싱(PF)은 예상되는 제반 위험을 프로젝트회사와 이해당사자간의 계약에 의해 적절하게 배분된다.

☆중요

39 사업주(sponsor)가 특수목적회사인 프로젝트회사를 설립하여 프로젝트금융을 활용하는 경우에 관한 설명으로 옳지 <u>않은</u> 것은? (단, 프로젝트회사를 위한 별도의 보증이나 담보 제공 등은 없음)

① 대규모 자금이 소요되고 공사기간이 장기인 사업에 적합한 자금조달수단이다.

② 프로젝트회사가 파산 또는 청산될 경우, 채권자들은 프로젝트회사에 대한 원리금 상환을 청구할 수 없다.

③ 사업주가 이미 대출한도를 넘어섰거나 대출제약요인이 있는 경우에도 활용 가능하다.

④ 프로젝트의 채무불이행위험이 높아질수록 대출기관이 요구하는 금리가 높아진다.

⑤ 해당 프로젝트가 부실화되면 대출기관의 채권회수에도 영향이 있다.

☆중요

40 부동산개발 및 부동산 프로젝트금융(PF)에 관한 설명으로 <u>틀린</u> 것은?

① 부동산 프로젝트금융은 사업주의 입장에서는 비소구 또는 제한적 소구방식이므로 상환의무가 제한되는 장점이 있다.

② 사업주의 대차대조표(재무상태표)에 부채로 표시되어 사업주의 부채비율에 영향을 미친다.

③ 부동산 프로젝트금융의 차입자는 특수법인(프로젝트회사; SPC)이다.

④ 부동산 프로젝트금융의 자금은 위탁계좌에 의하여 수탁사(부동산신탁회사)가 관리한다.

⑤ 일반적으로 금융기관은 프로젝트금융(PF)을 제공할 때, 프로젝트 개발사업부지에 대하여 저당권을 설정할 수 없다.

41 금융기관이 시행사에게 프로젝트금융(PF)을 제공하고 대출원리금의 회수를 원활하게 하기 위하여 시행사나 시공사에게 요구할 수 있는 사항으로 <u>틀린</u> 것은? 제20회

① 부동산개발사업의 현금흐름을 통제하기 위해서 에스크로우 계정(escrow account)을 운영한다.

② 부동산개발사업의 자금지출 우선순위를 정할 때, 주로 시행사의 개발이익이 공사비보다 먼저 인출되도록 한다.

③ 시행사와 시공사의 부도 등과 같은 사유가 발생할 경우 사업권이나 시공권을 포기하겠다는 각서를 받는다.

④ 시공사에게 책임준공의무를 지우는 동시에 PF대출의 채무를 인수하게 하거나 이에 대한 보증을 제공하도록 한다.

⑤ 부동산개발사업지를 부동산신탁회사에 담보신탁하고 받은 수익권증서에 질권을 설정한다.

42 프로젝트금융에 대한 설명으로 틀린 것은?

① 복잡한 계약에 따른 사업의 지연과 이해당사자간의 조정의 어려움은 사업주와 금융기관 모두의 입장에서 단점으로 작용한다.

② 금융기관은 부동산개발사업의 사업주와 자금공여 계약을 체결한다.

③ 일정한 요건을 갖춘 프로젝트회사는 법인세 감면을 받을 수 있다.

④ 부동산개발 PF ABS는 금융기관이 부동산개발업체에게 대출을 실행하고, 이 대출채권을 유동화전문회사(SPC)를 통하여 발행하는 자산유동화증권을 말한다.

⑤ 대출기관이 유동화전문회사(SPC)를 통해 자산유동화증권(ABS)을 발행하면 대출기관의 유동성위험이 커지는 단점이 있다.

☆중요

43 자산유동화에 관한 설명으로 틀린 것은?

① 유동화자산이란 자산유동화의 대상이 되는 채권, 부동산, 지식재산권 및 그 밖의 재산권을 말한다.

② 자산유동화증권(ABS)을 발행할 때 유동화전문회사는 주식회사 또는 유한회사로 한다.

③ 자산유동화는 자산유동화에 관한 법령, 「상법」, 「자본시장과 금융투자업에 관한 법률」 등에 의해 규정하고 있다.

④ 자산유동화증권(ABS)은 사채(부채증권)로만 발행할 수 있다.

⑤ 부동산개발 PF ABS는 부동산개발 PF ABCP에 비해 더 장기로 자금조달이 가능하다.

🔖고득점

44 자산유동화에 관한 법령에 대한 설명으로 틀린 것을 모두 고른 것은?

⊙ 자산유동화증권(ABS)은 「자산유동화에 관한 법률」에 의한다.
ⓒ 자산유동화증권(ABS)은 금융위원회에 등록한 이전 회차의 유동화계획에 따를 경우, 금융위원회에 등록 없이 금번 회차에도 동일하게 재발행할 수 있다.
ⓒ 유동화전문회사(SPC)는 본점 외의 영업소를 설치할 수 있으며, 직원을 고용할 수 있다.
ⓔ 자산담보부 기업어음(ABCP)은 「상법」상 도관체(conduit)를 통해 금융위원회에 등록하지 않고 유사자산을 임의대로 반복적으로 유동화할 수 있다.

① ㉠, ㉡   ② ㉠, ㉢

③ ㉡, ㉢   ④ ㉡, ㉣

⑤ ㉢, ㉣

> 💡**Tip**
> • 자기관리 부동산투자회사(실체회사형), 위탁관리 부동산투자회사(명목회사형), 기업구조조정 부동산투자
> 회사(명목회사형)에 대한 기본적인 구조와 개념이 정리되어야 한다.
> • 자기관리 부동산투자회사는 명목회사형 부동산투자회사보다 투자자(주주) 보호를 위하여 여러 가지 규제
> 가 많다는 것에 착안하여 학습한다.
> • 「부동산투자회사법」에서는 '숫자조항'이 중요한 것이 아니라, 법의 제정배경이나 각 부동산투자회사의 설
> 립·운용배경을 이해하는 데 핵심이 있다.

45 「부동산투자회사법」상 부동산투자회사에 관한 설명으로 옳은 것은?

① 자기관리 부동산투자회사의 설립자본금은 3억원 이상으로 한다.

② 영업인가를 받은 날부터 최저자본금준비기간이 지난 자기관리 부동산투자회사의 최저
자본금은 50억원 이상이 되어야 한다.

③ 위탁관리 부동산투자회사 및 기업구조조정 부동산투자회사의 설립자본금은 10억원 이
상으로 한다.

④ 부동산투자회사는 영업인가를 받거나 등록을 하기 전까지는 발행하는 주식을 일반의
청약에 제공할 수 없다.

⑤ 부동산투자회사는 부동산 등 자산의 운용에 관하여 회계처리를 할 때에는 금융감독원
이 정하는 회계처리기준에 따라야 한다.

☆중요
46 다음 중 부동산투자회사(REITs)에 관한 설명으로 틀린 것은?

① 부동산투자회사는 현물출자에 의한 설립이 가능하다.

② 부동산투자회사는 발기설립의 방법으로 하여야 한다.

③ 자기관리 부동산투자회사는 자산운용 전문인력을 포함한 임직원을 상근으로 두고 자산
의 투자·운용을 직접 수행하는 회사를 말한다.

④ 공인중개사로서 해당 분야에 5년 이상 종사한 사람은 자기관리 부동산투자회사 및 자
산관리회사의 자산운용 전문인력이 될 수 있다.

⑤ 위탁관리 부동산투자회사는 본점 외의 지점을 설치할 수 없으며, 직원을 고용하거나 상
근 임원을 둘 수 없다.

47 우리나라의 부동산투자회사제도에 관한 설명으로 <u>틀린</u> 것은?

① 자산관리회사를 설립하려는 자는 국토교통부장관의 인가를 받아야 하며, 자기자본이 70억원 이상이어야 한다.

② 부동산투자회사는 영업인가나 등록 이후에 외부차입이나 사채(회사채)발행을 통해서도 자금을 조달할 수 있다.

③ 부동산투자회사는 최저자본금준비기간이 끝난 후에는 매 분기 말 현재 총자산의 100분의 80 이상을 부동산, 부동산 관련 증권 및 현금으로 구성하여야 한다. 이 경우 총자산의 100분의 70 이상은 부동산이어야 한다.

④ 부동산투자회사는 영업인가를 받거나 등록을 한 날부터 2년 이내에 발행하는 주식총수의 100분의 30 이상을 일반의 청약에 제공하여야 한다.

⑤ 부동산투자회사의 상근 임원은 다른 회사의 상근 임직원이 되거나 다른 사업을 할 수 있다.

☆중요
48 「부동산투자회사법」에 관한 설명으로 <u>틀린</u> 것은?

① 국토교통부장관은 주요출자자의 적격성을 심사하기 위하여 주요출자자에게 30일 이내의 기간을 정하여 관련 자료의 제출을 요구할 수 있다.

② 자기관리 부동산투자회사는 주주총회의 결의와 국토교통부장관의 영업인가를 받아 위탁관리 부동산투자회사로 전환할 수 있다.

③ 국토교통부장관은 기업구조조정 부동산투자회사의 등록을 하려는 경우에는 미리 금융위원회의 의견을 들어야 한다.

④ 자기관리 부동산투자회사는 그 자산을 투자·운용할 때에는 전문성을 높이고 주주를 보호하기 위하여 자산관리회사에 위탁하여야 한다.

⑤ 주요 주주는 미공개 자산운용정보를 이용하여 부동산을 매매하거나 타인에게 이용하게 하여서는 아니 된다.

49 「부동산투자회사법」상 위탁관리 부동산투자회사(REITs)에 관한 설명으로 옳은 것은?

> ㉠ 영업인가를 받거나 등록을 한 날부터 6개월이 지난 자본금은 50억 이상이 되어야 한다.
>
> ㉡ 자산의 투자·운용을 직접 수행하는 회사이다.
>
> ㉢ 주주 1인과 그 특별관계자는 발행주식 총수의 100분의 50을 초과하여 소유하지 못한다.
>
> ㉣ 법령을 준수하고 자산운용을 건전하게 하며 주주를 보호하기 위하여 임직원이 따라야 할 기본적인 절차와 기준을 제정하여 시행하여야 한다.
>
> ㉤ 해당 위탁관리 부동산투자회사의 자산의 투자·운용업무를 위탁하는 자산관리회사인 법인이사와 감독이사를 정관으로 정하는 바에 따라 둘 수 있다.

① ㉠, ㉡, ㉢

② ㉠, ㉢, ㉣

③ ㉠, ㉢, ㉤

④ ㉡, ㉣, ㉤

⑤ ㉢, ㉣, ㉤

50 부동산투자회사(REITs)와 관련된 설명으로 옳은 것은?

① 부동산투자회사 중 서류상으로 존재하는 명목회사(paper company)로서, 증권시장에 상장된 것을 뮤추얼펀드(mutual fund)라고 한다.

② 위탁관리 부동산투자회사는 명목회사(paper company)형이고, 기업구조조정 부동산투자회사는 실체회사형이다.

③ 부동산투자자문회사는 부동산을 취득·관리·개량 및 처분하는 업무를 수행한다.

④ 부동산투자회사의 주식에 투자하면 부동산투자회사의 투자·운용실적이 악화되어도 확정수익은 보장된다.

⑤ 부동산투자자 중 유동성을 선호하는 사람은 증권거래소에 상장되어 있는 부동산투자회사의 주식보다 부동산에 직접 투자하는 것을 선호한다.

51 「부동산투자회사법」에 관한 설명으로 <u>틀린</u> 것은?

① 위탁관리 부동산투자회사 및 기업구조조정 부동산투자회사는 이익을 초과하여 배당할 수 없다.

② 금융위원회는 부동산투자회사에 금융감독 관련 업무에 대한 자료 제출이나 보고를 명할 수 있다.

③ 국토교통부장관은 주식의 상장을 명하려면 미리 금융위원회의 의견을 들어야 한다.

④ 자기관리 부동산투자회사는 그 설립등기일로부터 10일 이내에 대통령령으로 정하는 바에 따라 설립보고서를 작성하여 국토교통부장관에게 제출하여야 한다.

⑤ 자기관리 부동산투자회사 및 자산관리회사는 내부통제기준의 준수 여부를 점검하고, 내부통제기준을 위반할 경우 이를 조사하여 감사에게 보고하는 준법감시인을 상근으로 두어야 한다.

Point 40　지분금융 · 부채금융 · 메자닌금융 ★★★

정답 및 해설 p.61~62

💡 Tip
- 출제 빈도가 높아짐에 따라 지분금융 · 부채금융 · 메자닌금융을 구분하여 개념정리가 필요하다.
- 사채 등 부채증권 발행을 통하여 조달한 자금은 자기자본이 아닌 타인자본이기 때문에(이자와 원금에 대한 상환의무가 있으므로) 부채금융기법이다.

🔖 고득점
52 부동산금융에 대한 설명으로 옳은 것은?

① 공인회계사로서 해당 분야에 3년 이상 종사한 사람은 자기관리 부동산투자회사의 자산운용 전문인력이 될 수 있다.

② 역모기지(reverse mortgage)는 시간이 지남에 따라 대출잔액이 늘어나는 구조이고, 일반적으로 비소구형 대출이다.

③ 기업의 구조조정을 촉진하기 위하여 기업구조조정 부동산투자회사에 대하여는 최저자본금, 공모의무비율, 주식소유한도가 적용되지 않는다.

④ 부동산개발 PF ABCP(자산담보부 기업어음)는 공모 형태로만 발행된다.

⑤ 부채금융은 대출이나 회사채 발행을 통해서 타인자본을 조달하는 방법으로서 저당담보부증권(MBS) 발행, 조인트-벤처(joint-venture)가 이에 해당한다.

53 부동산 관련 자금조달방법을 지분금융(equity financing), 부채금융(debt financing), 메자닌금융(mezzanine financing)으로 구분할 때, 지분금융과 부채금융기법에 해당하는 것을 선택하면?

> ㉠ 저당대출담보부 채권(MBB)
> ㉡ 신탁증서금융
> ㉢ 신주인수권부사채(BW)
> ㉣ 부동산 신디케이트(syndicate)
> ㉤ 주식공모(public offering)에 의한 증자
> ㉥ 주택저당대출
> ㉦ CMBS(Commercial Mortgage Backed Securities)
> ㉧ 전환사채(CB)

	지분금융	부채금융
①	㉣, ㉤	㉠, ㉡, ㉥, ㉦
②	㉡, ㉢, ㉣	㉠, ㉡, ㉥, ㉦
③	㉡, ㉢, ㉣, ㉤	㉠, ㉥, ㉦, ㉧
④	㉣, ㉤	㉠, ㉢, ㉦, ㉧
⑤	㉣, ㉤, ㉦	㉠, ㉡, ㉢, ㉥

고득점

54 부동산개발사업의 재원조달방안 중 하나인 메자닌금융(mezzanine financing)의 유형에 해당하는 것은 모두 몇 개인가?

> ㉠ 「자본시장과 금융투자업에 관한 법률」에 의한 부동산펀드
> ㉡ 자산유동화증권(ABS)
> ㉢ 후순위채권(후순위대출)
> ㉣ 보통주
> ㉤ 주택상환사채
> ㉥ 자산담보부 기업어음(ABCP)
> ㉦ 교환사채(EB)
> ㉧ 상환우선주

① 1개   ② 2개
③ 3개   ④ 4개
⑤ 5개

land.Hackers.com

7개년 출제비중분석

제7편 출제비중
10.2%

7개년 평균
출제비중

편별 출제비중

편 제목	평균	제35회	제34회	제33회	제32회	제31회	제30회	제29회
제1편 부동산학 총론	3.4	4	3	4	3	3	3	3
제2편 부동산경제론	5.2	5	5	5	6	6	4	6
제3편 부동산시장론	4.7	4	5	7	4	4	4	5
제4편 부동산정책론	5.2	6	5	4	4	6	7	5
제5편 부동산투자론	6.4	3	8	6	7	3	7	6
제6편 부동산금융론	4.6	5	3	5	6	5	4	5
제7편 부동산개발 및 관리론	4.1	6	5	2	4	6	5	4
제8편 부동산감정평가론	6.4	7	6	7	6	7	6	6

*평균: 최근 7개년 동안 출제된 각 편별 평균 문제 수입니다.

제7편

부동산개발 및 관리론

제1장 부동산이용 및 개발
제2장 부동산관리
제3장 부동산마케팅 및 광고

제7편 부동산개발 및 관리론

제1장 부동산이용 및 개발

Point 41 부동산개발 개념 및 민자유치 개발방식 ★★★★

기본서 p.350~354

(1) **부동산개발의 개념**: 인간에게 공간을 제공하기 위하여 토지를 개량하는 활동을 말한다.

「부동산개발업의 관리 및 육성에 관한 법률」(부동산개발업법) 관련 내용

1. '부동산개발'이란 다음의 어느 하나에 해당하는 행위를 말한다. 다만, 시공을 담당하는 행위를 제외한다.
   ① 토지를 건설공사의 수행 또는 형질변경의 방법으로 조성하는 행위
   ② 건축물을 건축·대수선·리모델링 또는 용도변경하거나 공작물을 설치하는 행위
2. '부동산개발업'이란 타인에게 공급할 목적으로 부동산개발을 수행하는 업을 말한다.
3. '부동산개발업자'란 부동산개발업을 수행하는 자를 말한다.
4. '공급'이란 부동산개발을 수행하여 그 행위로 조성·건축·대수선·리모델링·용도변경 또는 설치되거나 될 예정인 부동산, 그 부동산의 이용권으로서 대통령령으로 정하는 권리(이하 '부동산 등'이라 한다)의 전부 또는 일부를 타인에게 판매 또는 임대하는 행위를 말한다.
5. 부동산개발업 등록요건
   ① 대통령령으로 정하는 시설 및 부동산개발 전문인력(예 공인중개사 등)을 확보할 것: 등록사업자의 임직원 중 부동산개발 전문인력은 다른 등록사업자의 부동산개발 전문인력이 될 수 없다.
   ② 등록사업자는 이중으로 부동산개발업의 등록을 할 수 없다.

---

(2) **토지의 물리적 변형(외관의 변화) 여부에 따른 분류**

유형적 개발	건축사업·토목사업 등과 같이 토지의 외형을 변화시키는 개발행위
무형적 개발	용도지역지구 변경 등과 같이 토지의 물리적 변화 없이 토지의 이용상태를 변화시키는 개발행위
복합적 개발	유·무형의 개발이 혼합된 형태 예 토지형질변경사업, 도시개발·재개발사업, 공업단지조성사업 등

(3) 부동산개발의 주체

공공부문 (제1섹터)	국가, 지방자치단체, 한국토지주택공사, 지방공사 등
민간부문 (제2섹터)	민간주택건설업자, 토지소유자조합, 개인, 부동산투자회사, 부동산펀드, 민간의 컨소시엄 등
정부 + 민간 (제3섹터)	공·사혼합부문 ⇨ BTL방식이나 BTO방식(민자유치 개발방식) 등

(4) 민자유치 개발방식

BTL(Build—Transfer—Lease)방식	시설의 준공과 동시에 해당 시설의 소유권이 국가 또는 지방자치단체에 귀속되며, 사업시행자에게 일정기간의 시설관리운영권을 인정하되, 그 시설을 국가 또는 지방자치단체 등이 협약에서 정한 기간 동안 임차하여 사용·수익하는 방식이다.
BTO(Build—Transfer—Operate)방식	시설의 준공과 함께 시설의 소유권이 국가 또는 지방자치단체에 귀속되지만, 사업시행자가 정해진 기간 동안 시설에 대한 운영권을 가지고 수익을 내는 방식이다.
BOT(Build—Operate—Transfer)방식	준공 후 일정기간 동안 사업시행자에게 시설의 운영권이 인정되며, 그 기간 만료시 시설의 소유권이 정부 또는 지방자치단체에 귀속되는 방식이다.
BLT(Build—Lease—Transfer)방식	준공 후 일정기간 사업운영권을 정부에 임대하여 투자비를 회수하며, 약정 임대기간 종료 후 시설물을 정부 또는 지방자치단체에 이전하는 방식이다.
BOO(Build—Own—Operate)방식	시설의 준공과 함께 사업시행자가 소유권과 운영권을 가지는 방식이다.

구분	BTO방식	BTL방식
대상시설의 성격	최종수요자에게 사용료를 부과함으로써 투자비 회수가 가능한 시설 예 도로, 지하철, 항만 등	최종수요자에게 사용료를 부과함으로써 투자비 회수가 어려운 시설 예 학교, 기숙사, 도서관 등
사업리스크	민간사업자가 수요위험 부담	민간의 수요위험 배제

워포드(Wofford)의 개발과정

- 개발사업의 구상(계획·아이디어)단계
  ⇩
- 예비적 타당성분석(前 실행가능성분석)단계
  ⇩
- 부지 확보 및 구입단계
  ⇩
- 타당성분석(실행가능성분석)단계
  ⇩
- 금융단계
  ⇩
- 건설단계
  ⇩
- 마케팅단계

히라가와 이쯔로의 개발과정

- 계획단계
  ⇩
- 협의단계
  ⇩
- 계획인가단계
  ⇩
- 시행단계
  ⇩
- 처분단계

예비적 타당성분석	예비적 타당성분석은 개발사업에 관한 수익성을 개괄적·개략적으로 조사하는 과정이다. ⇨ 개발 잠재력의 분석
부지 확보 및 구입	부지를 사전에 확보하였다면 예비적 타당성분석이나 부지 확보 및 구입단계는 생략할 수 있다.
타당성분석	① 복합개념에 입각하여 물리적(기술적)·경제적·법적 타당성분석을 모두 수행한다. ② 개발사업에 충분한 수익성이 확보되는지를 판단하는 경제적 타당성분석이 가장 중요하다. ③ 개발사업의 타당성분석 결과 그 사업이 채택되느냐의 여부는 개발업자의 목적이 무엇인가와 개발사업이 그 목적을 충분히 충족시켜 줄 수 있는가에 따라 달라진다. ④ 타당성분석의 결과가 비록 동일하더라도 개발업자마다 요구수익률이 각각 다르고, 타당성분석의 활용지표에 따라서도 달라지므로 개발사업은 채택될 수도 있고 그렇지 않을 수도 있다.
마케팅 (분양 및 임대)	부동산개발사업의 성공 여부는 궁극적으로 시장성에 달려 있다. 개발사업의 시장위험을 줄이기 위해서는 사전에 매수자를 확보하는 등 개발사업의 초기부터 마케팅활동을 수행할 필요가 있다.

부동산개발의 위험(개발업자의 위험) ★★★ 기본서 p.357~358

법률적 (행정적· 제도적) 위험	① 공법적 위험(예 토지이용규제 등), 사법적 위험(소유권 관련)으로 나누어 볼 수 있다. 　㉠ 지역지구제, 건축규제의 변화, 군사보호시설구역, 문화재 보전지역 지정 등 　㉡ 개발사업에 대한 인·허가가 반려·취소되는 경우, 개발지역 원주민과의 마찰 　　(여론 악화) 등 ② 이를 최소화하기 위해서는 이미 토지이용계획이 확정된 토지를 구입하는 전략이 필 　요하다.
시장위험	① 시장의 불확실성이 개발업자에게 주는 부담을 말한다. ② 시장성연구: 개발될 부동산이 매매·임대될 능력을 조사하는 것으로, 구체적인 방법 　으로 '흡수율분석'이 활용된다. ③ 흡수율분석: 시장에 공급된 부동산이 일정기간 동안 시장에서 얼마만큼의 비율로 소 　비(흡수)되었는지를 분석하는 것을 말한다. 　㉠ 과거·현재의 흡수율을 통하여 대상개발사업의 미래의 흡수율을 파악하는 데 궁 　　극적인 목적이 있다. ⇨ 구체적·미시적 분석이다. 　㉡ 흡수율이 높을수록, 흡수시간이 짧을수록 시장위험은 작아진다. ④ 매수자의 시장위험과 개발사업의 가치 　㉠ 개발사업 초기: 위험은 크고, 개발사업의 가치는 작다. 　㉡ 개발사업 후기(완공기): 위험은 작아지고, 개발사업의 가치는 점차 상승한다.
비용위험	① 재해의 발생, 건축자재가격 상승, 공사기간의 장기화 등으로 발생하는 위험 ② 개발업자는 건설업자(시공사)와 '최대가격보증계약'을 체결하여 비용위험을 줄일 수 　있으나, 공사의 부실화 가능성이 존재한다.

부동산개발의 경제적 타당성분석 ★★★★★ 기본서 p.359~364

구분	(부동산)시장분석	경제성분석
목적	① 개발사업의 채택가능성 평가 ② 경제성분석에 필요한 정보·자료 제공	① 개발사업의 수익성 평가 ② 개발사업에 대한 최종투자 결정
내용	① 지역경제분석: 지역경제의 고용, 인구, 소 　득수준 등을 거시적 관점에서 분석 ② 시장분석: 시장지역의 수요와 공급상황을 　분석(근린지역과 부지분석) ③ 시장성분석: 개발될 부동산이 현재나 미래 　의 상황에서 매매되거나 임대될 수 있는 　능력을 조사·분석	① 타당성분석: 개발사업이 투자자의 자금 　을 유인할 만한 충분한 수익성이 있는 　지를 분석 ② 투자분석: 투자자의 목적, 할인현금수지 　분석법을 통하여 최종투자 결정

부동산개발 및 관리론

제7편

| 역할 | ① 부동산시장분석은 부동산의 (개발)의사결정을 지원하기 위한 부동산시장의 동향과 추세를 연구하는 활동을 말한다.
② 특정 용도에 어떠한 부지가 적합한가(입지론), 주어진 부지를 어떠한 용도로 이용할 것인가(적지론)를 결정하는 역할을 한다.
③ 투자할 대안을 찾는 투자자(재무적 투자자)를 위하여 수행되기도 한다.
④ 새로운 개발사업뿐만 아니라 기존의 개발사업에 대해서도 행해진다.
⑤ 부동산시장분석은 일반적으로 개발착수 전에 이루어지지만, 후속작업이나 계속적인 투자에 대한 의사결정을 위하여 사후 검증 차원에서 이루어지기도 한다. | ① 개발비용을 토지부분과 건물을 포함한 개량물부분으로 나누어 계산한다.
② 실제로 귀속되는 미래의 세후현금수지를 계산하고, 이의 현재가치를 구한다.
③ 분석결과를 근거로 순현가나 수익성지수 등을 구하여 최종적인 투자결정을 한다. |

Point 45   입지계수(LQ) ★★★

기본서 p.360

| 입지계수(LQ) | 전국대비 해당 지역 특정 산업의 특화도를 판단한다.

$$입지계수(LQ) = \frac{지역의\ X산업\ 고용률}{전국의\ X산업\ 고용률} = \frac{\dfrac{지역의\ X산업\ 고용인구}{지역의\ 총고용인구}}{\dfrac{전국의\ X산업\ 고용인구}{전국의\ 총고용인구}}$$

① 입지계수(LQ) > 1: (수출)기반산업으로, 지역경제의 성장성을 유도하는 산업이다.
② 입지계수(LQ) < 1: 비기반산업으로, 지역경제의 안정성을 유지하는 산업이다. |

사업수탁 (위탁)방식	① 개발업자가 토지소유자로부터 기획·설계·완공·관리·운영 등의 사업만을 위탁받아 사업대행을 담당하고, 사업대행에 따른 수수료를 취득한다. ② 자금조달은 토지소유자가 담당하고, 토지소유자의 명의(주체)로 개발사업이 진행된다. ③ 개발사업의 성과는 모두 토지소유자에게 귀속(지분공유 ×)된다. ④ 토지신탁방식과 경제적 효과가 유사하다(사업위탁 및 수수료 발생).
토지(개발) 신탁방식	① 토지소유자(위탁자)가 부동산신탁회사(수탁사)에게 신탁계약에 따라 형식적으로 토지소유권을 이전한다. ② 신탁회사가 자금을 조달하는 차입형 토지신탁과 소유자(위탁자)가 자금을 조달하는 관리형 토지신탁으로 구분된다. ③ 개발사업의 성과를 토지소유자(위탁자) 또는 수익자에게 실적 배당한다(지분공유 ×). ④ 사업 전반이 부동산신탁회사의 명의(주체)로 진행되며, 신탁회사는 수수료를 취득한다.
등가교환방식	① 토지소유자는 토지를 제공하고, 개발업자는 건축비를 부담하여 개발사업을 공동으로 시행한다. ② 투자(출자)비율에 따라 개발사업 완료 후 각각 토지·건물을 공유하는(나누는) 방식으로, 수수료문제는 발생하지 않는다. ③ 개발업자: 토지를 매입하지 않고(매입비용 절감) 건축비만 부담한다. ④ 토지소유자: 개발자금을 부담하지 않으며, 건물의 구분소유가 가능하다. 🔍 공사비 대물변제방식: 토지소유자가 건설업자에게 건축공사를 발주한 후 공사비를 건물의 일부로 변제하는 형태이다.
공사비분양금 지급방식	토지소유자가 건설업자에게 공사를 발주한 후 공사비를 분양수입금으로 변제한다.
토지임차 (신차지)방식	① 토지소유자와 개발업자가 일정기간 차지계약한다. ② 계약시점: 개발업자는 토지임차계약에 대한 권리금을 지급하지 않는다. ③ 계약기간 중: 건물임대수익을 근거로 토지소유자에게 지대를 지불한다. ④ 계약종료시점: 토지는 토지소유자에 반환되고, 건물은 시가로 양도된다.
투자자 모집방식	개발사업의 시행자가 일반투자자를 모집하여 개발자금을 조달한다(예 조합, 부동산투자회사, 부동산펀드 등).
컨소시엄 구성방식	① 대규모 개발사업의 경우 자금조달, 기술보완, 위험 분산을 위해 사업단 구성 ② 사업절차 복잡성·지연가능성, 이해당사자간의 관계가 복잡하다(예 PF기법 등).
자체(자력) 개발방식	① 토지소유자가 스스로 사업을 기획하고, 자금을 조달하여 개발사업을 시행한다. ② 개발사업의 이익이 토지소유자에게 귀속되며, 개발사업의 위험이 큰 만큼 기대수익률도 높다. ③ 사업시행자의 의도대로 추진이 가능하며, 사업진행속도가 빠르지만 위기관리능력도 요구된다.

(1) 신개발

미개발된 임야나 농지를 개발하여 새로운 택지를 조성하는 것으로, 도시개발사업, 주택지조성사업, 환지사업(방식), 토지형질변경사업 등을 말한다.

(2) 재개발방식의 유형

보전재개발	아직은 노후 · 쇠퇴가 발생하지 않았으나 우려가 있는 시설에 대하여 그 진행을 방지(예방)하기 위한 가장 소극적인 선진국형의 재개발
수복재개발	현재의 시설은 대부분 그대로 유지하면서 노후 · 불량화의 요인만을 제거하는 소극적인 재개발
개량재개발	기존 환경을 질적으로 개량하여 기능을 제고시키는, 수복재개발보다 적극적인 재개발
철거재개발	기존 환경을 완전히 새로운 환경으로 대체하는 가장 적극적인 재개발

(3) 용지취득방식에 따른 개발의 유형

① 단순개발방식: 토지소유자의 자력개발방식 ⇨ 사업 후 권리관계 불변

② 환지방식과 수용방식

구분	환지방식	수용방식(전면매수)
분배	원 토지소유자에게 환지(재분배)	제3장의 실수요자에게 분양
개발이익환수	감보율	표준지공시지가 기준
재산권 침해 정도	토지소유권 존중(권리 축소)	토지소유권 소멸(권리 소멸)
특징	① 사업기간이 길어질 수 있음 ② 공공용지(기반시설) 확보 제한 ③ 원토지소유자 재정착 용이 ④ 원토지소유자 개발이익 귀속가능성 높음	① 사업주체의 사업비부담 큼 ② 공공용지(기반시설) 확보 용이 ③ 사업속도 상대적으로 빠름 ④ 사업시행자와 피수용자간의 갈등(민원) 발생가능성

　🔍 택지공영개발의 필요성: 형평성 달성과 효율성 제고(시장실패 수정)

③ 혼합(혼용)방식: 환지방식 + 수용방식

(4) 도시 및 주거환경정비법령상 재개발사업과 재건축사업

① **재개발사업**: 정비기반시설이 열악하고 노후 · 불량건축물이 밀집한 지역에서 주거환경을 개선하거나 상업지역 · 공업지역 등에서 도시기능의 회복 및 상권활성화 등을 위하여 도시환경을 개선하기 위한 사업

② **재건축사업**: 정비기반시설은 양호하나 노후 · 불량건축물이 밀집한 지역에서 주거환경을 개선하기 위하여 시행하는 사업

제2장 부동산관리

Point 48 부동산관리 ★★★★★

(1) 부동산관리(위탁관리)의 필요성(영속성, 내구성)

① 인구의 도시집중으로 인한 도시화 지속
② 건축기술의 발달로 인한 건물의 고층화(토지이용의 집약화)
③ 부동산소유주의 부재현상 증가
④ 부동산 간접투자기구(리츠, 부동산펀드)의 상업용 부동산투자 증가
⑤ 기관투자자나 외국인투자자의 부동산 직접투자 증대

(2) 부동산관리의 분류

① 복합개념의 관리

구분	관리내용
기술적(유지) 관리 (협의의 관리)	㉠ 위생관리, 보안관리, 설비관리, 보전관리 ㉡ 토지의 경계측량을 실시하는 것과 건물과 부지의 부적응을 개선하는 행위
경제적(경영) 관리	수지관리, 회계관리, 손익분기점관리, 인력관리
법률적(보존) 관리	임대차계약·예약관리, 권리분석과 조정, 공법상 규제검토

🔍 기술적 유지활동의 구분

예방적(사전적) 유지활동	계획에 따라 하자나 문제가 발생하기 이전에 점검하는 활동으로, 가장 중요한 활동 ⇨ 신뢰감 부여, 불필요한 관리비용 절감효과
일상적(정기적) 유지활동	통상적으로 늘 수행하는 정기적 유지활동
대응적(사후적) 유지활동	하자나 문제가 발생한 이후에 하는 사후적 조치활동(= 수정적 유지활동)

② 관리영역에 따른 분류

구분		관리내용
자산 관리	자산관리	매입·매각관리, 투자리스크관리, 재투자결정, 포트폴리오관리, 리모델링 투자의사결정 등 수익 극대화를 위한 가장 적극적인 관리
	부동산관리 = 재산관리 = 건물 및 임대차관리	수입목표 수립, 임차인 모집 및 유지관리, 임대료 수납관리, 지출계획 수립, 비용통제, 자재구매 및 임금 지급 등
시설관리		설비의 운전·보수, 에너지관리, 위생관리, 방범·방재 등의 보안관리 등 가장 소극적인 관리

제7편 부동산개발 및 관리론　243

③ 관리주체에 따른 분류

구분	자가관리(직접 · 자영)	위탁관리(간접 · 외주)	혼합관리
개념	⊙ 소유자 단독 또는 소수의 관리요원을 활용 ⓛ 단독주택 · 소규모 부동산에 적용	⊙ 전문가에게 관리를 위탁 ⓛ 대형 · 고층부동산에 적용 ⓒ 현대적인 전문적 관리	⊙ 기술적 측면만 위탁관리, 경제적 · 법률적 관리는 자가관리 ⓛ 자가관리에서 위탁관리로 이행하는 과도기에서 채택
특징	⊙ 기밀 · 보안관리에 강점 ⓛ 지휘통제력 확보 용이 ⓒ 의사소통 용이 ⓔ 관리의 전문성 결여 ⓜ 관리업무의 타성화 ⓗ 불필요한 관리비용 발생	⊙ 기밀 · 보안관리에 단점 ⓛ 지휘통제력 확보 곤란 ⓒ 관리의 전문성 제고 ⓔ 관리업무의 타성화 방지 ⓜ 불필요한 관리비용 절감	⊙ 자가관리와 위탁관리의 장점을 채용 ⓛ 문제 발생시 책임소재(한계)가 불분명해질 수 있음 ⓒ 잘못 운영되면 단점만 노출

🔍 **신탁관리 ⇨ 부동산관리신탁**
- 소유권이전, 신탁보수 및 수수료부담이 발생한다.
- 신탁기간 중 대인 및 대물사고가 발생하면 신탁회사가 책임진다.

🔍 **분양신탁관리:** 상가 등 건축물 분양의 투명성과 안전성을 확보하기 위하여 신탁회사에게 사업부지의 신탁과 분양에 따른 자금관리업무를 부담시키는 것을 말한다.

(3) 기타의 부동산관리활동

구분	임차인 선정기준	임대차계약 유형
주거용	유대성 · 연대성	조(총)임대차 = 기본임대료 + 필요제경비
상업용 (매장용)	수익성 (가능매상고)	임차인의 총수입 중에서 일정비율을 임대료로 지불하는 방법 비율임대차 = 기본임대료 + 추가임대료
공업용	적합성(해당 용도)	순임대차 = 기본임대료 + 경비협상

(4) 임대료손실보험(업무장해보험)

화재사고가 발생하여 보험회사로부터 피해에 대한 보상을 받았다고 하더라도 건물을 복원하고 수리하는 데에는 상당한 시간이 소요된다. 이 기간 동안 소유자는 임대료수입을 획득할 수 없음에도 불구하고 저당지불액이나 영업경비는 계속 발생할 수 있다. 이러한 상황을 보호하기 위하여 마련된 보험이 임대료손실보험(업무장해보험)이다.

(5) 건물의 내용연수와 생애주기

① **건물의 내용연수**: 건물이 유용성을 지속할 수 있는 내구연한을 말하며, 이는 관리자의 태도, 시공상태, 입지조건 및 관리방법에 따라 달라질 수 있다.

물리적 내용연수	마멸 및 파손, 시간의 경과·풍우 등의 자연적 작용에 의하여 생기는 노후화, 화재 등 우발적 사건에 의한 건물의 버팀연수
기능적 내용연수	기능적으로 유효한 기간(예 건물과 부지의 부적응, 설계 불량, 설비 불량, 형·디자인의 낙후 등)
경제적 내용연수	경제적 수명이 다하기까지의 버팀연수(인근지역의 변화, 환경에의 부적합, 시장성 감퇴)
행정적 내용연수	법·제도나 행정적 조건에 의하여 건물의 수명이 다하기까지의 기간(세법규정에 의한 법정 내용연수)

② **건물의 생애주기**

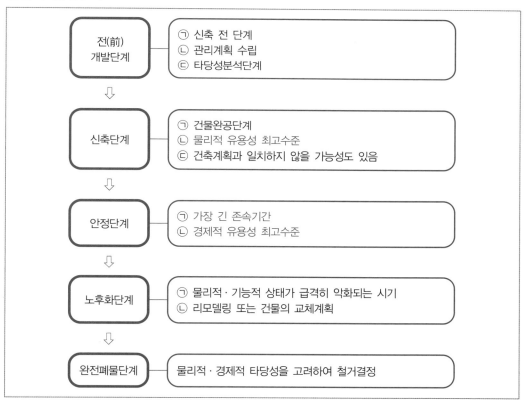

(1) 개념

주택의 소유자로부터 임대관리를 위탁받아 관리하는 업을 말한다. 즉, 임대인으로부터 일정한 보수를 받고 임대사업자의 업무를 대행하는 관리업을 말한다.

(2) 등록 및 자격요건

① 주택임대관리업을 하려는 자는 시장·군수·구청장에게 등록할 수 있다. 다만, 100호 이상의 범위에서 대통령령으로 정하는 규모 이상으로 주택임대관리업을 하려는 자는 등록하여야 한다.

    ㉠ **자기관리형**: 주택의 소유자로부터 주택을 임차하여 자기책임으로 전대(轉貸)하는 형태이다. 주택임대관리업자가 임대인에게 매월 고정액으로 보수를 지급받는 방식으로 공실, 임대료 미납 등의 위험을 주택임대관리업자가 전부 부담하며, 자본금 1.5억원, 전문인력 2인 이상이 필요하다.

    ㉡ **위탁관리형**: 주택의 소유자로부터 수수료를 받고 임대료 부과·징수 및 시설물 유지·관리 등을 대행하는 형태이다. 주택임대관리업자가 공실 등 임대리스크를 부담하지 않고, 일부 업무만을 위탁받아 매월 실제 임대료의 일정 비율을 지급받는 방식으로, 자본금 1억원, 전문인력 1인 이상이 필요하다.

② 주택임대관리업자의 업무범위

    ㉠ 임대차계약의 체결·해제·해지·갱신 및 갱신거절 등

    ㉡ 임대료의 부과 및 징수 등

    ㉢ 임차인의 입주 및 명도·퇴거 등

    ㉣ 시설물 유지·보수·개량 및 그 밖의 주택관리업무

    ㉤ 임차인 주거 편익을 위하여 필요하다고 대통령령으로 정하는 업무

③ 국토교통부장관 및 시장·군수·구청장은 임대인과 임차인의 권리보호를 위하여 필요한 경우에는 주택임대관리업자에게 자료제출이나 보고를 명할 수 있다.

제3장 부동산마케팅 및 광고

Point 49 부동산마케팅 및 광고 ★★★★★

(1) 부동산마케팅

① 부동산마케팅의 개념과 현대적 추세

　㉠ 마케팅의 개념: 재화 및 서비스의 개발, 가격설정, 유통 및 촉진을 계획하고 실행하여 개인과 조직의 목표를 충족시키는 과정

　　🔍 시장조사, 설문조사, 상품기획, 광고, 판매, 사후적 관리 등을 포괄하는 개념

　㉡ 마케팅의 현대적 추세: 과거의(단발성) 대중마케팅 ⇨ 고객 중심의 장기적(雙방향) 관계마케팅

　　🔍 판매자중심시장에서 구매자중심시장으로 인식이 전환됨에 따라 마케팅은 더욱 중요해졌다.

② 부동산마케팅환경의 구분

거시환경	㉠ 자연적 환경
	㉡ 인문적 환경(예 정치 및 법, 경제, 기술, 문화, 인구통계환경 등)
미시환경	경제주체(예 고객, 경쟁업자, 정부, 유통경로 구성원 등)

③ 부동산마케팅전략

시장점유 마케팅전략 (공급자 중심)	STP 전략	㉠ 시장세분화전략(Segmentation): 수요자집단을 인구경제학적 특성에 따라 세분하고, 그 세분된 시장을 대상으로 판매지향점을 분명히 하는 전략 ㉡ 표적시장선정전략(Target): 세분화된 수요자집단에서 경쟁상황과 자신의 능력을 고려하여 가장 자신 있는 수요자집단을 찾아내는 전략 ㉢ 차별화전략(Positioning): 선정된 표적시장에 대하여 자사의 제품이 경쟁사에 비하여 독점적 지위를 지니도록 이미지를 구축하고, 자사의 상품을 특화(어디에 위치시킬 것인가)시키는 전략
	4P MIX (마케팅 믹스) 전략	㉠ 제품전략(Product): 지하주차장화, 보안장비 디지털화, 라이프스타일 등을 반영한 친환경 아파트의 설계 등 ⇨ 제품의 차별성 ㉡ 가격전략(Price) 　ⓐ 초기저가(시장침투가격)전략: 가격을 낮게 설정하고, 단기간 내에 시장점유율 확대를 통하여 이익을 얻는 전략 　ⓑ 시가(市價)전략: 시장평균가격전략으로, 경쟁업자와 동일한 가격수준으로 경쟁업자의 가격전략을 추종하는 전략 　ⓒ 단일가격전략: 모든 고객에게 동일한 가격을 적용하는 전략 　ⓓ 적응가격전략: 동일하거나 유사한 제품으로 수요자들의 구매량을 늘리도록 유도하기 위하여 가격을 다르게 하여 판매하는 전략 ≒ 신축가격전략

제7편 부동산개발 및 관리론　247

	ⓒ 유통경로(Place)전략: 공인중개사, 분양대행사 등 중간상의 활용
	② 판촉·촉진전략(Promotion): 광고, 홍보, 경품 제공, 인적 판매, 의견 선도자(opinion leader) 활용
고객점유마케팅전략 (소비자 중심)	Attention(주의·주목) ⇨ Interest(관심) ⇨ Desire(욕구) ⇨ Action(행동) 구매의사결정과정의 각 단계마다 소비자와의 심리적 접점을 마련하고, 전달되는 메시지의 크기와 강도를 조절하여 마케팅효과의 극대화를 도모하는 전략, 1회성 마케팅이라는 한계점
관계마케팅전략	공급자와 소비자의 상호작용 중시, 쌍방향 장기적·지속적 관계유지를 통하여 충성고객을 확보하는 전략

🔍 바이럴 마케팅(viral marketing): 네티즌들이 이메일, SNS, 블로그 등 다양한 매체를 통해 자발적으로 해당 브랜드나 제품에 대한 입소문을 내게 하여 널리 퍼지게 하려는(바이러스처럼 확산되게 하려는) 마케팅기법을 말한다. 인터넷광고기법의 하나이다.

(2) 부동산광고

광고는 명시된 광고주가 비용을 고려하여 고객의 의사결정을 유도하는 설득의 과정으로, 반복하여 할 수 있다는 점에서 홍보와는 다른 개념이다.

① 부동산광고의 특징

광고의 양면성	매수자·매도자 모두가 광고대상
내용의 개별성	비동질성(개별성)에 따른 광고방법의 제한
지역의 제한성	광고효과가 지역시장에 국한

② 광고매체의 구분

신문광고	⑦ 안내광고: 극히 한정된 광고란에 정보를 제공하며, 약어 사용이 많다. ⓒ 전시광고: 넓은 지면공간에 상세하게 광고하는 것으로, 안내광고보다 비용은 많이 소요되지만 광고효과는 크다.
다이렉트메일(DM) 광고	엽서, 우편물 등을 활용하여 표적고객을 광고대상으로 할 수 있다는 장점이 있다(광고대상 선택 가능).
노벨티(novelty)광고	장식적·실용적 물건을 광고수단(⑩ 볼펜, 라이터 등)으로 하며, 감사·호의의 표시이고 잠재고객 확보에 그 목적이 있다.
점두(店頭)광고	점포의 간판·외부를 매체로 하는 광고이다.

🔍 애드믹스(Ad mix): 경쟁·제반여건을 고려하여 적정한 광고매체(수단)를 조합함으로써 광고효과를 극대화하는 개념

③ 부동산광고의 규제: 「표시·광고의 공정화에 관한 법률」에 의한 타율규제이다.

제7편 단원별 출제예상문제

☆중요 출제가능성이 높은 중요 문제　🔻고득점 고득점 목표를 위한 어려운 문제　📝신유형 기존에 출제되지 않은 신유형 대비 문제

제1장 부동산이용 및 개발

Point 41　부동산개발 개념 및 민자유치 개발방식 ★★★★

정답 및 해설 p.62

> 💡 **Tip**
>
> 민자유치 개발방식은 출제빈도가 높은 편이다. 아래와 같이 용어만 구분해두면 쉽게 해결된다.
>
> ⇨ Transfer: 기부채납(소유권이전), Operate: 운영, Lease: 임대(임차)
>   예를 들면 BTL방식의 경우, Transfer(이전)는 중간에 위치하고, Lease(임대)가 맨 끝에 위치한 것이다.

☆중요

01 부동산개발에 관한 설명으로 <u>틀린</u> 것은?

① 부동산개발이란 인간에게 생활, 일, 쇼핑, 레저 등의 공간을 제공하기 위한 토지, 노동, 자본 및 기업가적 능력의 결합과정이다.

② 부동산개발은 토지조성활동과 건축활동을 포함한다.

③ 부동산개발업의 관리 및 육성에 관한 법령상 부동산개발이란 토지를 건설공사의 수행, 형질변경의 방법으로 조성하는 행위나 건축물을 건축·대수선·리모델링 또는 용도변경하거나 공작물을 설치하는 행위를 말하며, 시공을 담당하는 행위를 포함한다.

④ 부동산개발업의 관리 및 육성에 관한 법령상 부동산개발업이란 타인에게 공급할 목적으로 부동산개발을 수행하는 업을 말한다.

⑤ 부동산개발업의 관리 및 육성에 관한 법령상 부동산개발업자란 부동산개발을 수행하는 자를 말한다.

02 부동산개발에 관한 설명으로 <u>틀린</u> 것은?

① 용도지역·지구의 지정처럼 토지의 물리적 변형 없이 이용상태의 변경을 초래하는 것은 무형적 개발이다.

② 부동산개발의 제1섹터로 정부·지방자치단체·지방공사·한국토지주택공사·주택도시보증공사 등이 있다.

③ BTL방식은 도서관, 초·중등학교, 초등학교 교사 신축사업에 적합한 방식이다.

④ BTL(Build-Transfer-Lease)방식에서 민간사업자는 시민들에게 시설이용료를 직접 징수하여 투자비를 회수한다.

⑤ 민자유치 사업방식은 시장기능을 제고하여 건설경기의 활성화 및 일자리 창출에 기여할 수 있다.

03 다음에서 설명하고 있는 내용을 모두 충족하는 민간투자 사업방식은?

> • 대표적인 사업으로 도로, 지하철, 항만 등이 있다.
> • 사업시행자는 시설의 최종수요자로부터 이용료를 징수하여 투자비를 회수한다.
> • 시설을 준공한 후, 소유권을 정부 또는 지방자치단체에 귀속시키고, 일정기간 시설의 관리운영권을 획득, 해당 시설을 직접 운영하여 수익을 획득하는 방식이다.

① BOT(build-operate-transfer)방식

② BTO(build-transfer-operate)방식

③ BLT(build-lease-transfer)방식

④ BTL(build-transfer-lease)방식

⑤ BOO(build-own-operate)방식

04 다음 민간투자사업방식을 바르게 연결한 것은?

> ㉠ 사회기반시설의 준공과 동시에 해당 시설의 소유권이 국가 또는 지방자치단체에 귀속되
> 며, 사업시행자에게 일정기간의 시설관리운영권을 인정하되, 그 시설을 국가 또는 지방자
> 치단체 등의 협약에서 정한 기간 동안 임차하여 사용·수익하는 방식
> ㉡ 민간사업자가 기반시설을 준공 후, 소유권을 가지고(소유권을 획득하여) 그 시설을 계속
> 해서 운영하는 방식
> ㉢ 사회기반시설의 준공 후 일정기간 동안 사업시행자에게 해당 시설의 소유권이 인정되며
> 그 기간이 만료되면 시설소유권이 국가 또는 지방자치단체에 귀속되는 방식
> ㉣ 사회기반시설의 준공과 동시에 해당 시설의 소유권이 국가 또는 지방자치단체에 귀속되
> 며, 사업시행자에게 일정기간의 시설관리운영권을 인정하는 방식

① ㉠: BTL방식, ㉡: BOO방식, ㉢: BOT방식, ㉣: BTO방식
② ㉠: BLT방식, ㉡: BOO방식, ㉢: BOT방식, ㉣: BOT방식
③ ㉠: BLT방식, ㉡: BLT방식, ㉢: BOT방식, ㉣: BOT방식
④ ㉠: BTL방식, ㉡: BOO방식, ㉢: BTO방식, ㉣: BOT방식
⑤ ㉠: BTL방식, ㉡: BOT방식, ㉢: BTO방식, ㉣: BOO방식

정답 및 해설 p.63

> 💡 **Tip**
>
> 부동산개발사업의 의사결정과정은 기본적으로 '계획 ⇨ 실행 ⇨ 평가'라는 관점으로 그 순서를 정리해두면 좋다. 예비적 타당성분석과 타당성분석은 다른 개념이므로 구분하여 정리한다.

05 개발사업 부지를 사전에 확보했을 경우, 다음과 같은 단계로만 진행된다고 가정할 때, 일반적인 진행순서로 적절한 것은?

㉠ 분양 및 임대	㉡ 건설(건축)
㉢ 사업구상(아이디어)	㉣ 사업 타당성분석
㉤ 금융	

① ㉢ ⇨ ㉣ ⇨ ㉤ ⇨ ㉠ ⇨ ㉡
② ㉢ ⇨ ㉣ ⇨ ㉤ ⇨ ㉡ ⇨ ㉠
③ ㉣ ⇨ ㉢ ⇨ ㉤ ⇨ ㉡ ⇨ ㉠
④ ㉣ ⇨ ㉤ ⇨ ㉢ ⇨ ㉡ ⇨ ㉠
⑤ ㉤ ⇨ ㉣ ⇨ ㉢ ⇨ ㉡ ⇨ ㉠

06 부동산개발에 관한 설명으로 틀린 것은?

① 일반적으로 부동산개발사업은 계획 ⇨ 협의 ⇨ 계획인가 ⇨ 시행 ⇨ 처분의 단계로 이루어진다.

② 개발의 단계 중 타당성분석이란 개발사업이 완성되었을 때 예상되는 수입과 비용이 얼마나 될 것인가를 개략적으로 계산하여 수익성을 검토해 보는 것을 말한다.

③ 타당성분석의 결과가 비록 동일하더라도 개발사업은 개발업자에 따라 채택될 수도 있고 그렇지 않을 수도 있다.

④ 개발사업의 시장성은 부동산개발사업의 성공 여부를 결정하는 가장 중요한 요소가 된다.

⑤ 임대 및 마케팅활동은 부동산의 개발사업 초기부터 수행하는 것이 바람직하며, 이에 따라 시장위험을 줄일 수 있다.

Point 43 부동산개발의 위험(개발업자의 위험) ★★★

💡 Tip

부동산개발사업의 각 위험에 대한 개념을 잘 정리하고, 여러 가지 위험을 개발업자가 어떻게 관리하는가에 초점을 맞추어 학습한다. 개발업자가 통제가능한 위험과 통제불가능한 위험을 구분할 수 있어야 하며, 개발사업의 수익성에 긍정적·부정적 영향을 주는 요인을 구분할 수 있어야 한다.

☆중요

07 부동산개발에 관한 설명으로 <u>틀린</u> 것은?

① 부동산개발의 과정에서 정부의 정책이나 용도지역제와 같은 토지이용규제의 변화로 인한 위험을 법률적 위험이라 한다.

② 개발기간의 연장, 인플레이션의 영향, 건축자재가격 상승으로 개발비용이 증가하는 위험은 비용위험에 속한다.

③ 일반적으로 후분양은 선분양에 비해 개발업자의 시장위험을 감소시킨다.

④ 흡수율분석은 수요공급분석을 통하여 대상부동산이 언제 얼마만큼 시장에서 매각 또는 임대될 수 있는지를 파악하는 것이다.

⑤ 금융조달비용의 상승과 같은 시장의 불확실성은 개발업자에게 시장위험이나 비용위험을 부담시킨다.

08 부동산개발의 위험에 관한 설명으로 <u>틀린</u> 것은?

① 부동산개발사업의 위험은 법률적 위험, 시장위험, 비용위험 등으로 분류할 수 있다.

② 이용계획이 확정된 토지를 구입하는 것은 법률적 위험부담을 줄이기 위한 방안 중 하나이다.

③ 개발사업기간 중 이자율의 변화, 시장침체에 따른 공실의 장기화 등은 시장위험으로 볼 수 있다.

④ 개발사업부지에 군사보호시설구역이 일부 포함되어 사업이 지연되었다면 이는 시장위험분석을 소홀히 한 결과이다.

⑤ 부동산개발에 따른 위험은 개발업자에 의하여 통제 가능한 것도 있지만, 통제 불가능한 것도 있다.

09 부동산개발의 시장위험에 해당하지 <u>않는</u> 것은? (단, 다른 조건은 불변임)

① 이자율 상승

② 임대료 하락

③ 공실률 증가

④ 행정인허가 불확실성

⑤ 공사자재 가격 급등

10 부동산개발사업의 진행과정에서 시행사 또는 시공사가 스스로 관리할 수 있는 위험으로 옳은 것은?   제21회

① 매장문화재 출토로 인한 사업위험

② 거시적 시장환경의 변화위험

③ 사업지 주변 사회간접자본시설 확충의 지연위험

④ 행정의 변화에 의한 사업인·허가 지연위험

⑤ 부실공사 하자에 따른 책임위험

◤ 고득점
11 다음 중 아파트 재건축사업을 추진하고 있는 시행사의 예상 사업이익에 긍정적 영향을 주는 요인에 해당하는 것만 고른 것은? (단, 다른 조건은 동일함)

> ㉠ 공사기간의 연장
> ㉡ 대출이자율의 하락
> ㉢ 초기 분양률의 호조
> ㉣ 인·허가시 용적률의 증가
> ㉤ 매수예정 사업부지 가격의 상승
> ㉥ 분양가격의 하락
> ㉦ 건축자재 등 공사비의 하락
> ㉧ 공공용지 등 기부채납의 증가

① ㉠, ㉡, ㉢, ㉣, ㉥

② ㉡, ㉢, ㉣, ㉤

③ ㉡, ㉢, ㉣, ㉤, ㉦

④ ㉡, ㉢, ㉣, ㉦

⑤ ㉢, ㉣, ㉥, ㉦, ㉧

💡 **Tip**
- 부동산개발론에서 출제빈도가 가장 높은 분야로 각 분석의 개념파악이 중요하다.
- 부동산시장분석(광의의 시장분석)과 경제성분석으로 크게 구분하고, 세부적인 분석내용의 개념을 정리하면 경제적 타당성분석의 순서는 덤으로 학습할 수 있다.
- 경제성분석은 부동산투자론의 범주이므로 간단하게 정리하고, '부동산시장분석(광의의 시장분석)'의 내용에 초점을 맞추어 학습하여야 한다.

🏹 고득점

12 부동산개발의 사업타당성분석에 관한 설명으로 옳은 것은 모두 몇 개인가?

> ㉠ 물리적 타당성분석은 대상 부지의 지형, 지세, 토질과 같은 물리적 요인들이 개발대상 부동산의 건설 및 운영에 적합한지 여부를 분석하는 과정이다.
>
> ㉡ 법률적 타당성분석은 대상 부지와 관련된 법적 제약조건을 분석해서 대상 부지 내에서 개발 가능한 용도와 개발규모를 판단하는 과정이다.
>
> ㉢ 경제적 타당성분석은 개발사업에 대한 시장수요와 공급, 비용, 수익 등을 분석하는 과정이다.
>
> ㉣ 부동산시장분석은 부동산의사결정을 지원하기 위한 부동산시장의 동향과 추세를 연구하는 활동을 말한다.
>
> ㉤ 경제성분석은 시장분석에서 수집된 자료를 활용하여 개발사업의 수익성을 평가하고 최종 투자의사결정을 하는 것이다.

① 1개   ② 2개   ③ 3개
④ 4개   ⑤ 5개

✨ 중요

13 부동산개발의 경제적 타당성분석에 대한 설명으로 틀린 것은?

① 지역경제분석에서는 대상지역의 부동산수요에 영향을 미치는 인구, 고용, 소득 등의 요인을 분석한다.

② 시장분석에서는 특정 지역이나 부동산유형에 대한 수요·공급 등을 분석한다.

③ 시장성분석의 방법 중 민감도분석은 시장에 공급된 부동산이 시장에서 일정기간 동안 소비되는 비율을 조사하여 해당 부동산시장의 추세를 파악하는 것이다.

④ 재무적 타당성분석에서는 개발사업에 투자자금을 끌어들일 수 있을 정도로 충분한 수익이 발생하는지 분석한다.

⑤ 투자분석에서는 순현가법이나 수익성지수법 등을 활용한다.

14 부동산개발의 타당성분석에 관한 내용으로 <u>틀린</u> 것은?

① 물리적 · 경제적 · 법적 타당성분석 중에서 경제적 타당성분석이 가장 중요하다.

② 부동산시장분석은 일반적으로 개발 착수 전에 이루어지지만, 후속작업이나 계속적인 추가투자에 대한 의사결정을 위하여 사후검증차원에서 이루어지기도 한다.

③ 인근지역분석은 부동산개발에 영향을 미치는 환경요소의 현황과 전망을 분석하는 것이다.

④ 시장성분석은 부동산이 현재나 미래의 시장상황에서 매매 또는 임대될 수 있는 가능성을 분석하는 것이다.

⑤ 흡수율분석의 궁극적인 목적은 과거 및 현재의 추세를 정확하게 파악하는 데 있다.

◤ 고득점
15 부동산개발의 타당성 분석 과정에서 수행하는 민감도분석을 바르게 설명한 것은?

① 특정 부동산이 가진 경쟁력을 중심으로 해당 부동산이 분양될 수 있는 가능성을 분석하는 것을 말한다.

② 수요 · 공급분석을 통하여 대상부동산이 언제 얼마만큼 시장에서 매각 또는 임대될 수 있는지를 파악하는 것이다.

③ 일정하게 주어진 개발허용한도 내에서 해당 지역의 토지이용규제로 인해 사용하지 못하는 부분을 다른 지역에 양도할 수 있는 것을 말한다.

④ 개발방향을 설정하기 위해 사업시행 이전에 개별여건 및 개발 잠재력을 분석하는 것을 말한다.

⑤ 타당성분석에 활용된 투입요소의 변화가 그 결과치에 어떠한 영향을 주는가를 분석하는 기법을 말한다.

16 부동산개발에 관한 설명으로 <u>틀린</u> 것은?

① 부동산개발사업 진행시 행정의 변화에 따른 사업의 인·허가 지연위험은 사업시행자가 스스로 관리할 수 있는 위험이다.

② 민감도분석은 주요 변수들의 초기 투입값을 변화시켜 적용함으로써 낙관적 또는 비관적 상황에서 발생할 수 있는 수익성 및 부채상환능력 등을 예측하는 것이다.

③ 민감도분석에 있어 주요 변수로는 토지구입비, 금리, 개발기간, 분양가격 등이 있다.

④ 공영(공공)개발은 공공성과 공익성을 위해 택지를 조성한 후 분양 또는 임대하는 토지개발방식을 말한다.

⑤ 환지방식은 환지의 형평성을 기하기 위해 사업시행기간이 장기화될 수 있다.

<u>Point</u> 45 **입지계수(LQ)** ★★★   정답 및 해설 p.64

💡 **Tip**

기본수식을 숙지하고, 문제에 제시된 '표'를 잘 분석해야 시간안에 계산이 가능하다. 가장 우선적으로 보아야 하는 것은 '전국의 총(전체)고용인구'이며, '인구'나 '생산액', '소득'으로 출제되기도 한다. 제한된 시간(1~2분) 안에 해결이 가능한 문제로 연습하여 둔다.

17 다음은 각 도시별·산업별 고용자 수를 나타낸 표이다. 철강산업의 입지계수가 높은 도시 순으로 나열된 것은? (단, 전국에 세 개의 도시와 두 개의 산업만 존재한다고 가정함)

(단위: 명)

구분	전자산업	철강산업	전체 산업
A도시	400	300	700
B도시	100	500	600
C도시	500	200	700
전국	1,000	1,000	2,000

① A > B > C

② A > C > B

③ B > A > C

④ B > C > A

⑤ C > A > B

18 각 지역과 산업별 고용자 수가 다음과 같을 때, A지역 Y산업과 B지역 X산업의 입지계수 (LQ)를 올바르게 계산한 것은? (단, 주어진 조건에 한하며, 결괏값은 소수점 셋째 자리에서 반올림함)

구분		A지역	B지역	전지역 고용자 수
X산업	고용자 수	100	140	240
	입지계수	0.83	(㉡)	
Y산업	고용자 수	100	60	160
	입지계수	(㉠)	0.75	
고용자 수 합계		200	200	400

① ㉠: 0.75, ㉡: 0.83
② ㉠: 1.75, ㉡: 1.33
③ ㉠: 1.25, ㉡: 1.17
④ ㉠: 1.25, ㉡: 0.83
⑤ ㉠: 0.83, ㉡: 1.17

↘ 고득점
19 X와 Y지역의 산업별 고용자 수가 다음과 같을 때, X지역의 입지계수(LQ)에 따른 기반산업의 개수는? (단, 주어진 조건에 한함)

구분	X지역	Y지역	전지역
A산업	70	80	150
B산업	60	50	110
C산업	90	30	120
D산업	180	20	200
E산업	100	120	220
전산업 고용자 수	500	300	800

① 1개
② 2개
③ 3개
④ 4개
⑤ 5개

> 💡 **Tip**
> • 개발의 타당성분석 다음으로 출제빈도가 높은 부분이다.
> • 사업수탁방식 · 토지신탁방식 · 등가교환방식이 이 분야의 핵심이므로 이에 대한 정리가 필수적이며, 사업 주체, 수수료 발생 여부, 자금조달주체 위주로 정리하면 된다.

☆ 중요
20 부동산개발방식에 대한 설명으로 틀린 것은?

① 사업수탁방식의 경우 개발사업이 토지소유자의 명의로 행해지며, 개발사업 이후 개발 지분을 공동으로 공유하는 방식이다.

② 토지신탁방식의 경우 토지소유권이 형식적으로 신탁회사에 이전되며, 신탁회사는 토지 소유자와의 약정에 의하여 수익증권을 발행하고 수익증권의 소유자에게 수익을 배당 한다.

③ 등가교환방식의 경우 토지소유자가 토지를 제공하고, 개발업자가 건물을 건축하여 그 기여도에 따라 각각 토지 · 건물의 지분을 갖는다.

④ 대규모 개발사업에서는 사업자금의 조달이나 기술보완 등을 위하여 법인간의 컨소시엄 을 구성할 수 있는데, 이때 참여회사 중의 하나가 대표회사가 되거나 참여회사들이 별 도의 연합법인을 설립할 수 있다.

⑤ 자기자금과 관리능력이 충분하고 사업성이 양호하다면 자체사업이 적합하다.

🍃 신유형
21 다음 설명에 해당하는 부동산 개발방식은?

사업부지를 소유하고 있는 토지소유자가 개발이 완료된 후 개발업자나 시공사에게 공사대금 을 완공된 일부의 건물로 변제하고, 나머지는 분양하거나 소유하는 형태이다. 토지소유자는 대상 부지의 소유권을 소유한 상태에서 개발사업이 진행되도록 유도할 수 있고, 그 결과 발 생되는 부동산가치의 상승분을 획득할 수 있는 이점이 있다.

① 대물교환방식   ② 토지신탁방식
③ 공영개발방식   ④ 컨소시엄 구성방식
⑤ 자체사업방식

22 부동산개발방식에 관한 설명으로 틀린 것은?

① 자체개발사업에서는 사업시행자의 주도적인 사업추진이 가능하나 사업의 위험성이 높을 수 있어 위기관리능력이 요구된다.

② 토지(개발)신탁방식에서 개발사업의 주체는 부동산신탁회사이다.

③ 토지소유자가 제공한 토지에 개발업자가 공사비를 부담하여 부동산을 개발하고, 개발된 부동산을 제공된 토지가격과 공사비의 비율에 따라 나눈다면, 이는 등가교환방식에 해당한다.

④ 등가교환방식에서는 토지소유자와 부동산신탁사간에 수수료 문제가 발생할 수 있다.

⑤ 토지소유자가 사업을 시행하면서 건설업체에 공사를 발주하고 공사비의 지급은 분양수입금으로 지급한다면, 이는 분양금공사비지급(청산)형 사업방식에 해당한다.

☆중요
23 부동산개발방식에 관한 설명으로 틀린 것은?

① 개발업자가 토지소유자로부터 개발사업의 전반을 위탁받아 개발사업을 대행하는 방식은 자체사업방식이다.

② 등가교환방식의 경우, 지주가 시공회사에게 대물로 공사비를 변제한다.

③ 사업위탁방식은 토지소유자가 토지소유권을 유지한 채, 개발업자는 사업시행에 따른 수수료를 받는 방식이다.

④ 토지신탁방식은 신탁회사가 자금을 조달하는 차입형 토지신탁과 소유자(위탁자)가 자금을 조달하는 관리형 토지신탁으로 구분된다.

⑤ 신차지방식은 개발업자가 토지를 임차하여 개발하는 방식으로서, 계약기간 중에는 토지소유자에게 지대가 지급된다.

💡 **Tip**

• 택지개발방식인 매수방식과 환지방식의 장·단점과 이를 혼용한 혼합방식의 개념을 간단하게 정리해두는 것이 좋다.
• 재개발유형은 극히 출제빈도가 낮지만, 보전재개발과 수복재개발은 구분을 잘 해두어야 한다.

☆중요

24 부동산개발에 대한 설명으로 틀린 것은?

① 공영개발방식은 공익성이 강하고 대량공급이 가능한 택지개발사업에서 주로 수행된다.

② 토지소유자와의 약정에 의해 수익증권을 발행하고 수익증권 소유자에게 수익을 배당하는 방식은 신탁방식이다.

③ 환지방식은 토지소유자가 조합을 설립하여 농지를 택지로 개발한 후 보류지(체비지·공공시설용지)를 제외한 토지를 토지소유자에게 배분하는 방식이다.

④ 부동산개발의 유형을 신개발과 재개발로 구분할 때 환지사업방식과 도시 및 주거환경정비법령상 재건축사업은 재개발방식에 속한다.

⑤ 도시 및 주거환경정비법령상 재건축사업이란 정비기반시설은 양호하나 노후·불량건축물에 해당하는 공동주택이 밀집한 지역에서 주거환경을 개선하기 위하여 시행하는 사업을 말한다.

🔍 고득점

25 개발방식으로서 수용방식과 환지방식의 비교에 관한 설명으로 옳은 것을 모두 고른 것은?

> ㉠ 환지방식은 수용방식에 비해 사업비의 부담이 큰 편이다.
> ㉡ 수용방식은 환지방식에 비해 사업시행자의 개발토지(조성토지) 매각부담이 크다.
> ㉢ 환지방식은 수용방식에 비해 주민의견수렴(토지소유자의 동의 등) 과정 등 절차가 복잡한 편이다.
> ㉣ 수용방식은 환지방식에 비해 종전 토지소유자의 재정착이 쉬운 편이다.
> ㉤ 수용방식은 환지방식에 비해 종전 토지소유자에게 개발이익이 귀속될 가능성이 큰 편이다.
> ㉥ 수용방식은 환지방식에 비해 기반시설의 확보가 용이한 편이다.

① ㉠, ㉡, ㉢   ② ㉡, ㉢, ㉤
③ ㉡, ㉢, ㉥   ④ ㉣, ㉤, ㉥
⑤ ㉢, ㉣, ㉥

26 도시 및 주거환경정비법령상 다음에 설명하는 적합한 사업은?

> ㉠ 도시저소득 주민이 집단거주하는 지역으로서 정비기반시설이 극히 열악하고 노후·불량 건축물이 과도하게 밀집한 지역의 주거환경을 개선하거나 단독주택 및 다세대주택이 밀집한 지역에서 정비기반시설과 공동이용시설 확충을 통하여 주거환경을 보전·정비·개량하기 위한 사업
>
> ㉡ 정비기반시설이 열악하고 노후·불량건축물이 밀집한 지역에서 주거환경을 개선하거나 상업지역·공업지역 등에서 도시기능의 회복 및 상권활성화 등을 위하여 도시환경을 개선하기 위한 사업

① ㉠: 주거환경개선사업, ㉡: 재개발사업
② ㉠: 주거환경개선사업, ㉡: 재건축사업
③ ㉠: 도시환경개선사업, ㉡: 주거환경개선사업
④ ㉠: 재건축사업,   ㉡: 주거환경개선사업
⑤ ㉠: 재건축사업,   ㉡: 재개발사업

27 부동산개발에 관한 설명으로 틀린 것은?

① 수용(매수)방식의 택지개발은 초기에 막대한 토지구입비용이 발생하므로, 사업시행자가 재정지출을 효율적으로 관리하기 어렵다는 단점이 있다.
② 혼용방식은 환지방식과 매수방식을 혼합한 방식으로 도시개발사업, 산업단지개발사업 등에 사용된다.
③ 공영개발방식은 외부효과 등으로 인한 부동산시장실패를 보전하고, 토지의 계획적 이용을 통하여 토지이용의 효율성을 제고할 수 있다.
④ 수복재개발은 노후·불량화가 야기될 우려가 있을 때 사전에 이것의 진행을 방지하거나 예방하기 위하여 채택하는 가장 소극적인 도시재개발 유형이다.
⑤ 부적당한 기존환경을 완전히 제거하고, 새로운 환경으로 대체시키는 가장 전형적인 도시재개발은 철거재개발이다.

제2장 부동산관리

Point 48 부동산관리 ★★★★★

정답 및 해설 p.65~67

> 💡 **Tip**
> • 비교적 평이한 내용이기 때문에 실수하면 안 되는 분야이다. 시험일에 가까워질수록 기본서를 통하여 기본적인 내용을 잘 정리해 두어야 한다.
> • 복합개념의 관리, 관리영역에 따른 분류, 관리주체에 따른 분류의 장·단점은 출제빈도가 비교적 높은 편이다.
> • 비율임대차에 관련된 계산문제는 문제유형을 변형하여 출제하고 있으므로, 이에 대한 대비가 필요하다.

28 부동산관리에 관한 설명으로 **틀린** 것은?

① 협의의 관리는 기술적(물리적) 관리를 말한다.
② 부동산활동에서 순이익의 합리적 산출을 위한 관리는 경제적(경영) 관리이다.
③ 부동산의 권리분석과 계약관리는 법률적 관리에 해당한다.
④ 토지의 경계를 확인하기 위한 경계측량을 실시하는 것은 경제적 측면의 관리에 속한다.
⑤ 부동산 간접투자규모가 커지면서 오피스빌딩의 관리업무를 자산관리회사에 위탁하는 경향이 있다.

🌼중요
29 부동산관리에 관한 설명으로 **틀린** 것은?

① 건축기술의 발전, 건물의 고층화·대형화, 부재 소유자의 증가 등으로 인하여 전문적인 부동산관리의 필요성이 높아진다.
② 건물과 부지의 부적응을 개선시키는 활동은 복합개념으로 구분할 때 기술적 관리에 해당한다.
③ 부동산의 유지활동에는 일상적 유지활동, 예방적 유지활동, 대응적 유지활동이 있는데, 이 중에서 일상적 유지활동이 가장 중요하다.
④ 자산관리(Asset Management)는 소유자의 부를 극대화하는 가장 적극적인 관리로서 포트폴리오 관리 및 분석, 투자리스크 관리, 건물의 매입과 매각관리 등을 말한다.
⑤ 법률적 측면의 부동산관리는 부동산의 유용성을 보호하기 위하여 법률상의 제반조치를 취함으로써 법적인 보장을 확보하려는 것이다.

30 부동산관리방식에 관한 설명으로 틀린 것은?

① 자치관리방식은 관리요원이 관리사무에 안일해지기 쉽고, 관리의 전문성이 결여될 수 있는 단점이 있다.

② 위탁관리방식은 대형건물의 관리에 유용하며, 관리환경 변화에 대한 예측과 적응에 유리하다.

③ 자기(자치)관리방식은 입주자와의 소통 측면에 있어서 위탁관리방식에 비해 유리한 측면이 있다.

④ 혼합관리방식은 필요한 부분만 선별하여 위탁하기 때문에 관리의 책임소재가 불분명해지는 단점이 있다.

⑤ 혼합관리는 필요한 부분만 일부 위탁하는 방식으로 관리자들간의 협조가 긴밀하게 이루어진다.

31 자가관리와 위탁관리방식에 대한 설명이다. 각각 적합한 것을 옳게 묶은 것은?

㉠ 소유자의 의사능력 및 지휘통제력이 발휘된다.
㉡ 관리의 전문성과 효율성을 높일 수 있다.
㉢ 업무의 기밀유지에 유리하다.
㉣ 업무행위의 안일화를 방지할 수 있다.
㉤ 건물설비의 고도화에 대응할 수 있다.
㉥ 소유와 경영의 분리가 가능하다.

	자가관리	위탁관리
①	㉠, ㉢	㉡, ㉣, ㉤, ㉥
②	㉠, ㉢, ㉥	㉡, ㉣, ㉤
③	㉠, ㉢, ㉣	㉡, ㉤, ㉥
④	㉡, ㉢, ㉣	㉠, ㉤, ㉥
⑤	㉠	㉡, ㉢, ㉣, ㉤, ㉥

32 부동산관리의 관리영역과 관리방식에 대한 설명으로 <u>틀린</u> 것은?

① 오피스빌딩에 대한 대대적인 리모델링 투자의사결정은 부동산관리업무 중 자산관리에 속한다.

② 재산관리(Property management)는 각종 부동산시설을 운영하고 유지하는 것으로, 시설사용자나 건물주의 요구에 단순히 부응하는 정도의 소극적이고 기술적인 측면의 관리를 말한다.

③ 대상건물의 기능을 유지하기 위해서 건물에 대하여 수리 및 점검을 하는 등의 관리는 기술적 측면의 관리에 해당한다.

④ 우리나라에서는 부동산관리와 관련된 전문자격제도로 주택관리사가 있다.

⑤ 시설관리의 영역으로는 설비의 운전 및 보수, 에너지 관리, 건물 청소관리, 방범(방재) 등 보안관리가 있다.

33 부동산관리에 대한 설명으로 <u>틀린</u> 것은?

① 정기적 유지활동은 시설 등이 본래의 기능을 발휘하는 데 장애가 없도록 유지계획에 따라 시설을 교환하고 수리하는 사전적 유지활동을 의미한다.

② 임대료손실보험은 건물 화재 등으로 피해가 발생하여 건물을 수리 및 복원하는 기간 동안 초래되는 임대료손실을 보상해주는 보험이다.

③ 조임대차는 주로 주거용 부동산에 적용하는 것이 합리적인 임대차 유형이다.

④ 비율임대차는 주로 매장용(상업용) 부동산에 사용되는 임대차 유형으로, 임차인의 총수입 중에서 일정 비율을 임대료로 지불하는 방법이다.

⑤ 부동산관리자가 상업용 부동산의 임차자를 선정할 때에는 가능매상고가 중요한 기준이 된다.

34 부동산관리 및 부동산신탁에 관한 설명으로 틀린 것은?

① 부동산관리에서 '유지'란 주로 내부적인 관리행위로 부동산의 외형·형태를 변화시키지 않으면서 양호한 상태를 지속시키는 행위이다.

② 부동산의 소유권관리, 건물수선 및 유지, 임대차관리 등 제반 부동산관리업무를 신탁회사가 수행하는 것을 관리신탁이라 한다.

③ 관리신탁에 의하는 경우 법률상 부동산 소유권을 신탁회사에게 이전하지 않고, 신탁회사가 부동산의 관리업무를 수행하게 된다.

④ 부동산신탁을 이용하여 관리하는 경우에는 관리비 이외에 추가적으로 신탁보수(수수료)부담이 발생한다.

⑤ 분양신탁관리는 상가 등 건축물 분양의 투명성과 안전성을 확보하기 위하여 신탁회사에게 사업부지의 신탁과 분양에 따른 자금관리업무를 부담시키는 것이다.

35 임차인 A는 작년 1년 동안 분양면적 500m²의 매장을 비율임대차(percentage lease)방식으로 임차하였다. 계약내용에 따르면, 매출액이 손익분기점 매출액 이하이면 기본임대료만 지급하고, 이를 초과하는 매출액에 대해서는 일정 임대료율을 적용한 추가임대료를 기본임대료에 가산하도록 하였다. 전년도 연 임대료로 총 3,500만원을 지급한 경우, 해당 계약내용에 따른 손익분기점 매출액은? (단, 연간 기준이며 주어진 조건에 한함)

- 기본임대료: 분양면적 m²당 6만원
- 손익분기점 매출액을 초과하는 매출액에 대한 임대료율: 10%
- 매출액: 분양면적 m²당 20만원

① 4,000만원
② 5,000만원
③ 6,000만원
④ 7,000만원
⑤ 8,000만원

36 A회사는 전년도에 임대면적 1,000m²의 매장을 비율 임대차(percentage lease)방식으로 임차하였다. 계약내용에 따르면, 매출액이 손익분기점 매출액 이하이면 기본임대료만 지급하고, 이를 초과하는 매출액에 대해서는 일정 임대료율을 적용한 추가임대료를 기본임대료에 가산하도록 하였다. 전년도 연 임대료로 총 5,500만원을 지급한 경우, 해당 계약내용에 따른 추가임대료율은? (단, 연간 기준이며, 주어진 조건에 한함)

- 전년도 매출액: 임대면적 m²당 30만원
- 손익분기점 매출액: 임대면적 m²당 20만원
- 기본임대료: 임대면적 m²당 5만원

---

① 5%
② 10%
③ 15%
④ 20%
⑤ 30%

37 다음은 매장의 매출액이 손익분기점 매출액 이하이면 기본임대료만 지급하고, 손익분기점 매출액 초과이면 초과매출액에 대하여 일정 임대료율을 적용한 추가임대료를 기본임대료에 가산하여 임대료를 지급하는 비율임대차방식의 계약 조건이다. 이 임대차계약에서 계약기간 동안 지급할 것으로 예상되는 임대료의 합계는? (단, 주어진 조건에 한함)

- 계약기간: 1년(1월~12월)
- 매장 임대면적: 200m²
- 임대면적당 기본임대료: 월 5만원/m²
- 손익분기점 매출액: 월 2,000만원
- 각 월별 예상매출액
  - 1월~7월: 8만원/m²
  - 8월~12월: 20만원/m²
- 손익분기점 초과시 초과매출액에 대한 임대료율: 10%

---

① 1억 1,000만원
② 1억 1,500만원
③ 1억 2,000만원
④ 1억 2,500만원
⑤ 1억 3,000만원

38 부동산관리 및 건물의 내용연수와 생애주기에 관한 설명으로 <u>틀린</u> 것은?

① 건물의 이용에 의한 마멸, 파손, 노후화, 우발적 사고 등으로 사용이 불가능할 때까지의 기간을 물리적 내용연수라 한다.

② 건물과 부지와의 부적응, 인근지역의 변화, 인근환경과 건물의 부적합은 경제적 내용연수에 영향을 미치는 요인이다.

③ 신축단계는 건물의 물리적 유용성이 가장 높게 나타나는 국면이다.

④ 건물의 생애주기단계 중 안정단계에서 건물의 양호한 관리가 이루어진다면 안정단계의 국면이 연장될 수 있다.

⑤ 노후단계는 건물의 구조·설비·외관 등의 물리적·기능적 상태가 급격히 악화되는 단계로 리모델링을 통하여 가치를 올릴 수 있다.

✿중요
39 「민간임대주택에 관한 특별법」에 근거하는 주택임대관리업에 대한 설명으로 <u>틀린</u> 것은?

① 주택임대관리업이란 주택의 소유자로부터 임대관리를 위탁받아 관리하는 업(業)을 말한다.

② 주택임대관리업을 하려는 자는 시장·군수·구청장에게 등록할 수 있다. 다만, 100호 이상의 범위에서 대통령령으로 정하는 규모 이상으로 주택임대관리업을 하려는 자는 등록하여야 한다.

③ 자기관리형 주택임대관리업은 주택의 소유자로부터 주택을 임차하여 자기책임으로 전대(轉貸)하는 업을 말한다.

④ 위탁관리형 주택임대관리업은 주택의 소유자로부터 수수료를 받고 임대료 부과·징수 및 시설물 유지·관리 등을 대행하는 업으로, 자본금이 1억원 이상이어야 한다.

⑤ 위탁관리형 주택임대관리업을 등록한 경우에는 자기관리형 주택임대관리업도 등록한 것으로 본다.

제3장 부동산마케팅 및 광고

Point 49 **부동산마케팅 및 광고** ★★★★★

정답 및 해설 p.67~69

💡 **Tip**

• 부동산마케팅전략은 시장점유마케팅전략·고객점유마케팅전략·관계마케팅전략에 대한 개념 정리가 우선이다. 이 중 시장점유마케팅전략이 가장 핵심이며, 이를 세분화한 STP전략과 4P MIX전략에서는 단어 하나하나가 시험문제로 출제된다는 것에 주목하여야 한다.

• 이 분야의 문제는 모의고사나 본 시험장에서도 정답률이 높지 않다는 것을 유의하여 학습하여야 한다.

☆중요

40 부동산마케팅전략에 대한 설명으로 옳은 것은?

> ㉠ 시장점유마케팅전략은 공급자중심의 마케팅전략으로서 표적시장을 선점하거나 틈새시장을 점유하는 것을 말한다.
>
> ㉡ 시장차별화전략은 고객행동변수와 고객특성변수에 따라 시장을 세분화하고, 상품의 판매지향점을 찾는 전략이다.
>
> ㉢ 시장세분화전략은 자신의 경쟁우위와 경쟁상황을 고려할 때 가장 좋은 기회를 제공해 줄 수 있는 특화된 시장을 찾는 전략이다.
>
> ㉣ 목표시장선정전략은 동일 시장 내의 다양한 공급경쟁자들 사이에서 경쟁력을 확보할 수 있도록 자신의 상품을 어디에 위치시킬 것인가 하는 전략이다.
>
> ㉤ 고객점유마케팅전략은 소비자의 구매의사결정과정의 각 단계마다 소비자와의 심리적 접점을 마련하고 전달하려는 메시지의 취지와 강도를 조절하는 전략이다.

① ㉠, ㉡

② ㉠, ㉤

③ ㉢, ㉣

④ ㉡, ㉢, ㉣, ㉤

⑤ ㉠, ㉡, ㉢, ㉣, ㉤

41 부동산마케팅에 관한 설명으로 옳지 않은 것은?

① 부동산마케팅이란 부동산활동주체가 소비자나 이용자의 욕구를 파악하고 창출하여 자신의 목적을 달성시키기 위해 시장을 정의하고 관리하는 과정이라 할 수 있다.

② 부동산마케팅은 판매자주도시장에서 구매자주도시장으로 인식이 전환됨에 따라 더욱 중요하게 되었다.

③ 시장점유마케팅전략의 핵심은 STP전략과 4P MIX전략을 구사하는 것이다.

④ 고객점유마케팅전략은 AIDA전략을 바탕으로 공급자와 소비자의 장기적이고 지속적인 상호작용을 중시한다.

⑤ 시장세분화란 부동산상품의 소비자를 성별, 직업, 연령, 소득수준, 기호 등으로 유사한 특성의 소집단으로 구분하는 것이다.

42 주택시장에서 마케팅전략에 관한 설명으로 틀린 것은?

① 시장세분화란 일정한 기준에 의해 주택 수요자를 보다 동질적인 소집단으로 구분하는 것이다.

② 시장을 세분화하는 데 주로 사용되는 기준으로는 지리적 변수, 인구통계학적 변수, 심리적 변수 등이 있다.

③ 세분시장은 개념적으로 구분될 수 있으며, 마케팅믹스 요소에 대해 동일하게 반응한다.

④ 표적(목표)시장은 공급하고자 하는 주택이 가장 잘 팔릴 수 있는 시장을 의미한다.

⑤ 포지셔닝은 표적시장에서 고객의 욕구를 파악하여 경쟁제품과 차별화된 자사제품의 개념을 정해 이를 소비자의 지각 속에 적절히 위치시키는 것이다.

43 부동산마케팅에 관한 설명으로 틀린 것은?

① 부동산마케팅의 미시적 환경에는 공중, 정부, 경쟁업자, 유통경로 구성원 등이 있다.

② 부동산은 위치의 고정성으로 상품을 직접 제시하기가 어렵기 때문에 홍보·광고와 같은 커뮤니케이션 수단이 중요하다.

③ 마케팅전략 중 표적시장선정(targeting)이란 마케팅활동을 수행할 만한 가치가 있는 명확하고 유의미한 구매자집단으로 시장을 분할하는 활동을 말한다.

④ 관계마케팅전략에서는 공급자와 소비자의 관계를 일회적이 아닌 지속적인 관계로 유지하려 한다.

⑤ 주택청약자를 대상으로 추첨을 통해 벽걸이 TV, 양문형 냉장고 등을 제공하는 것은 마케팅믹스전략 중 판매촉진(promotion)이다.

44 부동산마케팅에 관한 설명으로 옳은 것은?

2016. 감정평가사

① 표적시장전략(Target market)은 목표시장에서 고객의 욕구를 파악하여 경쟁제품과 차별성을 가지도록 제품개념을 정하고 소비자의 지각 속에 적절히 위치시키는 전략이다.

② 포지셔닝전략(Positioning)은 세분화된 시장 중 가장 좋은 시장기회를 제공해 줄 수 있는 특화된 시장이다.

③ 4P에 의한 마케팅믹스전략의 구성요소로는 제품(Product), 유통경로(Place), 판매촉진(Promotion), 포지셔닝(Positioning)이다.

④ STP전략은 시장세분화(Segmentation), 표적화(Targeting), 가격(Price)을 표상하는 약자이다.

⑤ 고객점유마케팅전략은 AIDA(Attention, Interest, Desire, Action)원리를 적용하여 소비자의 욕구를 충족시키기 위한 마케팅전략이다.

45 부동산마케팅에 관한 설명으로 틀린 것은?

① 부동산마케팅은 부동산상품을 수요자의 욕구에 맞게 상품을 개발하고 가격을 결정한 후 시장에서 유통, 촉진, 판매를 관리하는 일련의 과정이다.

② STP전략은 대상 집단의 시장세분화(segmentation), 표적시장 선정(targeting), 포지셔닝(positioning)으로 구성된다.

③ 표적시장이란 세분된 시장 중에서 부동산기업이 표적으로 삼아 마케팅활동을 수행하는 시장을 말한다.

④ 표적시장선정전략은 세분화된 시장을 통해 선정된 표적집단을 대상으로 적합한 마케팅활동을 수행하는 것이다.

⑤ AIDA원리는 주의(attention), 관심(interest), 욕망(desire), 행동(action)의 단계를 통해 공급자의 욕구를 파악하여 마케팅 효과를 극대화하는 시장점유마케팅전략의 하나이다.

46 부동산마케팅전략에 관한 설명으로 틀린 것은?

① 표적시장선정전략은 상품계획이나 광고 등 여러 판매촉진활동을 전개하기 위해 소비자를 몇 개의 다른 군집으로 나눈 후에 이를 기초로 특정 군집을 표적시장으로 선정하는 것이다.

② 관계마케팅전략은 공급자와 소비자간의 장기적·지속적 상호작용을 중시한다.

③ 마케팅믹스의 가격관리에서 시가(市價)정책은 위치, 방위, 층, 지역 등에 따라 다른 가격으로 판매하는 정책이다.

④ 소비자의 가족구성은 소비자구매행동에 영향을 미친다.

⑤ 마케팅믹스에서 촉진관리는 판매유인과 직접적인 인적 판매 등이 있으며, 이러한 요소를 혼합하여 전략을 구사하는 것이 바람직하다.

47 부동산마케팅전략에 관한 설명으로 틀린 것은?

① 분양성공을 위해 아파트 브랜드를 고급스러운 이미지로 고객의 인식에 각인시키도록 하는 노력은 STP전략 중 시장차별화(Positioning) 전략에 해당한다.

② 시장세분화는 가격차별화, 최적의사결정, 상품차별화 등에 기초하여 부동산시장을 서로 다른 둘 또는 그 이상의 상위집단으로 묶는 과정이다.

③ 아파트의 차별화를 위해 커뮤니티 시설에 헬스장, 골프연습장을 설치하는 방안은 4P Mix전략 중 제품(Product)전략에 해당한다.

④ 아파트분양 모델하우스 방문고객 대상으로 추첨을 통해 자동차를 경품으로 제공하는 것은 4P Mix전략 중 촉진(Promotion)전략에 해당한다.

⑤ 바이럴 마케팅(viral marketing)전략은 SNS, 블로그 등 다양한 매체를 통해 해당 브랜드나 제품에 대해 입소문을 내게 하여 마케팅효과를 극대화시키는 것이다.

48 부동산마케팅전략에 관한 설명으로 옳은 것은?

① 시장점유마케팅전략은 수요자 측면의 접근으로 목표시장을 선점하거나 점유율을 높이는 것을 말한다.

② 시장차별화전략이란 수요자 집단을 인구·경제적 특성에 따라 세분하고, 세분된 시장에서 상품의 판매지향점을 분명히 하는 것을 말한다.

③ 단일가격전략이란 동일하거나 유사한 제품으로 다양한 수요자들의 구매를 유입하고, 구매량을 늘리도록 유도하기 위하여 가격을 다르게 하여 판매하는 것을 말한다.

④ 마케팅믹스란 기업의 부동산상품이 표적시장에 도달하기 위해 이용하는 마케팅에 관련된 여러 요소들의 조합을 말한다.

⑤ 관계점유마케팅전략은 소비자의 구매의사결정 과정의 각 단계에서 소비자와의 심리적인 접점을 마련하고 전달하려는 정보의 취지와 강약을 조절하는 것을 말한다.

49 부동산마케팅에 관한 설명으로 옳지 <u>않은</u> 것은?

① 부동산공급자가 부동산시장을 점유하기 위한 일련의 활동을 시장점유마케팅전략이라 한다.

② 경쟁사의 가격을 추종해야 할 경우 4P MIX의 가격전략으로 시가(市價)전략을 이용한다.

③ AIDA원리는 소비자가 대상상품을 구매할 때까지 나타나는 심리 변화의 4단계를 의미한다.

④ 다른 아파트와 차별화되도록 '혁신적인 내부구조로 설계된 아파트'는 제품(product)전략의 예가 될 수 있다.

⑤ 고객점유마케팅전략에서 4P MIX전략은 유통경로(place), 제품(product), 위치선점(position), 판매촉진(promotion)으로 구성된다.

50 부동산마케팅전략에 관한 설명으로 <u>틀린</u> 것은?

① 판매촉진(promotion)은 표적시장의 반응을 빠르고 강하게 자극·유인하기 위한 전략을 말한다.

② 부동산마케팅의 가격전략 중 빠른 자금회수를 원하고 지역구매자의 구매력이 낮은 경우, 고가전략을 이용한다.

③ 부동산마케팅에서 시장세분화(market segmentation)란 부동산시장에서 마케팅활동을 수행하기 위하여 구매자의 집단을 세분하는 것이다.

④ 부동산마케팅에서 표적시장(target market)이란 세분된 시장 중에서 부동산기업이 표적으로 삼아 마케팅활동을 수행하는 시장을 말한다.

⑤ 포지셔닝(positioning)은 목표시장에서 고객의 욕구를 파악하여 경쟁제품과 차별성을 가지도록 제품개념을 정하고 소비자의 지각 속에 적절히 위치시키는 것이다.

☆중요
51 부동산마케팅의 4P MIX전략에 관한 설명으로 연결이 옳은 것은?

> ㉠ 보안장비의 디지털화 및 친환경아파트 위주의 공급을 말한다.
> ㉡ 제품의 광고 및 홍보활동을 말한다.
> ㉢ 분양대행사나 부동산중개업소를 적극적으로 활용하는 것을 말한다.

	㉠	㉡	㉢
①	제품전략(Product)	촉진전략(Promotion)	유통경로전략(Place)
②	가격전략(Price)	촉진전략(Promotion)	유통경로전략(Place)
③	촉진전략(Promotion)	유통경로전략(Place)	제품전략(Product)
④	제품전략(Product)	제품전략(Product)	유통경로전략(Place)
⑤	제품전략(Product)	촉진전략(Promotion)	촉진전략(Promotion)

52 부동산분양시장의 침체기에 적용할 마케팅전략으로 적합하지 <u>않은</u> 것은?

① 경쟁사보다 낮은 가격으로 분양

② 입주 1년 후에 잔금 납부 허용

③ 입주시까지 중도금 이자 면제 또는 유예

④ 분양가보다 높은 내정가격 이상으로 경쟁입찰방식을 통한 분양

⑤ 전체 분양대금 중에서 계약금이 차지하는 비율 하향 조정

53 부동산마케팅 및 광고에 관한 설명으로 <u>틀린</u> 것은? (단, 다른 조건은 일정함)

① 수요의 가격탄력성이 1보다 작은 경우, 부동산마케팅을 수행하는 공급자는 가격인상 (고가)전략보다는 가격인하(저가)전략이 더 유리할 것이다.

② 부동산마케팅에서는 경쟁하며 판매하는 상품이 있기 때문에 경쟁사를 마케팅 참여자로 볼 수 있다.

③ 표적시장(target market)선정 전략은 세분화된 수요자 집단에서 경쟁상황과 자신의 능력을 고려하여 가장 자신 있는 수요자 집단을 찾아내는 것을 말한다.

④ 노벨티(novelty)광고는 개인 또는 기업에서 이용되는 실용적이며 장식적인 물건에 상호·전화번호 등을 표시하는 것으로 분양광고에 주로 활용된다.

⑤ 안내광고는 간단한 약어 등을 사용하여 부동산, 구인, 구직 등으로 분류하여 동종의 광고를 여러 개 나열한 것이다.

54 부동산마케팅 및 광고에 관한 설명으로 <u>틀린</u> 것은?

① 부동산광고는 그 대상지역이 지역시장에 국한되는 경향이 있으며, 상품의 개별성으로 인하여 분양광고의 내용도 개별성을 갖는 것이 일반적이다.

② 부동산의 종류와 관계없이 마케팅활동의 유형은 동일하다.

③ 다이렉트 메일(DM)광고는 표적고객을 대상으로 광고할 수 있다는 장점이 있다.

④ 부동산광고는 물건을 사는 사람뿐만 아니라 파는 사람을 대상으로 하는 광고의 양면성이 있다.

⑤ 부동산광고는 「표시·광고의 공정화에 관한 법률」에 의해 광고의 내용이 사회적 부당성을 갖는 경우에 규제를 받게 된다.

7개년 출제비중분석

제8편 출제비중
16%

7개년 평균
출제비중

편별 출제비중

편 제목	평균	제35회	제34회	제33회	제32회	제31회	제30회	제29회
제1편 부동산학 총론	3.4	4	3	4	3	3	3	3
제2편 부동산경제론	5.2	5	5	5	6	6	4	6
제3편 부동산시장론	4.7	4	5	7	4	4	4	5
제4편 부동산정책론	5.2	6	5	4	4	6	7	5
제5편 부동산투자론	6.4	3	8	6	7	3	7	6
제6편 부동산금융론	4.6	5	3	5	6	5	4	5
제7편 부동산개발 및 관리론	4.1	6	5	2	4	6	5	4
제8편 부동산감정평가론	6.4	7	6	7	6	7	6	6

*평균: 최근 7개년 동안 출제된 각 편별 평균 문제 수입니다.

제8편

부동산감정평가론

제1장 감정평가의 기초이론
제2장 감정평가의 방식
제3장 부동산가격공시제도

제8편 부동산감정평가론

제1장 감정평가의 기초이론

Point 50 감정평가의 개념과 기준시점 ★★★★

기본서 p.397~399

(1) 감정평가의 개념

① 감정평가란 토지 등의 경제적 가치를 판정하여 그 결과를 가액으로 표시하는 것을 말한다.
② 감정평가는 기준시점에서 대상부동산의 시장가치를 구하는 작업이다.

(2) 기준시점(「감정평가에 관한 규칙」)

① 기준시점이란 대상물건의 감정평가액을 결정하는 기준이 되는 날짜를 말한다(규칙 제2조 제2호).
② 기준시점은 대상물건의 가격조사를 완료한 날짜로 한다. 다만, 기준시점을 미리 정하였을 때에는 그 날짜에 가격조사가 가능한 경우에만 기준시점으로 할 수 있다(규칙 제9조 제2항).
③ 감정평가에 있어 가치형성요인이 변동하므로 기준시점의 확정이 중요하다. ⇨ 변동의 원칙

(3) 감정평가의 필요성과 기능

① 감정평가의 필요성
   ㉠ 불완전한 토지의 특성으로 인하여 균형가격이 존재하지 않는다.
   ㉡ 합리적 시장이 존재하지 않으므로 현실적 가격은 적정가치로서 부적절하다.
   ㉢ 가치형성요인의 다양성 및 복잡성으로 인하여 전문가에 의한 평가가 요구된다.
   ㉣ 사회성·공공성이 높은 재화 ⇨ 공시지가, 주택가격공시

② 감정평가의 기능

정치적 기능(공적 기능)	경제적 기능(사적 시장기능)
㉠ 부동산의 효율적 이용에 관한 관리 및 규제	㉠ 부동산자원의 효율적 배분
㉡ 적정한 가격의 유도	㉡ 공정한 거래질서의 확립과 유지
㉢ 합리적인 손실보상	㉢ 의사결정의 판단기준
㉣ 과세의 합리화	

평가전제 조건에 따른 분류	소급평가	과거의 일정 시점을 기준으로 평가 ⇨ 기준시점이 미리 정하여진 때에는 그 날짜에 가격조사가 가능한 경우에 한하여 그 일자를 기준시점으로 할 수 있다.
	현황평가	구조, 이용상태, 제한물권 등 현황을 있는 그대로 행하는 평가
	조건부평가	장래 도래가 불확실함에도 새로운 상태의 발생을 상정하여 이것이 성취되는 조건을 전제로 평가
	기한부평가	장래 도래시점이 확실한 일정 시점을 기준으로 평가
현황기준원칙 (「감정평가에 관한 규칙」)		① 감정평가는 기준시점에서 대상물건의 이용상황(불법적이거나 일시적인 이용은 제외한다) 및 공법상 제한을 받는 상태를 기준으로 한다. ② 감정평가법인등은 ①에도 불구하고 다음의 어느 하나에 해당하는 경우에는 기준시점의 가치형성요인 등을 실제와 다르게 가정하거나 특수한 경우로 한정하는 조건(감정평가조건)을 붙여 감정평가할 수 있다. 　㉠ 법령에 다른 규정이 있는 경우 　㉡ 의뢰인이 요청하는 경우 　㉢ 감정평가의 목적이나 대상물건의 특성에 비추어 사회통념상 필요하다고 인정되는 경우 ③ 감정평가법인등은 ②에 따라 감정평가조건을 붙일 때에는 감정평가조건의 합리성·적법성 및 실현가능성을 검토해야 한다. 다만, ②의 ㉠의 경우에는 그렇지 않다. ④ 감정평가법인등은 감정평가조건의 합리성·적법성이 결여되거나 사실상 실현불가능하다고 판단할 때에는 의뢰를 거부하거나 수임을 철회할 수 있다.
개별물건 기준원칙 (「감정평가에 관한 규칙」)	개별평가	감정평가는 대상물건마다 개별로 하여야 한다.
	일괄평가	둘 이상의 대상물건이 일체로 거래되거나 대상물건 상호간에 용도상 불가분의 관계에 있는 경우(⑩ 복합부동산의 경우)에는 일괄하여 감정평가할 수 있다. ⇦ 여러 필지가 1획지로 구성될 경우
	구분평가	하나의 대상물건이라도(전·후면으로) 가치를 달리하는 부분은 이를 구분하여 감정평가할 수 있다. ⇦ 1필지가 여러 획지로 구성될 경우
	부분평가	일체로 이용되고 있는 대상물건의 일부분에 대하여 감정평가하여야 할 특수한 목적 또는 합리적인 이유가 있는 경우에는 그 부분에 대하여 감정평가할 수 있다. ⇦ 수용된 일부분의 보상평가

Point 52 부동산가격이론 ★★

(1) 시장가치의 개념

시장가치란 감정평가의 대상이 되는 토지등(이하 "대상물건"이라 한다)이 통상적인 시장에서 충분한 기간 동안 거래를 위하여 공개된 후 그 대상물건의 내용에 정통한 당사자 사이에 신중하고 자발적인 거래가 있을 경우 성립될 가능성이 가장 높다고 인정되는 대상물건의 가액을 말한다(「감정평가에 관한 규칙」 제2조).

① 대상물건에 대한 감정평가액은 시장가치를 기준으로 결정한다.

② 감정평가법인등은 ①에도 불구하고 다음의 어느 하나에 해당하는 경우에는 대상물건의 감정평가액을 시장가치 외의 가치를 기준으로 결정할 수 있다.

    ㉠ 법령에 다른 규정이 있는 경우

    ㉡ 감정평가 의뢰인이 요청하는 경우

    ㉢ 감정평가의 목적이나 대상물건의 특성에 비추어 사회통념상 필요하다고 인정되는 경우

③ 감정평가법인등은 ②에 따라 시장가치 외의 가치를 기준으로 감정평가할 때에는 다음의 사항을 검토해야 한다. 다만, ②의 ㉠의 경우에는 그렇지 않다.

    ㉠ 해당 시장가치 외의 가치의 성격과 특징

    ㉡ 시장가치 외의 가치를 기준으로 하는 감정평가의 합리성 및 적법성

④ 감정평가법인등은 시장가치 외의 가치를 기준으로 하는 감정평가의 합리성 및 적법성이 결여(缺如)되었다고 판단할 때에는 의뢰를 거부하거나 수임(授任)을 철회할 수 있다.

(2) 가격(price)과 가치(value)의 구분

가격(price)	가치(value)
현실적인 시장에서 매수자와 매도자간 교환의 대가로 실제 지불된 금액	통상적인 시장에서 매매가 성립될 가능성이 높다고 인정되는 가액(시장가치)
과거의 값	장래 유·무형의 편익을 현재가치로 환원한 값
일정 시점에서 하나만 존재	여러 가지 개념 성립(가치다원설)
객관적·구체적 개념	주관적·추상적 개념
가격 ± 오차 = 가치	

🔍 가치와 가격은 일시적(단기적)으로 괴리될 수 있지만, 장기적으로는 일치하게 된다. ⇨ 장기적으로 가격은 균형수준으로 회귀한다.

(3) 부동산가격의 형성과정

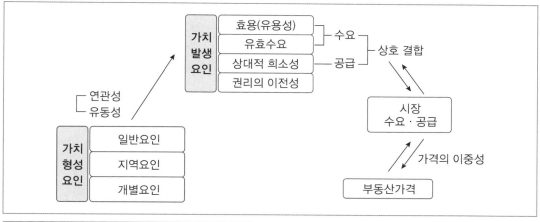

가치형성요인	대상물건의 경제적 가치에 영향을 미치는 일반요인, 지역요인 및 개별요인을 말한다(유동성·연관성).
가치발생요인	상호 밀접한 관련성을 가지면서 부동산가치를 발생시킨다. ① 효용(유용성): 인간의 필요나 욕구를 충족시켜 줄 수 있는 재화의 능력 ② 상대적 희소성: 공급이 수요에 비하여 상대적으로 부족한 상태 ③ 유효수요: 구매력(지불능력)이 수반되는 실질적인 수요 ④ 권리의 이전성: 법적 개념, 소유권의 이전가능성

Point 53 부동산가격의 제 원칙(감정평가원리) ★★★

기본서 p.411~417

부동산가격의 제 원칙이란 부동산의 가격이 어떻게 형성되고 유지되는가에 관한 법칙성을 도출하여 평가활동의 지침으로 삼으려는 행위기준을 말한다.

감정평가의 전제조건	최유효 이용의 원칙	① 최고·최선의 이용을 전제로 평가한다는 것이다. ② 물리적 채택가능성, 합리적·합법적 이용이 가능한 것 + 최고가치(수익)에 대한 경험적 증거 ③ 객관적인 양식과 통상의 사용능력을 가진 사람에 의한 부동산의 이용방법이다.
토대·바탕이 되는 원칙	변동의 원칙	가치형성요인이 변동하므로 부동산가격도 항상 변화의 과정에 있다. ⇨ 기준시점의 확정 필요
	예측의 원칙	① 가치형성요인이 변동하므로 미래를 예측(장기적 고려)하여 감정평가를 하여야 한다. ② 부동산의 가치란 장래 유·무형의 편익을 현재가치로 환원한 값을 말한다. ⇨ 장래의 유·무형의 편익이 부동산가치를 결정한다.

최유효 이용의 내(內)부 공간원칙	균형의 원칙	① 내부구성요소(⑩ 구조·기능·설계 등)간에 조화를 판단한다. ② 건물과 부지의 적응상태, 생산요소간의 결합정도를 고려한다. ③ 균형의 원칙에 부합하지 않으면 기능적 감가가 발생한다.
	기여의 원칙	① 부동산의 구성부분이 전체 수익(가치)에 미치는 영향을 판단한다 (부동산의 가격은 구성부분의 생산비 합이 아니다). ② 토지의 합필이나 건물의 증축 등 추가투자의 적부를 판단한다.
	수익배분의 원칙	잉여생산성의 원리(생산요소 중 토지는 부동성의 특성으로 최종잔여 수익을 토지에 배분 ⇨ 토지잔여법의 이론적 근거)
	수익체증· 체감의 원칙	단위당 투자액을 늘릴수록 수익이 체증하다가 일정 지점을 지나면 수 익의 증가폭이 체감한다는 것(수확체감의 법칙)이다.
최유효 이용의 외(外)부 공간원칙	적합의 원칙	① 대상부동산과 외부환경(⑩ 위치·입지 등)과의 조화 여부를 판단 하는 것으로, 지역의 표준적 이용을 판정하여 가치를 결정하는 것 이다. ② 주택은 주거지역에, 상점은 상업지역에, 공장은 공업지역에 입지 하는지를 판정하여 가치를 평가한다. ③ 적합의 원칙에 부합하지 않으면 경제적 감가가 발생한다.
	외부성의 원칙	외부환경이 대상부동산에 미치는 영향을 판단한다. 🔍 정(+)의 외부효과, 부(−)의 외부효과
	경쟁의 원칙	① 초과이윤 발생 ⇨ 공급 증가 ⇨ 경쟁심화 ⇨ 초과이윤 감소·소멸 ② 과다경쟁(과잉공급)은 부동산의 가격을 낮추는 요인이 되고, 이러 한 기준으로 가치가 결정된다는 것이다.
최유효 이용의 원칙과 간접적 관련 원칙	수요· 공급의 원칙	① 부동산가격의 이중성(feedback원리) ② 수요·공급에 의하여 부동산가격이 형성되고, 결정된 가격은 다시 수요·공급에 영향을 준다는 것이다. 그 작동은 다소 제한된다.
	대체의 원칙	① 효용이 유사하면 가격이 낮은 것을 선택하고, 가격이 유사하면 효 용이 높은 것을 선택한다는 논리이다. ② 대체·경쟁부동산과의 상호작용으로 가격이 결정된다는 것이다. ③ 대체재의 조건: 효용·용도·가격면에서의 유사성
기회비용의 원칙		① 기회비용은 실제 지불된 비용이 아닌 추산·인식된 비용이다. ② 어떤 부지가 주거용지로 이용될 수 있음에도 불구하고 현재 공업 용지로 이용되고 있다면, 그 공업용지의 평가는 기회비용인 주거 용지로 평가하여야 한다는 것이다.

🔍 부동산평가에만 적용되는 원칙
- 최유효이용의 원칙 ⇐ 용도의 다양성
- 적합의 원칙 ⇐ 부동성

(1) 지역분석과 개별분석의 비교

구분	지역분석(선행분석)	개별분석(후행분석)
분석내용	지역요인 파악	개별요인 파악
분석기준	표준적 이용 판정	최유효이용 판정
가격판단	가격수준 분석	구체적 가격 구함
근거 · 필요성	부동성 · 인접성 · 지역성	개별성
관련 원칙	적합의 원칙	균형의 원칙
감가유형	경제적 감가	기능적 감가
분석범위	전체적 · 광역적 · 거시적 분석	미시적 · 개별적 · 구체적 분석

🔍 지역분석
- 대상부동산이 어떤 지역에 존재하는가를 분석
- 그 지역은 어떠한 지역적 특성을 가지는가를 분석
- 그 지역의 특성은 부동산가치 형성에 어떠한 영향을 미치는가를 분석

(2) 지역분석의 대상지역(인근지역 · 유사지역 · 동일수급권)

① 인근지역: 감정평가의 대상이 된 부동산(대상부동산)이 속한 지역으로서 부동산의 이용이 동질적이고 가치형성요인 중 지역요인을 공유하는 지역을 말한다(「감정평가에 관한 규칙」).
　㉠ 인근지역은 유동적 · 가변적(가치형성요인의 변화 · 발전 · 쇠퇴)이다.
　㉡ 인근지역의 경계와 범위
　　ⓐ 경계: 인근지역의 경계와 범위가 물리적으로 명백하게 구분되지 않는다면 표준적 이용을 중심으로 판단할 필요가 있다.
　　ⓑ 범위: 인근지역의 범위가 지나치게 확대되면 가격수준의 판정이 어렵고, 지나치게 축소되면 사례자료를 구하기가 어렵다.
　㉢ 인근지역의 생애주기(성쇠현상)

성장기	ⓐ 입지경쟁이 치열하여 지가상승률(폭)이 가장 높다. ⓑ 주택의 상향여과현상(확대적 침입)이 활발하다.
성숙기	ⓐ 지가수준이 가장 높다. ⓑ 지역기능이 최고수준(안정화)이다.
쇠퇴기	ⓐ 지가가 하락하기 시작한다. ⓑ 주택의 하향여과현상이 시작된다.
천이기	ⓐ 주택의 하향여과현상이 활발하다. ⓑ 주로 중고주택 거래가 형성된다.
악화기	ⓐ 지역개선을 위한 노력이 없다면 지역은 악화된다. ⓑ 악화기가 반드시 도래하는 것은 아니다.

② 유사지역: 대상부동산이 속하지 아니하는 지역으로서 인근지역과 유사한 특성을 가지는 지역을 말한다(「감정평가에 관한 규칙」).

🔍 사례부동산을 유사지역에서 선택하였다면 지역요인 비교과정이 필요하다. 그러나 사례부동산을 인근지역에서 선택하였다면 동일지역에 존재하므로 지역요인 비교과정은 필요하지 않다.

③ 동일수급권의 판정: 대상부동산과 대체·경쟁관계가 성립하고 가치형성에 서로 영향을 미치는 관계에 있는 다른 부동산이 존재하는 권역을 말하며, 인근지역과 유사지역을 포함한다(「감정평가에 관한 규칙」). ⇨ 사례자료수집(사례부동산)의 범위

주거지	⊙ 도심으로 통근 가능한 지역범위와 일치하는 경향이 있다. ⓛ 도로, 교통수단 등과 관련하여 그 범위는 넓어질 수 있고, 경우에 따라 좁아질수도 한다.
상업지	배후지(상권)로부터 얻을 수 있는 수익성에 관한 대체지역의 범위와 일치하는 경향이 있다.
공업지	생산성, 비용의 경제성에 관한 대체지역의 범위와 일치하는 경향이 있다.
후보지·이행지	전환 또는 이행될 것으로 보이는(전환·이행 후의) 토지 종별의 동일수급권과 일치하는 경향이 있으나, 전환·이행의 속도가 완만하거나 성숙도가 낮을 경우에는 전환·이행 전의 동일수급권과 일치하는 경향이 있다.

제2장 감정평가의 방식

Point 55 감정평가방법의 적용 및 시산가액의 조정 ★★

기본서 p.424~426

(1) 가격의 3면성 및 감정평가방법

가격의 3면성	3방식	가격의 성격	평가조건	6방법	시산가액 및 임대료
비용성	원가방식 (비용접근법)	공급자가격 (투입가치)	가액	원가법	적산가액
			임대료	적산법	적산임료
시장성	비교방식 (시장접근법)	균형가격 (시장가치)	가액	거래사례비교법	비준가액
			임대료	임대사례비교법	비준임료
			토지가액	공시지가기준법	토지가액
수익성	수익방식 (소득접근법)	수요자가격 (산출가치)	가액	수익환원법	수익가액
			임대료	수익분석법	수익임료

🔍 현실적인 부동산시장에서는 3면 등가가 성립하지 않기 때문에 3방식의 병용 필요 ⇨ 시산가액 조정의 문제 (가중평균)

(2) 시산가액의 조정

① 감정평가법인등은 대상물건별로 정한 감정평가방법을 적용하여 감정평가해야 한다. 다만, 주된 방법을 적용하는 것이 곤란하거나 부적절한 경우에는 다른 감정평가방법을 적용할 수 있다.

② 감정평가법인등은 대상물건의 감정평가액을 결정하기 위하여 어느 하나의 감정평가방법을 적용하여 산정한 가액(시산가액)을 다른 감정평가방법에 속하는 하나 이상의 감정평가방법으로 산출한 시산가액과 비교하여 합리성을 검토해야 한다. 다만, 대상물건의 특성 등으로 인하여 다른 감정평가방법을 적용하는 것이 곤란하거나 불필요할 경우에는 그렇지 않다.

    🔍 공시지가기준법과 그 밖의 비교방식에 속한 감정평가방법은 서로 다른 감정평가방법에 속한 것으로 본다.

③ 감정평가법인등은 산출한 시산가액이 합리성이 없다고 판단되는 경우에는 주된 방법 및 다른 감정평가방법으로 산출한 시산가액을 조정하여 감정평가액을 결정할 수 있다.

Point 56 원가법 ★★★★

기본서 p.427~436

원가법이란 대상물건의 재조달원가에 감가수정을 하여 대상물건의 가액을 산정하는 감정평가방법을 말한다.

> **적산가액 = 재조달원가 − 감가수정(감가누계액)**

🔍 토지의 경우, 재생산이 불가능하므로 원가법을 적용할 수 없다. 다만, 조성지·매립지 등은 원가법을 적용할 수 있다.

(1) 재조달원가(재생산원가) ⇨ 기준시점, 도급건설을 상정(직접법 또는 간접법)

구성요소	표준적 건설비 + 통상 부대비용(예 감독비·감리비·제세공과금 등) ↳ 직접·간접공사비, 수급인의 적정이윤

(2) 감가요인

구분		감가요인	관련 원칙	치유 여부
내부적 요인	물리적 감가요인	① 시간의 경과로 인한 노후화 ② 사용으로 인한 마모·파손 ③ 재해 등의 우발적 손상 ④ 기타 물리적 하자	변동의 원칙	치유 가능 및 치유 불가능
	기능적 감가요인	① 건물과 부지의 부적합 ② 설계의 불량, 형(型)의 구식화 ③ 능률의 저하	균형의 원칙	
외부적 요인	경제적 감가요인	① 인근지역의 쇠퇴, 시장성 감퇴 ② 표준적 이용의 부적합 ③ 주위 환경과의 부적합	적합의 원칙	치유 불가능

(3) 감가수정

① **개념:** 대상물건에 대한 재조달원가를 감액하여야 할 요인이 있는 경우에 물리적·기능적·경제적 감가 등을 고려하여, 그에 해당하는 금액을 재조달원가에서 공제하여 기준시점에 있어서의 대상물건의 가액을 적정화하는 작업을 말한다(「감정평가에 관한 규칙」 제2조 제12호).

② **감가수정방법(직접법):** 감가수정을 할 때에는 직접법 또는 간접법을 사용할 수 있다.

(경제적) 내용 연수법	정액법 (건물·구축물)	㉠ 매기 감가액이 일정(직선법)하며, 계산이 용이하다. ㉡ 감가액이 경과연수에 정비례하여 증가 • 매년(초기)감가액 $= \dfrac{\text{감가총액}(= \text{재조달원가} - \text{잔존가치})}{\text{경제적 내용연수}}$ • 감가누계액 = 매년의 감가액 × 경과연수 • 적산가액 = 재조달원가 − 감가누계액(감가수정액)
	정률법 (기계·동산)	매기 감가율이 일정하며, 첫해 감가액이 가장 크고, 시간이 경과할수록 감가액은 체감한다. • 매년 감가액 = 전년 말 잔존가액 × 감가율 • 적산가액 = 재조달원가 × $(1 - \text{매년 감가율})^{경과연수}$ 　　　　　 = 재조달원가 × $(전년대비 잔가율)^{경과연수}$
	상환기금법 (광산)	내용연수가 만료하는 때의 감가누계상당액과 그에 대한 복리계산의 이자상당액을 포함하여 당해 연수로 상환하는 방법이다.
실제감가 구하는 방법	관찰감가법	감가요인과 감가액을 직접 세밀하게 관찰하지만, 주관개입 가능성이 큰 편이다.
	분해법(내구성 분해방식)	감가요인을 물리적·기능적·경제적 요인으로 세분, 이를 다시 치유가능·불가능 감가로 세분(분해)하여 실제 감가액을 산출하는 방법이다.

③ **감정평가의 감가수정(재조달원가 기초)의 특징 ⇔ 회계목적의 감가상각과의 차이**

㉠ 시장가치를 구한다(대상물건의 가액의 적정화). ⇨ 경제적 내용연수 사용

㉡ 물리적·기능적·경제적 감가요인을 모두 고려하며, 관찰감가법·분해법이 인정된다.
　 ⇨ 감가수정 결과 실제감가와 일치하게 된다.

㉢ 물리적으로 동질적이고 동일시점에 건축되었더라도 실제감가를 판단하기 때문에 물건마다 잔존가치(잔가율)가 다르게 나타난다.

거래사례비교법이란 대상물건과 가치형성요인이 같거나 비슷한 물건의 거래사례와 비교하여 대상물건의 현황에 맞게 사정보정, 시점수정, 가치형성요인의 비교과정을 거쳐 대상물건의 가액을 산정하는 감정평가방법을 말한다.

> 비준가액 = 사례부동산가격 × 사정보정 × 시점수정 × 가치형성요인 비교 등

(1) 사례선택의 요건

사정보정의 가능성	거래당사자의 특수한 사정 또는 개별적인 동기가 개입되어 있거나 평가선례 등에 특수한 평가조건 등이 반영되어 있는 경우에는 그러한 사정이나 조건 등이 없는 상태로 이를 적절하게 보정하는 것을 말한다.
시점수정의 가능성	① 거래시점과 기준시점간의 가격(지가)변동 차이를 수정하는 것을 말한다. ② 사례부동산의 거래시점을 대상부동산의 기준시점 수준으로 수정한다. ③ 기준시점에 가까운 사례나 최근의 매매사례일수록 시점수정에 효과적이다.
가치형성요인 비교가능성	지역요인 비교가능성(위치적 유사성) 동일수급권 내의 인근지역이나 유사지역의 사례이어야 한다. 개별요인 비교가능성(물적 유사성) 사례부동산은 대상부동산과 대체·경쟁관계가 성립하여야 한다.

(2) 사례자료의 정상화

사정보정	$$사정보정치 = \frac{대상부동산\ 100 \pm \alpha(\%)}{사례부동산\ 100 \pm \beta(\%)}$$ ① 10% 고가로 매매 혹은 우세 ⇨ 100 + 10 ② 20% 저가로 매매 혹은 열세 ⇨ 100 − 20
시점수정	① 지수법 $$시점수정치 = \frac{기준시점의\ 지수(대상부동산)}{거래시점의\ 지수(사례부동산)}$$ ② (지가·물가)변동률적용법 $$시점수정치 = (1 + r)^n$$ *r: 물가변동률, n: 기간
가치형성요인 비교	① 지역요인 비교 $$지역요인\ 비교 = \frac{인근지역의\ 현황}{유사지역의\ 현황}$$ ② 개별요인 비교 $$개별요인\ 비교 = \frac{대상부동산의\ 현황}{사례부동산의\ 현황}$$

(3) 거래사례비교법의 장·단점

장점	① 대체의 원칙에 근거함으로써 현실성이 있고 실증적이다. ② 주택, 아파트 등 시장성이 있는 물건의 평가에 유용하다.
단점	① 시장성이 없는 공공기관, 학교, 교회, 사찰 등의 평가에는 곤란하다. ② 극단적인 호황기나 불황기에는 적용이 곤란하며, 시장이 불완전한 경우나 투기적 거래사례는 신뢰성이 낮다.

공시지가기준법 ⇨ 토지의 가치평가

공시지가기준법이란 감정평가의 대상이 된 토지와 가치형성요인이 같거나 비슷하여 유사한 이용 가치를 지닌다고 인정되는 표준지의 공시지가를 기준으로 대상토지의 현황에 맞게 시점수정, 지역요인 및 개별요인 비교, 그 밖의 요인의 보정을 거쳐 대상토지의 가액을 산정하는 감정평가방법을 말한다.

> 토지가액 = 비교표준지 × 시점수정 × 지역요인 비교 × 개별요인 비교 × 그 밖의 요인 보정

1. 비교표준지의 선정
   인근지역에 있는 표준지 중에서 대상토지와 용도지역·이용상황·주변 환경 등이 같거나 비슷한 표준지를 선정하여야 한다.

2. 시점수정
   국토교통부장관이 조사·발표하는 비교표준지가 있는 시·군·구가 같은 용도지역의 지가변동률을 적용하여야 한다. 다만, 지가변동률을 적용하는 것이 불가능하거나 적절하지 아니한 경우에는 「한국은행법」에 따라 한국은행이 조사·발표하는 생산자물가지수에 따라 산정된 생산자물가상승률을 적용해야 한다.

3. 감정평가법인등은(자신의 능력으로 업무수행이 불가능하거나 매우 곤란한 경우) 적정한 실거래가를 기준으로 토지를 감정평가할 때에는 거래사례비교법을 적용해야 한다.
   🔍 **적정한 실거래가:** 「부동산 거래신고 등에 관한 법률」에 따라 신고된 실제 거래가격으로서 거래시점이 도시지역은 3년 이내, 그 밖의 지역은 5년 이내인 거래가격 중에서 감정평가법인등이 인근지역의 지가수준 등을 고려하여 감정평가의 기준으로 적용하기에 적정하다고 판단되는 거래가액을 말한다(「감정평가에 관한 규칙」 제2조 제12의2호).

Point 58 수익환원법 ★★★★★

기본서 p.444~455

수익환원법이란 대상물건이 장래 산출할 것으로 기대되는 순수익이나 미래의 현금흐름을 환원하거나 할인하여 대상물건의 가액을 산정하는 감정평가방법을 말한다.

$$수익가액 = \frac{장래\ 순영업소득}{환원이율} \Rightarrow 직접환원법$$

$$= \frac{매년의\ 세후현금수지의\ 합 + 기간\ 말의\ 세후지분복귀액 + 저당가치}{(1 + r)^n}$$

⇨ 할인현금수지분석법

* r: 할인율

(1) 환원이율(자본환원율)의 개념

직접환원법에서 수익가액을 구하기 위한 할인율(자본의 기회비용)이며,
수익가액(부동산가격 = 총투자액)에 대한 순영업소득의 비율(⇨ 수익률 개념)을 말한다.

- 수익가액 = $\dfrac{순영업소득}{환원이율[= 자본수익률 \pm 자본회수율(감가상각률)]}$

- 환원이율(자본환원율) = $\dfrac{순영업소득}{수익(부동산)가액}$

① 자본환원율은 자본시장에서 시장금리가 상승하면 함께 상승한다.
② 프로젝트의 위험이 높아지면 대출기관이 요구하는 금리가 높아지고 이에 따라 자본환원율도 상승한다.
③ 자본환원율이 상승하면 부동산가격이 하락하게 되고, 이에 따라 신규개발사업 추진이 어려워질 수 있다.

(2) 환원이율을 구하는 방법

시장추출법	① 동일수급권 내에서 사례부동산을 통하여 구한다. ② 시장성에 근거하므로 실증적이고 설득력이 높다.
요소구성법 (조성법)	**환원이율 = 순수이율 ± 위험률** ① 위험을 여러 가지 구성요소로 분해하고, 개별적인 위험에 따라 위험할증률을 더해 가면서 환원이율을 구하는 방법이다. ② 감정평가사의 주관개입이 크다.
투자결합법	① 물리적 투자결합법: 부동산의 소득을 창출하는 능력이 토지와 건물이 서로 다르며, 분리될 수 있다는 가정에 근거한다. **환원이율 = (토지가격구성비율 × 토지개별환원이율) + (건물가격구성비율 × 건물개별환원이율)** ② 금융적 투자결합법: 지분투자자의 요구수익률과 저당투자자의 요구수익률이 다르다는 가정에 근거한다. **환원이율 = (지분비율 × 지분수익률) + (저당비율 × 저당상수)**
엘우드법	① 금융적 투자결합법을 보완·발전시킨 것이다. ② 전형적인 부동산의 보유기간(5~7년)을 가정한다. 부채서비스액은 고려하지만, 영업소득세가 부동산가치에 영향을 주는 것은 인식하지 못한다. ③ 매 기간의 세전현금수지, 보유기간 동안의 지분형성분, 기간 말 부동산의 가치변화분으로 자본환원율이 구성된다.
부채감당법	저당대출기관 입장에서 환원이율을 구하는 방법이다. **환원이율 = 부채감당률 × 저당(대부)비율 × 저당상수**

원가방식	적산법 ⇩ 적산임료	대상물건의 기초가액에 기대이율을 곱하여 산정된 기대수익에 대상물건을 계속하여 임대하는 데 필요한 경비를 더하여 대상물건의 임대료를 산정하는 감정평가방법을 말한다.
		적산임료 = 기초가액 × 기대이율 + 필요제경비
비교방식	임대사례 비교법 ⇩ 비준 · 유추임료	대상물건과 가치형성요인이 같거나 비슷한 물건의 임대사례와 비교하여 대상물건의 현황에 맞게 사정보정, 시점수정, 가치형성요인 비교 등의 과정을 거쳐 대상물건의 임대료를 산정하는 감정평가방법을 말한다.
		비준임료 = 사례임료 × 사정보정 × 시점수정 ×가치형성요인비교 등
		⊕ 「감정평가에 관한 규칙」에서 임대료의 평가는 임대사례비교법에 의한다.
수익방식	수익 분석법 ⇩ 수익임료	일반기업경영에 의하여 산출된 총수익을 분석하여 대상물건이 일정한 기간에 산출할 것으로 기대되는 순수익에 대상물건을 계속하여 임대하는 데에 필요한 경비를 더하여 대상물건의 임대료를 산정하는 감정평가방법을 말한다. 기업용 부동산에만 적용한다.
		수익임료 = 순수익 + 필요제경비

토지	공시지가기준법
건물	원가법
건물과 토지의 일괄평가	거래사례비교법
산림	① 산지와 입목을 구분평가(입목은 거래사례비교법, 소경목림은 원가법) ② 산지와 입목을 일괄하여 평가할 때에는 거래사례비교법
과수원	거래사례비교법
공장재단	개별물건 감정평가액 합산(다만, 계속적 수익 예상 ⇨ 수익환원법)
광업재단 · 기업가치 · 비상장채권	수익환원법
자동차	거래사례비교법 ⇨ 다만, 효용가치가 없으면 해체처분가액으로 평가
건설기계 · 항공기	원가법 ⇨ 다만, 효용가치가 없으면 해체처분가액으로 평가
선박	원가법[선체 · 기관 · 의장(艤裝)별로 구분하여 감정평가] ⇨ 다만, 효용가치가 없으면 해체처분가액으로 평가
동산 · 상장주식 · 상장채권	거래사례비교법 단, 기계 · 기구류를 감정평가할 때에는 원가법을 적용해야 한다.
임대료	임대사례비교법
광업권	광업재단의 감정평가액에서 해당 광산의 현존시설가액을 빼고 감정평가하여야 한다. 이 경우 현존시설가액은 적정생산규모와 가행조건(稼行條件) 등을 고려하여 산정하되 과잉유휴시설을 포함하여 산정하지 않는다.
어업권	어업권을 감정평가할 때에 어장 전체를 수익환원법에 따라 감정평가한 가액에서 해당 어장의 현존시설가액을 빼고 감정평가해야 한다. 이 경우 어장의 현존시설가액은 적정생산규모와 어업권 존속기간 등을 고려하여 산정하되 과잉유휴시설을 포함하여 산정하지 않는다.
무형자산의 평가	수익환원법 🔍 영업권, 특허권, 실용신안권, 디자인권, 상표권, 저작권, 전용측선이용권 등

🔍 소음, 진동, 일조침해 또는 환경오염 등으로 대상물건에 직접적 또는 간접적인 피해가 발생하여 대상물건의 가치가 하락한 경우 그 가치하락분을 감정평가할 때에는 소음 등이 발생되기 전의 대상물건의 가액 및 원상회복비용 등을 고려해야 한다.

제3장 부동산가격공시제도

Point 61 부동산가격공시제도 ★★★★★

기본서 p.466~483

🔍 **근거법률:** 「부동산 가격공시에 관한 법률」

구분		결정·공시	공시일	효력
토지	표준지 공시지가	국토교통부 장관	공시기준일 1.1.	① 토지시장의 가격정보 제공 ② 일반적인 토지거래의 지표 ③ 공적 지가의 산정(보상)기준 ④ 개별토지의 감정평가기준
	개별공시지가	시장·군수 또는 구청장	결정·공시일 5.31.	조세·부담금 부과기준
주택	단독 주택 / 표준 주택	국토교통부 장관	공시기준일 1.1.	개별주택가격의 산정기준
	단독 주택 / 개별 주택	시장·군수 또는 구청장	결정·공시일 4.30.	① 주택시장에 대한 가격정보 제공 ② 조세 부과를 위한 기준
	공동주택	국토교통부 장관	• 공시기준일 1.1. • 산정·공시일 4.30.	
비주거용	일반 부동산 / 표준 부동산	국토교통부 장관	공시기준일 1.1.	비주거용 개별부동산가격의 산 정기준
	일반 부동산 / 개별 부동산	시장·군수 또는 구청장	결정·공시일 4.30.	① 비주거용 부동산시장에 대 한 가격정보 제공 ② 조세 부과를 위한 기준
	집합부동산	국토교통부 장관	• 공시기준일 1.1. • 산정·공시일 4.30.	

🔍 해당 기관장에게 공시일 또는 결정·공시일로부터 30일 이내에 서면으로 이의신청할 수 있다.

토지	표준지공시지가	공시기준일(1월 1일) 현재 국토교통부장관이 결정·공시하는 표준 지의 단위면적당(m²) 적정가격
	개별공시지가	매년 공시지가의 공시기준일 현재 관할구역 안의 개별토지의 단위 면적당(m²) 가격
주택	표준주택가격	일단의 단독주택 중에서 선정한 표준주택에 대하여 매년 공시기준 일 현재의 적정가격 ⇨ 한국부동산원에 조사·산정 의뢰
	개별주택가격	매년 표준주택가격의 공시기준일 현재 관할구역 안의 개별주택가격
	공동주택가격	공동주택에 대하여 매년 공시기준일 현재 공시한 적정가격
비주거용	비주거용 표준부동산가격	일단의 비주거용 일반부동산 중에서 선정한 비주거용 표준부동산에 대하여 공시기준일 현재의 적정가격
	비주거용 개별부동산가격	매년 비주거용 표준부동산가격의 공시기준일 현재 관할구역 안의 비주거용 개별부동산가격
	비주거용 집합부동산가격	비주거용 집합부동산에 대하여 매년 공시기준일 현재의 적정가격

🔍 **적정가격:** 토지 및 주택, 비주거용 부동산에 대하여 통상적인 시장에서 정상적인 거래가 이루어지는 경우 성립
될 가능성이 가장 높다고 인정되는 가격을 말한다.

(1) 표준지의 평가기준

① 국토교통부장관이 표준지공시지가를 조사·평가할 때에는 둘 이상의 감정평가법인등에게 이를 의뢰하여야 한다. 다만, 지가변동이 작은 경우 등 대통령령으로 정하는 기준에 해당하는 표준지에 대해서는 하나의 감정평가법인등에게 의뢰할 수 있다.

② 적정가격을 기준으로 평가한다.

③ 실제 용도를 기준으로 평가한다(공시기준일 현재 이용상황을 기준으로 하되, 일시적인 상황은 고려하지 않는다).

④ 나지상정평가(건부감가를 고려하지 않는다): 토지에 건물이나 그 밖의 정착물이 있거나 지상권 등 토지의 사용·수익을 제한하는 사법상의 권리가 설정되어 있는 경우에는 그 정착물 등이 없는 토지의 나지상태를 상정하여 평가한다.

⑤ 공법상 제한상태를 기준으로 평가한다.

⑥ 개발이익의 반영 여부를 고려한 평가
   ㉠ 표준지의 평가에 있어서 다음의 개발이익은 이를 반영하여 평가한다.
      ⓐ 공익사업의 계획 또는 시행이 공고 또는 고시됨으로 인한 지가의 증가분
      ⓑ 공익사업의 시행에 따른 절차로서 행해진 토지이용계획의 설정·변경·해제 등으로 인한 지가의 증가분
      ⓒ 기타 공익사업의 착수에서 준공까지 그 시행으로 인한 지가의 증가분 등
   ㉡ 그 개발이익이 주위환경 등의 사정으로 보아 공시기준일 현재 현실화되지 아니하였다고 인정되는 경우에는 그러하지 아니하다.

(2) 표준지로 선정된 토지, 조세 또는 부담금 등의 부과대상이 아닌 토지, 그 밖에 대통령령이 정하는 토지에 대해서는 개별공시지가를 결정·공시하지 않을 수 있다. 이 경우 표준지로 선정된 토지에 대하여는 해당 토지의 공시지가를 개별공시지가로 본다.

(3) 표준주택으로 선정된 단독주택, 그 밖에 대통령령이 정하는 단독주택에 대하여는 개별주택가격을 결정·공시하지 않을 수 있다. 이 경우 표준주택으로 선정된 주택에 대하여는 해당 표준주택가격을 개별주택가격으로 본다.

(4) 개별공시지가·개별주택가격의 검증 의뢰

① 개별공시지가의 검증 의뢰 ⇨ 감정평가법인등
   ㉠ 토지소유자, 그 밖의 이해관계인의 의견을 들어야 한다.
   ㉡ 감정평가법인등의 검증을 생략할 수 있다.

② 개별주택가격의 검증 의뢰 ⇨ 한국부동산원
   ㉠ 토지소유자, 그 밖의 이해관계인의 의견을 들어야 한다.
   ㉡ 한국부동산원의 검증을 생략할 수 있다.

(5) 주택가격 공시사항

토지	표준지 공시지가	표준지의 지번, 표준지의 단위면적당 가격, 표준지의 면적 및 형상, 표준지 및 주변토지의 이용상황 등
주택	표준주택	지번, 가격, 대지면적 및 형상, 용도, 연면적, 사용승인일(임시사용승인일 포함) 등
	개별주택	지번, 가격, 그 밖에 대통령령으로 정하는 사항
	공동주택	지번, 가격, 명칭, 동·호수, 면적, 그 밖에 공시에 관하여 필요한 사항
비주거용	비주거용 표준부동산	비주거용 표준부동산의 지번, 가격, 대지면적 및 형상, 용도, 연면적, 사용승인일(임시사용승인일 포함) 등
	비주거용 개별부동산	비주거용 부동산의 지번, 가격, 그 밖에 대통령령이 정하는 사항
	비주거용 집합부동산	소재지, 명칭, 동·호수, 면적, 비주거용 집합부동산가격, 비주거용 집합부동산의 면적, 그 밖에 공시에 관하여 필요한 사항

🔍 주택가격은 단위면적당 가격을 공시하지 않으며, 토지가격은 건물에 관한 사항을 공시하지 않는다.

☆☆중요 출제가능성이 높은 중요 문제 🡢고득점 고득점 목표를 위한 어려운 문제 📝신유형 기존에 출제되지 않은 신유형 대비 문제

제1장 감정평가의 기초이론

Point 50 감정평가의 개념과 기준시점 ★★★★

정답 및 해설 p.69

💡 **Tip**

기준시점에 대한 개념은 출제빈도가 비교적 높은 편이며, 기준시점의 날짜에 따라 대상물건의 가액(시장가치)이 달라지므로 기준시점을 확정해야 하는 필요성이 제기된다. 「감정평가에 관한 규칙」에서는 기준시점을 '가격조사 개시일', '감정평가서 작성일', '현장조사완료일'이라고 하지 않는다.

☆☆중요
01 다음 중 기준시점에 관한 설명으로 **틀린** 것은?

① 기준시점이란 대상물건의 감정평가액을 결정하는 날짜를 말한다.

② 기준시점은 대상물건의 가격조사를 완료한 날짜로 한다. 다만, 기준시점을 미리 정하였을 때에는 그 날짜에 가격조사가 가능한 경우에만 기준시점으로 할 수 있다.

③ 대상물건의 가격(가치)은 변동하는 것이므로 감정평가에 있어서 기준시점을 명확히 할 필요가 있다.

④ 감정평가에 있어서 기준시점이 중요시되는 가격원칙은 변동의 원칙이다.

⑤ 기준시점은 의뢰인과 협의하여 확정하여야 하며, 감정평가서에 포함할 사항이다.

02 감정평가에 관한 설명으로 **틀린** 것은?

① 감정평가는 토지 등의 경제적 가치를 판정하여 그 결과를 가액으로 표시하는 것을 말한다.

② 감정평가는 부동산시장의 불완전성을 보완하고 적정한 가격을 제시하여 시장참여자의 행동을 결정한다는 점에서 부동산자원의 배분을 유도하는 기능을 갖는다.

③ 부동산감정평가는 부동산경기의 활성화에 기여한다.

④ 부동산의 부동성·부증성·개별성 등의 불완전한 특성은 부동산감정평가의 필요성을 제기한다.

⑤ 표준지공시지가는 공익사업에서 토지를 수용할 때 합리적인 손실보상기준으로 활용된다.

> **Tip**
> 「감정평가에 관한 규칙」에서 규정하는 '현황기준 원칙', '시장가치기준 원칙', '개별물건기준 원칙'은 출제빈
> 도가 있으므로 주의하여 정리할 필요성이 있으며, 기타 감정평가이론(학문적 분류)에서 정의하는 것들과는
> 구분할 수 있어야 한다.

03 「감정평가에 관한 규칙」에서 직접 규정하고 있는 사항이 <u>아닌</u> 것은?

① 평가대상토지 위에 건물 등이 있는 경우 건물 등이 없는 나지를 상정하여 독립평가할 수 있다.

② 감정평가는 대상물건마다 개별로 하여야 한다.

③ 둘 이상의 대상물건이 일체로 거래되거나 대상물건 상호간에 용도상 불가분의 관계가 있는 경우에는 일괄하여 감정평가할 수 있다.

④ 하나의 대상물건이라도 가치를 달리하는 부분은 이를 구분하여 감정평가할 수 있다.

⑤ 일체로 이용되고 있는 일부분에 대하여 감정평가하여야 할 특수한 목적이나 합리적인 이유가 있는 경우에는 그 부분에 대하여 감정평가할 수 있다.

중요

04 「감정평가에 관한 규칙」에 규정된 내용으로 <u>틀린</u> 것은?

① 감정평가는 기준시점에서의 대상물건의 이용상황(불법적이거나 일시적인 이용은 제외한다) 및 공법상 제한을 받는 상태를 기준으로 한다.

② 감정평가법인등은 법령에 다른 규정이 있는 경우에는 기준시점의 가치형성요인 등을 실제와 다르게 가정하거나 특수한 경우로 한정하는 조건(감정평가조건)을 붙여 감정평가할 수 있다.

③ 감정평가법인등은 의뢰인이 요청하는 경우에 기준시점의 가치형성요인 등을 실제와 다르게 가정하거나 특수한 경우로 한정하는 조건(감정평가조건)을 붙여 감정평가할 수 있다.

④ 감정평가법인등은 감정평가 의뢰인이 요청하는 경우에 감정평가조건을 붙일 때에는 감정평가조건의 합리성, 적법성 및 실현가능성의 검토를 생략할 수 있다.

⑤ 감정평가법인등은 감정평가조건의 합리성·적법성이 결여되거나 사실상 실현 불가능하다고 판단할 때에는 의뢰를 거부하거나 수임을 철회할 수 있다.

05 「감정평가에 관한 규칙」에 관한 설명으로 <u>틀린</u> 것은?

① 대상물건에 대한 감정평가액은 원칙적으로 시장가치를 기준으로 결정한다.

② 감정평가법인등은 감정평가의뢰인이 요청하는 경우에는 대상물건의 감정평가액을 시장가치 외의 가치를 기준으로 결정할 수 있다.

③ 감정평가법인등은 대상물건의 특성에 비추어 사회통념상 필요하다고 인정되는 경우에는 대상물건의 감정평가액을 시장가치 외의 가치를 기준으로 결정할 수 있다.

④ 감정평가법인등은 법령에 다른 규정이 있는 경우에 대상물건의 감정평가액을 시장가치 외의 가치를 기준으로 감정평가할 때에는 해당 시장가치 외의 가치의 성격과 특징을 검토해야 한다.

⑤ 감정평가법인등은 시장가치 외의 가치를 기준으로 하는 감정평가의 합리성 및 적법성이 결여(缺如)되었다고 판단할 때에는 의뢰를 거부하거나 수임(受任)을 철회할 수 있다.

06 「감정평가에 관한 규칙」에 규정된 다음의 내용으로 각각 적합한 것은?

- (㉠)(이)란 감정평가의 대상이 되는 토지등(이하 '대상물건'이라 한다)이 통상적인 시장에서 충분한 기간 동안 거래를 위하여 공개된 후 대상물건의 내용에 정통한 당사자 사이에 신중하고 자발적인 거래가 있는 경우 성립될 가능성이 가장 높다고 인정되는 대상물건의 가액을 말한다.
- (㉡)(이)란 감정평가의 기준이 되는 가치를 말한다.

	㉠	㉡
①	시장가치	기준가치
②	시장가치	시장가치
③	기준가치	시장가치
④	적정가격	기준가치
⑤	적정가격	시장가치

07 부동산의 가치와 가격에 관한 설명으로 옳지 <u>않은</u> 것은?

① 부동산가격은 시장경제에서 자원배분의 기능을 수행한다.
② 일정시점에서 부동산가격은 하나밖에 없지만, 부동산가치는 여러 개 있을 수 있다.
③ 부동산의 가격과 가치간에는 오차가 있을 수 있으며, 이는 감정평가 필요성의 근거가 된다.
④ 부동산가격은 장기적 고려하에서 형성된다.
⑤ 부동산가치는 부동산의 소유에서 비롯되는 현재의 편익을 미래가치로 환원한 값이다.

✿중요

08 부동산가격의 형성과정에 관한 설명으로 <u>틀린</u> 것은?

① 「감정평가에 관한 규칙」상 '가치형성요인'이란 대상물건의 경제적 가치에 영향을 미치는 일반요인, 지역요인 및 개별요인 등을 말한다.
② 효용, 유효수요, 상대적 희소성, 이전성의 가치발생요인간 상호 결합에 의해 부동산가치는 발생한다.
③ 효용이란 부동산을 사용·수익함에 따른 인간의 필요나 욕구를 충족시켜 줄 수 있는 재화의 능력을 말한다.
④ 이전성은 법률적 측면이 아닌 경제적 측면에서의 가치발생요인이다.
⑤ 부동산은 용도적 관점에서 대체성이 인정되고 있기 때문에 절대적 희소성이 아닌 상대적 희소성을 가지고 있다.

Point 53 부동산가격의 제 원칙(감정평가원리) ★★★

정답 및 해설 p.70~71

Tip
- 부동산가격 제 원칙은 '평가원리'라고도 하며, 제1장 감정평가의 기초이론에서 '지역분석 및 개별분석' 다음으로 출제비중이 높은 분야이다.
- 종류를 묻는 것이 아니라 각 원칙의 '개념'을 묻고 있으므로 기본개념만 잘 정리하면 된다. 비교적 출제빈도가 높은 것은 균형의 원칙, 적합의 원칙, 예측의 원칙, 최유효이용의 원칙, 대체의 원칙 등이다.

09 부동산가격의 제 원칙(감정평가원리)에 관한 설명으로 틀린 것은?

① 최유효이용은 대상부동산의 물리적 채택가능성, 합리적이고 합법적인 이용, 최고수익성을 기준으로 판정할 수 있다.
② 변동의 원칙이란 가치형성요인이 시간의 흐름에 따라 지속적으로 변화함으로써 부동산가격도 변화한다는 것을 말한다.
③ 예측의 원칙에 의하면 부동산의 가치는 장래 기대되는 편익을 현재가치로 환원한 값이라고 할 수 있다.
④ 적합의 원칙은 부동산의 입지와 인근환경을 고려한다.
⑤ 기여의 원칙은 부동산의 가치는 각 구성부분의 생산비를 전부 합한 것이라는 원칙이다.

중요
10 부동산가격원칙에 대한 설명으로 틀린 것은?

① 부동산가격의 제 원칙은 최유효이용의 원칙을 상위원칙으로 하나의 체계를 형성하고 있다.
② 균형의 원칙에서는 부지와 건물의 적응상태와 투입되는 생산요소의 결합비율이 적절한 균형을 이루고 있는가를 판정한다.
③ 부동산의 가격이 내부적인 요인에 의하여 긍정적 또는 부정적 영향을 받아 형성되는 것은 적합의 원칙이다.
④ 부동산의 가격이 대체·경쟁관계의 유사한 부동산의 영향을 받아 형성되는 것은 대체의 원칙에 해당하며, 이는 거래사례비교법의 토대가 된다.
⑤ 토지·자본·노동 및 경영의 각 생산요소에 의하여 발생하는 총수익은 이들 제 요소에 배분되는데, 자본·노동·경영에 배분된 이외의 잔여액은 그 배분이 정당하게 행해지는 한 토지에 귀속된다는 것을 잉여생산성의 원리라고 한다.

11 다음의 각 항목에 가장 적합한 감정평가의 가격 제 원칙을 올바르게 연결한 것은?

> ㉠ 신축한 지 20년이 지난 아파트로, 최근에 신축된 유사한 아파트에 비하여 방과 화장실이
>   1개씩 적고, 층간소음이 심하며, 냉ㆍ난방비가 많이 나오는 편이다.
> ㉡ 시장가격이 20억원인 업무용 빌딩에 2억원을 투자하여 내부적인 리모델링을 한 후 업무
>   용 빌딩 가격이 25억원으로 상승하였다.
> ㉢ 상업지역에 있는 공장부지를 평가할 때 상업용지의 가치에 준하여 평가하였다.

	㉠	㉡	㉢
①	기회비용의 원칙	균형의 원칙	기여의 원칙
②	적합의 원칙	기여의 원칙	대체의 원칙
③	균형의 원칙	기여의 원칙	기회비용의 원칙
④	외부성의 원칙	균형의 원칙	기회비용의 원칙
⑤	기여의 원칙	대체의 원칙	적합의 원칙

Point 54   지역분석 및 개별분석 ★★★★   정답 및 해설 p.71

> 💡 **Tip**
> • 제1장 감정평가의 기초이론에서 출제빈도가 높은 분야이므로 기출된 문제를 잘 학습할 필요가 있다.
> • 지역분석과 개별분석을 비교하여 정리하여야 하며, '인근지역', '유사지역', '동일수급권'의 용어를 잘 구분
>   하여야 한다. 이 분야는 제2장 감정평가의 방식 중 비교방식에서도 유용하게 활용된다.

☆중요

12 지역분석 및 개별분석에 대한 설명으로 틀린 것은?

① 지역분석이란 대상부동산이 어떤 지역에 속하며, 그 지역특성이 무엇이며, 전반적으로
   그 특성이 지역 내 부동산가치형성에 어떠한 영향을 미치는가를 분석하는 것이다.

② 개별분석이란 지역분석 결과로 얻어진 정보를 기준으로 대상부동산의 가격을 표준화ㆍ
   일반화하는 작업을 말한다.

③ 지역분석은 대상지역에 대한 거시적ㆍ광역적 분석인 데 비하여, 개별분석은 대상부동
   산에 대한 미시적ㆍ구체적인 분석이다.

④ 부동성ㆍ인접성은 지역분석의 필요성의 근거가 되며, 개별성은 감정평가시 개별분석의
   필요성을 제기한다.

⑤ 대상부동산의 최유효이용을 판정하기 위해 개별분석이 필요하다.

13 다음 중 지역분석과 개별분석에 대한 설명으로 <u>틀린</u> 것을 모두 고른 것은?

> ㉠ 사례자료를 동일수급권 안의 유사지역에서 선택할 경우 지역요인 비교과정이 필요하지 않다.
> ㉡ 인근지역의 그 범위는 고정적이고 경직적이다.
> ㉢ 인근지역의 범위를 지나치게 넓게 설정하면 가격(가치)수준의 판정이 곤란해지는 단점이 있다.
> ㉣ 개별분석은 지역분석 이후에 실시하는 것이 일반적이다.

① ㉠, ㉡
② ㉠, ㉢
③ ㉡, ㉢
④ ㉡, ㉣
⑤ ㉢, ㉣

<small>고득점</small>

14 감정평가 과정상 지역분석의 대상지역에 관한 설명으로 <u>틀린</u> 것은?

① 인근지역이란 대상부동산이 속한 지역으로서 부동산의 이용이 동질적이고 가치형성요인 중 지역요인을 공유하는 지역을 말한다.
② 유사지역이란 대상부동산이 속하지 아니하는 지역으로서 인근지역과 유사한 특성을 갖는 지역을 말한다.
③ 동일수급권이란 대상부동산과 수요·공급관계가 성립하고 가치형성에 서로 영향을 미치지 않는 관계에 있는 다른 부동산이 존재하는 권역을 말하며, 인근지역과 유사지역을 포함한다.
④ 성숙도가 낮은 후보지의 동일수급권은 전환 전(前) 용도지역의 동일수급권과 일치하는 경향이 있다.
⑤ 주거지의 동일수급권은 도심으로 통근 가능한 범위와 일치하는 경향이 있지만, 지역적 선호도에 따라 좁아지거나 넓어질 수 있다.

Point 55 감정평가방법의 적용 및 시산가액의 조정 ★★

정답 및 해설 p.71

💡 **Tip**
- 가격의 3면성에 근거하여 감정평가의 대상물건마다 어떠한 감정평가방법을 적용하는지 그 개념을 정리하고 「감정평가에 관한 규칙」 제2조의 내용에 대한 점검이 필요하다.
- 출제빈도가 높지는 않지만 감정평가론 분야에서 필수적으로 학습해야 할 내용이다.

✿중요

15 다음 자료를 활용하여 시산가액 조정을 통해 구한 감정평가액은? (단, 주어진 조건에 한함)

- 거래사례를 통해 구한 시산가액(가치): 2.4억원
- 조성비용을 통해 구한 시산가액(가치): 2.2억원
- 임대료를 통해 구한 시산가액(가치): 2.0억원
- 시산가액 조정방법: 가중치를 부여하는 방법
- 가중치: 원가방식 30%, 비교방식 50%, 수익방식 20%를 적용함

① 2억원
② 2억 200만원
③ 2억 1,200만원
④ 2억 2,600만원
⑤ 2억 3,200만원

16 감정평가 3방식 및 시산가액 조정에 관한 설명으로 <u>틀린</u> 것은?

① 감정평가 3방식은 비용성, 시장성, 수익성에 기초하고 있다.
② 시산가액은 감정평가 3방식에 의하여 도출된 각각의 가액이다.
③ 시산가액 조정은 각 시산가액을 상호 관련시켜 재검토함으로써 시산가액 상호간의 격차를 합리적으로 조정하는 작업이다.
④ 시산가액 조정은 각 시산가액을 주로 가중평균하는 것을 말한다.
⑤ 시산가액의 조정은 감정평가이론(실무)에 관한 것으로 「감정평가에 관한 규칙」에서 그 내용을 규정하고 있지는 않다.

17 「감정평가에 관한 규칙」상 시산가액 조정에 관한 설명으로 옳지 <u>않은</u> 것은?

① 평가대상물건별로 정한 감정평가방법을 적용하여 산정한 가액을 시산가액이라 한다.

② 평가대상물건의 시산가액은 감정평가 3방식 중 다른 감정평가방식에 속하는 하나 이상의 감정평가방법으로 산정한 시산가액과 비교하여 합리성을 검토하여야 한다.

③ 시산가액 조정시 공시지가기준법과 거래사례비교법은 같은 감정평가방식으로 본다.

④ 대상물건의 특성 등으로 인하여 다른 감정평가방법을 적용하는 것이 곤란하거나 불필요한 경우에는 시산가액 조정을 생략할 수 있다.

⑤ 산출한 시산가액의 합리성이 없다고 판단되는 경우에는 주된 방법 및 다른 감정평가방법으로 산출한 시산가액을 조정하여 감정평가액을 결정할 수 있다.

Point 56 원가법 ★★★★

정답 및 해설 p.71~72

> 💡 **Tip**
> • 「감정평가에 관한 규칙」에 근거한 원가법과 감가수정의 개념을 필수적으로 정리하여야 한다.
> • 재조달원가, 정액법에 의한 감가수정(누계)액과 적산가액 계산문제는 선별하여 대비한다.

🍃신유형

18 원가법 및 재조달원가에 관한 설명으로 <u>틀린</u> 것은?

① 원가법이란 대상물건의 재조달원가에 감가수정을 하여 대상물건의 가액을 산정하는 감정평가방법을 말한다.

② 재조달원가란 준공시점에 있어서 대상부동산을 새로 재생산 또는 재취득하는 데 소요되는 적정원가의 총액으로서, 그 대상물건의 값의 상한선을 말한다.

③ 재조달원가는 실제로 생산 또는 건설된 방법 여하에 불구하고 도급방식을 기준으로 산정한다.

④ 수급인의 적정이윤은 표준적 건설비에 반영하고 그 밖에 설계비, 감리비, 제세공과금 등 통상부대비용도 포함하여 재조달원가를 산정한다.

⑤ 총량조사법(총가격적산법), 구성단위법(부분별 단가적용법), 비용지수법(변동률 적용법), 단위비교법은 재조달원가의 산정방법에 해당한다.

부동산감정평가론

제8편

19 다음 자료를 이용하여 계산한 건물의 m²당 재조달원가는? (단, 주어진 조건에 한함)

> - 10년 전 준공된 5층 건물(대지면적 500m², 연면적 1,200m²)
> - 준공(사용승인일) 당시의 공사비내역과 통상부대비용
>
>   직접공사비   300,000,000원
>   \+ 간접공사비   60,000,000원
>   ────────────────────────
>   공사비 합계   360,000,000원
>   \+ 개발업자의 이윤   60,000,000원
>   ────────────────────────
>   총계   420,000,000원
> - 설계비: 8,000,000원
> - 감리비: 3,000,000원
> - 제세공과금: 1,000,000원
> - 20년 전 건축비지수: 100,   • 기준시점 건축비지수: 120

① 386,000원   ② 400,000원

③ 412,000원   ④ 420,000원

⑤ 432,000원

20 감가수정방법에 관한 설명으로 <u>틀린</u> 것은?

① 정액법, 정률법, 상환기금법은 대상부동산의 (경제적)내용연수를 기준으로 하는 감가수정방법이다.

② 정률법에서는 매년의 감가율이 감소함에 따라 감가액이 체감한다.

③ 상환기금법은 내용연수가 만료하는 때의 감가누계상당액과 그에 대한 복리계산의 이자상당액을 포함하여 해당 내용연수로 상환하는 방법이다.

④ 관찰감가법은 부동산의 상태를 면밀히 관찰할 수 있지만, 감정평가사의 경험과 지식에 의존하기 때문에 감정평가사의 주관개입 가능성이 크다.

⑤ 분해법(내구성 분해방식)은 대상부동산의 감가요인을 물리적 · 기능적 · 경제적 요인으로 세분한 후 이에 대한 감가액을 별도로 측정하고, 이것을 전부 합산하여 감가액을 산출하는 방법이다.

21 원가법에서의 감가 및 감가수정에 관한 설명으로 **틀린** 것은?

① 감가수정이란 대상물건에 대한 재조달원가를 감액하여야 할 요인이 있는 경우에 물리적·기능적·경제적 감가 등을 고려하여, 그에 해당하는 금액을 재조달원가에서 공제하여 기준시점에 있어서의 대상물건의 가액을 적정화하는 작업을 말한다.

② 감가수정을 할 때에는 직접법 또는 간접법을 사용할 수 있다.

③ 대상부동산이 가지는 물리적 특성인 지리적 위치의 고정성에 의해서 기능적 감가가 발생한다.

④ 치유가능한 감가는 치유로 증가가 예상되는 효용이 치유에 요하는 비용보다 큰 경우의 감가를 의미한다.

⑤ 감정평가의 감가수정은 동일한 내용연수의 부동산이라도 건축방법, 관리 및 유지상태 등에 따라 감가의 정도가 달라진다.

↖ 고득점
22 다음 자료를 활용하여 원가법으로 산정한 대상건물의 시산가액은? (단, 주어진 조건에 한함)

- 대상건물 현황: 철근콘크리트조, 단독주택, 연면적 $200m^2$
- 기준시점: 2025.10.25.
- 사용승인일: 2015.10.25.
- 사용승인일의 신축공사비: 1,000,000원/m^2(신축공사비는 적정함)
- 건축비지수(건설공사비지수)
  - 2015.10.25.: 100
  - 2025.10.25.: 120
- 경제적 내용연수: 50년
- 감가수정방법: 정액법
- 내용연수 만료시 잔존가치 없음

---

① 232,000,000원
② 222,000,000원
③ 212,000,000원
④ 202,000,000원
⑤ 192,000,000원

23 원가법으로 산정한 대상물건의 적산가액은? (단, 주어진 조건에 한함)

- 사용승인일의 신축공사비: 8천만원(신축공사비는 적정함)
- 사용승인일: 2023.9.1.
- 기준시점: 2025.9.1.
- 건축비지수
  - 2023.9.1.: 100
  - 2025.9.1.: 110
- 경제적 내용연수: 40년
- 감가수정방법: 정액법
- 내용연수 만료시 잔가율: 10%

① 81,240,000원
② 82,640,000원
③ 83,600,000원
④ 84,040,000원
⑤ 85,440,000원

24 원가법에 의한 공장건물의 적산가액은? (단, 주어진 조건에 한함)

- 신축공사비: 1억원
- 준공시점: 2023년 9월 30일
- 기준시점: 2025년 9월 30일
- 건축비지수
  - 2023년 9월: 100
  - 2025년 9월: 120
- 전년대비 잔가율: 80%
- 신축공사비는 준공 당시 재조달원가로 적정하며, 감가수정방법은 공장건물이 설비에 가까운 점을 고려하여 정률법을 적용함

① 7,220만원
② 7,680만원
③ 8,880만원
④ 9,600만원
⑤ 1억 1,200만원

거래사례비교법 및 공시지가기준법 ★★★★★

정답 및 해설 p.72~74

> 💡 **Tip**
> • 거래사례비교법은 시장성이 있는 부동산의 평가에 유용하며, '시점수정'의 개념에 주목하여야 한다. 공시지가기준법과는 미묘하게 차이가 있으므로 「감정평가에 관한 규칙」상 정의를 필수적으로 점검하여야 한다.
> • 지문형으로 출제되는 문제유형은 많지 않으며, 계산문제에 대비하여 기출된 문제를 자주 접하는 것이 필요하다.

25 거래사례비교법에 관한 설명으로 <u>틀린</u> 것은?

① 거래사례비교법이란 대상물건과 가치형성요인이 같거나 비슷한 물건의 거래사례와 비교하여 대상물건의 현황에 맞게 사정보정, 시점수정, 가치형성요인 비교 등의 과정을 거쳐 대상물건의 가액을 산정하는 감정평가방법을 말한다.

② 거래사례비교법은 실제 거래되는 가격을 기준으로 하기 때문에 현실성이 있으며 설득력이 풍부하다.

③ 거래사례비교법과 관련된 가격원칙은 대체의 원칙이고, 구해진 가액은 비준가액이라 한다.

④ 거래사례비교법은 대상부동산과 동질·동일성이 있어서 비교 가능한 사례를 채택하는 것이 중요하다.

⑤ 거래사례에 사정보정요인이 있는 경우 우선 시점수정을 하고, 거래시점과 기준시점간의 시간적 불일치를 정상화하는 사정보정을 하여야 한다.

26 감정평가의 대상이 되는 부동산(이하 '대상부동산'이라 함)과 거래사례부동산의 개별요인 항목별 비교내용이 다음과 같은 경우 상승식으로 산정한 개별요인 비교치는? (단, 주어진 조건에 한하며, 결괏값은 소수점 넷째 자리에서 반올림함)

> ㉠ 가로의 폭·구조 등의 상태에서 대상부동산이 5% 우세함
> ㉡ 고객의 유동성과의 적합성에서 대상부동산이 3% 열세함
> ㉢ 행정상의 규제정도에서 대상부동산이 4% 우세함
> ㉣ 형상 및 고저는 동일함

① 0.949
② 0.979
③ 1.029
④ 1.059
⑤ 1.119

27 평가대상부동산이 속한 지역과 사례부동산이 속한 지역이 다음과 같은 격차를 보이는 경우, 상승식으로 산정한 지역요인의 비교치는? (단, 격차내역은 사례부동산이 속한 지역을 100으로 산정할 경우의 비준치이며, 결괏값은 소수점 셋째 자리까지만 사용함)

비교항목	격차내역
기타 조건	+3
환경조건	-2
가로조건	-4
접근조건	0
행정적 조건	+1

① 0.958
② 0.978
③ 0.998
④ 1.023
⑤ 1.103

28 다음 자료를 활용하여 거래사례비교법으로 산정한 대상토지의 비준가액은? (단, 주어진 조건에 한함)

- 대상토지: A시 B구 C동 350번지, 150m²(면적), 대(지목), 주상용(이용상황), 제2종 일반주거지역(용도지역)
- 기준시점: 2025.10.25.
- 거래사례
  - 소재지: A시 B구 C동 340번지
  - 200m²(면적), 대(지목), 주상용(이용상황)
  - 제2종 일반주거지역(용도지역)
  - 거래가격: 800,000,000원(가격구성비율은 토지 60%, 건물 40%임)
  - 거래시점: 2025.6.1.
- 사정보정치: 1.1
- 지가변동률(A시 B구, 2025.6.1.~2025.10.25.): 주거지역 5% 상승, 상업지역 4% 상승
- 지역요인: 거래사례와 동일
- 개별요인: 거래사례에 비해 8% 열세
- 상승식으로 계산

① 372,524,000원

② 382,536,000원

③ 392,826,000원

④ 405,356,000원

⑤ 418,504,000원

29 다음 자료를 활용하여 공시지가기준법으로 산정한 대상토지의 단위면적당 시산가액(원/m²)은? (단, 주어진 조건에 한함)

- 대상토지 현황: A시 B구 C동 210번지, 일반상업지역, 상업용
- 기준시점: 2025.10.25.
- 표준공시지가(A시 B구 C동, 2025.01.01. 기준)

기호	소재지	용도지역	이용상황	공시지가(원/m²)
1	C동 200	준주거지역	상업용	3,000,000
2	C동 240	일반상업지역	상업용	4,000,000

- 지가변동률(A시 B구, 2025.01.01.~2025.10.25.)
  - 주거지역: 4% 상승
  - 상업지역: 6% 상승
- 지역요인: 표준지와 대상토지는 인근지역에 위치하여 지역요인이 동일함
- 개별요인: 대상토지는 표준지 기호 1에 비해 개별요인 3% 우세하고, 표준지 기호 2에 비해 개별요인 5% 열세함
- 그 밖의 요인 보정: 대상토지 인근지역의 가치형성요인이 유사한 정상적인 거래사례 및 평가사례 등을 고려하여 그 밖의 요인으로 20% 증액 보정함
- 상승식으로 계산할 것

① 5,598,000원/m²
② 5,248,000원/m²
③ 5,191,600원/m²
④ 4,833,600원/m²
⑤ 4,290,600원/m²

30 다음 자료를 활용하여 공시지가기준법으로 평가한 대상토지의 가액(원/m²)은? (단, 주어진 조건에 한함)

- 소재지 등: A시 B구 C동 120, 일반상업지역, 상업용
- 기준시점: 2025.10.25.
- 표준지공시지가(A시 B구 C동, 2025.1.1. 기준)

기호	소재지	용도지역	이용상황	공시지가(원/m²)
1	C동 80	일반공업지역	상업용	1,000,000
2	C동 120	일반상업지역	상업용	3,000,000

- 지가변동률(A시, B구, 2025.1.1.~2025.10.25.)
  - 공업지역: 2% 상승
  - 상업지역: 8% 상승
- 지역요인: 표준지와 대상토지는 인근지역에 위치하여 지역요인은 동일함
- 개별요인: 대상토지는 표준지 기호 1, 2에 비해 각각 가로조건에서 5% 우세하고, 다른 조건은 동일함(상승식으로 계산할 것)
- 그 밖의 요인으로 보정할 사항 없음

① 1,134,000 ② 1,842,200 ③ 3,104,000
④ 3,280,000 ⑤ 3,402,000

31 다음 자료를 활용하여 공시지가기준법으로 산정한 대상토지의 가액(원/m²)은? (단, 주어진 조건에 한함)

- 대상토지: A시 B구 C동 240번지, 일반상업지역
- 기준시점: 2025.10.31.
- 비교표준지: A시 B구 C동 200번지, 일반상업지역, 2025.1.1. 기준 공시지가 600만원/m²
- 지가변동률(A시 B구, 2025.1.1.~2025.10.31.): 상업지역 5% 상승
- 지역요인: 대상토지와 비교표준지의 지역요인은 동일함
- 개별요인: 대상토지는 비교표준지에 비해 가로조건 20% 우세, 환경조건 10% 열세하고, 다른 조건은 동일함(상승식으로 계산할 것)
- 그 밖의 요인 보정치: 1.20

① 7,244,800 ② 7,848,800 ③ 8,164,800
④ 9,010,200 ⑤ 9,710,200

부동산감정평가론

제8편

32 「감정평가에 관한 규칙」상 공시지가기준법과 관련된 설명으로 <u>틀린</u> 것을 모두 고른 것은?

> ㉠ 공시지가기준법이란 감정평가의 대상이 된 토지와 가치형성요인이 같거나 비슷하여 유사한 이용가치를 지닌다고 인정되는 표준지공시지가를 기준으로 대상토지의 현황에 맞게 사정보정, 시점수정, 지역요인 및 개별요인 비교, 그 밖의 요인의 보정을 거쳐 대상토지의 가액을 산정하는 감정평가방법을 말한다.
> ㉡ 시점수정을 할 때에는 원칙적으로 한국은행이 조사·발표하는 생산자물가지수에 따라 생산자물가상승률을 적용해야 한다.
> ㉢ 감정평가법인등은 자신의 능력으로 업무수행이 불가능하거나 매우 곤란한 경우에는 감정평가를 하여서는 안 된다.
> ㉣ '적정한 실거래가'는 「부동산 거래신고 등에 관한 법률」에 따라 신고된 실제 거래가격으로서 거래시점이 도시지역은 5년 이내, 그 밖의 지역은 3년 이내인 거래가격 중에서 감정평가법인등이 인근지역의 지가수준 등을 고려하여 감정평가의 기준으로 적용하기에 적정하다고 판단하는 거래가격을 말한다.

① ㉠, ㉡, ㉢   ② ㉠, ㉡, ㉣   ③ ㉠, ㉢, ㉣
④ ㉡, ㉢, ㉣   ⑤ ㉠, ㉡, ㉢, ㉣

Point 58   수익환원법 ★★★★★

정답 및 해설 p.74~75

💡 **Tip**
- 수익환원법에서는 환원이율(자본환원율)을 적용하여 수익가액을 계산하는 문제의 출제빈도가 높은 편이다.
- 환원이율은 수익가액(가격)을 구하기 위한 할인율(기회비용)의 개념으로, 이에 대한 개념정리와 계산방법은 꼭 숙지·정리해 두어야 한다.

✿중요
33 수익환원법 및 환원이율(자본환원율)에 대한 설명으로 <u>틀린</u> 것은? (단, 다른 조건은 일정함)

① 수익환원법이란 대상물건이 장래 산출할 것으로 기대되는 순수익이나 미래의 현금흐름을 환원하거나 할인하여 대상물건의 가액을 산정하는 감정평가방법을 말한다.
② 환원이율은 부동산(원본)가격에 대한 순영업소득의 비율로서, 부동산의 수익성을 나타내는 지표이다.
③ 환원이율은 자본수익률과 자본회수율의 합으로 구성된다.
④ 자본환원율은 자본의 기회비용을 반영하므로 자본시장에서 시장금리가 상승하면 함께 상승한다.
⑤ 환원이율(자본환원율)이 상승하면 자산가격(수익가액)이 상승한다.

34 환원이율(자본환원율)에 관한 설명으로 틀린 것은? (단, 다른 조건은 일정함)

① 순영업소득(NOI)이 일정할 때 투자수요의 증가로 인한 자산가격 상승은 자본환원율을 높이는 요인이 된다.

② 부동산 프로젝트의 위험이 높아지면 자본환원율도 상승한다.

③ 물리적 투자결합법은 부동산의 소득을 창출하는 능력이 토지와 건물이 다르다는 인식하에 환원이율을 구하는 방법이다.

④ 부채감당률 2, 대부비율 50%, 연간 저당상수 0.1이라면 (종합)자본환원율은 10%이다.

⑤ 부동산시장이 균형을 이루더라도 자산의 유형, 위치 등 특성에 따라 자본환원율이 서로 다른 부동산들이 존재할 수 있다.

35 현재 부동산의 가치는 4억원이다. 향후 1년 동안 예상되는 현금흐름이 다음 자료와 같을 경우, 대상부동산의 자본환원율(종합환원율)은? (단, 가능총소득에는 기타소득이 포함되어 있지 않고, 주어진 조건에 한함)

- 가능총소득: 30,000,000원
- 공실손실상당액: 3,000,000원
- 기타소득: 1,000,000원
- 영업경비: 4,000,000원

---

① 4.0% ② 4.5% ③ 5.5%
④ 6.0% ⑤ 6.5%

36 다음과 같은 조건에서 대상부동산의 수익가액을 산정할 때 적용할 환원이율은? (단, 주어진 조건에 한정하며, 근사치를 선택함)

- 유효총소득: 80,000,000원
- 영업경비: 12,000,000원
- 부채서비스액: 40,000,000원
- 지분비율 : 대부비율 = 60% : 40%
- 대출조건: 이자율 연 10%로 매년 원리금균등상환
- 저당상수: 0.118

---

① 7.22% ② 7.42% ③ 7.62%
④ 7.82% ⑤ 8.02%

37 다음 자료를 활용하여 수익환원법(직접환원법)을 적용한 평가대상 근린생활시설의 수익가액은? (단, 주어진 조건에 한하며, 연간 기준임)

> • 가능총소득: 5,000만원
> • 공실손실상당액: 가능총소득의 10%
> • 운영경비: 가능총소득의 20%
> • 부채서비스액: 1,000만원
> • 개인업무비: 가능총소득의 5%
> • 기대이율 4%, 환원이율 7%

① 4억원   ② 4억 4,000만원

③ 4억 5,000만원   ④ 5억원

⑤ 5억 4,000만원

☆중요
38 다음 자료를 활용하여 산정한 대상부동산의 수익가액은? (단, 연간 기준이며, 주어진 조건에 한함)

> • 가능총소득(PGI): 48,000,000원
> • 공실손실상당액 및 대손충당금: 가능총소득의 5%
> • 유지관리비: 240만원
> • 재산세: 120만원
> • 용역비: 200만원
> • 대상부동산의 가치구성비율: 토지(60%), 건물(40%)
> • 토지환원율: 10%, 건물환원율: 5%
> • 환원방법: 직접환원법
> • 환원율산정방법: 물리적 투자결합법

① 400,000,000원   ② 440,000,000원

③ 500,000,000원   ④ 550,000,000원

⑤ 600,000,000원

Tip

출제빈도가 낮지만 「감정평가에 관한 규칙」에 근거한 임대료를 구하는 각 방식의 개념정리는 필수적이며, 적산임료(적산법)를 구하는 계산문제가 출제된 바가 있기 때문에 간단한 수식은 암기하여 둔다.

39 다음은 임대료 감정평가방법의 종류와 산식이다. (   )에 들어갈 내용으로 옳은 것은?

- (㉠): 적산임료 = 기초가액 × (㉡) + 필요제경비
- 임대사례비교법: (㉢) = 임대사례의 임대료 × 사정보정치 × 시점수정치 × 가치형성요인 비교치 등
- 수익분석법: 수익임료 = 순수익 + (㉣)

	㉠	㉡	㉢	㉣
①	원가법	기대이율	비준임료	필요제경비
②	적산법	기대이율	비준임료	필요제경비
③	적산법	환원이율	비준가액	필요제경비
④	수익환원법	환원이율	적산가액	감가수정
⑤	원가법	감가수정	비준임료	재조달원가

40 임대료 평가방법에 대한 설명으로 옳은 것을 모두 고른 것은?

> ㉠ 적산법이란 대상물건의 재조달원가에 기대이율을 곱하여 산정한 기대수익에 대상물건을
>   계속하여 임대하는 데에 필요한 경비를 더하여 대상물건의 임대료를 산정하는 감정평가
>   방법을 말한다.
> ㉡ 임대사례비교법이란 대상물건과 가치형성요인이 같거나 비슷한 물건의 임대사례와 비교
>   하여 대상물건의 현황에 맞게 사정보정, 시점수정, 가치형성요인 비교 등의 과정을 거쳐
>   대상물건의 임대료를 산정하는 감정평가방법을 말한다.
> ㉢ 수익분석법이란 일반기업경영에 의하여 산출된 총수익을 분석하여 대상물건이 일정한 기
>   간에 산출할 것으로 기대되는 순수익에 대상물건을 계속하여 임대하는 데에 필요한 경비
>   를 공제하여 대상물건의 임대료를 산정하는 감정평가방법을 말한다.

① ㉡   ② ㉠, ㉡   ③ ㉠, ㉢
④ ㉡, ㉢   ⑤ ㉠, ㉡, ㉢

Point 60 물건별 평가방법 ★★★

정답 및 해설 p.75

💡 **Tip**

• 기본적 개념으로 시장성이 있는 물건은 거래사례비교법으로, 시장성이 낮은 물건이나 비용개념이 성립하
  면 원가법으로, 상업적 수익 등을 얻는 것은 수익환원법으로 대응한다.
• 「감정평가에 관한 규칙」상의 평가기법이기 때문에 관련 조문을 반복하여 학습하고 숙지하여야 한다.

☆중요
41 「감정평가에 관한 규칙」상 물건별 감정평가방법으로 틀린 것은?

① 상표권, 실용신안권 등 무형자산을 감정평가할 때에는 수익분석법을 적용해야 한다.
② 토지를 감정평가할 때에는 공시지가기준법을 적용해야 한다.
③ 자동차로서 효용가치가 없는 물건은 해체처분가액으로 감정평가할 수 있다.
④ 산림을 평가할 때에 산지와 입목을 구분하여 감정평가해야 한다. 이 경우 입목은 거래
   사례비교법을 적용하되, 소경목림인 경우에는 원가법을 적용할 수 있다.
⑤ 동산으로서 기계, 기구류 등을 감정평가할 때에는 원가법을 적용해야 한다.

42 「감정평가에 관한 규칙」상 대상물건별 감정평가방법으로 그 연결이 옳은 것은?

① 임대료 – 적산법

② 자동차 – 원가법

③ 기업가치 – 수익환원법

④ 건설기계 – 거래사례비교법

⑤ 과수원 – 공시지가기준법

⬀ 고득점
43 「감정평가에 관한 규칙」상 대상물건별로 정한 감정평가방법(주된 방법)이 원가법인 대상 물건은 모두 몇 개인가?

• 항공기	• 상장채권
• 저작권	• 특허권
• 건물	• 기업가치
• 광업재단	• 동산

① 1개　　　　② 2개　　　　③ 3개　　　　④ 4개　　　　⑤ 5개

44 「감정평가에 관한 규칙」상 감정평가에 관한 설명으로 틀린 것은?

① 선박을 감정평가할 때에 선체·기관·의장(艤裝)의 감정평가액을 합산하여 원가법을 적용해야 한다.

② 공장재단을 평가할 때에 공장재단을 구성하는 개별물건의 감정평가액을 합산하여 감정 평가해야 한다. 다만, 계속적인 수익이 예상되는 경우 일괄하여 평가하는 경우에는 수 익환원법을 적용할 수 있다.

③ 「집합건물의 소유 및 관리에 관한 법률」에 따른 구분소유권의 대상이 되는 건물부분과 그 대지사용권을 일괄하여 평가하는 경우 등 토지와 건물을 일괄하여 감정평가할 때에 는 거래사례비교법을 적용해야 한다. 이 경우 감정평가액은 합리적인 기준에 따라 토지 가액과 건물가액으로 구분하여 표시할 수 있다.

④ 소음, 진동, 일조침해 또는 환경오염 등으로 대상물건에 직접적 또는 간접적인 피해가 발생하여 대상물건의 가치가 하락한 경우, 그 가치하락분을 감정평가할 때에는 소음 등 이 발생되기 전의 대상물건의 가액 및 원상회복비용 등을 고려해야 한다.

⑤ 어업권을 감정평가할 때에 어장 전체를 수익환원법에 따라 감정평가한 가액에서 해당 어 장의 현존가액을 빼고 감정평가해야 한다. 이 경우 어장의 현존시설가액은 적정 생산규모 와 어업권 존속기간 등을 고려하여 산정하되 과잉유휴시설을 포함하여 산정하지 않는다.

제3장 부동산가격공시제도

Point 61 부동산가격공시제도 ★★★★★

정답 및 해설 p.76~77

💡 Tip

부동산가격공시제도는 제25회 시험에서 3문제가 출제되었고, 이후에는 회차별로 1~2문제가 지속적으로 출제되고 있다. 학습할 분량이 많지만 기본적인 사항은 '표'로 먼저 정리하고, 기본서와 관련 조문을 반복하여 읽음으로써 반드시 합격을 위한 1문제를 확보하려는 노력이 필요하다.

🔖 고득점

45 부동산가격공시제도에 관한 설명으로 틀린 것은?

① '적정가격'이란 해당 토지, 주택 및 비주거용 부동산에 대하여 통상적인 시장에서 정상적인 거래가 이루어지는 경우 성립될 가능성이 가장 높다고 인정되는 가격을 말한다.

② 개별공시지가란 시장·군수 또는 구청장이 결정·공시하는 매년 공시지가의 공시기준일 현재 관할구역 안의 개별토지의 단위면적당 적정가격을 말한다.

③ 표준주택가격이란 국토교통부장관이 일단의 단독주택 중에서 선정한 표준주택에 대하여 조사·평가하여 공시한 표준주택의 적정가격을 말한다.

④ 개별공시지가는 매년 5월 31일까지, 개별주택가격은 매년 4월 30일까지 결정·공시하여야 한다.

⑤ 국토교통부장관은 개별공시지가의 산정을 위하여 필요하다고 인정하는 경우에는 표준지와 산정대상 개별토지의 가격형성요인에 관한 비교표(토지가격비준표)를 작성하여 시장·군수 또는 구청장에게 제공하여야 한다.

46 부동산 가격공시에 관한 법령에 대한 설명으로 <u>틀린</u> 것은?

① 국토교통부장관은 표준지공시지가를 조사·평가할 때에는 둘 이상의 감정평가법인등에게 이를 의뢰하여야 한다. 다만, 지가변동이 작은 경우 등 대통령령이 정하는 기준에 대해서는 하나의 감정평가법인등에게 의뢰할 수 있다.

② 국토교통부장관은 표준주택가격을 조사·산정하고자 할 때에는 한국부동산원에 의뢰한다.

③ 국토교통부장관은 표준주택에 대하여 매년 공시기준일 현재 적정가격을 조사·산정하고, 중앙부동산가격공시위원회의 심의를 거쳐 이를 공시하여야 한다.

④ 국토교통부장관은 공시기준일 이후에 토지의 분할·합병이 발생한 토지에 대하여는 대통령령이 정하는 날을 기준으로 하여 개별공시지가를 결정·공시하여야 한다.

⑤ 국토교통부장관이 공동주택의 적정가격을 조사·산정하는 경우에는 인근 유사공동주택의 거래가격·임대료 및 해당 공동주택과 유사한 이용가치를 지닌다고 인정되는 공동주택의 건설에 필요한 비용추정액 등을 종합적으로 참작하여야 한다.

47 부동산 가격공시에 관한 법령상 규정된 내용으로 <u>틀린</u> 것은?

① 표준지로 선정된 토지에 대해서는 해당 토지의 공시지가를 개별공시지가로 본다.

② 개별공시지가는 하나 또는 둘 이상의 표준지공시지가를 기준으로 토지가격비준표를 사용하여 산정한다.

③ 공동주택가격을 산정·공시할 때에는 주택가격비준표가 사용된다.

④ 국토교통부장관은 공동주택가격에 대하여 매년 4월 30일까지 산정·공시한다.

⑤ 표준주택의 공시사항으로는 표준주택의 용도, 연면적, 구조 및 사용승인일, 표준주택의 대지면적 및 형상 등이 포함된다.

48 「부동산 가격공시에 관한 법률」에 규정된 내용으로 **틀린** 것은?

① 표준지공시지가에 이의가 있는 자는 그 공시일로부터 30일 이내에 서면으로 국토교통부장관에게 이의를 신청할 수 있다.

② 개별공시지가에 이의가 있는 자는 그 결정 · 공시일로부터 30일 이내에 서면으로 시장 · 군수 또는 구청장에게 이의를 신청할 수 있다.

③ 표준지공시지가는 국가 · 지방자치단체 등이 그 업무와 관련하여 지가를 산정하거나 감정평가법인등이 개별적으로 토지를 감정평가하는 경우에 기준이 된다.

④ 표준지공시지가의 공시에는 표준지의 지번, 표준지의 단위면적당 가격, 표준지의 면적 및 형상, 표준지 및 주변토지의 이용상황, 그 밖에 대통령령으로 정하는 사항이 포함되어야 한다.

⑤ 표준지로 선정된 토지에 대하여 개별공시지가를 결정 · 공시하여야 한다.

49 부동산 가격공시에 관한 법령상 시장 · 군수 또는 구청장이 개별공시지가를 결정 · 공시하지 아니할 수 있는 토지에 해당하지 <u>않는</u> 것은?

① 표준지로 선정된 토지

② 국세 부과대상이 아닌 토지

③ 개발부담금의 부과대상이 아닌 토지

④ 농지보전부담금의 부과대상이 아닌 토지

⑤ 도시 · 군계획시설로서 공원이 지정된 토지

50 부동산가격공시제도에 관한 설명으로 틀린 것은?

① 표준지공시지가를 결정하기 위하여 토지가격비준표가 활용된다.

② 표준주택가격은 국가·지방자치단체 등이 그 업무와 관련하여 개별주택가격을 산정하는 경우에 그 기준이 된다.

③ 표준주택으로 선정된 단독주택, 국세 또는 지방세의 부과대상이 아닌 단독주택은 개별주택가격을 결정·공시하지 않을 수 있다.

④ 개별주택 및 공동주택가격은 주택시장의 가격정보를 제공하고, 국가·지방자치단체 등이 과세 등의 업무와 관련하여 주택의 가격을 산정하는 경우에 그 기준으로 활용될 수 있다.

⑤ 국토교통부장관은 공시기준일 이후에 토지의 분할·합병이나 건축물의 신축 등이 발생한 경우에는 대통령령으로 정하는 날을 기준으로 공동주택가격을 결정·공시하여야 한다.

51 부동산가격공시제도에 대한 설명 중 옳은 것은?

① 다가구주택은 공동주택가격의 공시대상이다.

② 표준지공시지가를 공시할 때 건물면적, 구조 및 사용승인일 등 건물에 대한 사항도 공시한다.

③ 표준주택가격을 공시할 때에는 소유자, 건축허가일, 단위면적당 가격을 포함한다.

④ 개별공시지가의 공시기준일이 7월 1일인 경우도 있다.

⑤ 표준공동주택가격은 개별공동주택가격을 산정하는 경우에 그 기준이 된다.

52 표준지공시지가 및 평가 등에 관한 설명으로 **틀린** 것은?

① 표준지공시지가의 공시기준일은 반드시 1월 1일로 한다.

② 표준지의 평가는 공부상의 지목에도 불구하고 공시기준일 현재의 이용상황을 기준으로 평가하되, 일시적인 이용상황은 이를 고려하지 않는다.

③ 표준지에 건물, 그 밖의 정착물이 있거나 지상권 등 토지의 사용·수익을 제한하는 사법상의 권리가 설정되어 있는 때에는 그 정착물 또는 권리가 존재하지 아니하는 것으로 보고 표준지공시지가를 평가하여야 한다.

④ 표준지의 평가에 있어서 공익사업의 계획 또는 시행이 공고 또는 고시됨으로 인하여 공시기준일 현재 현실화·구체화된 지가의 증가분은 이를 반영하여 평가한다.

⑤ 표준지를 평가할 때 시장성이 있는 토지는 거래사례비교법으로 평가한다.

53 부동산가격공시제도에 관한 설명으로 **틀린** 것은?

① 시장·군수 또는 구청장이 개별주택가격을 결정·공시하는 경우에는 해당 주택과 유사한 이용가치를 지닌다고 인정되는 표준주택가격을 기준으로 주택가격비준표를 사용하여 가격을 산정하되, 해당 주택의 가격과 표준주택가격이 균형을 유지하도록 하여야 한다.

② 표준주택을 선정할 때에는 일반적으로 유사하다고 인정되는 일단의 공동주택 중에서 해당 일단의 주택을 대표할 수 있는 주택을 선정하여야 한다.

③ 시장·군수 또는 구청장은 개별공시지가를 결정·공시하기 위하여 개별토지의 가격을 산정할 때에는 그 타당성에 대하여 감정평가법인등의 검증을 받고 토지소유자, 그 밖의 이해관계인의 의견을 들어야 한다.

④ 시장·군수 또는 구청장은 개별주택가격을 결정·공시하기 위하여 개별주택의 가격을 산정할 때에는 표준주택가격과의 균형 등 그 타당성에 대하여 대통령령으로 정하는 바에 따라 부동산원의 검증을 받고 토지소유자, 그 밖의 이해관계인의 의견을 들어야 한다.

⑤ 표준지공시지가에 대한 이의신청의 내용이 타당하다고 인정될 때에는 해당 표준지공시지가를 조정하여 다시 공시하여야 한다.

54 비주거용 부동산의 가격공시에 관한 설명으로 <u>틀린</u> 것은?

① 비주거용 일반부동산이란 「집합건물의 소유 및 관리에 관한 법률」에 따라 구분소유되는 비주거용 부동산을 말한다.

② 비주거용 표준부동산가격은 국가·지방자치단체 등이 그 업무와 관련하여 비주거용 개별부동산가격을 산정하는 경우에 그 기준이 된다.

③ 비주거용 개별부동산가격은 매년 4월 30일까지 결정·공시하여야 한다.

④ 비주거용 개별부동산가격 및 비주거용 집합부동산가격은 비주거용 부동산시장에 대한 가격정보를 제공하고, 국가·지방자치단체 등이 과세 등의 업무와 관련하여 비주거용 부동산의 가격을 산정하는 경우에 그 기준으로 활용될 수 있다.

⑤ 비주거용 표준부동산으로 선정된 비주거용 일반부동산에 대하여는 해당 비주거용 표준부동산가격을 비주거용 개별부동산가격으로 본다.

Memo

저자 약력

신관식 교수
부동산학 석사(부동산금융학)

현 | 해커스 공인중개사학원 부동산학개론 대표강사
　　 해커스 공인중개사 부동산학개론 동영상강의 대표강사

전 | 세종공인중개사학원, 광주고시학원 부동산학개론 강사 역임
　　 분당 · 노량진 · 구리 · 대전 박문각 부동산학개론 강사 역임

저서 | 부동산학개론(문제집) 공저, 도서출판 박문각, 2011
　　 부동산학개론(부교재), 도서출판 색지, 2007~2014
　　 부동산학개론(기본서), 해커스패스, 2015~2025
　　 부동산학개론(한손노트), 해커스패스, 2025
　　 부동산학개론(핵심요약집), 해커스패스, 2024~2025
　　 부동산학개론(계산문제집), 해커스패스, 2023~2025
　　 부동산학개론(단원별 기출문제집), 해커스패스, 2025
　　 부동산학개론(출제예상문제집), 해커스패스, 2015~2024
　　 공인중개사 1차(기초입문서), 해커스패스, 2021~2025
　　 공인중개사 1차(핵심요약집), 해커스패스, 2015~2023
　　 공인중개사 1차(단원별 기출문제집), 해커스패스, 2020~2024
　　 공인중개사 1차(회차별 기출문제집), 해커스패스, 2022~2025
　　 공인중개사 1차(실전모의고사), 해커스패스, 2023~2024

해커스 공인중개사
출제예상문제집
+ 7개년 기출분석
 부동산학개론

개정10판 1쇄 발생 2025년 5월 22일

지은이	신관식, 해커스 공인중개사시험 연구소 공편저
펴낸곳	해커스패스
펴낸이	해커스 공인중개사 출판팀
주소	서울시 강남구 강남대로 428 해커스 공인중개사
고객센터	1588-2332
교재 관련 문의	land@pass.com
	해커스 공인중개사 사이트(land.Hackers.com) 1:1 무료상담
	카카오톡 플러스 친구 [해커스 공인중개사]
학원 강의 및 동영상강의	land.Hackers.com
ISBN	979-11-7404-142-5 (13320)
Serial Number	10-01-01

공인중개사 시험 전문,
해커스 공인중개사 land.Hackers.com

해커스 공인중개사

• 해커스 공인중개사학원 및 동영상강의
• 해커스 공인중개사 온라인 전국 실전모의고사
• 해커스 공인중개사 무료 학습자료 및 필수 합격정보 제공

해커스 공인중개사

교재만족도 96.5%!
베스트셀러 1위 해커스 교재

[96.5%] 해커스 공인중개사 수강생 온라인 설문조사(2023.10.28~12.27.) 결과(해당 항목 응답자 중 만족 의견 표시 비율)

기초부터 탄탄하게 입문서 & 기본서

만화로 시작하는
해커스 공인중개사

해커스 공인중개사
기초입문서

해커스 공인중개사
기본서

시험에 반드시 나오는 것만 엄선! 핵심요약집 & 부교재

해커스 공인중개사
7일완성 핵심요약집

해커스 공인중개사
한눈에 보는 공법체계도

해커스 공인중개사
계산문제집 부동산학개론

해커스 공인중개사

출제예상문제집

1차 부동산학개론

해설집

빠른 정답확인 + 정답 및 해설 + 지문분석

해커스 공인중개사
출제예상문제집

1차 부동산학개론

해설집

해커스 공인중개사

land.Hackers.com

Contents

◉ 빠른 정답확인
◉ 정답 및 해설
   제1편   부동산학 총론 ·· 9
   제2편   부동산경제론 ·· 16
   제3편   부동산시장론 ·· 26
   제4편   부동산정책론 ·· 34
   제5편   부동산투자론 ·· 41
   제6편   부동산금융론 ·· 53
   제7편   부동산개발 및 관리론 ·· 62
   제8편   부동산감정평가론 ·· 69

빠른 정답확인

제1편 부동산학 총론

제1편 p.27~45

01	③
02	③
03	①
04	④
05	①
06	②
07	④
08	②
09	①
10	②
11	③
12	⑤
13	①
14	①
15	⑤
16	④
17	②
18	③
19	③
20	②
21	②
22	⑤
23	⑤
24	③
25	①
26	⑤
27	①
28	②
29	④
30	⑤
31	⑤
32	③
33	②
34	①
35	①
36	③
37	⑤
38	④
39	②
40	④
41	①
42	③
43	⑤
44	⑤
45	④

제2편 부동산경제론

제2편 p.58~79

01	②
02	⑤
03	②
04	⑤
05	③
06	②
07	⑤
08	①
09	①
10	③
11	④
12	①
13	③
14	⑤
15	④
16	④
17	④
18	③
19	③
20	②
21	②
22	④
23	②
24	①
25	⑤
26	⑤
27	①
28	①
29	⑤
30	③
31	⑤
32	①
33	②
34	④
35	③
36	②
37	③
38	④
39	②
40	①
41	③
42	①
43	①
44	⑤
45	③
46	④
47	⑤
48	④

49	③
50	⑤
51	②

52	④
53	②
54	④

45	⑤
46	⑤
47	⑤
48	③
49	①

50	②
51	⑤
52	④
53	①
54	④

제3편 부동산시장론

제3편 p.94~119

01	②
02	③
03	⑤
04	②
05	①
06	②
07	③
08	③
09	④
10	②
11	③
12	⑤
13	④
14	①
15	④
16	①
17	④
18	①
19	③
20	③
21	④
22	⑤

23	③
24	①
25	④
26	②
27	⑤
28	①
29	③
30	②
31	⑤
32	④
33	①
34	⑤
35	⑤
36	②
37	②
38	②
39	①
40	③
41	④
42	④
43	③
44	②

제4편 부동산정책론

제4편 p.133~154

01	④
02	⑤
03	④
04	④
05	③
06	①
07	②
08	①
09	③
10	②
11	②
12	③
13	①
14	②
15	②
16	②
17	③
18	⑤
19	④
20	①

21	⑤
22	③
23	⑤
24	①
25	③
26	①
27	⑤
28	③
29	①
30	④
31	④
32	①
33	⑤
34	①
35	⑤
36	④
37	②
38	⑤
39	④
40	⑤

41	③	48	②	
42	③	49	②	
43	⑤	50	④	
44	③	51	③	
45	②	52	③	
46	④	53	④	
47	①	54	①	

37	①	46	①
38	③	47	②
39	③	48	④
40	④	49	④
41	⑤	50	⑤
42	⑤	51	③
43	⑤	52	②
44	⑤	53	①
45	④	54	⑤

제5편 부동산투자론

제5편 p.168~191

01	⑤	19	①
02	③	20	①
03	②	21	③
04	②	22	④
05	③	23	④
06	①	24	④
07	④	25	③
08	②	26	②
09	③	27	⑤
10	②	28	①
11	⑤	29	①
12	④	30	④
13	②	31	⑤
14	②	32	②
15	⑤	33	②
16	③	34	③
17	①	35	②
18	③	36	⑤

제6편 부동산금융론

제6편 p.208~232

01	②	17	③
02	⑤	18	②
03	⑤	19	④
04	④	20	①
05	③	21	①
06	①	22	②
07	②	23	④
08	⑤	24	⑤
09	⑤	25	④
10	⑤	26	③
11	①	27	④
12	③	28	⑤
13	①	29	③
14	②	30	④
15	②	31	③
16	③	32	④
		33	②

34	③
35	⑤
36	①
37	⑤
38	④
39	②
40	②
41	②
42	⑤
43	④
44	③

45	④
46	①
47	⑤
48	④
49	③
50	①
51	①
52	②
53	①
54	③

29	③
30	⑤
31	①
32	②
33	①
34	③
35	②
36	①
37	⑤
38	②
39	⑤
40	②
41	④

42	③
43	③
44	⑤
45	⑤
46	③
47	②
48	④
49	⑤
50	②
51	①
52	④
53	①
54	②

제7편 부동산개발 및 관리론

제7편 p.249~275

01	③
02	④
03	②
04	①
05	②
06	②
07	③
08	④
09	④
10	⑤
11	④
12	⑤
13	③
14	⑤

15	⑤
16	①
17	③
18	③
19	②
20	①
21	①
22	④
23	①
24	④
25	③
26	①
27	④
28	④

제8편 부동산감정평가론

제8편 p.295~323

01	①
02	③
03	①
04	④
05	④
06	①
07	⑤
08	④
09	⑤
10	③
11	③
12	②

13	①
14	③
15	④
16	⑤
17	③
18	②
19	①
20	②
21	③
22	⑤
23	④
24	②

25	⑤		40	①
26	④		41	①
27	②		42	③
28	②		43	②
29	④		44	①
30	⑤		45	②
31	③		46	④
32	②		47	③
33	⑤		48	⑤
34	①		49	⑤
35	④		50	①
36	⑤		51	④
37	④		52	①
38	③		53	②
39	②		54	①

정답 및 해설

p.27~45

01	③	02	③	03	①	04	④	05	①
06	②	07	④	08	②	09	①	10	②
11	③	12	⑤	13	①	14	①	15	⑤
16	④	17	②	18	③	19	③	20	②
21	②	22	⑤	23	⑤	24	③	25	①
26	⑤	27	①	28	③	29	④	30	⑤
31	⑤	32	③	33	③	34	①	35	①
36	③	37	⑤	38	④	39	②	40	④
41	①	42	③	43	⑤	44	⑤	45	④

Point 01 복합개념과 부동산의 개념

01 ③

물리적(기술적) 측면의 부동산에는 위치, 자연, 공간, 환경의 개념이 포함된다. 상품, 자본, 자산, 생산요소, 소비재는 경제적 측면의 개념이다.

지문분석

① 복합개념의 부동산(복합개념)은 부동산을 기술적(물리적)·경제적·법률적 측면에서 종합적으로 이해(인식)하는 사고원리로서, 부동산학의 전 분야에 광범위하게 적용되며, 부동산학의 학문적 근간이다. ⇨ 부동산을 지칭하는 개념이 아니다.

② 부동산의 물리적 측면의 개념(예 지세·지반·구조·설계 측면 등)은 부동산활동의 대상인 유형(有形)적 측면의 부동산을 이해하는 데 도움이 된다. 반면에 부동산의 경제적·법률적 개념은 부동산활동의 대상인 무형적 측면의 부동산을 이해하는 데 도움이 된다.

④ 토지는 시간의 경과에 의해 마멸되거나 소멸되지 않으므로(영속성) 투자재로서 선호도가 높다. ⇨ 토지는 자산의 개념이 되기도 한다.

• 장기투자를 통해 자본이득(매각차익)과 소득이득(이용·사용이익 = 임대료수입)을 획득하게 해준다.

보충 소득이득(운용이익)

타인에게 빌려주고 대가를 받는 사용이익·이용이익을 말하며, 임대료수입으로 획득이 가능하다.

⑤ 복합부동산: 일괄하여 거래하거나 감정평가하는 경우의 부동산으로 단독주택, 공동주택(예 아파트 등)을 말한다. 복합부동산과 복합개념의 부동산은 동일한 개념이 아니다.

02 ③

선박은 20t 이상일 경우 「선박등기법」에 의해 등기하여 부동산에 준하여 취급한다(준부동산).

지문분석

① • 좁은 의미의 부동산(협의의 부동산)은 토지 및 그 정착물을 말한다. ⇨ 「민법」상 부동산
• 광의의 부동산: 협의의 부동산 + 준부동산

② 준(準)부동산은 부동산과 유사한 공시방법(등기·등록)을 갖춤으로써 넓은 의미의 부동산(광의의 부동산)에 포함된다[예 공장재단, 광업재단, 입목, 자동차, 항공기, 선박(20t 이상) 등].

④ 준부동산은 감정평가의 대상이 되며, 저당권 목적으로 삼을 수 있다.

03 ①

「입목에 관한 법률」에 의해 소유권보존등기를 한 입목은 토지와 별개인 독립된 정착물이므로, 토지와 분리하여 양도할 수 있다.

04 ④

토지의 정착물 중 토지와 독립된 물건으로 취급되는 것(예 등기된 건물, 등기된 입목 등)이 있고, 토지의 일부인 물건으로 취급되는 것(교량, 담장, 다년생식물 등)도 있다.

05 ①

총톤수 40톤인 기선(機船) ⇨ 20톤 이상의 선박은 「선박등기법」에 등기를 통해 공시한다.

지문분석

② 4천만원을 주고 구입하여 심은 한 그루의 소나무 ⇨ 한 그루의 수목은 토지의 일부인 정착물이므로, 등기의 방법으로 공시하지 않는다.

③ 최대 이륙중량 400톤인 항공기 ⇨ 등록

④ 적재용량 20톤인 덤프트럭 ⇨ 등록

⑤ 면허를 받아 김 양식업을 경영할 수 있는 권리(어업권) ⇨ 등록

06 ②

매년 경작노력을 요하지 않는 나무와 다년생식물 등은 토지에 정착되어 있으므로 부동산의 정착물로 간주되기 때문에 부동산의 일부로 취급된다.

지문분석

① 설비를 건물로부터 물리적으로나 기능적으로 손상 없이 제거할 수 있으면 부동산정착물로 취급하지 않는다. 즉, 동산으로 취급한다.

③ 정착물은 당사자들간의 합의나 쓰임새, 관계 등에 따라 주물(토지와 독립된 정착물) 또는 종물(토지의 일부인 정착물)로 구분될 수 있다.

④ 정착물은 사회·경제적인 면에서 토지에 부착되어 계속적으로 이용된다고 인정되는 물건이다. 다만, 토지로부터 분리가 가능하거나 쉽게 이동이 가능하면 정착물로 취급하지 않는다.

⑤ 정착물은 토지와 서로 다른 부동산으로 간주되는 것(건물처럼 독립된 정착물)과 토지의 일부로 간주되는 것(예 교량·돌담·구거 등)으로 나눌 수 있다.

보충 정착물의 판단기준

설비를 건물에 물리적인 손상을 주지 않고 제거할 수 있다고 하더라도 건물의 기능이나 효용에 하자나 손실이 발생하면 해당 설비를 부동산정착물로 취급한다.

07 ④

임대인이 건물의 가치증진을 위해 설치한 설비(fixture)는 부동산정착물로 취급되지만, 임차인이 설치한 설비(정착물)는 부동산에 해당하지 않는다.

지문분석

① 정착물은 토지에 항구적·계속적 부착상태가 사회통념상으로 인정되는 것으로, 토지로부터 쉽게 이동할 수 없는 물건이다.

② 경작수확물(예 벼)은 토지로부터 분리가 된 것이므로 부동산정착물로 판단하지 않는다.

③ 수목은 명인방법을 갖추게 되면 토지와 별개인 독립된 부동산으로 취급한다.

⑤ 임차인의 편의(필요)에 의해 설치된 물건·설비(tenant fixture; 가사정착물, 거래정착물, 농업정착물)는 부동산정착물이 아니다. ⇨ 동산

08 ②

토지의 일부인 정착물은 ⓛⓜ 2개이다.

⊙ 가식 중에 있는 수목 ⇨ 옮겨 심기 위해 임시로 이식한 수목이므로 정착물이 아니다.

ⓛ 매년 경작의 노력을 요하지 않는 다년생 식물 ⇨ 토지의 일부인 정착물

ⓒ 소유권보존등기된 입목 ⇨ 독립된 정착물

ⓔ 건물 ⇨ 독립된 정착물

ⓜ 구거 ⇨ 토지의 일부인 정착물

ⓗ 경작수확물 ⇨ 예컨대 벼 등 1년생 작물을 말하며, 정착물이 아니다.

ⓢ 명인방법을 구비한 미분리과실 ⇨ 독립된 정착물

ⓞ 권원에 의하여 타인의 토지에서 재배되고 있는 농작물 ⇨ (판례에 의함) 독립된 정착물

09 ①

법률적 개념의 부동산은 무형적 측면에서 부동산의 법적 규제, 소유권 및 권리 등의 개념 등을 지칭하며 협의의 부동산과 광의의 부동산으로 구분된다. 부동산의 위치, 환경, 공간, 자연 등은 기술(물리)적 개념의 부동산이다.

지문분석

③ 소득이득(임대소득)과 자본이득(매각차익)을 획득하기 위하여 매입한 토지는 투자수단이 되므로 자산(asset)으로 인식한 것이다. 자본(capital)은 사업을 위하여 투입하는 사업의 밑천이다.

보충 부동산의 경제적 개념

- **자산**: 투자목적으로 매입한 부동산은 자산의 개념이 된다.
- **자본**: 아파트를 생산하기 위하여 중간에 투입된 토지는 중간재로서 자본의 성격을 갖는다.
- **생산요소(생산재)**: 최종재화를 생산하기 위하여 필요한 여러 가지 요소로, 토지는 자본·노동·경영과 더불어 생산요소 중 하나이다.

- **소비재**: 효용(주관적인 만족도)을 얻고자 가격을 지불하는 재화로, 유료주차장을 이용하거나 임대주택에 거주하기 위하여 임대료를 지불하는 것은 부동산을 소비재로 인식한 것이다.
- **상품**: 공급자가 이윤창출을 위하여 판매한 토지는 상품의 개념이 된다.

Point 02 **토지용어**

10 ②
옳은 것은 ㉠㉢ 2개이다.
- ㉡ 법지는 소유권은 인정되지만 이용실익이 없거나 적은 토지를 말한다. 빈지는 해변토지로, 소유권은 인정되지 않지만 이용실익이 있는 토지를 말한다.
- ㉢ 휴한지는 지력회복을 위하여 정상적으로 쉬게 하는 토지를 말한다. 공한지는 도시토지로서, 투기목적으로 장기간 방치되고 있는 토지를 말한다.
- ㉣ 맹지는 타인의 토지에 둘러싸여 도로와 접하고 있지 않은 토지를 말한다. 선하지는 고압선 아래의 토지로, 공간이용이 제한되는 토지를 말한다.

11 ③
지문분석 ●
① 부동산 가격공시에 관한 법령상 **표준지**에 대한 설명이다.
② **소지(원지)**는 택지 등 다른 용도로 조성되기 이전의 자연상태의 토지를 말한다.
④ **후보지**에 대한 설명이다. 이행지는 용도적 지역 내에서 그 용도가 변경 중에 있는 토지를 말한다.
⑤ 획지는 인위적 · 자연적 · 행정적 조건에 의해 다른 토지와 구별되는 것으로, **가격수준이 비슷한 일단의 토지를** 말한다.

12 ⑤
지문분석 ●
① 공지에 대한 설명이다.
② 공지에 대한 설명이다. 건부지는 건축물 등의 용도로 제공되는 바닥토지를 말한다.
③ 나지는 토지에 건물 기타의 정착물이 없고 지상권 등 토지의 사용 · 수익을 제한하는 **사법상의 권리가 설정되어 있지 아니한 토지**를 말한다.
④ **빈지**에 대한 설명이다.

13 ①
틀린 것은 ㉠㉡이다.
- ㉠ 건부지는 현재 건축물의 부지(바닥토지)로 제공되고 있는 토지를 말한다. ⇨ 현재 건축물의 용도로 제공되고 있는 토지를 말한다.
- ㉡ 표준지공시지가를 조사 · 평가할 때 건부지도 표준지로 선정될 수 있다. ⇨ 단, 표준지의 평가는 나지를 상정하여 평가한다.

보충 건부지

건부지는 지상의 건축물로 인하여 용도가 제한되고, 최유효이용상태가 아니면 나지에 비해 그 활용도가 떨어지므로 그 토지의 가치가 하락하는(가격이 낮게 평가되는) 건부감가가 발생할 수 있다.

14 ①
빈지는 일반적으로 바다와 육지 사이의 해변 토지와 같이 소유권이 인정되지 않으며 활용실익이 있는 토지이다. 이와 대비되는 법지는 법적으로 소유권은 인정되지만, 활용실익이 적거나 없는 토지를 말한다.

15 ⑤
- 필지는 법률적 개념으로, 하나의 지번이 붙는 토지의 등록단위 · 등기단위를 말한다.
- 획지는 경제적 개념으로, 인위적 · 자연적 · 행정적 조건에 따라 다른 토지와 구별되는 가격수준이 비슷한 일단의 토지를 말한다.

16 ④
공업지가 경기불황으로 공장가동률이 저하되어 주거지로 전환 중인 토지를 이행지라고 한다. 즉, 공업지가 주거지로 용도가 변경되고 있는 것은 택지지역 내에서 그 용도가 변경 중에 있으므로 이행지의 개념이다.
지문분석 ●
① 택지지역 내에서(주거지역 ⇔ 상업지역, 공업지역 ⇔ 상업지역, 공업지역 ⇔ 주거지역 등으로) 용도변경이 진행되고 있는 토지를 이행지라 한다.

17 ②
㉠ 법지, ㉡ 이행지이다.
- ㉠ 택지경계와 인접한 경사된 토지로 사실상 사용이 불가능한 토지(소유권은 인정되지만, 활용실익이 없거나 적은 토지) ⇨ 법지

ⓛ 택지지역 내에서 공업지역이 상업지역으로 용도가 전환되고 있는 토지(용도적 지역 내에서 그 용도가 변경 중인 토지) ⇨ 이행지

18 ③
나지 중에서 지목이 '대'로 설정된 토지를 <u>나대지</u>라고 한다. 나지는 주로 용도가 택지(주거 · 상업 · 공업용)로 이용되는 토지를 말한다. 공업(공장)용지는 지목이 '대'가 아니라 공장용지이다. 따라서 공장용지는 나대지에 해당하지 않는다.

지문분석 ●

④ 후보지란 택지지역 · 농지지역 · 임지지역 상호간에(용도적 지역 상호간에) 다른 지역으로 그 용도가 전환(변경)되고 있는 지역의 토지를 말한다. ⇨ 택지 등으로 용도변경이 예정된 토지

19 ③
- 활용실익은 있지만, 소유권이 인정되지 않는 바다와 육지 사이의 해변토지를 <u>빈지(濱地)</u>라 한다.
- 포락지(捕落地)는 공유수면 관리 및 매립에 관한 법령상 지적공부에 등록된 토지가 물에 침식되어 수면 밑으로 잠긴 토지를 말한다.

Point 03 주택의 분류

20 ②
다중주택: 1개 동의 주택으로 쓰이는 바닥면적 합계가 660m² 이하이고, 주택으로 쓰는 층수(지하층 제외)가 3개 층 이하이며, 독립된 주거의 형태를 갖추지 아니한 주택(각 실별로 욕실을 설치할 수 있으나, 취사시설은 설치하지 아니한 것을 말한다), 학생 또는 직장인 등 여러 사람이 장기간 거주할 수 있는 구조로 되어 있는 것 ⇨ 단독주택 유형

21 ②

지문분석 ●

① 아파트에 대한 설명이다.
③ 일반기숙사에 대한 설명이다.
④ 다세대주택에 대한 설명이다.
⑤ 다가구주택에 대한 설명이다.

22 ⑤
해당 조건을 모두 충족하는 주택은 <u>연립주택</u>이다. 1개 동의 바닥면적 합계가 660m²를 초과하므로 다세대주택이 될 수 없다. 부동산공법(2차 과목)에서도 학습하게 된다.

- 연립주택: 주택으로 쓰는 1개 동의 바닥면적 합계가 660m²를 초과하고, 층수가 4개 층 이하인 주택

지문분석 ●

① 일반기숙사: 학교 또는 공장 등의 학생 또는 종업원 등을 위하여 사용하는 것으로서, 1개 동의 공동취사시설 이용 세대 수가 전체 세대 수의 50% 이상인 것
③ 다세대주택: 주택으로 쓰이는 1개 동의 바닥면적 합계가 660m² 이하이고, 층수가 4개 층 이하인 주택(2개 이상의 동을 지하주차장으로 연결하는 경우에는 각각의 동으로 본다)을 말한다(「건축법 시행령」 별표1 제2호).

23 ⑤
- 준주택: 주택으로 분류되지는 않지만, 주거용으로 활용할 수 있는 건축물과 부속토지를 말한다. 기숙사, 오피스텔, 다중생활시설, 노인복지주택이 준주택에 해당한다.
- 다중이용시설(지하철 역사, 영화관, 박물관, 도서관 등)은 준주택에 해당하지 않는다.

Point 04 부동산의 특성

24 ③
모두 부동성에 대한 설명이다.
- 임장활동: 부동산이 소재한 현장이나 위치에서 하는 인간의 부동산활동 ⇨ 부동산의 위치가 고정되어 있으므로 부동산활동은 임장 · 정보활동이 된다.
- 외부효과: 부동산의 위치가 고정되어 있으므로 외부환경이 부동산에 영향을 주는 외부효과가 발생한다.
- 동일한 지역이나 위치가 없으므로 부동산활동 및 현상이 지역시장마다 다르게 나타난다. ⇨ 국지화

25 ①
<u>부증성</u>(= 비생산성 = 면적의 유한성 = 희소성)이 커짐에 따라 도심쪽으로 갈수록 토지이용이 <u>점차 집약화</u>(자본과 노동의 투입비율이 높아진다)된다.
- 토지의 절대량이 한정되어 있으므로 도심 중심쪽으로 갈수록 단위면적당 자본의 투입비율을 높이는 집약적 이용을 필연화시킨다.
- 토지가격이 상승하여도 물리적 공급을 늘릴 수 없기 때문에 가격이 수요 · 공급조절을 곤란하게 하며, 균형가격 성립을 저해하는 요인이 된다.
- 독점소유욕구를 증대시켜 지대 발생 및 지가 상승의 원인이 된다.

26 ⑤

정(+)의 외부효과로 인하여 대상부동산의 수요가 증가한 경우로, 외부효과는 <u>부동성과 인접성</u>으로 설명될 수 있으며, 외부환경의 변화로 대상부동산의 상대적 위치가 변하는 것은 <u>위치의 가변성</u>과 관련된다.

27 ①

- ㉠ <u>영속성</u>은 부동산관리의 의의를 높게 하며, 부동산활동에 있어서 장기배려를 하게 한다. ⇨ 부동산의 가치란 장래 유·무형 편익을 현재가치로 환원한 값을 말한다.
- ㉡ <u>개별성</u>은 감정평가시 개별요인의 분석과 사정보정을 필요하게 한다. ⇨ 동일한 물건이 없으며, 당사자의 개별적 사정이나 특별한 동기가 개입되는 경우가 있으므로 개별분석이 필요하다.
- ㉢ <u>부증성</u>은 감정평가시 원가방식의 평가를 어렵게 한다. ⇨ 토지는 비용을 투입하여 생산이 불가능하다. 즉, 부증성으로 인해 토지에는 재조달원가(재생산원가)의 개념이 성립하지 않는다(또한 영속성의 특성으로 인해 물리적 감가가 적용되지 않으므로, 토지는 원칙적으로 원가법을 적용할 수 없다).

28 ②

㉠ <u>부증성</u>(희소성)으로 인해 공간수요의 입지경쟁이 발생하고, 이는 지대 발생 및 지가 상승(지가고)의 문제를 유발할 수 있다. 희소성에 따른 한정된 자원의 최유효이용의 필요성을 제기한다.

㉡ 부동산은 <u>부동성</u>(위치의 고정성)으로 인해 부동산시장이 지역적 시장으로 되므로 중앙정부나 지방자치단체의 상이한 규제와 통제를 받는다.

㉢ <u>개별성</u>으로 인해 특정 부동산에 대한 시장정보의 수집이 어렵고 거래비용이 높아질 수 있다.

㉣ <u>영속성</u>은 소모를 전제로 하는 재생산이론이나 사고방식을 적용할 수 없게 한다.

29 ④

공유수면의 매립, 간척 등은 토지자원의 이용전환을 통하여 토지의 용도적·경제적 공급을 증가시키는 행위에 해당한다. 이것을 부증성의 예외라고 할 수는 없다.

① 부동성 ⇨ 동일한 지역이나 위치는 존재하지 않는다. ⇨ 인근지역과 유사지역의 분류를 가능하게 한다.

③ 부동성과 인접성으로 인해 정(+)의 외부효과 및 부(−)의 외부효과가 발생한다.

30 ⑤

토지는 영속성으로 인해 물리적 측면에서 감가상각을 배제한다. 즉, 토지는 절대면적이 소멸하지 않으므로 물리적 감가는 발생하지 않는다. 단, 주변 환경 등의 부조화로 인해 경제적 감가는 발생할 수 있다.

① 토지는 경제적 측면에서 <u>자산, 자본, 생산요소, 상품, 소비재</u>로서의 성격을 가지고 있다.

② 토지는 물리적 위치가 고정(부동성)되어 있어 부동산시장이 국지화(지역시장화)된다.

③ 토지의 부증성으로 인해 토지의 <u>물리적 공급</u>은 가격에 대하여 완전비탄력적이다. 특정 용도의 토지에 대해서 공급은 단기에는 비탄력적이지만, <u>장기적으로는 탄력적</u>으로 나타난다.

④ 토지는 개별성으로 인해 물리적 대체는 불가능하다. 단, 인접성에 의해 용도적 대체는 가능하다. 토지는 용도의 다양성에 의해 <u>용도적 관점에서 (경제적) 공급을 늘릴 수 있다.</u>

31 ⑤

① 토지는 개별성이 있어 물리적인 대체는 불가능하지만, 용도적으로는 <u>대체가능성</u>이 인정된다.

② 토지의 공공성(부증성·국토성)은 토지시장에 대한 정부 개입의 명분을 <u>강화시킨다.</u>

③ 토지의 인문적 특성 중에서 도시계획의 변경, 공업단지의 지정 등은 위치의 가변성 중 <u>행정적 위치</u>가 변화하는 예이다.

④ 토지의 개별성은 부동산활동과 현상을 <u>개별화시킨다.</u>

32 ③

틀린 것은 ㉠㉣㉤이다.

㉠ <u>개별성, 부증성, 부동성</u>으로 인해 수급이 불균형하여 균형가격 형성이 어렵다. 인접성은 다른 토지와 물리적으로 연결되어 있다는 특성으로 외부효과를 설명해주는 근거가 되며, 토지의 용도적 대체를 가능하게 한다.

㉣ 영속성은 부동산활동에서 <u>토지의 물리적 감가상각을 배제하는 근거</u>가 된다. 즉, 토지는 물리적인 감가가 발생하지 않는다. 영속성(비소모성, 비소멸성)은 물리적으로 보는 토지는 사용에 의해 마멸, 훼손되지 않으므로 절대면적이 줄어들지 않는다는 것을 말한다.

㉤ <u>부동성</u>으로 인해 동산과 부동산이 구분되고, 일반재화와 부동산재화의 특성이 다르게 나타난다(⇨ 공시방법을 다르게 하며, 부동산활동이 임장·정보활동이 되게 한다). 한편, 부증성(비생산성)은 비용을 투입하여도 절대량을 생산할 수 없다는 특성이다.

33 ②

틀린 것은 ⓒⓔ 2개이다.

⊙ 외부효과는 부동성과 인접성에 의해 설명이 가능하다.
ⓛ 부증성(⇨ 희소성)에 따라 도심쪽으로 갈수록 집약적(단위면적당 자본의 투입비율이 상대적으로 높은) 토지이용이 이루어진다.
ⓒ 영속성으로 인해 재화의 소모를 전제로 하는 재생산이론과 물리적 감가상각이 적용되지 않는다.
ⓔ 용도의 다양성으로 인해 두 개 이상의 용도가 동시에 경합할 수 있으며, 토지는 용도의 다양성(용도의 전환) 및 합병·분할의 가능성이라는 인문적 특성이 있다.
ⓜ 개별성(비동질성)은 토지의 물리적 대체사용을 불가능하게 한다. 단, 인접성의 특성에 따라 용도적 대체는 가능하다.

34 ①

• 부동성은 부동산시장을 국지화(지역시장화)시키는 역할을 한다.
• 영속성은 토지의 물리적 절대량이 감소하지 않는 특성이므로 지역시장의 형성과 관련이 없다.

④ 부동성·인접성으로 인해 정(+)의 외부효과 및 부(−)의 외부효과가 발생한다.

35 ①

영속성(건물의 경우 내구성): 관리의 필요성을 제기하며, 감정평가에서 수익방식(수익환원법)의 이론적 근거가 된다. 영속성에 의하면 부동산의 가치란 장래 유·무형의 편익을 현재가치로 환원한 값으로 정의할 수 있다. 토지는 비용을 투입해도 재생산할 수 없고, 물리적 감가이론이 성립하지 않기 때문에 원칙적으로 원가방식(적산가액 = 재조달원가 − 감가수정)을 적용할 수 없다. 다만, 조성지나 매립지의 경우는 적용할 수 있다.

③ 개별성(이질성, 비동질성)은 동일한 부동산이 존재하지 않는다는 특성으로, 물리적 대체가 불가능하며 일물일가의 법칙이 성립되지 않는다.

36 ③

토지는 부증성이 있어 노동이나 생산비를 투입하여 생산할 수 없다(⇨ 즉, 생산비의 법칙이 성립하지 않는다). 이와는 달리 소모를 전제로 하는 재(再)생산이론이 성립하지 않는 것은 영속성 때문이다.

① 부동성(지리적 위치의 고정성)으로 인하여 지역시장별로 수급불균형이 발생하고, 지역마다 서로 다른 이질적인 가격이 형성된다.
② 영속성으로 인하여 건물의 내구성과 더불어 투자를 통해 임대료수입과 매각차익을 획득할 수 있다. 부동산은 실물자산이므로 인플레이션 보호·방어(헷지)수단으로도 가능하다.
④ 물리적으로 동질적이라도 경제적·법적 성격이 달라지면 부동산가격은 달라진다. 엄밀히 말하면 부동산에는 동일한 재화가 존재하지 않는다. 따라서 일물일가의 법칙이 성립하지 않으며, 완전한(물리적) 대체관계가 성립하지 않는다.
⑤ 특정 위치에 대한 선호도가 높아지면 그 부동산의 가치는 상승한다. 따라서 도심지의 높은 지가는 입지주체간의 입지경쟁의 산물로 이해할 수 있다.

Point 05 부동산의 속성

37 ⑤

• 물을 이용할 수 있는 권리(용수권)는 지하권에 해당하지 않으며, 지표권에 해당한다. 「민법」에서는 물에 대한 배타적 독점권을 인정하지 않는 유역주의를 채택하고 있다.
• 지하수를 개발하여 이용하는 권리는 (사적) 지하권에 해당한다.

① 부동산활동은 3차원 입체공간을 대상으로 하는 공간활동이다.
③ 부동산의 가치는 장래 예상되는 3차원 입체공간 가치의 합을 복합개념으로 이해할 수 있다.
④ 토지지표를 토지소유자가 배타적으로 이용하여 작물을 경작하거나 건물을 건축할 수 있는 등의 권리를 지표권이라고 한다.

38 ④

우리나라에서 지하공간인 한계심도의 범위는 시 조례 등 법률로 규정하고 있지만, 한계고도의 범위는 법률에서 규정하고 있지 않다.

보충 **사적 공중권**

사적 공중권이란 공중공간의 일정 범위까지 토지소유자가 개인적으로 이용·관리할 수 있는 권리로, 조망권이나 일조권을 그 예로 들 수 있다.

39 ②

「민법」 규정에 의하면, 토지소유자는 「광업법」에서 열거하는 미채굴광물에 대한 권리를 가지지 못한다. 광물에 대한 권리는 공적 지하권에 해당한다.

Point 06 부동산학 및 부동산활동

40 ④

부동산학은 토지와 건물 등 부동산 자체를 연구하는 학문이 아니라, 부동산을 대상으로 전개하는 부동산활동이나 부동산현상을 연구대상으로 삼기 때문에 순수과학이라고 할 수 없으며, 사회과학이며 응용과학이며 경험과학이다.

41 ①

지문분석●

② 부동산학의 일반원칙으로서 능률성의 원칙은 소유활동에 있어서 최유효이용을 지도원리로 삼고 있다.
③ 종합식 접근방법은 부동산을 기술적 · 경제적 · 법률적 측면 등의 복합개념으로 이해하여 이를 종합해서 이론을 구축하는 방법이다. 중점식 접근방법은 특정 측면(예 경제적 측면 등)이다.
④ 부동산학은 지진, 홍수, 해일 등 자연현상을 연구대상으로 하지 않기 때문에 자연과학이 아니다. 도시스프롤, 지가고(地價高), 여과현상 등은 자연현상이 아니라 인간이 부동산을 대상으로 하는 부동산활동의 과정에서 발생하는 부동산현상이다. 부동산학은 도시스프롤, 지가고(地價高), 여과현상 등 부동산현상도 그 연구대상으로 하므로 구체적인 경험과학, 사회과학이다.
⑤ 부동산투자 · 금융 · 개발은 부동산학의 연구분야 중 (의사)결정분야이다. 부동산관리, 부동산마케팅, 부동산상담, 감정평가 등은 결정지원분야로 구분한다.

42 ③

• 부동산학이나 부동산활동에서 능률성의 원칙이란 (한정된 자원에 대한) 최유효이용의 필요성을 말한다.
• 경제성의 원칙이란 최소의 비용으로 최대의 효과를 올리려는 행위기준을 말한다.

지문분석●

⑤ 부동산의 영속성, 내구성, 위치의 가변성 등에 따라 부동산활동은 일반소비상품을 대상으로 하는 활동과는 달리 장기적인 상황을 예측하고 고려하여 의사결정이 이루어진다. ⇨ 배려의 장기성

43 ⑤

한국표준산업분류상으로 구분할 때 부동산컨설팅업이라는 산업은 없다. 부동산컨설팅업은 아직까지 제도권 산업에 해당하지 않는다. 부동산중개, 자문 및 감정평가업은 부동산중개 및 대리업, 부동산투자자문업, 부동산감정평가업, 부동산분양대행업으로 분류된다.

보충 **한국표준산업분류상의 부동산업**

중분류	소분류	세분류	세세분류
부동산업	부동산 임대 및 공급업	부동산 임대업	• 주거용 건물임대업 • 비주거용 건물임대업 • 기타 부동산임대업
		부동산개발 및 공급업	• 주거용 건물개발 및 공급업 • 비주거용 건물개발 및 공급업 • 기타 부동산개발 및 공급업
	부동산 관련 서비스업	부동산 관리업	• 주거용 부동산관리업 • 비주거용 부동산관리업
		부동산중개, 자문 및 감정평가업	• 부동산중개 및 대리업 • 부동산투자자문업 • 부동산감정평가업 • 부동산분양대행업

44 ⑤

세분류로 구분할 때 부동산임대업, 부동산개발 및 공급업, 부동산관리업, 부동산중개, 자문 및 감정평가업으로 구분한다. 한국표준산업분류기준으로 볼 때, 어떤 유형으로 구분하더라도 부동산컨설팅업, 부동산투자업, 부동산금융업, 부동산건설업, 사업시설 유지 · 관리는 부동산업에 해당되지 않는다. 즉, 제도권상의 부동산업이 아니다.

45 ④

부동산업을 소분류 기준(두 가지 기준)으로 구분할 때 부동산개발 및 공급업은 부동산 관련 서비스업에 해당하지 않으며, 부동산임대 및 공급업에 해당한다.

p.58~79

01	②	02	⑤	03	②	04	⑤	05	③
06	②	07	⑤	08	①	09	①	10	③
11	④	12	①	13	③	14	⑤	15	④
16	④	17	④	18	③	19	③	20	②
21	②	22	④	23	②	24	①	25	②
26	⑤	27	①	28	①	29	⑤	30	③
31	⑤	32	①	33	②	34	④	35	③
36	②	37	③	38	④	39	②	40	①
41	③	42	④	43	①	44	⑤	45	③
46	④	47	⑤	48	④	49	③	50	⑤
51	②	52	④	53	②	54	④		

Point 07 수요 · 공급의 개념과 유량과 저량

01 ②
부동산의 수요는 <u>구매의사와 구매력이 동반된 유효수요</u>이어야 한다. ➡ 유효수요 = 구매의사 + 구매력(지불능력)

지문분석 ●

⑤ 부동산의 신규공급은 일정한 기간 동안 측정되는 유량(flow)개념이다. 신규주택공급은 일정한 생산기간이 필요하기 때문에 유량개념이라 하며, 기존주택공급은 일정시점에 이미 시장에 존재하기 때문에 저량개념이라 한다.

02 ⑤
주택저량의 공급량은 1,500만채이고, 그 중 100만채가 공가(빈 주택)이므로 현재 사람들이 보유하고 있는 주택저량의 수요량은 1,400만채이다.

지문분석 ●

① 저량은 <u>일정시점</u>을 명시하여 측정하는 개념이다.
② 유량은 <u>일정기간</u>을 명시하여 측정하는 개념이다.
③ 주택재고량(기존주택공급량), 표준지공시지가, 표준주택가격은 <u>저량지표</u>이다.
④ 주택거래량, 신규주택공급량은 <u>유량지표</u>이고, 부채는 저량지표이다.

03 ②
• 유량(flow)지표는 일정기간을 명시하여 측정하는 것을 말한다. ➡ ⓛ 투자, ⓒ 가계 소비, ⓔ 이자비용, ⓐ 임대료수입, ◎ 수출
• 저량(stock)지표란 일정시점을 명시하여 측정하는 것을 말한다. ➡ ㉠ 가계 재산, ⓜ 주택보급률, ⓗ 통화량

🔑핵심 유량 · 저량개념

유량(flow)지표 ➡ 일정기간	저량(stock)지표 ➡ 일정시점
수요(소비), 공급(생산), 소득(급여 · 임금), 임대료수입, 당기순이익, 순영업소득, 주택거래량, 신규주택공급량, 부채서비스액(원리금), 이자비용, 수입/수출, 손익계산서 등	인구, 부동산가격(가치), 매각대금, 순자산(재산)가치, 기존주택공급량(주택재고량), 주택보급률, 통화량, 재무상태표(자산, 부채, 자본) 등

Point 08 부동산수요 · 공급

04 ⑤
임대료가 하락하게 되면(임대주택수요량은 증가하고), 대체효과에 의해 다른 재화의 소비량이 상대적으로 감소한다.

05 ③
건축자재가격의 변화(➡ 해당 부동산가격 이외의 요인)로 동일한 가격수준에서 공급량이 변화하는 것은 '<u>부동산공급의 변화</u>'라고 한다. 즉, 공급곡선 자체의 이동으로 나타난다. 이와는 달리 해당 부동산가격변화에 의한 부동산공급량의 변화를 '부동산공급량의 변화'라 하며, 이는 공급곡선상의 점의 이동으로 나타난다.

06 ②
주택임대료가 상승하면 다른 재화의 가격이 상대적으로 하락하여(다른 재화의 수요량은 증가하고 이에 따라) 임대주택의 수요량이 감소하는 것은 대체효과에 대한 설명이다.

지문분석 ●

① 해당 부동산가격 변화에 의한 수요량의 변화는 동일한 수요곡선상의 이동으로 나타난다. ➡ '부동산수요량의 변화'
④ 아파트가격이 가까운 장래에 상승할 것이라는 기대감(해당 아파트가격 이외의 요인)이 있다면, 동일한 가격수준에서 아파트 수요량이 증가한다. 즉, 아파트 수요곡선이 우측으로 이동한다. ➡ '아파트수요의 변화'

⑤ 소득이 증가하여 부동산의 수요곡선이 왼쪽으로 이동하였다면(수요가 감소하였다면), 이러한 재화는 열등재로 볼 수 있다.

07 ⑤
대체주택에 대한 수요가 감소하면, 이로 인해 해당 아파트 수요가 증가(아파트 수요곡선 우측 이동)한다.

지문분석
①②③④ 아파트 수요 감소(수요곡선 좌측 이동)

08 ①
아파트가격의 변화는 '아파트공급량의 변화요인'으로, 공급곡선상의 점의 이동으로 나타난다.

지문분석
②③④⑤ 해당 아파트가격 이외의 요인으로, '아파트공급의 변화요인'에 해당한다. 이는 공급곡선 자체의 이동으로 나타난다.

09 ①
아파트가격이 상승하면(아파트수요량은 감소하고), 이에 따라 대체관계에 있는 단독주택의 수요가 증가(단독주택 수요곡선 우측 이동)한다.

지문분석
② 아파트 건축기술이 향상되면 동일한 가격수준에서 아파트 공급량은 증가한다. ⇨ 공급곡선 우측 이동(공급의 변화)
③ 해당 주택과 보완관계에 있는 재화의 가격이 하락하면(보완재 수요량 증가) 이에 따라 해당 주택의 수요도 증가한다.
④ 건설종사자들의 임금 상승(공급자의 비용 증가)은 주택의 공급곡선을 좌측으로 이동(공급감소)시키는 요인이다.
⑤ 주택건축용 택지가격이 하락하면 (공급자의 비용 감소) 주택의 공급은 증가한다.

10 ③
수요곡선이 우상향으로 이동하는(아파트 수요가 증가하는) 요인은 ⓛⓒⓜⓗ 4개이다.
㉠ 수요자의 실질소득 감소 ⇨ 해당 아파트 수요 감소(수요곡선 좌측 이동)
㉡ 총부채원리금상환비율(DSR) 규제 완화 ⇨ 해당 아파트 수요 증가(수요곡선 우측 이동)
㉢ 보완재 가격의 하락(보완재 수요량이 증가하고 이에 따라) ⇨ 해당 아파트 수요 증가(수요곡선 우측 이동)
㉣ 아파트가격의 하락 ⇨ 아파트 수요량 증가(아파트 수요량의 변화: 동일한 수요곡선상의 점의 이동)

㉤ 가구수 증가 ⇨ 해당 아파트 수요 증가(수요곡선 우측 이동)
㉥ 대체주택 가격의 상승(대체주택 수요량이 감소하고 이에 따라) ⇨ 해당 아파트 수요 증가(수요곡선 우측 이동)
㉦ 모기지(mortgage) 대출금리의 상승 ⇨ 해당 아파트 수요 감소(수요곡선 좌측 이동)
㉧ 건설노동자의 임금 상승 ⇨ 아파트 공급 감소(공급곡선 좌측 이동)

11 ④
신규주택가격의 상승 기대(예상)가 있으면 신규주택공급은 증가한다. 주택의 공급은 신규주택(상품)공급과 기존주택(자산)공급으로 구분할 수 있으며, 이 중에서 신규주택의 공급이 증가하는 원인을 찾는 문제이다.

지문분석
① 신규주택가격 상승 ⇨ 공급곡선상의 점의 이동(공급량 증가: 공급량의 변화)
②③⑤ ⇨ 공급자의 비용 증가 ⇨ 공급 감소(공급곡선 좌측 이동) 요인

12 ①
아파트가격 하락이 예상(⇨ 해당 아파트가격 이외의 요인)되면 '수요의 변화'로 동일한 가격수준에서 아파트 수요곡선이 좌하향으로 이동하게 된다(아파트 수요가 감소한다). ⇨ 아파트 '수요의 변화'

지문분석
② 대체재인 단독주택의 가격이 하락하면(단독주택 수요량이 증가하고 이에 따라) 아파트의 수요곡선은 좌하향으로 이동하게 된다(아파트 수요는 감소한다).
④⑤ 개별수요곡선을 수평적으로 합한 것이 시장수요곡선이므로, 시장수요곡선의 양의 변화가 더 많아서 더 탄력적이다. ⇨ 시장수요곡선의 기울기가 개별수요곡선의 기울기보다 더 완만하다. ⇨ 시장수요곡선 기울기의 절댓값이 더 작다.

13 ③
시장수요함수 기울기의 절댓값이 개별수요함수 기울기 절댓값보다 작다. 기울기 값을 찾기 위해 수식을 'P = '으로 정리한다. 최초의 수요함수에서 양변을 4로 나누어 준다(또는 곱하기 $\frac{1}{4}$을 하여도 된다).

$4P = 800 - 16Qd$

$\Rightarrow \frac{1}{4} \times 4P = \frac{800}{4} - \frac{16}{4}Qd \Rightarrow P = 200 - 4Qd$

정리된 수요함수 P = 200 − 4Qd에서 숫자 '4'는 기울기(= 높이 ÷ 밑변)를 나타낸다.

문제의 조건에서 모두 동일한 수요함수를 갖는다고 하였으므로 개별수요함수와 시장수요함수의 P(가격)는 200으로 동일하고, 4Qd에서 4만 인원 수(4배)로 나누어주면 된다. 위 결과를 토대로 수식을 정리하면 새로운 시장수요함수는 P = 200 − Q_M이다.

14 ⑤
• 수요의 교차탄력성이 양(+)이면 두 재화는 <u>대체관계</u>이다.
• 수요의 교차탄력성이 음(−)이면 두 재화는 <u>보완관계</u>이다.

15 ④
㉠ 균형은 수요량과 공급량이 동일한 상태이므로, 수식을 Qd = Qs로 정리하고 균형가격을 구한다.
  • 첫 번째 균형가격: 150 − 2P = 30 + P, 3P = 120, P = 40, 균형가격은 40이다.
  • 두 번째 균형가격: 150 − P = 30 + P, 2P = 120, P = 60, 균형가격은 60이다.
  따라서 균형가격은 40에서 60으로 <u>20만큼 상승</u>한다.
㉡ 수요곡선 기울기 값을 찾기 위해 수요함수 수식을 P로 정리한다.
  • Qd1 = 150 − 2P ⇨ 2P = 150 − Qd₁
  기울기 값을 찾기 위해 수식의 양변을 2로 나누어 주면,
  $P = 75 - \frac{1}{2}Qd_1$,
  따라서, 최초 수요곡선 기울기는 $\frac{1}{2}$이다.
  • Qd₂ = 150 − P(이후) ⇨ P = 150 + Qd₂
  ⇨ 기울기는 1이다.
  따라서, 수요곡선 기울기는 최초 $\frac{1}{2}$에서 1로 $\frac{1}{2}$만큼 <u>증가</u>한다.

Point 09 균형가격과 균형거래량의 변화

16 ④
공급의 증가와 수요의 증가가 동일한 경우, 균형가격은 <u>변하지 않고</u>, 균형거래량은 증가한다.

② 수요는 불변이고 공급이 감소하는 경우(공급곡선 좌상방으로 이동), <u>균형가격은 상승하고 균형거래량은 감소</u>한다.

17 ④
공급의 감소 > 수요의 감소 ⇨ 균형가격은 상승하고 균형거래량은 감소한다.

① 수요의 증가폭이 공급의 증가폭보다 클 경우, <u>균형가격은 상승</u>하고, 균형거래량은 증가한다.
② 수요와 공급이 감소하는 경우, 수요의 감소폭과 공급의 감소폭이 같다면(수요 감소 = 공급 감소) 균형가격은 불변이고(변하지 않고) <u>균형량은 감소한다.</u>
③ 수요와 공급이 감소하는 경우, 수요의 감소폭이 공급의 감소폭보다 작다면(수요 감소 < 공급 감소) 균형가격은 상승하고 <u>균형량은 감소</u>한다.
⑤ 수요와 공급이 동시에 감소하고 수요의 감소폭이 공급의 감소폭보다 더 큰 경우(수요 감소 > 공급 감소), <u>균형가격은 하락하고 균형거래량은 감소</u>한다.
  • 수요 감소 > 공급 감소 ⇨ 변화폭이 큰 쪽만 고려한다.
  ⇨ 균형가격 하락, 균형거래량 감소

> **보충 tip**
>
> 변화의 크기가 제시되면 변화폭이 큰 쪽만 고려하여 균형가격과 균형거래량을 판단한다.

18 ③

공급 증가 ⇨ 균형가격 하락, 균형거래량 증가

해당 문제는 '수요 증가요인'을 찾는 문제로, ㉠㉡㉣ 3개이다.
㉠ 해당 지역과 대체관계에 있는 주거지역에 쓰레기 소각장 등 유해시설 설치(대체지역의 아파트 수요 감소) ⇨ 해당 지역 아파트 수요 증가 ⇨ 아파트 수요곡선(균형점) 우상방 이동 ⇨ 균형가격 상승, 균형거래량 증가
㉡ 대체주택에 대한 수요 감소 ⇨ 해당 아파트 수요 증가 ⇨ 아파트 수요곡선(균형점) 우상향 이동 ⇨ <u>균형가격 상승, 균형거래량 증가</u>
㉢ 아파트 건축기술의 진보 ⇨ 아파트 공급 증가 ⇨ 공급곡선(균형점) 우하향 이동 ⇨ <u>균형가격 하락, 균형거래량 증가</u>
㉣ 가구 소득의 증가 ⇨ 아파트 수요 증가 ⇨ 아파트 수요곡선(균형점) 우상향 이동 ⇨ <u>균형가격 상승, 균형거래량 증가</u>
㉤ 아파트 건설업체 수의 증가 ⇨ 아파트 공급 증가 ⇨ 공급곡선(균형점) 우하향 이동 ⇨ <u>균형가격 하락, 균형거래량 증가</u>
㉥ 소비에 있어서 해당 아파트와 보완관계에 있는 재화의 가격 상승(보완재 수요량 감소, 이에 따라) ⇨ 해당 아파트 수요 감소 ⇨ 아파트 수요곡선(균형점) 좌하향 이동 ⇨ 균형가격 하락, 균형거래량 감소

ⓐ 아파트 건축규제의 완화 ➡ 아파트 공급 증가 ➡ 공급곡
선(균형점) 우하향 이동 ➡ 균형가격 하락, 균형거래량
증가

19 ③
옳은 것은 ㉠㉣이다.
㉠ 일반적으로 B(탄력적)가 A(비탄력적)에 비하여 대체재가
더 많은 편이다. ➡ 대체재가 많을수록 탄력적이며, 수요
곡선의 기울기가 완만해진다.
㉡ A와 B가 정상재일 때 소득이 증가하면 수요가 증가하므
로 부동산 A, B의 수요곡선은 모두 우측으로 이동한다.
㉢ 가격이 하락하면 B의 수요량(탄력적)이 A의 수요량(비탄
력적)보다 더 많이 증가한다.
㉣ 공급곡선이 좌측으로 이동할 때(공급이 감소할 때) B보
다 A의 가격변화폭이 더 크다. ➡ 비탄력적일수록 가격
이 더 상승한다.

20 ②
균형은 'Qd = Qs'에서 이뤄지므로 최초의 균형가격을 계산
하기 위해 각 함수를 'Qd =', 'Qs ='으로 정리한다.
1. 최초의 단기 균형(Qd = Qs)

$$400 - \frac{1}{2}P = 300 \Rightarrow \frac{1}{2}P = 100$$

$$\Rightarrow \frac{2}{1} \times \frac{1}{2}P = 100 \times \frac{2}{1}$$

∴ $P_1 = 200$
단기공급량은 300으로 고정되어 있으므로, 단기 균형거
래량은 300이다(계산한 $P_1 = 200$을 수요함수에 대입하
면 균형거래량은 300으로 동일한 결과이다).
2. 장기에서의 균형(Qd = Qs)

$$400 - \frac{1}{2}P = P + 250 \Rightarrow \frac{3}{2}P = 150$$

$$\Rightarrow \frac{2}{3} \times \frac{3}{2}P = 150 \times \frac{2}{3}$$

∴ $P_2 = 100$
계산한 $P_2 = 100$을 공급함수에 대입하면(수요함수에 대
입하여도 동일한 결과이다) P(100) + 250 = 350, 즉 균
형거래량은 300이다.
3. 단기에서 장기로 갈수록 균형가격은 200에서 100으로
100 하락하고, 균형거래량은 300에서 350으로 50만큼
증가한다.

21 ②
균형: Qd = Qs
1. 최초의 균형가격과 균형거래량의 계산
240 − 2P = 2P − 40 ➡ 4P = 280, 가격(P)을 구하기
위해 양변을 4로 나누어주면 P = 70이다. 균형거래량을
계산하기 위해 P = 70을 최초의 수요함수에 대입하면
240 − 2P(70) = Qd 100, 즉 균형거래량은 100이다(공
급함수에 대입하여도 동일한 결과이다).
2. 수요함수의 변화로 인한 균형가격과 균형거래량의 계산
같은 분수로 통분하는 절차가 필요하다.

• $2P = \frac{4}{2}P$

• $240 - \frac{3}{2}P = 2P - 40 \Rightarrow \frac{3}{2}P + \frac{4}{2}P = 280$

$$\Rightarrow \frac{7}{2}P = 280$$

• 가격(P)을 구하기 위해 양변에 $\frac{2}{7}$를 곱하여 준다.

$$\Rightarrow \frac{2}{7} \times \frac{7}{2}P = 280 \times \frac{2}{7}$$

따라서, $P = \frac{560}{7} = 80$이다.

• 변화된 균형거래량을 계산하기 위해 P = 80을 공급함
수에 대입하면 2P(80) − 40 = Qs 120, 즉 균형거래량
은 120이다(수요함수에 대입하여도 동일한 결과이다).
3. 균형가격은 최초 70에서 80으로 10만큼 상승하고, 균형
거래량은 최초 100에서 120으로 20만큼 증가한다.

Point 10 **탄력성**

22 ④
• 수요의 가격탄력성

$$= \frac{수요량의\ 변화율}{가격의\ 변화율} = \frac{\dfrac{수요량의\ 변화분}{최초의\ 수요량}}{\dfrac{가격의\ 변화분\ 10만원}{최초의\ 가격\ 50만원}}$$

➡ 가격의 변화율 0.2(20%) = 10만원 ÷ 50만원

• 수요의 가격탄력성 $0.6 = \dfrac{x}{0.2}$

➡ 수요량의 변화율(x) = 0.2 × 0.6 = 0.12(12% 감소)

• 수요량의 변화율 $0.12 = \dfrac{수요량의\ 변화분(y)}{최초의\ 수요량\ 400채}$

➡ 수요량의 변화분(y) = 400채 × 0.12 = 48(채)
∴ 가격과 수요량은 반비례관계(가격이 상승하면 수요량은
감소한다)라는 것에 유의하여 수요량의 변화를 계산하면
최초 400채에서 48채가 감소하여 352채로 감소한다(최
초 400채 − 48채 = 352채로 감소한다).

23 ②

㉠ 수요의 가격탄력성(B점 최초 값 기준)

$$= \frac{\text{수요량의 변화율}}{\text{가격의 변화율}} = \frac{\dfrac{\text{수요량의 변화분}}{\text{최초의 수요량}}}{\dfrac{\text{가격의 변화분}}{\text{최초의 가격}}}$$

$$= \frac{0.12}{0.15} = \frac{\dfrac{120m^2}{1,000m^2}}{\dfrac{6만원}{40만원}} = \underline{0.80}$$

㉡ 수요의 가격탄력성(중간점 기준)

$$= \frac{\dfrac{\Delta Q}{Q_1 + Q_2}}{\dfrac{\Delta P}{P_1 + P_2}} = \frac{\dfrac{120}{1,000 + 880}}{\dfrac{6}{40 + 46}} \fallingdotseq \frac{0.063}{0.069} \fallingdotseq \underline{0.91}$$

24 ①

$$\text{주택공급의 가격탄력성} = \frac{\dfrac{\text{공급량 변화분}}{\text{최초의 공급량}}}{\text{가격 변화율}}$$

$$0.8 = \frac{\dfrac{240세대}{1,200세대}}{\text{가격 변화율}} = \frac{0.2 \uparrow}{\text{가격 변화율} \uparrow}$$

⇨ 가격 변화율 = 0.2 ÷ 0.8 = 0.25(25%)
문제의 조건에서 공급량이 증가하였고, 가격과 공급량은 비례관계이므로 주택가격은 <u>25% 상승</u>한 것이다(⇨ 가격이 25% 상승함에 따라 공급량이 20% 증가하였다).

25 ⑤

지문분석 ●

① 가격변화율보다 공급량의 변화율이 커서 1보다 큰 값을 가진다면, 공급의 가격탄력성은 <u>탄력적</u>이다.
② 수요의 가격탄력성이 1보다 작은 값을 가진다면, 수요의 가격탄력성은 <u>비탄력적</u>이다.
③ • 수요곡선이 수평선이면 수요곡선의 모든 점에서 가격탄력성은 <u>무한대 값</u>이다.
　 • 수요곡선이 수직선이면 수요곡선의 모든 점에서 가격탄력성은 <u>0</u>이다.
④ 가격이 변화하여도 수요량이 전혀 변화하지 않는다면, 수요의 가격탄력성은 <u>완전비탄력적</u>이다.

26 ⑤

수요함수가 Qd_1에서 Qd_2로 변할 때 균형가격이 상승하였으므로, 수요곡선은 <u>우상향으로 이동한(수요가 증가한)</u> 것으로 볼 수 있다.

지문분석 ●

①②④ Qs = 300 ⇨ 공급량이 300으로 고정되어 있다. 즉, 공급이 완전비탄력적(탄력성 값: 0)이므로 공급곡선은 수직선 형태이며 균형거래량은 변하지 않는다.
③ 균형은 수요량(Qd)과 공급량(Qs)이 동일한 상태를 말한다.
　 1. 최초의 균형(Qd = Qs)
　　 400 − 2P = 300 ⇨ 2P = 100
　　 ∴ P_1 = 50
　 2. 변화된 균형(Qd = Qs)
　　 600 − 2P = 300 ⇨ 2P = 300
　　 ∴ P_1 = 150
　 3. 균형가격은 100 상승하고, 공급량이 고정(수직선)되어 있으므로 균형거래량은 변하지 않는다.

27 ①

• 수요의 가격탄력성은 가격이 변할 때 수요량이 얼마나 변하는지를 나타내는 <u>정량적(quantitive)</u> 지표이다. ⇨ 양의 변화를 측정하는 지표이다.
• 정성적(qualitative) 지표는 그 성질의 변화를 나타내는 지표이다.

지문분석 ●

③ 수요곡선이 수직선(⇨ 완전비탄력적: 0)인 경우, 수요의 가격탄력성은 수요곡선상의 모든 점에서 동일하다. 가격 변화에도 분자값인 수요량의 변화가 전혀 없으므로 수직선상의 모든 점에서 가격탄력은 동일하다.
④ 원점에서 출발하는 우상향 직선의 공급의 가격탄력성은 언제나 1의 값을 갖는다. ⇨ 단위탄력적일 경우를 말한다.
⑤ 부동산수요에 대한 관찰기간이 길어질수록(= 단기보다 장기에) 수요의 가격탄력성은 커진다. 즉, 단기에는 비탄력적이지만, 장기에는(충분히 준비하면) 더 탄력적이 된다. ⇨ 단기와 장기는 상대적 개념이다.

28 ①

탄력성은 커진다. = 탄력적이다.

지문분석 ●

② 대체재가 많을수록 수요의 가격탄력성은 <u>커진다</u>(탄력적이 된다).
③ 주거용 부동산에 비하여 특정한 입지조건을 요구하는(용도적 대체재가 상대적으로 부족한) 상·공업용 부동산의 수요의 가격탄력성이 <u>비탄력적</u>이다. ⇨ 주거용 부동산이 수요의 가격탄력성은 더 탄력적이다.
④ • 제품가격이 소득에서 차지하는 비중이 작을수록(소비자가 직접적으로 지불하는 비용의 비중이 적을수록 가격변화에 민감하게 반응하지 않으므로) 수요의 탄력성은 더 <u>비탄력적</u>이다.

- 제품가격이 소득에서 차지하는 비중이 클수록(소비자가 직접적으로 지불하는 비용의 비중이 클수록 가격변화에 민감하게 반응하므로) 수요의 탄력성은 더 탄력적이다.
⑤ 토지이용규제로 인한 택지공급의 비탄력성은 주택공급의 가격탄력성을 <u>비탄력적</u>으로 하는 요인 중 하나이다.

29 ⑤
㉠ 수요의 임대료탄력성이 0.5일 경우, 임대업자가 임대료를 20% 인상하면 임대주택의 수요량은 <u>10% 감소</u>한다.

수요의 임대료(가격) 탄력성 = $\dfrac{\text{수요량의 변화율}}{\text{임대료(가격) 변화율}}$

$0.5 = \dfrac{a\%\downarrow}{20\%\uparrow}$ ⇨ a = 20 × 0.5 = 10% 감소

(임대료와 수요량은 반비례관계)
㉡ • 수요가 가격탄력적인 상품을 판매하는 기업이 가격을 내리면(임대료 인하율보다 수요량이 더 많이 증가하므로) 판매수입은 증가한다. ⇨ 수요가 탄력적일 경우, 저가(인하)전략이 수입을 증가시킨다.
　• 임대료의 변화율보다 수요량의 변화율이 큰 경우(= 탄력적인 경우), 임대료를 인하하면 임대료 인하율보다 수요량이 더 많이 증가하므로 임대업자의 <u>총수입은 증가</u>한다.

30 ③
옳은 것은 ㉠㉢이다.
㉠ 수요의 가격탄력성이 '1'보다 큰 경우(탄력적일 때) 임대료가 상승하면, 임대료 상승률보다 수요량이 더 많이 감소하기 때문에 임대업자의 임대료수입은 감소한다. ⇨ 수요의 가격탄력성이 탄력적일 경우에는 저가전략이 총수입을 증가시킨다.
㉡ 수요의 가격탄력성이 '0'인 경우(⇨ 완전비탄력적)에는 임대료가 인상되어도 수요량이 전혀 감소하지 않기 때문에 <u>임대료 인상분만큼 총수입이 증가</u>한다.
㉢ 수요의 가격탄력성이 1보다 작을 경우(비탄력적일 경우) 전체 수입은 임대료가 상승함에 따라 증가한다. ⇨ 수요가 비탄력적일 때, 임대료가 상승하면 임대료 상승률보다 수요량이 덜 감소하므로 전체 수입은 증가한다. ⇨ 수요의 가격탄력성이 비탄력적일 경우에는 고가전략이 총수입을 증가시킨다.

31 ⑤
장기공급곡선보다 단기공급곡선의 기울기가 급한 것은 가격이 상승한다고 하더라도 단기적으로 공급량이 크게 늘어날 수 없기 때문이다. ⇨ 단기에는 공급이 <u>비탄력적</u>이다.

① 생산량을 늘릴 때 생산요소가격이 상승할수록 공급의 가격탄력성은 더 <u>비탄력적</u>이 된다.
② 용도전환이 용이할수록(그 양의 변화가 많으므로) 공급의 임대료탄력성은 더 <u>탄력적</u>이다.
③ 용도변경을 제한하는 법규가 강화될수록(그 양의 변화가 적어지므로) 공급은 이전에 비해 <u>비탄력적</u>이 된다.
④ 생산(공급)에 소요되는 기간이 길수록 (적시에 공급할 수 없으므로) 공급의 가격탄력성은 더 <u>비탄력적</u>이 된다.

32 ①
균형가격은 수요곡선과 공급곡선이 만나는 점에서 결정된다. 기출되었던 문항 중 하나로, 제시된 조건 자체가 하자가 있다. 해당 문항이 옳은 지문이 되기 위해서는 '수요의 가격탄력성이 완전탄력적일 때 <u>공급이 증가</u>할 경우 균형가격은 변하지 않는다.'이어야 한다.

② 공급이 가격에 대해 완전탄력적이면(⇨ 그래프 수평선) 균형가격은 변하지 않는다.
③ 부동산수요가 증가하면 부동산공급이 비탄력적일수록 (공급이 적시에 늘어나지 못하므로) 균형가격이 더 크게 상승한다. ⇨ 비탄력적일수록(양의 변화가 적을수록) 가격의 변화폭이 크다.

보충 탄력성에 따른 균형가격의 변화

- 부동산의 공급이 탄력적일수록(양의 변화가 많을수록) 수요 증가에 의한 가격변동의 폭이 <u>작다</u>.
- 부동산의 공급이 <u>비탄력적일수록(양의 변화가 작을수록)</u> 수요 증가에 의한 가격변동의 폭이 크다.

---

33 ②
공급곡선이 완전비탄력적이라는 것은 균형거래량의 변화가 없다는 것이며, 공급곡선은 수직선 형태를 나타낸다. 그런데 현재의 임대료 수준에서 초과수요가 존재하면(수요 증가, 수요곡선 우상향 이동) 균형임대료는 상승하지만, <u>균형거래량은 변화가 없다</u>.

34 ④
옳은 것은 ㉡㉣이다.
㉠ 수요의 소득탄력성은 <u>소득의 변화율에 대한 수요량의 변화율</u>을 말한다.
㉣ 아파트가격에 대한 빌라 수요의 교차탄력성이 0.50이면 (⇨ 대체관계) 아파트의 가격이 10% 하락할 때(아파트 수요는 증가하고) 빌라의 수요량은 5% <u>감소</u>한다.

35 ③
- 주택수요가 증가하면 주택공급이 탄력적일수록 균형가격이 덜 상승한다. 탄력적일수록(양의 변화가 많을수록) 가격의 변화폭이 작다.
- 주택수요가 증가하면 주택공급이 비탄력적일수록 균형가격이 더 상승한다. 비탄력적일수록(양의 변화가 적을수록) 가격의 변화폭이 크다.

지문분석 ●
② 수요의 가격탄력성이 완전탄력적인 경우에 공급이 증가하면, 균형임대료는 변화하지 않지만 균형거래량은 증가한다. ⇨ 완전탄력적(그래프 수평선)인 조건에서는 균형가격은 변하지 않는다.

36 ②
소득의 증가로 수요량이 증가하였으므로 해당 재화는 정상재(우등재)이고 그 값은 양(+)의 값을 갖는다.
㉠ 정상재(우등재), ㉡ 0.4

$$\text{수요의 소득탄력성} = \frac{\text{수요량의 변화율}}{\text{소득의 변화율}}$$

$$= \frac{\dfrac{\text{수요량의 변화분}}{\text{최초의 수요량}}}{\dfrac{\text{소득변화분}}{\text{최초의 소득}}} = \frac{\dfrac{240\text{세대}}{2,000\text{세대}}}{\dfrac{120\text{만원}}{400\text{만원}}} = \frac{0.12}{0.3} = 0.4$$

37 ③
- 수요의 가격탄력성 $= \dfrac{\text{수요량 변화율}}{\text{가격 변화율}}$

$$0.5 = \frac{\text{수요량 변화율}}{7\% \uparrow}$$

⇨ 수요량은 3.5%(= 0.5 × 7%) 감소한다.
가격이 상승함에도 수요량이 1% 증가하였다는 것은 수요의 가격탄력성 조건에 따른 수요량 감소분 3.5%를 상쇄시키고도 (소득탄력성 조건에 따른) 소득 증가로 수요량이 추가로 1%가 더 증가하였다는 것이다. 즉, 소득 증가로 수요량이 4.5% 증가하였다는 의미가 된다.
- 수요의 소득탄력성 $= \dfrac{\text{수요량 변화율}}{\text{소득 변화율}}$

$$0.9(\text{정상재}) = \frac{4.5\% \uparrow}{\text{소득 변화율(a)}}$$

⇨ 소득변화율(a)은 5%(= 4.5 ÷ 0.9) 증가한다.
즉, 수요의 가격탄력성과 소득탄력성 조건을 결합한 전체 수요량이 1% 증가하기 위해서는 소득은 5% 증가하여야 한다.

38 ④
수요의 가격탄력성과 수요의 소득탄력성 두 가지 조건을 고려하여 전체 수요량이 1% 감소하였다는 것이고, 이에 따른 소득의 변화율을 묻고 있다.
⇨ 가격이 10% 상승하면 수요량은 4% 감소한다.
여기에 수요의 소득탄력성 0.5까지 고려하였을 때 전체 수요량이 1% 감소하였다는 것은 소득의 증가로 수요량이 3% 증가하였다는 의미가 된다.
- 수요의 소득탄력성(정상재) $= \dfrac{\text{수요량 변화율}}{\text{소득 변화율}(x)}$

$$0.5 = \frac{3\% \uparrow}{x\% \uparrow}$$

따라서 소득변화율은 6%(= 3% ÷ 0.5) 증가한다.

39 ②
㉠ 아파트가격이 4% 하락하면 아파트 공급량은 6% 감소하였으므로 공급의 가격탄력성은 1.5이다(가격과 공급량은 비례관계이다).

- 공급의 가격탄력성 1.5 $= \dfrac{6\% \downarrow}{4\% \downarrow}$

㉡ 아파트가격이 4% 하락하면(아파트 수요량은 증가하고, 이에 따라 연립주택의 수요량이 1% 감소하였으므로) 두 재화는 대체관계이고 교차탄력성은 0.25이다.

$$\text{교차탄력성} = \frac{\text{연립주택 수요량 변화율}}{\text{아파트가격 변화율}}$$

$$= \frac{\text{연립주택 수요량 } 1\% \downarrow}{\text{아파트가격 } 4\% \downarrow} = 0.25$$

40 ①
- 소득증가와 아파트가격 상승으로 인한(두 가지 탄력성 조건을 모두 고려한) 다세대주택 수요량 증가분의 합이 10%이다. 이 중에서 소득 증가에 따른 수요량 증가분(a)은 4%(= 0.5 × 8%)이다.
- 수요의 소득탄력성(정상재) $= \dfrac{\text{수요량 변화율}}{\text{소득 변화율}}$

$$0.5 = \frac{\text{수요량 변화율(a)}}{8\% \uparrow}$$

- 수요량 증가분의 합 10% 중에서 나머지(b): 6%(⇨ 교차탄력성 분자 값)는 아파트가격 변화에 따른 다세대주택 수요량 증가분이므로 수요의 교차탄력성(c)은 0.6이다.

$$\therefore \text{수요의 교차탄력성(c)} = \frac{\text{다세대주택 수요량 변화율}}{\text{아파트가격 변화율}}$$

$$= \frac{6\% \uparrow}{10\% \uparrow} = 0.6$$

41 ③

- 수요의 가격탄력성 = $\dfrac{\text{수요량 변화율}}{\text{가격 변화율}}$

$$0.3 = \dfrac{1.5\% \downarrow}{5\% \uparrow}$$

⇨ 아파트수요량은 1.5%(= 0.3 × 5%) 감소한다.

- 수요의 소득탄력성 = $\dfrac{\text{수요량 변화율}}{\text{소득 변화율}}$

$$0.4(\text{정상재}) = \dfrac{2.0\% \uparrow}{5\% \uparrow}$$

⇨ 아파트수요량은 2.0%(= 0.4 × 5%) 증가한다.

- 수요의 교차탄력성 = $\dfrac{\text{아파트 수요량 변화율}}{\text{오피스텔 가격 변화율}}$

$$0.6(\text{대체관계}) = \dfrac{3.0\% \uparrow}{5\% \uparrow}$$

⇨ 아파트수요량은 3.0%(= 0.6 × 5%) 증가한다.

아파트가격 상승으로 아파트수요량이 1.5% 감소하였고, 소득 증가와 오피스텔가격 변화로 아파트수요량이 5.0% 증가(2.0% + 3.0%)하였으므로, 세 가지 탄력성 조건을 활용한 전체 아파트수요량은 <u>3.5% 증가</u>한다(= −1.5% + 2.0% + 3.0%).

42 ①

- 아파트수요의 가격탄력성 조건에 따른 아파트가격이 4% 상승하면 아파트수요량은 6% 감소한다.

⇨ 아파트수요의 가격탄력성 $1.5 = \dfrac{\text{수요량의 변화율 } 6\% \downarrow}{\text{가격 변화율 } 4\% \uparrow}$

(가격과 수요량은 반비례관계)

- 교차탄력성 조건에 따른 단독주택가격 상승(a)으로 아파트수요량(b)이 8% 증가해야만 두 가지 탄력성을 결합한 전체 아파트 수요량은 2% 증가한다.

⇨ 교차탄력성 $0.4 = \dfrac{\text{아파트 수요량 변화율(b)}}{\text{단독주택가격 변화율(a)}}$

교차탄력성이 양(+)의 값 ⇨ 두 재화는 대체관계

$$\left[1.5 = \dfrac{6\% \downarrow}{4\% \uparrow}\right] + \left[0.4 = \dfrac{\text{아파트수요량(b) } 8\% \uparrow}{\text{단독주택가격 변화율(a)}}\right]$$
⇨ 전체 수요량 2% 증가

단독주택가격 변화율(a) = 8%(0.08) ÷ 0.4
따라서 단독주택가격 변화율은 <u>20%(0.2) 상승</u>한다.

43 ①

1. 아파트 수요의 가격탄력성 0.5 ⇨ 아파트가격 4% 상승으로 아파트 수요량이 2% 감소하고,
2. 단독주택가격에 대한 아파트 수요의 교차탄력성 0.3 ⇨ 단독주택가격 4% 상승으로 아파트 수요량이 1.2% 증가

하였으므로, 소득탄력성(a)에 의한 소득 5% 증가로 아파트 수요량이 0.8% 증가하여야만 이 세 가지 조건에 따른 오피스텔의 전체(총) 수요량이 변화가 없게 된다(수요량: 0) (가격탄력성에 의한 수요량 2% 감소 + 교차탄력성에 의한 수요량 1.2% 증가 + 소득탄력성에 의한 수요량 0.8% 증가 = 오피스텔 전체 수요량 0%).

즉, 2% 감소 + 0.8% 증가 + 1.2% 증가 = 전체 수요량 변화 없음(수요량 변화: 0)

$$\left[\text{가격탄력성 } 0.5 = \dfrac{2 \downarrow}{4 \uparrow}\right] +$$

$$\left[\text{교차탄력성 } 0.3 = \dfrac{\text{오피스텔 수요량 } 1.2 \uparrow}{\text{아파트가격 } 4 \uparrow}\right] +$$

$$\left[\text{소득탄력성(a)} = \dfrac{\text{수요량 } 0.8 \uparrow}{\text{소득 } 4 \uparrow}\right]$$

⇨ 분자값: 전체 수요량 0%
따라서, 수요의 소득탄력성(a) = <u>0.2</u>이다.

Point 11 **부동산경기변동**

44 ⑤

부동산경기는 그 순환국면이 일반경기변동과는 다르게 호황국면과 불황국면이 <u>뚜렷하게 구분되지 않는다.</u> 경기의 순환국면이 불규칙적이고 비대칭적이다. 또한, 지역별·유형별·용도별 경기변동의 양상이 다르기 때문에 현재의 국면이 호황국면인지 불황국면인지 그 판단이 용이하지 않다.

45 ③

부동산경기는 일반경기와는 다르게 <u>불규칙적</u>이고 그 순환국면이 불분명하며 뚜렷하게 구분되지 않는다.

지문분석 ●

① 스태그플레이션(stagflation)은 저성장 고물가현상을 의미한다.
② 부동산경기순환은 회복은 느리고 후퇴국면이 빠르게 진행되는 확장국면과 수축국면이 비대칭적인 현상으로 타나난다.
④ 부동산경기변동은 여러 가지 지표를 통해 종합적으로 측정할 필요가 있다는 개념이다.
⑤ 우발적(무작위적) 변동이란 불규칙변동을 의미한다.

46 ④

옳은 것은 ㉠㉡㉢㉣이다.
㉣ 봄, 가을의 반복적인 주택거래건수 증가는 <u>계절적</u> 변동 요인에 속한다.

47 ⑤

실수요 증가에 의한 공급 부족이 발생하는 경우 공인중개사는 매도자를 확보해 두려는 경향을 보인다.

48 ④

건축허가면적과 미분양물량은 부동산경기를 측정할 수 있는 지표로 활용될 수 있다. ⇨ 부동산경기는 여러 지표를 통해 종합적으로 측정할 필요가 있다(지표의 종류를 암기했는가의 지문이 아니다).

지문분석

① 상향시장 국면에서는 부동산가격이 <u>지속적으로 상승</u>하고 거래량은 증가한다.

② 회복시장 국면에서는 <u>매수자(구매자)</u>가 주도하는 시장에서 <u>매도자(판매자)</u>가 주도하는 시장으로 바뀌는 경향이 있다.

③ 안정시장 국면에서는 과거의 거래가격은 새로운 거래가격의 <u>신뢰할 수 있는 기준가격</u>이 된다.

⑤ 부동산경기를 분석대상지역의 인근지역에 한정하여 측정하는 것은 <u>유효하지 않다.</u> 인근지역과 대체·경쟁관계에 있는 유사지역의 경기도 함께 고려할 필요가 있다.

보충 부동산경기의 순환변동

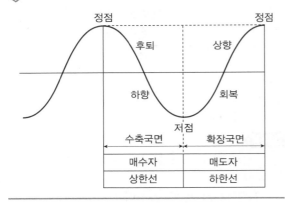

Point 12 거미집이론(동적 균형이론)

49 ③

<u>공급자는</u> 언제나 현재가격에만 반응한다는 것을 전제하고 있다(공급자가 장래가격을 예측할 수 있다면 거미집이론은 성립되지 않는다).

지문분석

①② 균형으로 수렴해가는 과정을 <u>동태적으로</u> 분석한 모형이다. ⇨ 동적(動的) 균형이론

가격이 변동하면 수요는 즉각적으로 반응하지만, 공급은 <u>일정한 시간이 지나야만 반응한다는</u> 것을 전제한다.

④ 수요의 가격탄력성이 공급의 가격탄력성보다 작으면(수요가 공급에 비해 상대적으로 비탄력적이므로, 따라서 공급은 탄력적이다) 발산형이다.

⑤ 수요곡선의 기울기 절댓값보다 공급곡선의 기울기 절댓값이 더 크면(공급이 상대적으로 비탄력적이므로) 수렴형이다.

• 기울기의 절댓값이 크다. ⇨ 가격탄력성은 작다(비탄력적).

핵심 거미집이론의 기본가정

• 수요는 상대적으로 탄력적이고, 공급은 비탄력적이다.

• 거미집이론에서 공급자는 전년도 가격이 올해에도 그대로 유지될 것이라는 전제하에 올해의 생산량을 결정한다. 공급자는 언제나 현재 가격(임대료)에만 반응한다는 것을 전제한다. 즉, 올해의 생산량은 전년도 가격에 의해서 결정된다는 것을 전제한다. 거미집이론은 주택가격이 상승하여도 <u>주택의 신규(생산)공급</u>이 적시에 늘어나지 못하는 경우를 설명해준다. ⇨ 공급은 일정한 시차를 두고 뒤늦게 발생한다.

50 ⑤

㉠ 첫 번째 조건은 탄력성을 제시하였다.
'가격탄력성 절댓값 = 가격탄력성'이다. 공급의 가격탄력성의 절댓값이 수요의 가격탄력성의 절댓값보다 작으면 공급은 상대적으로 비탄력적이고 수요는 탄력적이므로 <u>수렴형</u>이다.

㉡ 두 번째 조건은 곡선 기울기의 절댓값을 제시하였다. 공급곡선의 기울기의 절댓값보다 수요곡선의 기울기의 절댓값이 크면 수요는 상대적으로 비탄력적이고 공급은 탄력적이므로 <u>발산형</u>이다.

51 ②

탄력적일수록 곡선의 기울기가 완만해지므로 기울기의 절댓값은 작아진다. 반면에 비탄력적일수록 기울기가 급해지므로 기울기의 절댓값은 커진다.

• A부동산: 수요의 가격탄력성(1.4)이 공급의 가격탄력성(0.6)보다 크다. 즉, 수요는 탄력적, 공급은 상대적으로 비탄력적이므로 <u>수렴형</u>에 해당한다.

• B부동산: 수요곡선의 기울기의 절댓값(1.5)과 공급곡선의 기울기의 절댓값(1.5)의 크기가 동일하다. 기울기 절댓값이 동일할 경우에는 <u>순환형</u>에 해당한다.

52 ④

1. A부동산시장: $2Qd = 100 - 2P$, $2Qs = -10 + P$
   기울기 값을 찾기 위해 수식을 P(가격)로 정리한다.
   $2P = 100 - 2Qd$, $P = 10 + 2Qs$
   ⇨ 수요곡선의 기울기는 1, 공급곡선의 기울기는 2이다.
   ∴ 공급곡선 기울기의 절댓값이 더 크므로 공급곡선의 기울기가 더 급하다. 공급이 더 비탄력적이므로(수요는 상대적으로 탄력적임) 수렴형에 해당한다.

2. B부동산시장: $Qd = 400 - 2P$, $Qs = -20 + 4P$
   기울기 값을 찾기 위해 수식을 P(가격)로 정리한다.
   • $2P = 400 - Qd$, $4P = 20 + Qs$
   • 수요함수 $2P = 400 - Qd$를 2로 나누어 수식을 정리하면, $P = 200 - \frac{1}{2}Qd$이다.
   • 공급함수 $4P = 20 + Qs$를 4로 나누어 수식을 정리하면, $P = 5 + \frac{1}{4}Qs$이다.
   ⇨ 수요곡선의 기울기는 $\frac{1}{2}$, 공급곡선의 기울기는 $\frac{1}{4}$이다.
   ∴ 수요곡선 기울기 절댓값이 크므로, 수요가 더 비탄력적, 공급은 상대적으로 탄력적이다. 따라서, 발산형에 해당한다.

3. A상품의 가격이 2% 상승하였을 때(A상품수요량은 감소하고), B상품의 수요량이 1.8% 감소하였다. ⇨ 두 재화의 수요가 동일 방향으로 진행되고 있으므로 보완관계이다. ⇨ 교차탄력성은 음(−)의 값을 갖는다.

수요의 교차탄력성 = $\dfrac{\text{B상품수요량 변화율}}{\text{A상품가격 변화율}}$

∴ -0.9(보완관계) = $\dfrac{\text{B상품수요량 } 1.8\% \downarrow}{\text{A상품가격 } 2\% \uparrow}$

53 ②

A: 수렴형, B: 발산형

1. A부동산시장: 수렴형
   공급곡선 기울기 절댓값이 더 크다(공급이 상대적으로 더 비탄력적).
   • $Qd = 200 - P$ ⇨ 수요곡선 기울기: 1
   • $Qs = 10 + \frac{1}{2}P$ ⇨ 공급곡선 기울기: 2

2. B부동산시장: 발산형
   공급곡선 기울기 절댓값이 더 작다(공급이 상대적으로 탄력적).
   • $Qd = 400 - \frac{1}{2}P$ ⇨ 수요곡선 기울기: 2
   • $Qs = 50 + 2P$ ⇨ 공급곡선 기울기: $\frac{1}{2}$

54 ④

$Qs = 100 + 4P$ ⇨ 공급함수
$Qd = 200 - P$ ⇨ 수요함수

1. 기울기 값을 찾기 위해 각 함수를 'P ='으로 정리한다.
2. A주택시장
   • $Qd = 200 - P$ ⇨ $P = 200 - Qd$
     ⇨ 수요곡선 기울기 1
   • $Qs = 100 + 4P$ ⇨ $4P = -100 + Qs$
     ⇨ $P = -25 + \frac{1}{4}Qs$
     ⇨ 공급곡선 기울기 $\frac{1}{4}$ ($= 0.25$)
   ∴ 수요곡선 기울기 값이 더 크므로 수요가 더 비탄력적, 공급은 상대적으로 탄력적이다. 따라서, 발산형이다.
3. B주택시장
   • $2P = 500 - Qd$, 양변을 2로 나누어주거나 $\frac{1}{2}$을 곱하여 정리한다.
     ⇨ $P = 250 - \frac{1}{2}Qd$ ⇨ 수요곡선 기울기 $\frac{1}{2}$
   • $\frac{1}{2}P = -200 + Qs$, 양변에 2를 곱하여 정리한다.
     ⇨ $P = -400 + 2Qs$ ⇨ 공급곡선 기울기 2
   ∴ 공급곡선 기울기 값이 더 크므로 공급이 더 비탄력적, 수요는 상대적으로 탄력적이다. 따라서, 수렴형이다.

핵심 **수렴형 조건과 발산형 조건**

수렴형	공급의 가격탄력성이 더 작을수록(비탄력적일수록), 공급곡선의 기울기가 급할수록, 공급곡선 기울기의 절댓값이 더 클수록 균형으로 수렴한다.
발산형	공급의 가격탄력성이 더 클수록(탄력적일수록), 공급곡선의 기울기가 완만할수록, 공급곡선 기울기의 절댓값이 더 작을수록 균형을 이탈하여 발산형으로 나타난다.

p.95~119

01	②	02	③	03	⑤	04	②	05	①
06	②	07	③	08	③	09	④	10	②
11	③	12	⑤	13	④	14	①	15	④
16	①	17	④	18	①	19	③	20	③
21	④	22	⑤	23	③	24	①	25	④
26	②	27	⑤	28	①	29	③	30	②
31	⑤	32	④	33	①	34	⑤	35	⑤
36	②	37	②	38	②	39	④	40	②
41	④	42	④	43	④	44	②	45	⑤
46	⑤	47	⑤	48	③	49	①	50	②
51	⑤	52	④	53	①	54	④		

Point 13 부동산시장의 특성과 기능

01 ②
부동산시장은 부동산의 고가성으로 인하여 특정 지역에 생산자와 소비자의 수가 상대적으로 제한되어 시장참여가 자유롭지 못한 편이므로 불완전경쟁시장에 해당된다. 다수의 판매자와 다수의 구매자가 존재한다는 것은 시장진입과 탈퇴가 자유롭다는 것으로, 완전경쟁시장의 성립요건이다.

02 ③
- 부동산시장은 거래의 비공개성으로 인하여 불합리한 가격이 형성되는데, 이는 개별성과 관련이 깊다.
- 비가역성이란 원래의 상태로 되돌릴 수 없다는 성질을 말한다.

03 ⑤
부동성이 있어 지역시장·국지적 시장이 형성되고, 물리적으로 동질적이라도 지역의 환경이나 위치에 따라 각각 다른 이질적 가격이 형성된다.

> **지문분석**
> ③④ 토지의 자연적 특성인 개별성으로 인하여 부동산활동 및 부동산현상이 개별화된다.

04 ②
부동산시장은 부증성 등 부동산의 불완전한 특성으로 인해 수급조절이 어려워 단기적으로 가격의 왜곡현상이 발생할 수 있다(단기에는 비탄력적이다). 이에 따라 부동산시장은 수요와 공급을 조절하는 데 많은 시간 소요된다(장기적으로는 탄력적이 된다).

> **지문분석**
> ⑤ 부동산의 개별성이라는 특성으로 인하여 부동산시장이 조직화되지 못한다. 따라서 부동산시장은 일반재화시장과 달리 유통조직이라는 것이 존재하지 않는다.

05 ①
부동산은 개별성에 따라 표준화가 제한되므로, 증권(주식)과 달리 부동산시장에서 공매(short selling)를 통한 가격하락 위험을 타인에게 전가하기가 어렵다. 즉, 부동산시장에서는 공매제도 자체가 없다.

06 ②
옳은 것은 ⓒⓔⓜ 3개이다.
- ㉠ 교환기능: 부동산시장은 부동산재화와 서비스가 교환되는 메커니즘이기 때문에 유형의 부동산거래는 물론이고, 무형의 이용과 관련한 권리(⇨ 추상적 시장의 성격)도 포함된다.
- ⓒ 토지의 자연적 특성인 지리적 위치의 고정성(부동성)으로 인하여 지역마다 다른 특성을 갖는다. ⇨ 동일한 위치가 없으므로 상품의 성격도 달라지므로 개별화된다.
- ⓗ 거래의 비공개성은 부동산시장의 기능이 아니다. 거래행태나 사실이 외부에 잘 드러나지 않는 거래의 비공개성(은밀성)은 부동산시장의 고유한 특성이다.

> **보충 부동산시장의 기능**
> - 교환기능
> - 자원배분기능
> - 정보제공기능
> - 가격의 창조기능
> - 양과 질의 조정기능
> - 입지주체간의 입지경쟁기능

07 ③
다른 조건이 일정할 때, 이자율이 하락하면 부동산수요와 공급은 모두 증가한다.

> **지문분석**
> ① 생산비의 하락으로 신규주택의 공급이 장기적으로 증가한다.

② 전세금의 기회비용이 하락하면서 전세수요가 <u>증가한다.</u>
④ 부동산의 공간서비스에 대한 수요(임차수요)가 <u>증가한다.</u>
⑤ 전세금의 운용수익이 줄어들면서 월세공급이 <u>증가한다</u>
(전세공급을 월세공급으로 전환하는 경향이 증가한다).

08 ③
옳은 것은 ㉠㉢㉣㉤이다.
㉡ 부동산상품은 개별성의 특성으로 인해(표준화되지 못하여) 매매기간의 장기성(단기거래의 곤란성)으로 인하여 <u>유동성과 환금성이 낮은 편이다.</u>

Point 14 정보의 효율성과 부동산시장

09 ④
강성 효율적 시장은 공표(공개)된 정보뿐만 아니라 미공개정보까지도 이미 가격에 반영된 시장으로, 투자자는 미공개정보를 이용하여도 정상 이상의 초과이윤을 획득할 수 <u>없다.</u>

10 ②
• <u>강성 효율적 시장</u>은 공개된 정보는 물론이고 미공개정보까지 이미 가격에 반영되어 있는 시장으로 정보의 완전성을 가정하는 완전경쟁시장에 부합한 시장이다.
• 약성 효율적 시장은 과거의 역사적인 정보가 이미 가격에 반영되어 있는 시장을 말한다.

지문분석 ●

① 효율적 시장은 본질적으로 제품의 동질성과 상호간의 대체성이 있는 시장이다. ➡ 표준화가 가능한 증권시장에 관련된 이론을 부동산시장에 적용하였다.
③ 준강성 효율적 시장은 약성 효율적 시장의 성격을 포함하고 있기 때문에 기술적 분석이나 기본적 분석으로도 초과수익을 달성할 수 없다.
④ 준강성 효율적 시장은 약성 효율적 시장의 성격을 준포함하고 있고, 강성 효율적 시장은 준강성 및 약성 효율적 시장의 성격을 모두 포함하고 있다. 강성 효율적 시장은 공표(공개)된 것이건 그렇지 않은 것(미공개정보)이건 어떠한 정보도 이미 가치에 반영되어 있는 시장이므로 어떠한 정보를 이용하여도 초과수익을 달성할 수 없다. ➡ 효율적 시장하에서는 정보를 활용하여 초과이윤(수익)을 달성할 수 없다.

보충 | 정보의 범위

약성 효율적 시장 ⊂ 준강성 효율적 시장 ⊂ 강성 효율적 시장

11 ③
완전경쟁시장은 정보의 완전성을 가정하는 이상적 시장모델이고, 강성 효율적 시장은 공개된 정보뿐만 아니라 미공개정보까지의 모든 정보가 시장가격에 반영된 시장이므로 할당 효율적 시장이라 할 수 있다.

지문분석 ●

① 완전경쟁시장에서는 초과이윤이 발생할 수 <u>없다.</u> 균형가격에 해당하는 정상이윤만 존재한다. 불완전경쟁시장에서는 초과이윤이 발생할 수 있다.
② 불완전경쟁시장도 정보비용과 이를 통해 얻는 이윤이 동일하다면 할당 효율적 시장이 될 수 있다.
④ 약성 효율적 시장에서 과거의 역사적 정보를 통해 정상 이상의 수익을 획득할 수 <u>없다.</u>
⑤ <u>강성 효율적 시장</u>은 공표된 정보는 물론 공표되지 않은 미공개정보도 시장가치에 반영된 시장을 말한다. 준강성 효율적 시장은 공개된(공식적으로 이용가능한) 모든 정보가 현재의 시장가격에 반영된 시장을 말한다.

12 ⑤
불완전경쟁시장이나 독점시장도 정보비용과 초과이윤이 일치할 경우에는 할당 효율적 시장이 될 수 있다. 따라서 부동산시장은 <u>할당 효율적 시장이 될 수도 있다.</u> 경우에 따라 할당 효율적이지 못할 수도 있다.

지문분석 ●

① 초과이윤 > 정보비용보다 ➡ 균형상태가 아니므로 할당(배분) 효율적 시장이 아니다.
② 정보비용 = 이윤 ➡ 균형상태이므로 독점시장도 할당 효율적 시장이 될 수 있다.
③ 할당 효율적 시장이란 자원이나 정보가 시장참여자에게 균형적으로 배분된 시장으로 어느 누구도 싼 값으로 정보를 획득할 수 없는 시장을 말한다. 따라서 할당 효율적 시장에서는 정보비용을 상회하는 초과이윤의 획득은 불가능하며 과소평가나 과대평가 등 왜곡가능성은 낮아지거나 없는 상태가 된다. 반면, 부동산시장이 할당 효율적이지 못할 때에는 부동산거래의 은밀성으로 인해 부동산가격의 과소평가 또는 과대평가 등 왜곡가능성이 높아질 수 있다.

13 ④

> 정보의 현재가치
> = 확실성하의 현재가치 − 불확실성하의 현재가치

• 확실성하의 토지 현재가치(PV)

$$= \frac{5억\ 5,000만원}{(1 + 0.1)^1} = 5억원$$

- 불확실성하의 토지 현재가치(PV)

$$= \frac{(0.6 \times 5억\ 5,000만원) + (0.4 \times 2억\ 7,500만원)}{(1 + 0.1)^1}$$

$$= \frac{4억\ 4,000만원}{1.1} = 4억원$$

∴ 정보의 현재가치 = 5억원 − 4억원 = 1억원

14 ①

정보가치를 계산하는 문제가 아니다. 해당 문제는 불확실성
하에서 토지의 현재가치를 계산하는 문제이다. 매수하려는
사람은 현재 가격(현재가치) 이하로 매수해야만 요구수익률
을 충족할 수 있고, 매도하려는 자(토지소유자)는 현재 가격
(현재가치) 이상으로 매도해야 요구수익률을 충족할 수 있다.

- 불확실성하의 토지 현재가치(PV)

$$= \frac{(0.45 \times 12억\ 1,000만원) + (0.55 \times 4억\ 8,400만원)}{(1 + 0.1)^2}$$

$$= \frac{8억\ 1,070만원}{1.21} = 6억\ 7,000만원$$

∴ 매수하려는 자는 현재 6억 7,000만원 이하로 매수해야만
요구수익률 10%를 충족할 수 있다.

Point 15 주택시장분석

15 ④

주택시장은 지역적 경향이 강하고, 지역수요에 의존하기 때
문에 지역마다 그 가격이 달라지므로 적정가격의 도출이
<u>용이하지 않은</u> 편이다.

16 ①

7월 10일 현재 A지역에 50,000채의 주택이 존재한다면,
<u>주택저량의 공급량은 50,000채</u>이다.

 주택시장의 공급량 분석

주택시장에서는 주택가격이 상승하여도 생산공급이 적시
에 이루어지지 못하기 때문에 일정시점에 현재 존재하는
주택저량의 공급량을 먼저 분석하고, 장기에 증가하는
유량개념의 신규공급량을 고려하여 분석할 필요가 있다.

17 ④

원자재가격(생산요소가격)의 하락은 공급을 증가시킨다. 그
러나 문제의 조건에 따라 단기와 장기를 구분하여 파악하여
야 한다. 단기에는 원자재가격 하락으로 생산공급이 늘어나
지 못하기 때문에(단기에는 공급이 고정되어 있기 때문에)

임대료의 변화가 없다. 그러나 장기에는 생산(유량)공급이
가능하기 때문에 공급곡선이 우측으로 이동하게 되고 균형
임대료는 하락한다.

Point 16 주택의 여과과정과 주거분리

18 ①

주택의 하향여과는 상위소득계층이 사용하던 기존주택이 하
위소득계층의 사용으로 전환되는 것을 말한다.

 주택의 상향여과

하위계층이 사용하던 주택을 소득이 높은 상위계층이 매
입하여 재건축·재개발·리모델링 등을 통하여 상위계
층의 사용으로 전환되는 것을 주택의 상향여과라 한다.

지문분석

② 주거분리는 도심의 모든 지역에서 발생할 수 있다.
③ 주거분리의 근본적 원인은 상이한 소득에 따른 주거지의
양극화현상이다.
④ 저급주택지역에 고소득층이 유입되고(⇨ 침입), 점차 고
급주택지역으로 변할 수 있다(⇨ 계승·천이).
⑤ 최소한의 공가, 즉 빈 주택이 있어야 주거의 질이 한 단
계 높은 주택으로의 주거이동이 가능하다.

필요공가율

주택의 원활한 유통을 위하여 필요한 합리적인 공가율
로 주거의 이동 등을 감안한 실거주 이외에 필요로 하
는 주택의 수가 가구 총수에서 차지하는 비율을 말한다.

19 ③

주택의 개량비용보다 개량 후 주택가치의 상승분이 크다면
<u>상향여과과정</u>이 발생하기 쉽다.

지문분석

② 주택의 하향여과과정이 원활하게 작동하면(고가주택의
일부가 노후화되어 하위계층의 사용으로 전환되면) 전체
주택시장에서 저가주택이 차지하는 비중은 <u>증가한다</u>.

20 ③

도심지에서 불량주택(저가주택)이 발생하는 것은 주택소비
자의 낮은 소득의 산물로서, <u>시장실패로 볼 수 없다</u>. 여과과
정이라는 자원배분의 결과물이다.

21 ④

저소득층 주거지역에 고소득층이 유입되어 주택의 <u>상향여과</u> 과정이 계속되면, 저소득층 지역은 점차 고소득층 주거지역으로 바뀔 것이다. ⇨ <u>침입과 천이</u>

Point 17 지대이론

22 ⑤

리카도의 차액지대설은 지대가 곡물가격에 영향을 주는 생산비(비용)가 아닌 불로소득에 해당하는 <u>경제적 잉여</u>라는 것을 증명해준다. 고전학파를 비롯한 리카도의 차액지대설은 곡물가격(비옥도)이 지대를 발생시킨다는 것으로, 지대는 다른 생산요소에게 지불하고 남은 잔여소득, 즉 잉여라고 간주하고 이는 토지소유자가 노력 없이 얻는 일종의 불로소득이라고 정의한다.

23 ③

틀린 것은 ⓒⓒ이다.
ⓒ 차액지대설에 따르면 <u>조방한계(= 손익분기점)</u>의 토지에는 지대가 발생하지 않으므로 무지대(無地代) 토지가 된다.
  • 집약한계는 이윤극대화점을 말한다.
ⓒ <u>고전학파는 토지를 원시적인 재화로 취급하고</u>, 토지와 자본을 엄격하게 구별하여 지대를 불로소득이라고 주장하였다. ⇨ 지대는 비용이 아닌 잉여라는 것을 증명해준다.

> **보충 신고전학파(현대경제이론)**
>
> 신고전학파는 토지를 다른 자원과 구별하지 않으며, 생산요소 중 하나로 보아 지대를 생산요소에 대한 대가로 보았다. ⇨ 지대를 가격에 영향을 주는 구성요소(비용)로 본다.

24 ①

마르크스의 절대지대설에 따르면 비옥도·생산성과 관계없이 토지의 소유 자체, 즉 토지를 독점한다는 사실만으로도 한계지에서도 지대가 발생한다. 따라서 토지소유자는 최열등지(한계지)에 대해서도 지대를 요구할 수 <u>있다.</u>

25 ④

틀린 것은 ⓒⓜ이다.
ⓒ 준지대는 토지 이외의 고정생산요소(예 기계, 기구 등)에 귀속되는 소득으로서, 다른 조건이 동일하다면 <u>일시적으로 지대의 성격을 가지는</u> 소득이다.

ⓜ 마샬(A. Marshall)은 리카도(D. Ricardo)의 지대이론(차액지대설)을 재편성하여 준지대이론을 전개하였다. <u>리카도의 지대이론(차액지대설)이 마샬의 준지대이론에 영향을 주었다.</u>

26 ②

마샬의 준지대란 토지 이외의 단기적으로 공급이 고정된 생산요소(고정생산요소)에 대한 대가를 의미한다. 토지 이외의 기계·기구 등 고정생산요소는 단기에 공급이 고정되어 있지만, 장기에는 그 공급량을 증가시킬 수 있다. ⇨ 장기에는 재화의 가격에 반영되므로 비용의 성격을 갖는다.

> **지문분석** ●
>
> ① 리카도의 차액지대설에서는 <u>한계지의 생산비와 우등지의 생산비의 차이</u>(생산성/비옥도의 차이)를 지대로 보았다(수송비는 튀넨의 위치지대설에서 활용된다).
> ③ 리카도는 한계지의 <u>생산성</u>과 우등지의 <u>생산성</u>의 차이를 차액지대로 보았다.
> ④ 마르크스(K. Marx)의 절대지대설에 따르면 토지의 비옥도·생산성과 무관하게 토지를 소유한다는 자체만으로도 한계지에서도 절대적으로 <u>지대를 요구할 수 있다.</u>
> ⑤ 튀넨(J. H. von Thünen)의 위치지대설에 따르면 <u>수송비</u> 차이에 기초한 (입찰)지대에 따라 <u>농업적 토지이용이 결정</u>된다.

27 ⑤

틀린 것은 ⓒⓐ이다.
ⓒ 전용(이전)수입이란 생산요소의 공급자가 받고자 하는 <u>최소한의 금액</u>으로, 생산요소의 기회비용을 말한다.
ⓐ 다른 조건이 일정할 때, 생산요소의 공급이 비탄력적일수록(공급이 제한될수록, 공급의 희소성이 커질수록) <u>경제적 지대는 커진다.</u>

> **보충 경제적 지대**
>
> 경제적 지대란 토지, 노동 등 공급이 제한된, 공급이 비탄력적인(희소성을 갖는) <u>생산요소에서 발생하는 추가적인 보수</u>를 말한다. 경제적 지대(파레토지대)는 생산요소공급자가 전용수입(기회비용)을 초과하여 받는, 일종의 초과수익(수입)을 말한다.
>
> 생산요소공급자의 총수입 = 전용(이전)수입 + 경제지대

28 ①
튀넨(J. H. von Thünen)의 고립국이론(위치지대설, 입지교차지대설, 입찰지대설)

- 단일작물의 경우, 시장(읍 중심)에 가까울수록 수송비가 감소하기 때문에 토지이용자가 지불할 수 있는 지대는 <u>증가한다</u>. ⇨ 수송비의 절약분이 지대화된다.
- 중심에서 멀어질수록 지대는 점차 감소한다.
- 생산물가격, 생산비, 수송비 등에 따라 지대곡선 기울기는 달라진다. 집약적 농업일수록 지대곡선 기울기는 급해지고, 조방적 농업일수록 지대곡선 기울기는 완만해진다.
- 한정된 토지에 대한 입지경쟁의 결과, 가장 높은 지대를 지불하는 입지주체가 중심지 가까이 입지하게 되고, 각 위치별도 지대지불능력에 따라 토지이용의 유형이 결정된다.

> **지문분석 ●**
> ⑤ 입찰지대곡선의 기울기는 토지이용자의 생산물의 단위당 한계운송비를 토지이용량으로 나눈 값이다. 입찰지대곡선의 기울기가 급한 작물일수록 단위거리당(한계)수송비 부담이 크다.

$$\text{입찰지대곡선의 기울기} = \frac{\text{한계운송비}}{\text{토지이용량}}$$

29 ③
입찰지대란 단위면적의 토지에 대해 <u>토지이용자가 지불하고자 하는 최대금액</u>으로, 초과이윤이 '0'이 되는 수준의 지대를 말한다. 외곽에서 읍(시장) 중심으로 들어감에 따라 수송비 절약분만큼 토지이용자의 순수익이 늘어나는데, 해당 위치에서 발생한 수익을 모두 지대로 지불하게 되면 토지이용자의 초과이윤이 '0'이 된다.

> **지문분석 ●**
> ① 튀넨은 고립국이론에서 읍(시장) 중심으로 들어감에 따라 수송비가 절약된 만큼 토지이용자가 지불할 지대가 증가하므로, 위치가 달라지면 지대도 달라진다고 하였다. 이는 농경지 지대이론으로, 이후의 알론소의 입찰지대이론, 헤이그의 마찰비용이론, 버제스의 동심원이론 등 현대입지이론에 이론적 바탕을 제공하였다(영향을 주었다).
> ② 위치(거리)별로 지대지불능력에 따라 토지가 할당된다. ⇨ 지대지불능력에 따라 토지이용의 유형이 결정된다.
> ④ 생산요소간의 대체가 일어날 경우, 중심으로 갈수록 토지보다는 자본을 많이 사용하고, 외곽으로 갈수록 자본보다는 토지를 많이 사용하게 되므로 입찰지대곡선은 원점을 향해 볼록한 역선형함수(반비례관계)를 나타낸다.
> ⑤ 단일도심에서 상업용 토지이용이 도심 부근에 나타나는 것은 상업용 토지이용이 단위토지면적당 생산성이 높고(지대지불능력이 높고), 생산물의 단위당 한계운송비가

크기 때문이다. 즉, 단위거리당 수송비 부담이 크다는 것이다. ⇨ 단위거리당 수송비부담이 큰 작물일수록 입찰지대곡선의 기울기는 급하고, 기울기가 급한 작물일수록 중심지에 가까이 입지하게 된다.

30 ②
지대는 토지이용자(경작자)에게는 최소지불용의금액이 아니라, <u>최대지불가능금액</u>(지불용의최대금액 ⇨ 초과이윤 0이 되는 지대)이다.

31 ⑤
마샬(A. Marshall)은 단기적으로 공급이 고정된 토지와 그 성격이 유사한 인간이 투입한 인공적인 기계, 설비 등 자본재(고정생산요소)로부터 발생하는 일시적인 소득을 준지대라 하였는데, 이는 장기적으로 재화의 가격이나 생산량에 영향을 주게 된다. ⇨ 기계, 설비 등은 단기적으로 요소공급이 고정되어 있기 때문에 토지와 그 성격이 유사하여 준지대라고 한다. 준지대와 파레토지대는 다른 개념이다.

> **보충** 경제지대(파레토지대)
>
> - 경제지대(파레토지대)는 생산요소가 실제로 얻고 있는 수입과 전용수입의 차액을 말한다. 공급이 제한된, 공급이 비탄력적인(희소성에 따른) 생산요소로부터 발생하는 일종의 초과수입을 말한다.
> - 공급이 완전비탄력적일 때 생산요소 공급자의 총수입은 모두 경제지대로 구성된다.

Point 18 도시공간구조이론

32 ④
튀넨의 고립국이론을 도시구조이론에 응용한 것이 버제스의 동심원이론이다. <u>튀넨의 고립국이론은 버제스의 동심원이론에 영향을 주었다.</u>

33 ①
<u>동심원이론에서의 점이(천이)지대는 중심업무지구에 직장 및 생활터전이 있어 중심업무지구에 근접하여 거주하는 지대를 말한다.</u>

34 ⑤
<u>동심원이론은 다핵심이론과 호이트의 선형이론의 한계를 극복하기 위한 것이 아니다.</u> 다핵심이론은 동심원이론과 선형이론을 결합한 것이다. 또한 동심원이론에서 <u>점이(천이)지대는 중심업무지구와 저소득지대 사이에 위치하고 있다.</u>

호이트(H. Hoyt)의 선형이론

동심원의 도시구조가 방사형 교통망의 발달로 동심원을 변형한 부채꼴모양으로 성장하면서 형성된다는 것이다.

35 ⑤
지문분석 ●

① 동심원이론은 중심지에서 가장 먼 지역에 소득이 높은 계층이 주거지를 형성하고, 중심업무지구를 둘러싼 천이지대(점이지대)에 슬럼지역 등 불량주택지역 등이 형성되므로, 중심지에 가까워질수록 범죄, 빈곤 및 질병이 <u>많아지는 경향을</u> 보인다.
② 동심원이론에 따르면 저소득층일수록 <u>중심업무지구에 근접한(중심업무지구를 둘러싼) 불량주택지역인 점이(천이)지대에 주거지를 선정하는 경향이</u> 있다.
③ 해리스(C. Harris)와 울만(E. Ullman)의 다핵심이론은 버제스(E. Burgess)의 동심원이론과 호이트(H. Hoyt)의 선형이론을 결합한 이론이다. 즉, <u>버제스의 동심원이론과 호이트의 선형이론은 해리스와 울만의 다핵심이론에 영향을</u> 주었다.
④ 다핵심이론에서는 다핵의 발생요인으로 유사(동종)활동간 <u>집적지향성,</u> 이질활동간 입지적 비양립성 등을 들고 있다.

36 ②
옳은 것은 ㉠㉣이다.
동심원이론: 중심업무지구 – 천이(점이)지대 – 저소득층 주거지대 – 중산층 주거지대 – 통근자(고소득층) 주거지대
㉡ <u>호이트의 선형이론에서는</u> 주택가격의 지불능력이 주거지 공간이용의 유형을 결정하는 중요한 요인이다. ⇨ 고소득층 주거지대가 교통망 축 가까이 입지한다.
㉢ <u>호이트의 선형이론은</u> 도시구조의 변화요인을 소득증가와 교통의 발달로 본다. 이와는 달리 버제스의 동심원이론은 소득을 원인으로 보며, 교통의 발달은 고려하지 않는다.

보충
단핵도시구조이론

- 버제스(E. W. Burgess)의 동심원이론에서는 도시의 공간구조형성을 침입, 경쟁, 천이 등(거주지 분화현상)의 과정으로 나타난다고 보았다.
- 호이트(H. Hoyt)의 선형이론에서는 도시의 성장과 분화가 주요 교통망에 따라 확대되면서 나타난다고 보았다.

Point 19 상업입지이론

37 ②
레일리(W. J. Reilly)의 소매인력법칙에 의하면, 만약 X도시가 Y도시보다 크다면(X도시의 상권이 더 크기 때문에) 상권의 경계는 <u>Y도시</u> 쪽에 더 가깝게 형성될 것이다.

지문분석 ●

① 레일리(W. J. Reilly)의 소매인력법칙은 중력모형을 적용한 것으로 2개 도시만을 가정하여 인구수가 많을수록 고객의 유인력은 높아지고, 거리가 멀수록 그 유인력은 낮아진다는 것이다.
④ 허프(D. L. Huff)의 상권분석모형에 따르면, 소비자가 특정 점포를 이용할 확률은 경쟁점포의 수에 반비례하고, 점포와의 거리에 반비례하고, 점포의 면적에 비례하여 결정된다. 허프의 확률모형은 레일리의 소매인력법칙과는 달리 다수의 점포(중심지)에 적용할 수 있다.
⑤ 중력모형(예 소매인력법칙, 확률모형 등)은 중심지간 상호작용(구매고객을 당기는 유인력)에 더 중점을 두고 있다.

38 ②
$$\frac{X_A}{X_B} = \frac{\text{A도시의 인구}}{\text{B도시의 인구}} \times \left(\frac{\text{B도시까지의 거리}}{\text{A도시까지의 거리}}\right)^2$$
$$= \frac{20,000\text{명}}{5,000\text{명}} \times \left(\frac{2\text{km}}{4\text{km}}\right)^2 = \frac{1}{1}$$
따라서 A도시와 B도시로 유인될 비율은 1 : 1이므로, 소비자 거주지에서 각 도시로 유인되는 인구규모는 각각 <u>50%</u>이다.

39 ①
C마을 인구의 60%인 12,000명 중 A도시와 B도시로의 인구 유인비율을 구한다.
$$\frac{X_A}{X_B} = \frac{\text{A도시의 인구}}{\text{B도시의 인구}} \times \left(\frac{\text{B도시까지의 거리}}{\text{A도시까지의 거리}}\right)^2$$
$$= \frac{100,000\text{명}}{300,000\text{명}} \times \left(\frac{20\text{km}}{20\text{km}}\right)^2 = \frac{1}{3}$$
A도시와 B도시로 유인될 비율은 1 : 3이므로, 소비자 거주지에서 A, B도시로 유인되는 인구규모는 각각 25(1/4)%, 75(3/4)%이다.
- A도시 인구유인규모 = 12,000명 × 0.25(25%) = 3,000명
- B도시 인구유인규모 = 12,000명 × 0.75(75%) = 9,000명

40 ③

계산시간을 단축하기 위해 허프의 확률모형을 활용하여 계산한다.

1. C도시 작년 인구수 4만명 중에서 구매확률

A도시 2,000 = $\frac{5만명}{5^2}$, B도시 2,000 = $\frac{20만명}{10^2}$

각각의 구매확률은 50%(2,000) : 50%(2,000)이므로 B도시의 구매인구수 20,000명 = 4만명 × 50%

2. C도시 금년 인구수 6만명 중에서 구매확률

A도시 2,000 = $\frac{5만명}{5^2}$, B도시 3,000 = $\frac{30만명}{10^2}$

각각의 구매확률은 40%(2,000) : 60%(3,000)이므로 B도시의 구매인구수 36,000명 = 6만명 × 60%

∴ 작년(20,000명)에 비해 금년(36,000명)의 B도시에서 구매인구수는 16,000명 증가한다.

41 ④

분기점이란 두 매장으로 구매하러 갈 비율이 1 : 1인 지점이므로 다음과 같이 정리하여 계산한다.

$$\frac{X_A}{X_B} = \frac{A매장의\ 면적}{B매장의\ 면적} \times \left(\frac{B매장까지의\ 거리}{A매장까지의\ 거리}\right)^2$$

$$= \frac{4,000㎡}{1,000㎡} \times \left(\frac{1}{2}\right)^2 = \frac{1}{1}$$

따라서 전체 거리 9km 중 A매장과 B매장간 거리의 비율은 2 : 1이므로 A매장으로부터 6km 떨어진 지점이 상권의 분기점이다.

42 ④

1. 분기점이란 두 도시(매장)로 구매하러 갈 비율이 1 : 1인 지점이므로 다음과 같이 정리하여 계산한다.

$$\frac{X_A}{X_B} = \frac{A도시의\ 인구}{B도시의\ 인구} \times \left(\frac{B도시까지의\ 거리}{A도시까지의\ 거리}\right)^2$$

$$= \frac{21만명}{84만명} \times \left(\frac{2}{1}\right)^2 = \frac{1}{1}$$

따라서 전체 거리 36km 중 A도시와 B도시간 거리의 비율은 1 : 2이므로 B도시로부터 24km 떨어진 지점이 상권의 분기점이다. ⇨ A도시로부터는 12km 떨어진 지점이 상권의 분기점이다.

2. 아래와 같은 공식을 사용하는 방법도 있다.

$$B도시로부터의\ 분기점 = \frac{두\ 도시간의\ 거리}{1 + \sqrt{\dfrac{A도시의\ 인구}{B도시의\ 인구}}}$$

$$= \frac{36km}{1 + \sqrt{\dfrac{21}{84}}} = \frac{36km}{1.5\left(=1\frac{1}{2}\right)}$$

$$= 24km$$

43 ③

소비자 거주지 C도시 인구 300,000명의 80%인 240,000명에 유인비율을 곱하여 이용객 수를 구한다.

• A할인점 구매중력(유인력) = $\frac{5,000}{10^2}$ = 50

• B할인점 구매중력(유인력) = $\frac{20,000}{20^2}$ = 50

A할인점과 B할인점으로 구매하러 갈 중력(유인력)은 50 : 50이므로, 그 유인비율은 각각 50%이다. 따라서 A할인점의 이용객 수는 240,000명의 50%인 120,000명이다.

44 ②

• A할인점의 구매중력(유인력) = $\frac{8,000}{8^2}$ = 125

• B할인점의 구매중력(유인력) = $\frac{2,000}{2^2}$ = 500

A할인점과 B할인점으로 구매하러 갈 중력(유인력)은 125 : 500이므로 각각 20%(= 125 ÷ 625), 80%(= 500 ÷ 625)이다. 문제의 조건에서 C도시 인구 중 50%만 A와 B할인점을 이용한다고 가정하였으므로, A할인점 이용객 수는 C도시 인구의 10%, B할인점 이용객 수는 C도시 인구의 40%가 된다.

45 ⑤

각 점포로의 구매중력(유인력)을 계산하여 매출액 증가분을 구한다.

$$해당\ 점포로의\ 중력(유인력) = \frac{매장면적}{거리^{마찰계수}}$$

1. 잘못 적용된 마찰계수(1)를 활용한 각 점포의 구매중력 (면적 및 거리의 단위는 생략함)

A점포 100 = $\frac{500}{5}$, B점포 150 = $\frac{750}{5}$, C점포 250

$= \frac{2,500}{10}$

각 점포로의 구매중력은 100 : 150 : 250,
따라서, 구매확률은 각각 순서대로 다음과 같다.

⇨ A점포 20% = $\frac{100}{500}$, B점포 30% = $\frac{150}{500}$, C점포 50%

$= \frac{250}{500}$

마찰계수를 잘못 적용한 B점포의 구매확률은 30%이다.

2. 올바르게 적용된 마찰계수(2.)를 활용한 각 점포의 구매중력

A점포 20 = $\frac{500}{5^2}$, B점포 30 = $\frac{750}{5^2}$, C점포 25 = $\frac{2,500}{5^2}$

각 점포로의 구매중력은 20 : 30 : 25,

따라서, 구매확률은 각각 순서대로 다음과 같다.

⇨ A점포 약 26.7% = $\frac{20}{75}$, B점포 40% = $\frac{30}{75}$, C점포 약

33.3% = $\frac{25}{75}$

3. 마찰계수를 잘못 적용했을 경우(1.) B점포의 구매확률은 30%이지만, 올바르게 적용했을 경우(2.)에는 40%로 이전보다 <u>10%</u> 증가한다.

46 ⑤

- 소비자의 거리에 대한 저항이 클수록 마찰계수 값은 커지고, 소비자의 거리에 대한 저항이 작을수록 마찰계수 값은 작아진다.
- 전문품점(예 백화점, 고급음식품점 등) 등의 경우, 소비자가 구매의 노력과 비용에 관계없이 구매하는 상품을 취급하는 점포이다.
- 전문품점은 소비자가 교통비나 거리를 크게 고려하지 않으므로 소비자의 거리에 대한 저항이 작다. 따라서 공간마찰계수 값은 전문품점의 경우가 일상용품점 경우보다 <u>작은</u> 편이다.

47 ⑤

<u>크리스탈러(W. Christaller)의 중심지이론</u>은 최소요구치와 재화의 도달범위라는 개념을 통해 중심지의 성립조건 및 중심지의 형성과정을 설명하는 이론으로, 중심지계층간의 공간구조체계(포섭의 원리)를 설명한다. 소비자들이 요구하는 재화와 서비스는 다양하며, 서로 다른 재화와 서비스는 서로 다른 크기의 최소요구치와 도달범위를 가진다는 것이다.

지문분석 ●

① 베버(A. Weber)의 최소비용이론: 산업입지의 영향요소를 운송비, 노동비, 집적이익으로 구분하고, 이 요소들을 고려하여 비용이 최소화 되는 지점이 공장의 최적입지가 된다는 것이다.
② 레일리(W. Reilly)의 소매중력모형: 두 도시간의 상권의 유인력은 두 도시의 인구수(도시크기)에 비례하고, 두 도시의 분기점으로부터 거리의 제곱에 반비례하여 결정된다.
③ 버제스(E. Burgess)의 동심원이론: 도시구조가 소득의 변화로 침입, 경쟁, 천이 등의 과정을 거치면서 5개 지대로 팽창하면서 성장한다는 이론이다.
④ 컨버스(P. Converse)의 분기점 모형: 레일리의 소매인력법칙을 응용하여 두 도시간의 구매영향력이 같은 분기점(경계점)을 구하는 방법을 제시하였다.

48 ③

지문분석 ●

① <u>최소요구치</u>란 중심지 기능이 유지되기 위한 <u>최소한의 수요 요구 규모</u>(예 상주인구 5만명)를 말한다.
② <u>최소요구범위</u>란 판매자가 정상이윤을 얻을 만큼의 충분한 소비자들을 포함하는 경계까지의 <u>거리</u>를 말한다.
④ 중심지 재화 및 서비스란 <u>중심지</u>에서 <u>배후지</u>로 제공되는 재화 및 서비스를 말한다.
   • 배후지(상권) – 중심지에 의해(중심지로부터) 재화와 서비스를 제공받는 주변지역
⑤ 고차중심지는 저차중심지와 달리 <u>고차재(전문품점)와 저차재 등을 모두 취급한다.</u> ⇨ 포섭(nesting)의 원리

49 ①

- <u>허프의 확률모형</u>은 소비자들의 특정 상점의 구매를 설명할 때 실측거리, 시간거리, 매장규모와 같은 공간요인뿐만 아니라 효용이라는 비공간요인도 고려하였다.
- <u>레일리의 소매인력법칙</u>은 두 도시의 크기(인구수)와 실제(실측)거리만 고려한다.

Point 20 공업입지이론

50 ②

베버는 <u>최소비용으로 제품을 생산할 수 있는 지점</u>을 기업의 최적입지점으로 본다.

51 ⑤

시장지향형 입지를 선호하는 경우는 ⓒㄹㅁ이다.

보충 원료지향형 입지와 시장지향형 입지	
원료지향형 입지	**시장지향형 입지**
원료 중량 > 제품 중량	원료 중량 < 제품 중량
(제품)중량감소산업	(제품)중량증가산업
국지(편재)원료를 많이 사용하는 공장	보편원료를 많이 사용하는 공장
원료지수(MI) > 1	원료지수(MI) < 1
부패하기 쉬운 원료를 사용하는 공장	부패하기 쉬운 제품을 생산하는 공장

52 ④

틀린 것은 ⓒㄷㄹ이다.
ⓒ 버제스(E. Burgess)의 동심원이론에서 <u>통근자(고소득층)</u> 주거지대는 가장 외곽에 위치한다.

- 중심업무지구 – 천이지대 – 저소득층 주거지대 – 중산층 주거지대 – 고소득층 주거지대
ⓒ 뢰쉬(A. Lösch)의 최대수요이론은 <u>수요가 최대인 지점(시장확대가능성이 가장 풍부한 지점)</u>이 기업의 최적입지라는 것을 설명한다. ➪ 공간원추형
  - 베버는 운송비, 노동비, 집적이익을 고려하여 최소비용이론을 전개하였다.
ⓔ 해리스(C. Harris)와 울만(E. Ullman)의 다핵심이론에는 중심업무지구는 존재하지만, <u>점이지대는 없다.</u> 점이(천이)지대는 버제스의 동심원이론에 해당하는 내용이다.

53 ①
호이트(H. Hoyt)는 <u>고소득층의 주거지(고급주택지구)</u>가 형성되는 주요인으로 주요 간선도로의 근접성을 제시하였다. ➪ 고소득층 주거지가 교통망에 가장 가깝게 입지한다.

54 ④
- <u>넬슨(Nelson)의 소매입지이론</u>은 특정 점포가 최대이익을 확보하기 위해 어떤 장소에 입지하는가에 대한 8원칙을 제시한다.
- 레일리(W. Reilly)의 소매인력법칙은 두 도시(중심지)간 상호작용(중력)을 중시한다. ➪ 두 도시간 소비자에 대한 유인력은 두 도시의 인구수(도시크기)에 비례하고, 분기점으로부터 거리의 제곱에 반비례하여 결정된다.

제4편 부동산정책론

p.133~154

01	④	02	⑤	03	④	04	④	05	③
06	①	07	②	08	①	09	③	10	②
11	④	12	③	13	①	14	②	15	②
16	④	17	③	18	⑤	19	③	20	①
21	⑤	22	⑤	23	③	24	①	25	③
26	④	27	⑤	28	③	29	①	30	④
31	④	32	①	33	③	34	①	35	⑤
36	④	37	②	38	⑤	39	④	40	⑤
41	④	42	③	43	④	44	③	45	②
46	④	47	①	48	⑤	49	③	50	④
51	③	52	③	53	④	54	①		

Point 21 정부의 시장개입 이유와 시장실패의 원인

01 ④
분양가상한제에 따른 분양프리미엄 유발 ➪ 분양주택의 전매제한 강화
분양가상한제는 장기적으로 신규주택의 공급이 감소함에 따라 시장가격과 규제를 받는 분양가격의 차이에 해당하는 분양권 전매차익이 발생할 수 있다. ➪ 분양권을 불법으로 전매하는 등 분양주택에 대한 투기현상이 발생할 수 있다. 이를 해결하는 방법으로는 분양주택에 대한 전매제한을 강화하거나, 신규분양주택에 대한 청약자격을 강화하는 등 규제를 강화할 필요가 있다.

02 ⑤
주택보급률이 100%를 초과하여도 주택시장은 <u>불완전경쟁시장</u>이므로 시장효율성과 형평성이 달성되지 못하기 때문에 <u>정부의 부동산시장에 대한 개입이 필요하다.</u> ➪ 지역간 수급불균형의 문제 해결과 저소득층의 주거안정을 위해 정부는 주택시장에 개입한다.

> **보충 시장실패**
>
> 시장실패는 부동산시장기구가 자원을 효율적으로 배분하지 못한 상태를 말한다. ➪ 수요량과 공급량이 일치하지 않아 균형상태가 아니므로, 경제적(사회적) 후생이 감소한다. 이는 정부의 부동산시장에 대한 개입근거가 된다.

03 ④
- 공공재는 <u>비내구재가 아니며,</u> 사용수명이 길기 때문에 내구재적 성격을 갖는다. 또한, <u>정부만 생산비용을 부담하는 것도 아니다.</u> 공공재의 생산을 시장에 맡겨두면 사적 비용이 사회적 비용보다 커지는 문제가 있다.
- 공공재(예 도로, 공원 등)는 무임승차의 문제로 사적 주체의 생산비용(사적 비용)이 사회적 비용보다 많기 때문에 사회적 최적량보다 과소생산되어 시장실패의 원인이 되므로, 정부 등 공적 주체가 사적 주체에게 보조금 지급 등을 통하여 부동산시장에 개입하기도 한다.

> **지문분석**
> ⑤ 정부의 실패에 대한 설명이다.

04 ④
규모에 대한 수익체감기술이 아니라 <u>비용체감산업</u>이라고 제시되어야 시장실패의 원인이 된다.

규모의 경제가 발생하면 비용체감산업의 등장으로 시장의 구조가 자연독점화되기 때문에 자원배분의 효율성이 달성되지 못한다. 정부는 규모의 경제로 인하여 발생하는 시장실패를 수정(보완)하기 위해서 부동산시장에 개입하기도 한다.

 시장실패

- 시장실패는 부동산시장기구가 자원을 효율적으로 배분하지 못한 상태를 말한다. 시장실패의 원인으로는 불완전경쟁, 규모의 경제, 공공재(무임승차), 정보의 비대칭성(도덕적 해이 및 역선택), 외부효과를 말한다.
- 재화의 동질성, 정보의 완전성, 가격순응(⇨ 주어진 균형가격을 그대로 받아들이고 행동)은 완전경쟁시장의 요건에 해당하는 것이므로 시장실패의 원인에 해당하지 않는다.

05 ③

부동산시장에서 시장참여자가 접하는 정보의 질과 양이 다를 경우(정보의 비대칭·불완전성) 자원배분의 효율성은 달성되지 못한다. ⇨ 시장실패의 원인이 된다.
정보가 비대칭(불완전)적이면 정보가 부족한 자의 역선택의 문제가 발생하고 자원배분의 효율성이 저하된다. 이로 인해 가격이 왜곡될 가능성이 커진다. ⇨ 실거래가격신고제, 공시제도는 정보의 비대칭문제를 완화하고자 하는 정부의 시장개입으로 볼 수 있다.

지문분석

⑤ 무임승차의 문제에 해당한다.

06 ①

진입장벽의 존재(불완전경쟁)는 시장실패의 원인이다. 이는 균형상태가 아니고 사회적 후생이 감소하므로 정부의 시장개입의 필요성을 제기한다.

지문분석

⑤ 정부의 실패에 대한 설명이다. ⇨ 정부의 시장개입은 사회적 후생손실을 낳을 수 있다.

Point 22 **외부효과**

07 ②

외부효과란 한 사람의 의도하지 않은 행위가 <u>시장기구를 통하지 않고</u> 제3자의 경제적 후생에 영향을 미치지만, 그에 대한 대가나 보상이 이루어지지 않는 현상을 말한다.

08 ①

지역지구제나 토지이용계획은 외부효과문제의 해결수단이 될 수 있다. ⇨ 부(−)의 외부효과는 토지이용규제의 명분이 된다.

지문분석

⑤ 코즈(Coase theorem) 정리에 대한 설명이다.

09 ③

사적 비용이 사회적 비용보다 큰 경우[생산측면에서 부(−)의 외부효과 ⇨ 과다생산, 균형상태가 아니므로] 정부의 <u>시장개입이 필요하다.</u> 정부는 사적 비용과 사회적 비용을 일치시키기 위해 시장에 개입할 수 있다.

 외부효과

생산측면에서는 사적 비용과 사회적 비용을 비교하고, 소비측면에서는 사적 편익과 사회적 편익을 비교한다.

지문분석

① 새로 조성된 공원이 쾌적성이라는 정(+)의 외부효과를 발생시키면, 공원 주변 주택에 대한 수요가 증가하여 수요곡선이 우측으로 이동한다. ⇨ 외부효과 현상 자체에 대한 설명이다.

② 사적 편익보다 사회적 편익이 큰 경우에도 정부의 개입이 필요하다. 이러한 경우는 소비 측면에서 정(+)의 외부효과가 발생하는 경우로, 사회적 최적량보다 과소소비되므로 이 또한 시장실패이다. 정부는 사적 편익과 사회적 편익을 일치시켜서 사회적 최적수준을 유지하기 위하여 개입한다.

 소비측면에서의 외부효과

- 사적 편익이 사회적 편익보다 클 경우에도 <u>균형상태가 아니므로 정부의 시장개입이 필요하다.</u>
- 사적 편익 > 사회적 편익 ⇨ 소비측면에서 부(−)의 외부효과 ⇨ 최적수준보다 과다소비 ⇨ 시장실패 ⇨ 정부의 개입이 필요하다. 정부는 사적 편익과 사회적 편익을 일치시키기 위해(부동산자원의 최적 배분을 위해) 시장에 개입할 수 있다.

10 ②

- 생산의 긍정적 외부효과가 있을 때, ㉠ <u>사적 (한계)비용</u>이 ㉡ <u>사회적 (한계)비용</u>보다 크다.
- 소비의 부정적 외부효과가 있을 때, ㉢ <u>사적 (한계)편익</u>이 ㉣ <u>사회적 (한계)편익</u>보다 크다.

Point 23 토지정책

11 ②

지문분석 ●

① 지가고는 주택지불능력이 낮은 주체의 직주분리를 <u>촉진</u>한다.
③ 택지구입에 많은 비용이 소모됨에 따라 건축의 질적 수준이 저하될 수 있다.
④ 지가고는 토지이용을 <u>무질서 · 무계획적 · 불규칙적으로</u> <u>확산</u>되게 하는 스프롤현상을 유발할 수 있다.
⑤ 지가고는 택지 취득을 <u>어렵게 만드는</u> 요인이 된다.

12 ③

• 직접적 개입은 '<u>(토지)선매권제도, 국민임대주택, 공공투자사업, 토지수용, 공영개발사업</u>' 5개이다.
• 종합부동산세, 개발부담금, 총부채상환비율(DTI)은 직접적 개입방법이 아니며, 규제수단으로 볼 수 있다.

핵심 ▌ 토지정책의 수단

직접적 개입	공적 주체가 부동산시장의 수요자 · 공급자의 역할을 수행하는 방법(예 토지수용, 토지선매 도시재개발, 공영개발, 토지은행, 공공투자사업, 공공임대주택공급 등)
간접적 개입	시장의 틀을 유지한 채 그 기능을 통하여 효과를 노리는 방법(예 조세 · 금융 · 행정상의 지원, 보조금 지급 등)
토지이용규제	토지이용을 바람직한 방향으로 유도하기 위한 제도(예 지역지구제, 대리경작제, 건축규제, 개발권양도제 등)

13 ①

<u>토지비축정책</u>은 정부가 장래의 용도를 위해 토지를 매입하여 민간에게 공급하는 것으로 <u>직접적 개입방법</u>이다.

14 ②

부동산정책의 의사결정 과정에서 가장 우선적으로 수행하는 것은 <u>부동산문제가 무엇인지를 파악하고 인지하는 것</u>이다.
• 부동산문제의 인지 ⇨ 문제에 대한 정보수집 및 분석 ⇨ 여러 가지 대안의 작성 및 평가 ⇨ 최적대안의 선택 ⇨ 부동산정책의 집행(실행) ⇨ 정책의 평가

15 ②

공공용지 확보수단은 ㉠㉣㉤이다.
직접적 개입방법을 묻고 있는 것이 아니라 토지의 용도적 공급(공공토지서비스 공급수단)을 묻는 문제이다.
㉡ 투기 방지(억제)의 목적
㉢ 토지시장의 가격정보 제공 등
㉤ 개발이익의 환수수단

16 ②

한국토지주택공사는 <u>주로 토지은행 적립금과 토지채권 등을 발행하여 비축재원을 조달하고 토지비축사업을 수행</u>한다.

보충 ▌「공공토지의 비축에 관한 법률」

1. 공공개발용 토지의 취득을 위하여 필요한 때에는 「공익사업을 위한 토지 등의 취득 및 보상에 관한 법률」에서 정하는 토지 · 물건 또는 권리(이하 '토지 등'이라 한다)를 수용(사용을 포함한다)할 수 있다.
2. 수급조절용 토지 등의 비축을 위하여 한국토지주택공사는 시행계획에 따라 수급조절용 토지 등의 비축사업계획을 수립하여 국토교통부장관의 승인을 받아야 한다.

17 ③

용도지역지구제에 따른 용도 지정 후, 관련 법에 의해 사적 주체의 토지이용이 <u>제한된다.</u> ⇨ 법적 구속력을 가지고 있다.

18 ⑤

지역지구제는 <u>도시 내의 지가를 합리적으로 조정하기 위한 제도는 아니다.</u> ⇨ 가격은 정부가 결정하는 것이 아니라 시장에서 수요와 공급에 의해 결정된다.
지역지구제는 토지이용의 효율성을 제고하고 공공복리 증진을 도모할 목적으로 지정된다. ⇨ 지역지구제는 토지이용을 제한하여 지역에 따라 지가의 상승 또는 하락을 유발할 수 있다(개발가능지역과 규제지역 토지소유자간의 재산상 불평등문제를 유발할 수 있다).

19 ④

지역지구제는 부동산의(용도적 · 경제적) 공급을 조절할 수 있다. ⇨ 토지이용규제방법이지만, 용도에 맞게 토지이용을 지정하여 공공용지 확보수단으로 활용된다. 즉, 토지의 용도적(경제적) 공급을 가능하게 해준다.

20 ①

국토의 계획 및 이용에 관한 법령상 ㉠ 준주거지역과 ㉡ 준공업지역은 지정될 수 있지만, 준상업지역과 준농림지역은 지정될 수 없다.

- 주거지역: 전용주거지역, 일반주거지역, 준주거지역
- 공업지역: 전용공업지역, 일반공업지역, 준공업지역
- 상업지역: 중심상업지역, 일반상업지역, 근린상업지역, 유통상업지역
- 농림지역: 도시지역에 속하지 아니하는「농지법」에 따른 농업진흥지역, 또는「산지관리법」에 따른 보전산지 등으로서 농림업을 진흥시키고 산림을 보전하기 위하여 필요한 지역

21 ⑤

개발권양도제는 미국에서 역사적 유물 등의 목적으로 시행되는 제도이다. 현재 우리나라에서는 법리 해석의 차이 등으로 인하여 개발권양도제가 시행되고 있지 않다. 이를 대체하는 정책수단으로 용적률 거래제가 도입되었다.

> **보충** 용적률 거래제
>
> 보전지역 등의 규제로 사용하지 못하는 용적률을 개발지역 용적률로 보전하고 거래하게 하는 제도를 말한다.

22 ③

공공재는 시장기구에 맡겨둘 경우 비경합성과 비배제성으로 인하여 무임승차(free ride)현상이 발생할 수 있다. ⇨ 사회적 최적수준보다 과소생산될 수 있다.

23 ⑤

법령상 도입순서를 비교하면 부동산실명제(1995년)는 부동산거래신고제(2006년)보다 빠르다.

> **지문분석**
>
> ① 토지이용규제의 변화와 같은 미시적 요인에 따라서도 개발이익은 발생할 수 있다. 단순하게 지목변경이 수반되는 개발사업도 개발이익이 발생할 수 있다.

24 ①

부동산실명제의 근거 법률은「부동산 실권리자명의 등기에 관한 법률」(약칭: 부동산실명법)이다. 부동산실명법은 부동산에 관한 소유권과 그 밖의 물권을 실체적 권리관계와 일치하도록 실권리자 명의(名義)로 등기하게 함으로써 부동산등기제도를 악용한 투기·탈세·탈법행위 등 반사회적 행위를 방지하고 부동산 거래의 정상화와 부동산 가격의 안정을 도모하여 국민경제의 건전한 발전에 이바지함을 목적으로 한다.

25 ③

법령을 기준으로 현재 시행 중인 제도는 ㉠㉢㉣㉥으로, 모두 4개이다.

㉡㉤㉦㉧ 택지소유상한제, 토지초과이득세제, 공한지세, 종합토지세는 폐지, 시행되지 않는 제도이다.

26 ①

토지초과이득세제는 1998년 폐지되어 현재 시행되는 제도가 아니다.

> **지문분석**
>
> ② • 개발부담금제(1990년):「개발이익 환수에 관한 법률」
> • 재건축부담금제(2006년):「재건축초과이익 환수에 관한 법률」

27 ⑤

- 부동산정책이 자원배분의 효율성을 오히려 악화시키는 것을 정부의 실패라 한다.
- 시장실패는 시장기구가 자원을 효율적으로 배분하지 못한 상태로, 시장실패와 정부의 실패는 동일한 개념이 아니다.

Point 24 주택정책

28 ③

주거복지정책상 주거급여제도는 소비자(수요자)보조방식의 일종이다.

> **지문분석**
>
> ⑤
> $$소득대비\ 주택가격비율\ (Price\ to\ Income\ Ratio) = \frac{주택가격}{연\ 소득}$$
> $$소득대비\ 임대료비율\ (Rent\ to\ Income\ Ratio) = \frac{임대료}{연\ 소득}$$
>
> 소득대비 주택가격비율(PIR)이나 소득대비 임대료비율(RIR)이 높을수록 소득대비 주택가격·임대료가 비싸다(높다)는 의미이다. ⇨ 주택부담능력(주거비 부담능력)이 악화된다.

29 ①

정부가 임대료를 시장균형임대료 이하로 규제하면 임대업자의 수익성이 악화되어 단기는 물론 장기에 임대주택공급량이 더 많이 감소한다.

임대료규제정책

개념	시장균형임대료보다 임대료를 낮게 규제하는 최고가격제·상한제 ⇨ 임대주택공급은 감소하는 반면 수요는 증가한다.
임대인	• 낮은 임대료에 따른 수익성 하락 • 임대주택 투자기피, 용도전환 ⇨ 임대주택공급 감소 • 단기보다 장기로 갈수록 공급은 더 많이 감소 (단기에는 비탄력적, 장기에는 탄력적으로 반응) • 관리부실 ⇨ 임대주택 질적 수준 하락
임차인	• 공급 감소와 관리부실로 인한 주택난의 심화 • 기존임차인의 주거이동 감소 • 신규임차인의 음성적 지불현상(암시장 형성) • 임대료의 이중가격 형성

• 공급이 완전비탄력적인 한, 임대인의 소득 일부가 임차인의 소득으로 귀속되는 소득재분배효과가 있다.
• 임대료규제정책으로 공급이 탄력적으로 반응하면 임대주택을 구하기가 어려워진다.
• 규제임대료가 시장균형임대료보다 높을 경우에는 임차인 보호효과가 없으며, 시장에서 아무런 변화도 발생하지 않을 것이다.

30 ④

최고가격제의 시행은 임대주택의 공급이 탄력적으로 반응할수록(임대주택의 공급이 더 많이 감소하게 되면) 저소득 임차인의 보호효과가 작아진다.

보충 임대료규제의 효과

임대료상한을 균형가격 이하로 규제하면 임대주택의 공급은 감소하고, 수요는 증가하여 초과수요가 발생한다.

31 ④

• 정부가 임대료한도를 시장균형임대료보다 낮게 설정하면 초과수요가 발생하여 임대부동산의 부족현상이 초래된다.
• 정부가 임대료한도를 시장균형임대료보다 높게 설정하면 시장에는 아무런 변화가 발생하지 않는다.

지문분석

③ 정부가 임차인에게 임대료를 보조해주면 (임대주택의 수요가 증가하여) 단기적으로는 시장임대료가 상승하지만, 장기적으로는 (임대주택의 공급이 증가함에 따라) 시장임대료가 하락한다(원래 수준으로 회귀한다).

보충 임대료보조정책의 효과

단기 효과	보조금 지급 ⇨ 효용 증가 ⇨ 저소득층 실질소득 향상 ⇨ 임대주택의 수요 증가 ⇨ 임대료 상승(임대업자 초과이윤 획득)
장기 효과	신규공급자 시장진입 ⇨ 임대주택공급 증가 ⇨ 임대료 하락 ⇨ 저소득층의 주거안정 효과

32 ①

정부가 임대료 상승을 통제하면(임대료를 균형가격 이하로 규제하면) 임대주택공급이 감소하면서 임차인의 주거이전이 감소할 것이다.

지문분석

② 사적 시장의 임대주택공급이 늘어날 때(= 임대료가 하락할 때) 임차수요의 임대료탄력성이 클수록(임대주택 수요가 더 많이 증가할수록) 사적 시장에서 임대료 하락효과가 작아질 수 있다. ⇨ 수요가 탄력적일수록 임대료가 덜 하락한다.

33 ⑤

정부가 저소득층 임차가구에게 임대료보조금을 지급하면 실질소득의 증가로 해당 주거서비스가 정상재(우등재)인 한, 주거서비스 소비(임대주택의 수요)가 증가한다.

34 ①

• 상한가격이 시장가격보다 낮을 경우 일반적으로 초과수요가 발생한다.
• 상한가격이 시장가격보다 높을 경우에는 저소득층의 보호효과가 없다. ⇨ 시장에는 아무런 변화가 발생하지 않는다.

35 ⑤

도시형 생활주택에는 분양가상한제를 적용하지 않는다.

지문분석

③ 분양가규제(상한제)의 시행에 따른 정부의 실패에 대한 사례이다.

36 ④

1. 각각의 수요함수와 공급함수에 규제가격, 즉 $P = 350$을 대입하여 수요량과 공급량을 계산한다.
   • 수요량 $= 1,700 - P = 1,700 - 350 = 1,350m^2$
   • 공급량 $= 100 + 3P = 100 + (3 \times 350) = 1,150m^2$
   ⇨ 초과수요는 $200m^2 (= 1,350 - 1,150)$가 된다.

2. 한편, 균형가격(임대료)은 1,700 − P = 100 + 3P에서 4P = 1,600, P = 400이다. 정부가 임대료를 균형가격(임대료) 400만원보다 50만원 낮은 350만원으로 규제하였다. ⇨ <u>초과수요</u>가 발생한다.

37 ②
규제임대료 90만원을 P에 대입하여 수요량과 공급량을 각각 계산한다.
1. 단기
   • 공급량 Q = 100
   • 수요량 Q = 200 − 90 = 110
   ⇨ 초과수요가 <u>10호</u> 발생한다.
2. 장기
   • 공급량 Q = (2 × 90) − 100 = 80
   • 수요량 Q = 200 − 90 = 110
   ⇨ 초과수요가 <u>30호</u> 발생한다.

38 ⑤
임대주택의 공급자에게 저리의 자금을 지원해주면 공급자의 비용이 감소하므로 장기적으로 임대주택의 공급이 <u>증가</u>한다.

39 ④
임대료보조 대신 동일한 금액을 현금으로 제공하면(소득보조, 현금보조) 저소득층은 주택재화뿐만 아니라 다른 재화의 소비가 더 많이 증가할 수 있기 때문에(선택의 폭을 넓혀주기 때문에) 저소득층의 효용은 더 많이 증가한다.

40 ⑤
• 저소득층에 대한 공공임대주택의 공급은 <u>소득의 재분배효과</u>가 있다. ⇨ 공공임대주택의 임대료는 사적 임대시장의 임대료보다 낮아야 한다는 것을 의미한다.
• 사적 임대사업자의 소득은 일정하고, 공공임대주택 임차인은 사적 임대시장보다 낮은 임대료를 부담함에 따라 임대인과 임차인간 소득의 불균형문제가 이전보다 완화될 수 있다.

41 ③
틀린 것은 ㉠㉢㉣이다.
㉠ • 공공지원민간임대주택은 정부 등이 임대주택을 공급하는 직접적 개입방법이 아니다. <u>생산자보조와 임대료규제가 혼합된</u> 정책이다.
  • 민간임대주택에 관한 특별법령상 공공지원민간임대주택이란 임대사업자가 민간임대주택을 10년 이상 임대할 목적으로 취득하여 임대료 및 임차인의 자격제한 등을 받아 임대하는 민간임대주택을 말한다.

㉢ 공공임대주택은 국가 · 지방자치단체 · 지방공사 · 한국토지주택공사 등이 국가 및 지방자치단체의 재정이나 주택도시기금의 지원을 받아 건설하여 임대를 목적으로 공급하는 주택을 말한다.
㉣ 공공임대주택 공급정책 또는 생산자보조방식은 입주자의 주거지 선택이 제한된다는 단점이 있다. 공공임대주택을 공급하면 임차인은 공공임대주택이 공급된 지역에서만 거주가 가능하므로, 임차인의 주거지 선택이 제한된다. 이와는 달리 임차인에게 주택보조금을 지급하면 임차인이 주거지를 상대적으로 자유롭게 선택할 수 있다.

42 ③
• 분양전환공공임대주택은 주로 <u>한국토지주택공사가 외부자금 지원 없이 자체자금으로 공급</u>하는 임대주택이다.
   ⇨ 분양전환공공임대주택: 일정 기간 임대 후 분양전환할 목적으로 공급하는 공공임대주택을 말한다(「공공임대주택 특별법 시행령」 제2조 제5호).
• 기존주택등매입임대주택: 국가나 지방자치단체의 재정이나 주택도시기금의 자금을 지원받아 제37조 제1항 각호의 어느 하나에 해당하는 주택 또는 건축물(이하 '기존주택 등'이라 한다)을 매입하여 「국민기초생활 보장법」에 따른 수급자 등 저소득층과 청년 및 신혼부부 등에게 공급하는 공공임대주택(「공공주택 특별법 시행령」)

 국민임대주택

국가나 지방자치단체의 재정이나 주택도시기금의 자금을 지원받아 저소득서민의 주거안정을 위하여 30년 이상 장기간 임대를 목적으로 공급하는 공공임대주택(「공공주택 특별법 시행령」).

43 ⑤
주거기본법령상 국가 및 지방자치단체는 주거급여대상이 <u>아닌 저소득 가구에게도</u> 예산의 범위에서 주거비의 전부 또는 일부를 보조할 수 있다.

44 ③
후분양제도가 아닌 선분양제도에 관한 설명이다. <u>선분양제도</u>는 초기 주택건설자금의 대부분을 주택구매자(계약자)로부터 조달하는 방식이다. 이와는 달리 후분양제도는 건설업체가 스스로 자금을 조달해야 하는 부담이 있다.

④ 주택바우처제도는 임차인에게 임대료의 일부를 현금이 아닌, 쿠폰형식(바우처)으로 지급하는 제도이다. 바우처만큼의 금액을 임대인에게 지급(임대인 계좌에 입금)하고 있다.

Point 25 조세정책

45 ②
양도소득세는 국세로서 처분단계에 부과하는 조세이다.

핵심 부동산 관련 조세

구분	취득단계	보유단계	처분단계
국세	상속세, 증여세, 인지세	종합 부동산세	양도 소득세
	부가가치세(전 단계 적용)		
지방세	취득세, 등록면허세	재산세	지방 소득세

46 ④
옳은 것은 ⓛⓒⓔ이다.
㉠ 등록면허세는 지방세이고, 부가가치세는 국세에 속한다.
㉣ 상속세, 증여세, 종합부동산세, 양도소득세 등 ➡ 누진세율 적용 ➡ 소득재분배 기능

보충 유형별 과세대상

- 재산세의 과세대상: 토지, 주택, 건축물, 항공기, 선박
- 종합부동산세의 과세대상: 토지, 주택

47 ①
토지용도에 따라 차등 적용하여 세금을 부과해야 한다. 특정 방향으로 유도하기 위해서는(자원배분을 유도하기 위해서는) 세율을 인하하고, 규제하기 위해서는 세율을 높일 필요가 있다.

48 ②
가격탄력성이 탄력적인 주체의 세금귀착분은 적어지고, 비탄력적인 주체의 세금귀착분은 많아진다.

① 가격탄력성이 비탄력적인 쪽으로 더 많은 세금이 귀착된다.
③ 주택의 공급이 감소하고 이에 따라 임대료는 상승한다.

④ 주택가격에 일률적으로 같은 세율을 적용하는 재산세는 상대적으로 저소득층의 부담을 늘리는 역진세적인 효과를 나타낸다(과세표준이 증가됨에 따라 적용되는 세율이 낮아진다).
⑤ 수요가 완전탄력적일 경우, 수요자의 선택의 폭이 무한대이므로 재산세상승분은 전부 임대인(공급은 상대적으로 완전비탄력적이다)에게 귀착된다. 즉, 임차인에게는 전혀 귀착되지 않는다.

49 ②
옳은 것은 ㉠ⓒⓒⓔ이다.
ⓛ 공급자가 받는 가격이 하락하므로(세금 납부 후 실질수입이 감소하므로) 생산자잉여는 감소한다.
ⓜ 세금이 부과되면 공급자의 비용 증가로 공급이 감소해 재화가격이 상승한다. 이에 따라 수요자의 지불가격은 상승하고(높아지고), 공급자의 실질이윤이 줄어 수요자와 생산자의 잉여가 감소한다. 이와 같이 세금이 다른 방법을 통해 타인에게 전가되면 경제적 후생손실이 발생한다.

50 ④
수요가 완전탄력적일 때(공급은 상대적으로 완전비탄력적) 부과된 세금은 공급자에게 모두 귀착된다. 수요자에게 전혀 전가되지 않는다.

⑤ 시장임대료보다 낮은 공공임대주택을 확대공급하면(수요자에게 대체재가 많이 제공됨에 따라) 사적 임대시장에서 세금이 저소득층에게 전가되는 현상을 완화시켜 줄 수 있다.

51 ③
공급이 완전비탄력적인 재화에 부과되는 세금은 타인에게 전가가 되지 않기 때문에(수요자가 더 높은 가격을 지불하지 않아도 되고, 그로 인해 전체 소비량이 줄어들지 않기 때문에) 경제적 후생손실이 적은 효율적인 세금이 된다.

① 공급이 비탄력적일수록 공급을 감소시키기 어렵게 되고 가격 인상을 통해 세금을 전가시키기 어려워진다. 세금을 전가시키기 어려워 경제적 순(후생)손실이 작아진다.
② 토지공급이 완전비탄력적인 경우, 세금은 토지수요자에게 전가되지 않고, 모두 공급자(토지소유자)가 부담한다.
④ 토지의 공급곡선이 완전비탄력적인 상황에서는 토지보유세가 부과되더라도(타인에게 세금이 전가가 되지 않으므로) 자원배분의 왜곡이 초래되지 않는다. ➡ 조세의 중립성을 달성할 수 있다(조세의 중립성을 저해하지 않는다).
⑤ 헨리 조지(Henry George)는 토지단일세·토지가치세

52 ③

주택공급의 동결효과(lock-in effect)란 가격이 오른 주택의 소유자가 양도소득세를 납부하지 않기 위해 주택의 처분을 기피함으로써 주택의 공급이 감소하는 효과를 말한다.

⇨ 양도소득세 중과의 부작용

53 ④

- 가격탄력성이 비탄력적인 쪽의 세금부담이 더 커진다. 수요가 상대적으로 탄력적이므로 임차인(수요자)에게 전가되는 부분이 적어지고, 임대인(공급자)에게 더 많이 귀착된다.
- 각각의 가격탄력성 1.5와 0.5를 합한 전체 2.0 중에서 비율에 따라 전체 100만원 중에서 25%(= 0.5 ÷ 2.0)인 25만원은 임차인에게 전가되고, 나머지 75%(= 1.5 ÷ 2.0)인 75만원은 임대인에게 귀착된다.
- ∴ 임차인(수요자)에게 전가되는 금액은 25만원(= 100만원 × 0.25)이다.

54 ①

조세 부과는 수요자와 공급자 모두에게 세금을 부담하게 하나, 상대적으로 가격탄력성이 낮은 쪽(비탄력적인 쪽)이 세금을 더 많이 부담하게 된다.

제5편 부동산투자론

p.168~191

01	⑤	02	③	03	②	04	②	05	③
06	①	07	④	08	②	09	③	10	②
11	⑤	12	④	13	②	14	②	15	⑤
16	③	17	①	18	③	19	①	20	①
21	③	22	④	23	④	24	④	25	③
26	②	27	⑤	28	③	29	①	30	④
31	⑤	32	②	33	②	34	③	35	②
36	⑤	37	①	38	③	39	③	40	④
41	⑤	42	⑤	43	④	44	⑤	45	④
46	①	47	②	48	④	49	④	50	⑤
51	③	52	②	53	①	54	⑤		

Point 26 요구수익률과 기대수익률

01 ⑤

- 투자자의 개별적인 위험혐오도에 따라 위험할증률(대가율, 프리미엄)이 결정된다.
- 무위험(이자)률은 이자율(국채 또는 정기예금이자율 등)을 의미하므로 자금시장의 수요와 공급, 정부의 정책금리에 따라서 변할 수 있다.

지문분석 ▶

① 요구수익률은 투자의 기회비용으로 부동산투자가 이루어지기 위한 최소한의 필수수익률이다. 즉, 요구수익률이 충족될 때 부동산투자가 유발될 수 있다.

> 요구수익률
> = 무위험이자율(시간에 대한 비용) ± 위험할증(보상)
>   률(위험에 대한 비용) + 예상인플레이션율

②③ 위험에 대한 보상 정도에 따라 위험할증률이 달라지므로, 요구수익률도 투자자마다 달라진다.
- 시간에 대한 비용 ⇨ 무위험률
- 위험에 대한 비용 ⇨ 위험할증(보상, 대가)률

④ 무위험(이자)률은 이자율(예) 국채 또는 정기예금이자율 등)을 의미하므로 자금시장의 수요와 공급, 정부의 정책금리에 따라서도 변할 수 있다. ⇨ 일반경제상황과 관련이 있다.

02 ③

부동산투자자가 위험회피형이라면 부동산투자의 위험이 증가할 때 요구수익률을 높인다.

지문분석 ▶

① 요구수익률 = 기회비용 = 자본비용
② 위험할증률(risk premium)은 요구수익률에 반영되는 것으로 위험대가율·위험보상률이라고 한다. 위험이 커지면 위험할증률에 더하고, 위험이 작아지면 위험할증률에서 차감한다는 의미이다.
④ 기대수익률이 요구수익률보다 클 때 투자를 채택한다.
⑤ 해당 조건과 같은 지문은 요구수익률과 기대수익률이 같아지는 균형수준으로 가기 위한 방향으로 대응하면 된다. 이러한 지문은 '요구수익률은 변하지 않고 기대수익률이 상승하거나 하락하여 균형이 달성된다'라는 관점으로 정리한다.

03 ②

시장금리(무위험률)의 상승은 투자자의 요구수익률을 상승시키는 요인이다.

요구수익률
= 무위험이자율(시간에 대한 비용) ± 위험할증(보상)률
  (위험에 대한 비용) + 예상인플레이션율

지문분석

④ 요구수익률은 '수익률'이지만, 대상부동산의 투자가치나
   순현재가치(NPV)를 계산할 때 할인율로 사용된다.
⑤ 위험이 커지면 요구수익률(할인율)이 상승하므로, 대상
   부동산의 투자가치는 하락한다.

 투자수익률

- 기대수익률은 투자를 통해 예상되는 수익률을 말한
  다. ⇨ 사전적 수익률
- 요구수익률은 투자에 대한 위험이 주어졌을 때, 투자
  자가 투자부동산에 대하여 자금을 투자하기 위해 충
  족되어야 할 최소한의 수익률을 말한다.
- 실현수익률은 투자가 이루어진 후 현실적으로 달성된
  수익률을 말한다. ⇨ 사후적 수익률

Point 27 투자부동산의 현금흐름 측정

04 ②

부동산에서 매년 일정한 순수익이 영구적으로 발생한다는
조건하에서 투자가치(현재가치)를 구하는 문제이다. 현재가
치(PV)를 구하는 방법은 화폐의 시간가치 개념과 유사하다.

$$PV = \frac{FV}{(1 + r)^n}$$

요구수익률 8%
= 무위험률 3% + 위험할증률 4% + 예상인플레이션율 1%
∴ 부동산의 투자가치 7.5억원 =

$$\frac{\text{장래 순이익(순영업소득) 6,000만원}}{\text{요구수익률 0.08(8\%)}}$$

05 ③

순영업소득은 유효총소득에서 부동산운영을 통해 발생하는
영업경비를 공제하여 구한다. 영업외수입(기타소득)은 영업
경비에 해당하지 않는다.

06 ①

투자액을 전액 자기자본으로 하는 경우, 즉 융자금을 동반하
지 않으면 부채서비스액(원리금상환액)이 없기 때문에 순영
업소득과 세전현금수지는 동일할 수 있다.

세전현금수지의 계산과정

가능총소득*	
+ 기타소득	
− 공실 및 대손충당금	
유효총소득	
− 영업경비	
순영업소득	
− 부채서비스액	
세전현금수지	

* 단위당 예상임대료 × 임대단위 수

07 ④

- 계산과정에 사업(영업)소득세 자료는 필요하지 않다.
- 공실 및 불량부채 = 공실손실상당액 + 대손충당금
                  = 600만원 + 300만원 = 900만원
- 영업경비
  = 관리직원 인건비 + 수선유지비 + 용역비 + 재산세
    + 광고비
  = 3,000만원 + 300만원 + 500만원 + 200만원
    + 100만원 = 4,100만원

가능총소득	9,000만원
− 공실 및 불량부채	900만원
유효조소득	8,100만원
− 영업경비	4,100만원
순영업소득	4,000만원

따라서 순영업소득은 4,000만원이다.

08 ②

- 계산과정에서 연간 부채서비스액은 필요하지 않다.
- 임대단위 수(면적) = 건축연면적 × 임대면적비율
                  = 2,000m² × 0.8(80%) = 1,600m²
- 가능조소득 = 연평균임대료 × 유효임대면적(임대단위수)
            = 4,000원 × 1,600m² = 640만원
- 유효조소득 = 가능조소득 − 공실 및 대손충당금(5%)
            = 640만원 − 32만원(= 640만원 × 0.05)
            = 608만원
- 영업경비 = 가능총소득 640만원 × 0.3(30%)
          = 192만원

단위당 예상임대료	4,000원
× 임대단위 수	1,600㎡
가능조소득	6,400,000원
− 공실 및 불량부채	320,000원
유효조소득	6,080,000원
− 영업경비	1,920,000원
순영업소득	4,160,000원

따라서 순영업소득은 416만원이다.

09 ③

- 계산과정에 재산세는 필요하지 않다.
- 세전현금수지 2억원
  = 순영업소득 2.3억원 − 부채서비스액(원리금) 3천만원
- 과세대상소득 2억원
  = 세전현금수지 + 대체충당금 + 원금상환분 − 감가상 각비 = 2억원 + 0원 + 1,000만원 − 1,000만원
- 영업소득세 = 과세대상소득 × 세율
  = 2억원 × 0.3(30%) = 6,000만원
- 세후현금수지 = 세전현금수지 − 영업소득세
  = 2억원 − 6,000만원 = 1억 4,000만원

따라서 세후현금수지는 1억 4,000만원이다.

Point 28 화폐의 시간가치(자본환원계수)

10 ②

지문분석 ◀

① 원금에 대한 이자뿐만 아니라 이자에 대한 이자도 함께 계산하는 것은 복리방식이다.
③ 현재 5억원인 주택이 매년 5%씩 가격이 상승한다고 가정할 때, 일시불의 미래가치계수를 사용하여 10년 후의 주택가격을 산정할 수 있다.
④ 10년 후에 1억원이 될 것으로 예상되는 토지의 현재가치는 1억원에 일시불의 현재가치계수(10년)를 곱하여 계산한다. 1억원 × 일시불의 현가계수(10년) = 현재가치
⑤ 매월 말 50만원씩 5년간 들어올 것으로 예상되는 임대료 수입의 현재가치를 계산하려면, 저당상수의 역수(연금의 현가계수)를 활용할 수 있다.

핵심 자본환원계수

1. 현재가치계수(현가)
   - 일시불의 현가계수 = $(1 + r)^{-n}$
     할인율이 r일 때, n년 후의 1원이 현재 얼마만한 가치가 있는가를 나타낸다.

   - 연금의 현가계수 = $\dfrac{1 - (1 + r)^{-n}}{r}$
     매년 1원씩 n년 동안 받게 될 연금을 일시불로 환원한 액수를 구한다.

   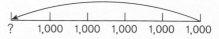

   - 저당상수 = $\dfrac{r}{1 - (1 + r)^{-n}}$
     원리금균등상환방식으로 일정액을 빌렸을 때 매 기간마다 상환할 원금과 이자의 합계(원리금)를 구한다.

   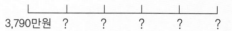

2. 미래가치계수(내가)
   - 일시불의 내가계수 = $(1 + r)^n$
     1원을 이자율 r로 예금했을 때 n년 후에 찾게 되는 금액을 구한다.

   - 연금의 내가계수 = $\dfrac{(1 + r)^n - 1}{r}$
     매년 1원씩 받게 될 연금을 이자율 r로 계속 적립하였을 때, n년 후에 찾게 되는 금액을 구한다.

   - 감채기금계수 = $\dfrac{r}{(1 + r)^n - 1}$
     n년 후에 1원을 만들기 위해서 매 기간마다 적립하여야 할 금액을 구한다.

11 ⑤

이자율이 상승할수록 저당상수(매 기간 상환해야 할 원리금 상환액)는 <u>커진다.</u>

지문분석 ●

① 원리금균등상환방식에 의한 매기 원리금은 다음과 같이 구할 수 있다.

> 원리금 = 융자금 × 저당상수

② 역수끼리 곱하면 1이 된다.
③ 5억원 × 감채기금계수 = 매기 적립할 금액
④ 이자율(r)이 상승할수록 연금의 미래가치는 커진다.

12 ④

연금의 내가계수를 적용하여 구한다.

$$2,000만원 \times \frac{(1 + r)^n - 1}{r} = 2,000만원 \times \frac{(1 + 0.1)^4 - 1}{0.1}$$

$$= 9,282만원$$

연금의 내가계수 수식에 r = 10%(0.1), n = 4년을 대입하여 수식값을 구한다. 연금의 내가계수값이 4.641이 되므로 정기적금의 미래가치는 <u>9,282만원</u>이다.

13 ②

감채기금계수 개념과 공식 $\dfrac{r}{(1 + r)^n - 1}$ 을 활용한다. 월 복리조건이므로 공식의 분모 값 이자율 0.04(4%)은 12개월로 나누고, 분자 값은 기간(n) 5년에 12개월을 곱하여(= 5년 × 12개월) 이를 적용한다. 이렇게 하면 5년 후에 1억원을 만들기 위해 매월 적립(불입)할 금액을 계산할 수 있다.

∴ 1억원 × 감채기금계수(연 4%, 월 복리, 60개월)

14 ②

일시불의 현가계수(5년)를 활용하여 현재가치를 구한다.

$$4억원 \times \frac{1}{(1 + 0.05)^5} ≒ 4억원 \times \frac{1}{1.27628} ≒ \underline{3억 1,341만원}$$

15 ⑤

구분	1년차	2년차	3년차
임대료수입	4,000만원	4,100만원	4,200만원
영업경비	1,000만원	1,200만원	1,400만원
순영업소득*	3,000만원	2,900만원	2,800만원

* 순영업소득 = 임대료수입 − 영업경비

이의 현재가치를 구하면,
• 1년차: 순영업소득 3,000만원 × 일시불의 현가계수 0.95
  = 2,850만원

• 2년차: 순영업소득 2,900만원 × 일시불의 현가계수 0.90
  = 2,610만원
• 3년차: 순영업소득 2,800만원 × 일시불의 현가계수 0.85
  = 2,380만원

이를 모두 합한 순영업소득의 현재가치는 <u>7,840만원</u>(= 2,850만원 + 2,610만원 + 2,380만원)이다.

16 ③

원리금균등상환방식으로 매기 일정액을 상환하다가 중도상환시에 미상환대출잔액은 연금의 현가계수를 사용하되, 융자금에 잔금비율을 곱하여 구한다. 또는 <u>원리금에 연금의 현가계수(남은 기간)</u>를 곱하여 구한다.

• 원리금균등상환방식에 따른 t시점의 미상환대출잔액
  = 원리금 × 연금의 현가계수(남은 기간)
  = 융자금 × 저당상수(만기) × 연금의 현가계수(남은 기간)
• 또는 '융자금 × 잔금비율'로 구할 수도 있다.

$$= 융자금 \times \frac{연금의 현가계수(남은 기간)}{연금의 현가계수(만기)}$$

지문분석 ●

① 임대기간 동안 월 임대료를 모두 적립할 경우, 연금의 내가계수를 사용하여 n년 후의 금액을 구하고, 이를 다시 일시불의 현가계수로 할인하여 현재가치를 구할 수 있다. 또는 연금의 현가계수를 사용하여 계산할 수 있다.

② 연금의 현재가치계수(≒ 0.9)에 감채기금계수(1)를 곱하면 일시불의 현재가치계수(≒ 0.9)이다.

현가계수(1년)	내가계수(1년)
일시불의 현가 ≒ 0.9	일시불의 내가 ≒ 1.1
연금의 현가 ≒ 0.9	연금의 내가 1
저당상수 1.1	감채기금계수 1

⑤ 잔금비율 0.48 + 상환비율 0.52 = 1

17 ①

• 대출의 만기 30년 = 경과한 기간 5년 + 남은 기간 25년
  원리금균등상환방식에 따른 t시점에서 미상환대출잔액을 구할 때에는 원리금[= 융자금 × 저당상수(만기)]에 연금의 현가계수(남은 기간)를 곱하여 구할 수 있다.
1. 융자금 × 저당상수(만기) × 연금의 현가계수(남은 기간)
   = 융자금 × 저당상수(30년) × 연금의 현가계수(25년)
   = 5억원 × 0.0054 × 171.06
2. 융자금에 잔금비율을 곱하여 계산할 수도 있다.
   = 5억원 × 잔금비율(약 0.9237)

$$\left[= \frac{연금의 현가계수 25년(300月) \ 171.06}{연금의 현가계수 30년(360月)* \ 185.18} \right]$$

Point 29 투자의 타당성분석기법

18 ③
추계된 현금수지에 대한 위험을 평가하는 위험할증률의 추계는 <u>투자기간의 결정 및 현금수지에 대한 예측 이후에 수행</u>된다.

 핵심 할인현금수지분석법의 절차

투자기간 결정 및 현금흐름의 계산 ⇨ 위험할증률의 추계 ⇨ 무위험률과 위험할증률을 반영한 요구수익률(할인율) 결정 ⇨ 장래 세후현금흐름을 현재가치화하여 순현가 등 계산, 투자채택 여부 결정

19 ①
순현재가치(NPV)는 투자자의 <u>요구수익률</u>로 할인한 현금유입의 현가에서 현금유출의 현가를 뺀 값이다. ⇨ 순현재가치(NPV)법의 할인율은 요구수익률이다.

지문분석
③ • 내부수익률 ≥ 요구수익률 ⇨ 투자채택
　 • 내부수익률 < 요구수익률 ⇨ 투자기각
⑤ 수익성지수는 <u>사업기간 중의 현금수입 합계(현금유입)의 현재가치를 순현금 투자지출 합계(현금유출)의 현재가치</u>로 나눈 상대지수이다. 수익성지수는 현금유출의 현재가치에 대한 현금유입의 현재가치로 구한다.

$$수익성지수 = \frac{현금유입의\ 현재가치(합)}{현금유출의\ 현재가치(합)}$$

20 ①
• 현금유입의 현가 $= \dfrac{6,420만원}{(1 + 0.07)^1} = 6,000만원$

• 순현가 <u>0원</u> = 현금유입의 현가 6,000만원 − 현금유출의 현가 6,000만원

• 수익성지수(PI) $= \dfrac{현금유입의\ 현가}{현금유출의\ 현가} = \dfrac{6,000만원}{6,000만원} = \underline{1.0}$

• 내부수익률(IRR)은 현금유입의 현가와 현금유출의 현가를 같게 만드는(순현가를 0으로, 수익성지수를 1로 만드는) 할인율을 의미하므로, 문제에 제시된 할인율(요구수익률) 7%와 내부수익률(IRR)의 값은 같다. 따라서 내부수익률(IRR)은 <u>7%</u>이다.

21 ③
<u>순현가법에서는 요구수익률을 할인율로 사용하며, 내부수익률법에서는 내부수익률을 할인율로 사용한다.</u>

지문분석
② 현금유입의 현재가치와 현금유출의 현재가치가 같으면, 투자안의 순현가는 0, 수익성지수는 1이 된다는 의미이다.
④ 사전에 할인율을 결정하지 않더라도 현금흐름을 활용하여 투자안의 내부수익률을 구할 수 있다.

 보충 내부수익률

내부수익률법의 경우, 투자안의 장래 현금흐름을 가지고 수익률을 구하기 때문에 매 기간의 현금흐름이 다를 경우 복수(여러 개)의 내부수익률이 존재할 수 있다. 즉, 초기 투자액(현금유출)만 제시될 경우와 각 연도의 여러 차례의 현금흐름이 제시될 경우에는 투자안의 내부수익률이 달라질 수 있다.

22 ④
부의 극대화 관점(순현가의 크기)에서 우선순위를 판단하면 A > C > D > B 순이다.

사업	현금유입의 현가	현금유출의 현가	순현가 (NPV)	수익성지수(PI)
A	5,000만원	4,500만원	500만원	1.11 $\left(≒\dfrac{5,000만원}{4,500만원}\right)$
B	3,150만원	3,000만원	150만원	1.05 $\left(=\dfrac{3,150만원}{3,000만원}\right)$
C	2,400만원	2,000만원	400만원	1.20 $\left(=\dfrac{2,400만원}{2,000만원}\right)$
D	4,300만원	4,000만원	300만원	1.075 $\left(=\dfrac{4,300만원}{4,000만원}\right)$

지문분석
③ 투자액 대비 투자효율성(⇨ 수익성지수)이 가장 높은 것은 부동산 C이다.
⑤ 순현가법은 가치합산의 원칙이 적용된다.

23 ④

내부수익률법은 가치합산의 원칙이 성립하지 않는다. 서로 다른 내부수익률을 가지는 두 자산에 동시에 투자하는 내부수익률은 각 자산의 내부수익률을 더한 것과 <u>같다고 볼 수 없다.</u> ⇨ 가치합산의 원칙은 순현가법에만 적용된다.

지문분석

②

사업	현금유입의 현가	현금유출의 현가	순현가 (NPV)	수익성지수 (PI)
A	400만원	200만원	200만원	$\frac{400만원}{200만원} = 2$
B	200만원	100만원	100만원	$\frac{200만원}{100만원} = 2$

⇨ 순현가가 다른 두 가지 사업의 수익성지수는 동일할 수 있다.

⇨ 두 투자안의 수익성지수가 동일하여도 순현가는 다를 수 있다.

③ • 여러 투자안의 투자 우선순위를 결정할 때, 순현재가치법과 수익성지수법 중 어느 방법을 적용하느냐에 따라 투자 우선순위는 <u>달라질 수 있다.</u> 즉, 여러 투자안 중 순현가가 가장 큰 투자안이 수익성지수도 가장 크다고 볼 수는 없다.

• 순현가법은 금액의 크기로 절대적 부의 극대화 여부를, 수익성지수는 투자액 대비 상대적 효율성을 판단하는 지표이다.

⑤ • 매년 현금유입액의 크기가 다를 경우, 투자안의 순현가(NPV)를 구할 때에는 일시불의 현가계수를 사용한다.

• 매년 현금유입액의 동일(일정)할 경우, 투자안의 순현가(NPV)를 구할 때에는 연금의 현가계수를 사용한다.

24 ④

• 문제에 연금의 현가계수(5년)를 제시하였으므로, 매년 동일한(일정금액의) 임대료수입으로 판단하고 5년차 현금흐름(2,530만원)을 230만원(임대료수입)과 2,300만원(매각대금)으로 분리한다.

• 현금유입의 현가
  = (230만원 × 연금의 현가계수 5년) + (2,300만원 × 일시불의 현가계수 5년)
  = (230만원 × 3.790790) + (2,300만원 × 0.620921)
  = 8,718,817원 + 14,281,183원 = 2,300만원

• 수익성지수(PI) = $\frac{현금유입의 현가}{현금유출의 현가}$ = $\frac{2,300만원}{1,840만원}$ = <u>1.25</u>

 순현가

순현가는 <u>460만원</u>(= 2,300만원 − 1,840만원)이다.

25 ③

1. 현금유입의 현재가치 합은 다음과 같이 계산한다.
   • 1년 후 현금유입 1,000만원의 현재가치:
     950만원 = 1,000만원 × 일시불의 현가계수 0.95
   • 2년 후 현금유입 1,200만원의 현재가치:
     1,080만원 = 1,200만원 × 일시불의 현가계수 0.90
   ∴ 현금유입의 현재가치 합 2,030만원
     = 950만원 + 1,080만원

2. 현금유출의 현재가치 합은 다음과 같이 계산한다.
   문제의 조건에서 현금유출은 현금유입의 90%이므로,
   • 1년 후 현금유입 1,000만원 × 0.9(90%)
     = 1년 후 현금유출 900만원
     ∴ 1년 후 현금유출 900만원의 현재가치:
       900만원 × 일시불의 현가계수 0.95 = 855만원
   • 2년 후 현금유입 1,200만원 × 0.9(90%)
     = 2년 후 현금유출 1,080만원
     ∴ 2년 후 현금유출의 1,080만원의 현재가치:
       1,080만원 × 일시불의 현가계수 0.90 = 972만원
   따라서, 현금유출의 현재가치 합은 1,827만원(= 855만원 + 972만원)이다.

3. 순현가 203만원 = 현금유입의 현재가치 합 2,030만원 − 현금유출의 현재가치 합 1,827만원

4. 다음과 같이 계산할 수도 있다.
   • 1년차 현금흐름의 차이 100만원(= 현금유입 1,000만원 − 현금유출 900만원) × 일시불의 현가계수 0.95
     = 1년차 순현가 95만원
   • 2년차 현금흐름의 차이 120만원(= 현금유입 1,200만원 − 현금유출 1,080만원) × 일시불의 현가계수 0.90
     = 2년차 순현가 108만원
   ∴ 순현가 203만원 = 1년차 순현가 95만원 + 2년차 순현가 108만원

26 ②

화폐의 시간가치를 고려하는 할인기법은 ⓒⓔ 2개이다.
㉠ 총소득승수법, ㉡ 종합자본환율법, ㉤ 단순회수기간법, ㉥ 회계적 이익률법은 화폐의 시간가치를 고려하지 않는 비할인기법에 해당한다.

할인기법(화폐의 시간가치를 고려한 투자분석방법)

순현가법, 내부수익률법, 수익성지수법, 현가회수기간법, 연평균순현가법

27 ⑤

전액 자기자본으로 투자할 경우(매기간 상환해야할 부채서비스액이 없다면) 총투자수익률(종합자본환원율)과 지분투자수익률(자기자본수익률·지분배당률)은 동일할 수 있다. ⇨ 중립적 지렛대효과

지문분석

③ 수익률과 승수는 역수관계이다. ⇨ 수익률은 그 값이 클수록 좋은 투자안이며, 승수는 그 값이 작을수록 좋은 투자안으로 볼 수 있다. 다른 조건이 일정할 때, 승수법에서는 승수가 작을수록 더 좋은 투자안이다. 순소득승수가 5이면 자본회수기간이 5년이라는 의미이며, 순소득승수가 10이면 자본회수기간이 10년이 된다는 의미이다. 순소득승수(자본회수기간)가 작을수록 현금흐름이 좋다는 것이다.

28 ①

어림셈법(수익률법과 승수법)은 투자현금흐름의 시간가치를 반영하지 않는 방법이다. 즉, 미래현금흐름을 현재가치로 할인하지 않고(비할인기법), 주로 1기간의 현금흐름만을 가지고 투자분석하는 방법이다.

지문분석

② 종합자본환원율과 순소득승수는 역수관계이다(수식의 분자와 분모의 위치가 반대이다).
③ 지분투자수익률과 세전현금수지승수는 역수관계이다.
④⑤ 일반적으로 총소득승수보다 순소득승수가 더 큰 것처럼 세전현금수지승수보다 세후현금수지승수가 더 크다. 수식의 분자 값은 동일하고 분모 값인 세후현금수지가 세전현금수지보다 더 작기 때문에 전체 값(승수)은 세후현금수지승수가 더 크다.

29 ①

세후현금수지를 구하는 과정은 다음과 같다.
1. 공실손실상당액 및 대손충당금 800만원 = 가능총소득 8,000만원 × 0.10(10%)
2. 유효총소득 7,200만원 = 가능총소득 8,000만원 − 공실 및 대손충당금 800만원
3. 순영업소득 7,000만원 = 유효총소득 7,200만원 − 영업경비(재산세) 200만원

4. 세전현금수지 5,500만원 = 순영업소득 7,000만원 − 원리금상환액(부채서비스액) 1,500만원
5. 세후현금수지 5,000만원 = 세전현금수지 5,500만원 − 영업소득세 500만원

∴ 세후현금수지승수 8 = $\dfrac{\text{지분투자액 4억원}}{\text{세후현금수지 5,000만원}}$

30 ④

문제에서 제시된 부동산가격 상승분까지 반영하여 자기자본(지분투자)수익률을 구한다.

$$\text{자기자본수익률} = \frac{\text{세전현금수지}^* + \text{가격상승분}}{\text{지분투자액(자기자본)}}$$
$$^* \text{세전현금수지} = \text{순영업소득} - \text{부채서비스액}$$

• 부동산매입가격 = 총투자액 = 5억원
• 부동산가격 상승분 2,000만원 = 부동산(매입)가격 5억원 × 부동산가격 상승률 연 4%(0.04)
㉠ 타인자본을 60% 활용하는 경우, 자기자본은 40%이다. 따라서, 매입가격(총투자액) 5억원 중에서
  • 타인자본 3억원(= 5억원 × 0.6)
  • 자기자본 2억원(= 5억원 × 0.4)
  • 부채서비스액 1,500만원
    = 타인자본(융자금) 3억원 × 이자율 연 5%(0.05)
  • 6.5% = $\dfrac{1,300만원(=800만원-1,500만원+2,000만원)}{\text{지분투자액(자기자본) 2억원}}$
㉡ 타인자본을 활용하지 않는 경우 = 전액 자기자본으로 투자하는 경우
  • 5.6% = $\dfrac{2,800만원(=800만원+2,000만원)}{\text{지분투자액(자기자본) 5억원}}$

31 ⑤

종합자본환원율이 12%라는 것은 총투자에 대한 수익, 즉 순영업소득에 해당하는 수익률이 12%라는 것을 의미한다.
• 대부비율이 50%일 때, 지분비율은 50%이다.
  $14\% = \dfrac{\text{세전현금수지}}{\text{지분투자액}} = \dfrac{12-(50 \times 0.1)}{50}$
• 대부비율이 60%일 때, 지분비율은 40%이다.
  $15\% = \dfrac{\text{세전현금수지}}{\text{지분투자액}} = \dfrac{12-(60 \times 0.1)}{40}$
대부비율을 50%에서 60%로 올릴 때, 자기자본수익률은 14%에서 15%로 1.0%p 상승한다. ⇨ 정(+)의 지렛대효과

32 ②

지렛대(레버리지)효과를 예상하고 투자했을 때, 대부비율(LTV)이나 부채비율이 높을수록 위험이 커지며 동시에 자기자본에 대한 기대수익률도 상승한다. 지렛대효과를 활용하

면 기대수익률이 높은 만큼 채무불이행으로 인한 금융적 위험도 커지게 된다. 즉, 위험과 수익을 동시에 증폭시킨다.

33 ②

지분투자수익률에서 총투자수익률을 차감하여 정(+)의 수익률이 나오는 경우에, 즉 총투자수익률보다 지분투자수익률이 클 때 정(+)의 레버리지가 발생한다. ⇨ 정(+)의 수익률과 정(+)의 레버리지는 동일한 개념이 아니다.
- 정(+)의 수익률이란 수익률이 0보다 크다는 것으로, 정(+)의 수익률이 발생한다고 하여 정(+)의 레버리지가 발생한다고 하는 것은 아니다.
- 차입(저당)이자율 < 총투자수익률 < 지분투자수익률 ⇨ 정(+)의 레버리지

34 ③

$$부채감당률 = \frac{순영업소득}{부채서비스액(= 융자금 \times 저당상수)}$$

1. 순영업소득을 구하는 과정은 다음과 같다.
   - 공실손실상당액 및 대손충당금 600만원 = 가능총소득 6,000만원 × 0.1(10%)
   - 유효총소득 5,400만원 = 가능총소득 6,000만원 − 공실 손실상당액 및 대손충당금 600만원
   - 영업경비 900만원 = 가능총소득 6,000만원 × 0.15(15%)
   - 순영업소득 4,500만원 = 유효총소득 5,400만원 − 영업경비 900만원
2. 부채서비스액(원리금)을 구하는 과정은 다음과 같다.
   - 융자금 3억원 = 시장가치 5억원 × 담보인정비율 60%(0.6)
   - 부채서비스액(원리금) 3,000만원 = 융자금 3억원 × 저당상수 0.1

∴ 부채감당률 1.50 = $\frac{순영업소득\ 4,500만원}{부채서비스액(원리금)\ 3,000만원}$

35 ②

- LTV = $\frac{융자금}{부동산가격}$ = $\frac{융자금(a)}{6억원}$
  ⇨ 담보인정비율(LTV)을 적용한 융자금은 3억원을 넘을 수 없다.
- 부채감당률 2 = $\frac{순영업소득}{부채서비스(원리금)}$ = $\frac{8천만원}{원리금(b)}$
  ⇨ 부채감당률 조건에서 부채서비스(원리금)를 구하여야 하므로, 부채서비스(원리금)는 4천만원(= 순영업소득 8천만원 ÷ 부채감당률 2)이다.
- 매기의 원리금(4천만원) = 융자금(c) × 저당상수(0.2)
  ⇨ 융자금(c)은 2억원(= 원리금 4천만원 ÷ 저당상수 0.2)이다.

담보인정비율(LTV)과 부채감당률을 적용한 최대융자금은 적은 한도 기준인 2억원이고, 기존저당대출금 1.2억원을 감안(차감)하면 추가로 받을 수 있는 최대 대출가능금액은 <u>8천만원</u>이다.

36 ⑤

총투자수익률 = 순영업소득 1.5억원 ÷ 총투자액 15억원
= 10%

지문분석

① 부채비율
  = 타인자본(부채) 5억원 ÷ 자기자본(자본) 10억원
  = 50%
② 순소득승수
  = 총투자액 15억원 ÷ 순영업소득 1억 5,000만원
  = 10
③ 지분투자수익률
  = 세전현금수지 7,000만원* ÷ 지분투자액 10억원
  = 7%
  * 세전현금수지 = 순영업소득 1억 5,000만원 − 저당지불액(부채서비스) 8,000만원 = 7,000만원
④ 부채감당비율
  = 순영업소득 1억 5,000만원 ÷ 부채서비스 8,000만원
  = 1.875

TIP

총투자수익률(⑤)과 순소득승수(②)는 역수관계이므로, 둘 중의 하나만 계산하면 시간을 절약할 수 있다.

37 ①

영업경비를 구하기 위해 유효총소득승수 2.5를 활용한다.

- 유효총소득승수 $= \dfrac{총투자액}{유효총소득} = \dfrac{10억원}{유효총소득(a)} = 2.5$

  ⇨ 유효총소득(a) = 4억원 = 10억원 ÷ 2.5

- 영업경비 = 유효총소득 × 영업경비비율

  = 4억원 × 0.5 = 2억원

나머지 현금흐름은 다음과 같이 구할 수 있다.

유효총소득	4억원
− 영업경비	2억원
순영업소득	2억원
− 부채서비스액	5천만원
세전현금수지	1억 5천만원

- 순소득승수 $= \dfrac{총투자액}{순영업소득} = \dfrac{10억원}{2억원} = 5$

- 채무불이행률 $= \dfrac{영업경비 + 부채서비스액}{유효총소득}$

  $= \dfrac{2억원 + 5천만원}{4억원} = 62.5\%$

- 세전현금흐름승수 $= \dfrac{지분투자액}{세후현금수지} = \dfrac{6억원}{1.5억원} = 4$

38 ③

- 대부비율(a) $= \dfrac{융자금(b)}{부동산가치\ 5억원}$

- 부채감당률 $1.5 = \dfrac{순영업소득\ 3,000원}{원리금(c)}$ 에서 분모값인

  원리금(c)을 구한다.

  ⇨ 원리금(c) $= \dfrac{순영업소득\ 3,000만원}{1.5} = 2,000만원$

  원리금(c) 2,000만원은 융자금(b)에 저당상수(0.1)를 곱하여 구하므로(원리금 = 융자금 × 저당상수), 다음과 같다.

  ⇨ 융자금(b) $= \dfrac{원리금\ 2,000만원}{저당상수\ 0.1} = 2억원$

  ∴ 대부비율(a) 40% $= \dfrac{융자금(b)\ 2억원}{부동산가치\ 5억원}$

39 ③

부채감당률이 1보다 작으면 차입자의 원리금 지불능력이 충분하지 못하다. ⇨ 순영업소득이 매기의 원리금을 상환하기에 부족하다는 의미가 된다.

$$부채감당률 = \dfrac{순영업소득}{부채서비스액(원리금)}$$

40 ④

회계적 이익률법에서는 요구수익률을 사용하지 않는다. 회계적 이익률법에서는 상호배타적인 투자안일 경우에 목표이익률보다 큰 투자안 중에서 회계적 이익률이 가장 큰 투자안을 선택한다.

$$회계적\ 이익률 = \dfrac{연평균\ 세후순이익}{연평균\ 투자액(= 총투자액 ÷ 2)}$$

즉, 회계적 이익률 ≥ 목표이익률 ⇨ 투자채택

지문분석

② 단순회수기간법은 화폐의 시간가치를 고려하지 않고(장래 현금흐름을 현재가치로 할인하지 않고), 회수기간이 더 짧은 투자안을 선택하는 투자결정법이다. ⇨ 투자금액의 회수기간이 짧을수록 현금흐름이 좋으며 타당성이 높다고 본다. 단, 현가회수기간법은 화폐의 시간가치를 고려한다.

Point 30 **위험−수익의 상쇄관계를 통한 투자대안의 분석**

41 ⑤

수익률의 확률분포도를 통해 아파트보다 오피스텔이, 오피스텔보다 상가 투자안의 확률분포가 넓게 되어 있으므로 기대수익률도 크고 분산도 크다고 판단할 수 있다. 상가가 아파트에 비해 기대수익률과 표준편차가 모두 크기 때문에 지배관계에 있지 않다. 상가는 상대적으로 고위험−고수익 투자안이며, 아파트는 상대적으로 저위험−저수익 투자안이다. 세 가지 투자안은 모두 효율적 투자선·프론티어에 존재하는 효율적 투자대안(포트폴리오)이다.

지문분석

② 각 투자안의 기대수익률은 가중평균을 통해서 구한다. 해당 문제는 호황과 불황의 확률이 각각 50%이므로 산술평균하여 간단하게 계산할 수 있다.
  - 상가 = (0.5 × 16%) + (0.5 × 6%) = 11%
  - 오피스텔 = (0.5 × 12%) + (0.5 × 4%) = 8%
  - 아파트 = (0.5 × 8%) + (0.5 × 2%) = 5%

④ 각 투자안의 분산과 표준편차는 다음과 같다.
  - 상가의 분산: 25
    $= (16 − 11)^2 × 0.5 + (6 − 11)^2 × 0.5$ ⇨ 표준편차 5%
  - 오피스텔의 분산: 16
    $= (12 − 8)^2 × 0.5 + (4 − 8)^2 × 0.5$ ⇨ 표준편차 4%
  - 아파트의 분산: 9
    $= (8 − 5)^2 × 0.5 + (2 − 5)^2 × 0.5$ ⇨ 표준편차 3%

구분	상가	오피스텔	아파트
기대수익률	11%	8%	5%
표준편차	5%	4%	3%

42 ⑤

투자안의 기대수익률은 각 경제상황별 확률에 이에 해당하는 예상수익률을 가중평균하여 구한다.

17% = (0.3 × 5%) + (0.4 × x%) + (0.3 × 25%)
  = 1.5% + (0.4 × x%) + 7.5%

⇨ 17% = (0.3 × 5%) + (0.4 × 20%) + (0.3 × 25%)
  = 1.5% + 8% + 7.5%

정상적인 상황을 제외한 기대수익률의 합이 9.0(= 비관적 1.5% + 낙관적 7.5%)이므로, 전체 17%에서 9.0%를 차감한 8%가 정상적인 경제상황의 기대수익률이다.

즉, 0.4 × x% = 8%이다.

따라서, x% = $\frac{8\%}{0.4}$ = 20%

즉, 정상적인 상황에서 <u>기대수익률(x%)은 20%</u>이다.

43 ④

A투자안이 B투자안보다 기대수익률과 분산(표준편차)이 크다면, A투자안은 B투자안에 비하여 상대적으로 고위험 – 고수익 투자안이다. <u>A투자안이 B투자안을 지배하는 것은 아니다.</u> ⇨ 두 투자안은 상호 지배관계에 있지 아니하므로 무엇을 선택하더라도 기대효용은 동일하다. A는 고위험 – 고수익 투자안이고, 상대적으로 B는 저위험 – 저수익 투자안이다.

<u>지문분석 ▸</u>

① 위험회피형 투자자는 위험이 커지면 기대수익율을 높이게 된다. 위험할증률이 커지면 요구수익률을 높이게 된다. ⇨ 무차별효용곡선
② 투자안의 표준편차(분산)가 클수록 투자에 수반되는 위험은 커진다. ⇨ 기대수익률을 실제로 달성할 가능성은 낮아진다.
③ 두 투자안의 기대수익률(평균)이 동일하다면 표준편차(분산)가 작은 투자안을 선택한다. ⇨ 위험회피형 투자자의 합리적 선택의 결과이다.
  • A투자안 ⇨ 효율적 포트폴리오(투자대안)
  • B투자안 ⇨ 비효율적 포트폴리오(투자대안)
⑤ C투자안이 D투자안보다 기대수익은 크고, 표준편차가 더 작다면, C가 D보다 비교우위에 있으므로 합리적인 투자자는 C와 D 중에서 C투자안을 선택(선호)할 것이다. ⇨ 단, 지배관계가 성립하는 것은 아니다.

평균 – 분산 지배원리를 충족하는 투자대안(포트폴리오)을 효율적 포트폴리오라고 하며, 이들의 묶음을 효율적 포트폴리오 집합이라고 한다. ⇨ 투자대상 후보

44 ⑤

위험회피형 투자자 중 공격적 투자자는 보수적 투자자에 비해 위험이 높더라도 기대수익률이 높은 투자안을 선호한다. ⇨ 공격적 투자자의 최적 포트폴리오(투자대안) ⇨ 공격적 투자자는 고위험 – 고수익 투자안을 선호한다.

<u>지문분석 ▸</u>

② 효율적 전선(프론티어)이 우상향하는 이유는 위험 – 수익의 상쇄관계를 의미한다.

45 ④

기대수익률과 표준편차만 고려하면(상관계수 등을 고려하지 않으면), <u>포트폴리오의 구성자산의 수가 많을수록 분산효과는 더 커진다.</u> 따라서 'A + C'(두 종목) 포트폴리오의 분산효과보다 'A + C + E'(세 종목) 포트폴리오의 분산효과가 더 크다.

상관계수까지 고려하면 수익률의 움직임이 상이한 두 종목의 포트폴리오가 유사한 세 종목의 포트폴리오보다 분산효과가 더 클 수 있다. 포트폴리오 구성종목 수가 많은 것이 적은 것보다 분산투자효과가 <u>항상 큰 것은 아니다.</u>

46 ①

<u>투자위험(표준편차)과 기대수익률은 상쇄관계, 즉 비례관계를 가진다.</u> 높은 수익을 얻기 위해서는 더 많은 위험을 부담해야 한다는 의미이다. ⇨ 투자안의 기대수익률이 크면 그만큼 위험도 크다.

<u>지문분석 ▸</u>

② 투자자가 위험을 회피할수록(보수적 투자자일수록) 무차별(효용)곡선의 기울기는 급해진다.
③ 효율적 프론티어(efficient frontier)는 위험 – 수익의 상쇄관계를 의미하므로 우상향 형태로 나타난다.
④⑤ 변동계수는 기대수익률과 위험(표준편차)이 서로 다른 투자대안의 상대적 위험척도를 구하는 지표이다.

$$변이(변동)계수 = \frac{표준편차}{기대수익률}$$

Point 31 부동산투자의 위험 및 투자위험의 처리·관리 기법

47 ②
- 시장위험이란 시장의 불확실성에 따른, 시장의 수요·공급과 관련된 상황의 변화와 관련되어 있다(공실 위험 등).
- 위치적 위험(입지 위험)이란 부동산이 위치한 입지여건의 (상대적 위치) 변화 때문에 발생하는 위험을 말한다.

지문분석 ●

① 사업상 위험: 시장위험, 운영위험, 위치적 위험 등
④ 금융적 위험: 타인자본(차입금)의 조달로 인한 투자자의 채무불이행 가능성을 말한다. 고정금리조건으로 차입금을 조달하여도 금융적 위험은 <u>존재한다</u>.

48 ④
㉠ <u>인플레이션 위험(구매력하락 위험)</u>: 임대수익의 화폐가치 하락 위험을 말한다.
㉡ <u>금융적(재무적) 위험</u>: 타인자본 조달에 따른 투자자(차입자)의 채무불이행가능성을 말한다. ⇨ 부(−)의 지렛대효과

49 ④
위험조정할인율을 적용하는 방법으로 장래 기대되는 소득을 현재가치로 환산하는 경우(순현가나 투자가치를 구할 때) 위험한 투자일수록(위험이 큰 투자안일수록) <u>높은</u> 할인율을 적용한다.

지문분석 ●

① • 부동산에 직접 투자(취득−운영−처분)하는 것은 부동산투자회사의 주식(간접투자)에 투자하는 것보다 환금성(유동성)위험이 더 큰 편이다.
   • 부동산에 직접 투자하면 개별성(표준화되지 못하므로)에 따라 현금화하기 어려운 편이다.
② 위험도가 높은 자산을 투자에서 제외시키는 것은 <u>위험의 전가(risk shifting)</u>에 해당하지 않는다. 위험한 투자안을 모두 투자대상에서 배제하면 국채나 정기예금 등 무위험자산을 선택하는 것이 된다.
③ 보수적 예측방법은 산출된 기대수익률의 <u>하향 조정(기대수익을 가능한 낮게 추정)</u>을 통해 투자의사결정을 보수적으로 함으로써 위험을 관리하는 방법이다.

⑤ 부동산은 실물자산이기 때문에 인플레이션 방어 능력이 우수하지만, 디플레이션(저성장−저물가)과 같은 경기침체기에는 부동산가격도 급격하게 하락하므로 좋은 투자대상이라 볼 수 없다.

50 ⑤
- 시장상황에 대한 자산가격의 민감도가 높을수록 수익률의 표준편차는 <u>커진다</u>. ⇨ 위험요소의 변화로 기대수익률이나 순현가의 변동가능성이 커지고 이에 따라 더욱 위험한 투자안으로 평가될 수 있다.
- 민감도분석은 투자의 위험요인을 <u>통제</u>하는 기법이다.

> **보충 민감도분석**
>
> - 수익(종속변수)에 영향을 주는 여러 가지 위험요소(독립변수)를 파악하고, 위험요소의 변화가 수익에 어떠한 영향을 미치는지를 분석한다.
> - 투자효과를 분석하는 모형의 투입요소가 변화함에 따라 그 결과치가 어떠한 영향을 받는가를 분석한다.
> - 미래현금흐름에 영향을 주는 요소 중 하나만 변동시킬 때 수익성이 어떻게 변동하는지를 분석함으로써 그 요소의 영향을 검토하기도 한다.
> - 위험요소 중 집중관리의 대상을 파악하고, 이를 통제하여 수익률의 범위를 예측하는 데 활용한다.

Point 32 포트폴리오이론(분산투자기법)

51 ③
비체계적 위험은 투자대안끼리 위험을 상쇄시키므로 분산투자를 통해 위험이 감소되는 효과가 있다.

지문분석 ●

① 이자율변동위험이나 인플레이션위험 등 체계적 위험은 수익률의 움직임이 상이한 종목끼리 구성해도 <u>감소되지 않는다</u>.
② 분산투자효과는 포트폴리오를 구성하는 투자자산 종목의 수를 늘릴수록 <u>비체계적 위험</u>이 감소되어 포트폴리오 전체의 위험이 감소되는 것이다. 체계적 위험은 시장의 구조적인 위험으로, 모든 투자대안에 공통적으로 영향을 미치는 이자율변동위험, 경기변동위험, 인플레이션위험을 말하며, 이는 분산투자로 감소되지 않는다. 따라서 포트폴리오 총위험이 0이 되지는 않는다. 다만, 이론적으로 포트폴리오 구성종목 수를 무한대로 증가시키면 비체계적 위험을 '0'으로 만들 수 있다.

④ 포트폴리오전략에서 구성자산간에 수익률이 반대방향 [음(−)의 방향]으로 움직일 경우 위험감소의 효과가 <u>커진다</u>. 포트폴리오를 구성하는 두 자산의 상관계수가 −1에 가까우면 분산투자효과가 커진다.

⑤ 부동산은 위치가 고정되어 있기 때문에(동일한 지역이나 위치가 존재하지 않기 때문에) 부동산 <u>포트폴리오 구성이 용이하여 분산투자효과를 기대할 수 있다.</u> 위치의 고정성(부동성), 개별성 등의 특성으로 투자금액에 제한을 두지 않는다면 포트폴리오 구성이 용이하여 분산투자효과를 기대할 수 있다. ⇨ 현실적으로 두 종목으로 구성만 하면 <u>분산투자효과를 기대할 수 있다.</u> 다만, 정도의 차이가 있을 뿐이다.

 상관계수와 분산투자효과

구성자산간에 수익률이 동일방향[양(+)의 방향]으로 움직일 경우 위험감소의 효과가 작아진다. 포트폴리오를 구성하는 두 자산의 상관계수가 +1에 가까우면 분산투자효과가 작아진다.

52 ②
두 자산으로 포트폴리오를 구성할 경우, 포트폴리오에 포함된 개별자산의 수익률간 상관계수가 <u>완전 정(正)의 관계만 아니라면(상관계수가 +1만 아니라면) 분산투자효과가 있다.</u> ⇨ 두 자산간 상관계수가 +1인 경우에는 분산투자효과가 없다.

지문분석
① 두 자산의 수익률 움직임이 완전히 상호 연관되어 있지 않다면(상관계수가 +1만 아니라면) 분산투자효과가 있다.
③ 포트폴리오를 구성하는 두 자산의 상관계수가 +1에 가까우면 두 자산간 수익률의 움직임이 상당히 유사하다는 의미이다. ⇨ 위험분산효과는 작아진다.
④ 개별투자안의 수익률간 상관계수가 1인 경우[= 완전 정(+)의 관계]에는 분산투자효과가 없다. 두 자산이 완전히 동일한 방향과 동일한 폭으로 진행되므로 분산투자효과가 전혀 없다.
⑤ A + B의 상관계수 0.384, C + D의 상관계수 0.628
⇨ 상관계수 값이 +1에 가까울수록 분산투자효과가 작아진다. 따라서 상대적으로 A + B의 투자조합이 분산투자효과가 더 큰 편이다.

상관계수와 분산투자효과

포트폴리오를 구성하는 두 자산의 상관계수가 −1에 가까우면 <u>비체계적 위험</u>이 감소되는 효과가 있다. 체계적 위험은 분산투자로 감소시킬 수 없다.

53 ①
개별자산의 기대수익률간 상관계수가 '0'(두 자산간 수익률의 움직임이 아무런 관련이 없는 경우, random)인 두 개의 자산으로 포트폴리오를 구성할 때에도 포트폴리오의 위험감소 효과가 발생한다. 단, 위험감소효과가 최대로 나타나지는 않는다. 개별자산의 기대수익률간 상관계수가 −1인 경우(완전 負의 상관관계)에 분산투자효과가 극대화된다.

지문분석
② 위험자산(부동산 + 주식)끼리 결합하여 투자하는 것보다 위험자산(부동산)에 무위험자산(예 국채 등)을 결합하여 투자하는 것이 위험감소효과가 커지므로 잠재적 이익을 기대할 수 있다.
③ 투자대안별 수익률 변동이 유사한(동일방향) 것보다는 상이한(반대방향) 추세를 보일 것으로 예측되는 부동산에 분산투자하는 것이 좋다. ⇨ 위험분산효과가 더 크다.

54 ⑤
개별자산(투자안)의 기대수익률을 먼저 구하고, 투자금액의 비중(가중치)을 고려하여 가중평균 방법을 통해 전체 포트폴리오의 기대수익률을 구한다.
• 부동산 A
= (0.3 × 4%) + (0.4 × 12%) + (0.3 × 20%) = 12%
• 부동산 B
= (0.3 × −10%) + (0.4 × 15%) + (0.3 × 40%) = 15%
∴ 포트폴리오의 기대수익률
= (0.4 × 12%) + (0.6 × 15%) = <u>13.8%</u>

p.208~232

01	②	02	⑤	03	⑤	04	④	05	③
06	①	07	②	08	⑤	09	⑤	10	⑤
11	①	12	③	13	①	14	②	15	②
16	③	17	③	18	②	19	④	20	①
21	①	22	②	23	④	24	⑤	25	④
26	③	27	④	28	⑤	29	③	30	④
31	③	32	④	33	②	34	③	35	⑤
36	①	37	⑤	38	④	39	②	40	②
41	②	42	⑤	43	④	44	③	45	④
46	①	47	⑤	48	④	49	⑤	50	①
51	①	52	②	53	①	54	③		

Point 33 담보인정비율(LTV)과 총부채상환비율(DTI)

01 ②

- LTV 40% = $\dfrac{융자금}{부동산가격}$ = $\dfrac{융자금}{6억원}$

  담보인정비율(LTV)규제에 따른 융자금은 2.4억원
  = 부동산가치 6억원 × 담보인정비율 40%(0.4)

- DTI 50% = $\dfrac{원리금}{연간소득}$

  = $\dfrac{원리금(= 융자금 \times 저당상수\ 0.1)}{5,000만원}$

  원리금 2,500만원 = 연간소득 5,000만원 × DTI 50%(0.5)
  분자 값인 원리금은 융자금에 저당상수를 곱하여 산정하므로, 원리금은 2,500만원(= 융자금 × 저당상수 0.1)이다.

  따라서 융자금 = $\dfrac{원리금\ 2,500만원}{저당상수\ 0.1}$ = 2.5억원이다.

두 가지 조건을 충족시키려면 적은 금액인 2억 4,000만원이 되어야 하고, 이미 기존의 주택담보대출금액 8,000만원이 있으므로 이를 융자가능액(2억 4,000만원)에서 공제하면, 추가로 대출가능한 최대금액은 <u>1억 6,000만원</u>(= 2억 4,000만원 − 8,000만원)이 된다.

02 ⑤

- LTV 50% = $\dfrac{융자금}{부동산가격}$ = $\dfrac{융자금(a)}{5억원}$

  ⇨ LTV규제에 따른 융자금(a)은 2억 5,000만원이다.

- DTI 40% = $\dfrac{원리금(b)}{연간소득}$ = $\dfrac{2,400만원}{6,000만원}$

  ⇨ 원리금(b) = 6,000만원 × 0.4 = 2,400만원

  연간 원리금은 최초 원리금(b) 2,400만원에서 기존주택대출로 인한 원리금 1,200만원을 공제한 1,200만원이 된다.

  ⇨ 융자금(c)은 1억원$\left(= \dfrac{원리금\ 1,200만원}{저당상수\ 0.12}\right)$이다.

두 가지 조건 중 적은 한도인 DTI 기준으로 계산한 <u>1억원</u>이 기존주택담보대출 원리금(1,200만원)을 반영한 최대융자가능금액이다.

03 ⑤

㉠ 담보인정비율(LTV)이 50%라는 것은 부동산가격(가치)의 50%까지 대출받을 수 있다는 의미이다. 따라서 주택담보대출 3억원을 받으려면 담보평가가격은 <u>6억원 이상</u>이어야 한다.

  LTV 50% = $\dfrac{융자금}{부동산가치(a)}$ = $\dfrac{3억원}{6억원}$

  ⇨ 부동산 담보평가가치(a) = 3억원 ÷ 0.5(50%)
                       = 6억원

㉡ DTI 40% = $\dfrac{원리금}{연소득}$ = $\dfrac{원리금}{5,000만원}$

  ⇨ 연간 상환해야 할 원리금은 2,000만원(= 5,000만원 × 0.4)을 넘을 수 없다. 문제의 조건에서 매월 상환액 160만원씩 상환하게 되면(1,920만원 = 160만원 × 12개월) 연간 원리금의 상한인 2,000만원을 초과하지 않기 때문에 <u>대출이 가능하다</u>.

04 ④

- 대출비율(LTV) 50% = $\dfrac{융자액(a)}{부동산가치\ 4억원}$

  LTV규제에 따른 융자가능금액(a)은 2억원이다.
  융자가능액(a) = 4억원 × 0.5(50%) = 2억원

  ⇨ 월 원리금
  = 융자금 2억원 × 월 저당상수 0.006443
  = 1,288,600원

- 총부채상환비율(DTI) 30% = $\dfrac{연간\ 원리금(b)}{연간\ 소득\ 4,000만원}$

  DTI규제에 따른 연간 원리금 상환액은 1,200만원이다.
  연간 원리금(b) = 4,000만원 × 0.3(30%) = 1,200만원

  ⇨ 월 원리금 = 연간 원리금 1,200만원 ÷ 12개월
                  = 1,000,000원

적은 금액을 한도로 주택담보대출을 제공하므로 첫 월 불입액은 DTI규제에 따른 <u>1,000,000원</u>이 된다.

05 ③

총부채상환비율(DTI)이 높을수록 융자액이 늘어나고, 이에 따라 대출기관의 원금회수위험(채무불이행 위험)이 높아진다.

보충 **대부비율(LTV)**

대출비율(LTV)이 높아질수록 융자액이 늘어나고 이에 따라 대출기관의 원금회수위험(채무불이행위험)이 커지므로 담보대출금리는 높아진다.

지문분석 ▶

⑤ 금융당국이 주택담보대출에 적용하는 소득대비 부채비율(DTI)을 하향조정하면 융자가능액이 감소할 수 있다.

06 ①

- 차입자의 소득과 담보부동산의 가치는 시간이 지날수록 증가하게 되면서 차입자의 채무불이행가능성이 낮아진다. ➡ 금융기관의 채무불이행위험 또한 작아진다.
- 반면에 차입자의 소득과 담보부동산의 가치가 하락하면 금융기관의 채무불이행위험은 커진다.

Point 34 고정금리와 변동금리 / 대출기관의 대출위험요인과 관리방법

07 ②

예상 인플레이션보다 실제 인플레이션이 높으면 금융기관에는 손해이고, 차입자는 상대적으로 이익이 된다. 즉, 예상치 못한 인플레이션이 발생하면 대출기관은 상대적으로 불리해지고, 차입자는 상대적으로 유리해진다.

08 ⑤

변동금리대출상품은 금리변동위험을 차입자에게 전가하므로, 대출기관을 인플레이션위험으로부터 어느 정도 보호해준다. 반면에 고정금리저당대출은 예상치 못한 인플레이션이 발생하면 대출기관이 불리해진다. 즉, 상대적으로 손해가 된다.

지문분석 ▶

① 고정금리의 명목(대출)이자율(금융기관의 요구수익률)
= 시장실질이자율 ± 위험에 대한 대가 + 기대인플레이션율

③ 향후 금리변동이 심할 것으로 예상되면(금리가 상승한다거나 하락한다는 것이 아니라 금리 예측이 어렵다는 의미이다) 차입자는 변동금리보다 고정금리로 대출받는 것이 금리변동위험을 줄일 수 있다.

④ 대출자(대출기관)는 기말에 한 번 이자를 받는 것보다 이자를 4회로 나누어 받는 것이 유리하다. 연 복리로 받는 것보다 월 복리로 받는 것이 수익이 더 많다.

예 융자액이 1억원이고, 대출이자율이 4%라 할 때 1년 말에 400만원의 이자를 받는 것보다 3개월에 1%씩(100만원) 나누어 받게 되면 미리 받은 100만원의 재운용수익이 가능하다.

09 ⑤

- 상업용 부동산의 부채감당률(DSCR)이 1보다 작은 경우(순영업소득이 원리금을 상환하기에 부족하므로) 대출대상에서 배제한다.
- 상업용 부동산의 부채감당률(DSCR)이 1보다 큰 대출안의 큰 순서대로 대출을 실행한다. 대출 실행시 부채감당률이 1.0 이상이 되는 투자안을 선택하거나 1.0 이하가 되는 투자안은 대출대상에서 배제한다. ➡ 상업용 투자안의 경우, 적정 현금흐름을 창출하는 투자안이 채무불이행위험을 줄일 수 있다. ➡ 투자안의 순영업소득이 매기의 부채서비스액을 상환할 수 있어야 대출기관의 위험이 줄어든다.

지문분석 ▶

① 금리변동이 심할 때에는 변동금리로 대출한다. ➡ 대출기관은 변동금리로 대출하는 것이 금리변동위험을 차입자에게 전가함으로써 금리위험을 줄일 수 있다.

② 담보인정비율(LTV)을 하향조정하면 융자가능액이 감소하므로 채무불이행위험을 감소시킬 수 있다.

③ 소득대비 부채비율(DTI)을 하향조정하면 융자가능액이 감소하므로 채무불이행위험을 감소시킬 수 있다.

④ 이자율스왑은 금융기관이나 기업 상호간에 금리변동위험을 전가하기 위한 파생상품이다.

10 ⑤

변동금리대출의 경우 시장이자율 상승시 이자율 조정주기가 짧을수록 대출기관에게 유리하고, 차입자에게는 불리해진다. 시장이자율 변화와 이자율 조정주기에 따라 대출기관과 차입자의 유리, 불리는 달라질 수 있다.

지문분석 ▶

④ 기준금리(이자율)의 조정주기가 짧을수록(3개월 ➡ 1개월) 이자율변동의 위험은 대출자에서 차입자로 더 신속하게 전가된다.

11 ①

변동금리저당대출은 기준금리에 차입자의 신용점수, 직업, 연체실적 등에 따라 차등적용하는 가산금리도 고려한다.

> 변동금리부 주택담보대출 이자율 = 기준금리 ± 가산금리

지문분석 ●

③ 기준금리의 변동에 따라 대출이자율이 변동하기 때문에 변동금리형 대출이다. 2021년 현재 CD(양도성 예금증서) 연동 주택담보대출보다 COFIX연동 주택담보대출의 비중이 더 크다.

Point 35 융자금의 상환방식

12 ③

균등한 원금 = 융자금 6억원 ÷ 융자기간 30년 = 2,000만원

1. 11회차의 원리금을 묻고 있으므로 10회차 말의 잔금을 구한다.
   - 10회차까지의 원금상환액
     = 원금 2,000만원 × 상환기간(10년) = 2억원
     ⇨ 따라서, 10회차 말 잔금은 4억원(= 융자원금 6억원 − 상환원금 2억원)이다.
   - 11회차의 이자 = 10회차 말 잔금 4억원 × 이자율 0.04 = 1,600만원
2. 16회차의 이자지급분을 계산하기 위해서는 15회차 말의 잔금을 구한다.
   - 15회차까지의 원금상환액 3억원
     = 원금 2,000만원 × 상환기간(15년)
     ⇨ 16회차 말 잔금은 3억원(= 융자원금 6억원 − 상환원금 3억원)이다. ⇨ 상환기간의 2분의 1이 경과하였으므로, 잔금은 3억원이다.
     따라서, 16회차 이자 = 15회차 말 잔금 3억원 × 이자율 0.04 = 1,200만원
   - 16회차의 원리금상환액 3,200만원
     = 균등한 원금 2,000만원 + 15년말 잔금에 해당하는 이자 1,200만원

13 ①

1. 매년 균등한 원금 2,500만원 = 융자원금 5억원 ÷ 상환기간 20년

〈단위: 만원〉

기간	원금상환분	이자지급분	원리금	잔금
1	2,500	2,500	5,000	47,500
2	2,500	2,375	4,875	45,000
3	2,500	2,250	ⓛ 4,750	42,500

2. 1차년도 이자지급분 2,500만원 = 원리금 5,000만원 − 1차년도 원금상환분 2,500만원
   ∴ 대출금리(㉠) 0.05(5%) = 1차년도 이자지급분 2,500만원 ÷ 융자원금 5억원
3. 3차년도 이자지급분 2,250만원 = 2차년도 말 잔금 4억 5,000만원 × 이자율 0.05
   ∴ 3차년도 원리금상환액(ⓛ) 4,750만원 = 원금상환분 2,500만원 + 3차년도 이자지급분 2,250만원

14 ②

- 원리금 = 융자금 4억원 × 저당상수 0.087 = 3,480만원

〈단위: 원〉

기간	원리금	이자지급분	원금상환분	잔금(미상환)
1	34,800,000	24,000,000	10,800,000	389,200,000
2	34,800,000	23,352,000	11,448,000	377,752,000

- 1차년도 이자지급분 2,400만원
  = 원리금 3,480만원 − 1차년도 원금상환분 1,080만원
  따라서 대출금리(㉠)는 0.06(6% = 이자지급분 2,400만원 ÷ 융자원금 4억원)이다.
- 2차년도 이자지급분 23,352,000원
  = 1차년도 잔금 3억 8,920만원 × 이자율 0.06
  따라서 2차년도 원금상환분(ⓛ)은 11,448,000원(= 원리금 3,480만원 − 2차년도 이자지급분 23,352,000원)이다.

15 ②

$$LTV\ 50\% = \frac{융자금}{부동산가격} = \frac{융자금(a)}{6억원}$$

⇨ 융자금(a) = 6억원 × 0.5(50%)
LTV규제에 따른 융자금(a)은 3억원이다.

1. 원금균등상환방식: 3년 거치 후 원금균등상환이므로, 첫 회 월 이자만 구한다.
   - 연 이자 = 융자금 3억원 × 연 이자율 0.06(6%) = 1,800만원
   - 월 이자 = 연 이자 1,800만원 ÷ 12개월
     = 융자금 3억원 × 월 이자율 0.005(0.5%)
     = 1,500,000원
2. 원리금균등상환방식
   월 원리금 = 융자금 3억원 × 월 저당상수 0.006443
     = 1,932,900원
따라서 두 상환방식의 첫 회(월) 상환액의 차이는 432,900원 (= 1,932,900원 − 1,500,000원)이다.

16 ③

체증(점증)분할상환방식은 원리금상환액부담을 초기에는 적게 하는 대신 시간이 경과할수록 원리금상환액부담을 늘려가는 상환방식이다. 일반적으로 대출초기에는 이자의 일부만 회수하고 원금을 회수하지 않기 때문에 부(−)의 상환이 일어날 수 있다.

지문분석 ●

⑤ 원금균등분할상환방식의 경우, 매기의 원리금의 합계가 점차적으로 감소한다. 매기의 원금상환분은 일정하고, 이자는 점차 일정하게 감소하므로 전체 원리금은 일정하게 감소한다. ⇨ 체감식 상환

17 ③

체증식(점증식) 분할상환방식은 초기에는 상환부담을 낮추고, 차입자의 소득증가율에 따라 점차 상환액을 늘려가는 방식이다. ⇨ 체증상환대출은 주택의 보유예정기간이 짧은 사람이나 장래 소득 증가가 예상되는 젊은 계층에게 상대적으로 유리한(적합한) 방식이다.

지문분석 ●

④ 원금균등상환방식은 융자기간의 2분의 1이 경과하면 원금의 2분의 1을 정확하게 회수할 수 있지만, 원리금균등상환방식은 융자기간의 3분의 2 정도 지나야만 원금의 절반 정도가 회수된다. 원금균등상환방식이 원금회수가 빠르기 때문에 대출원금의 가중평균상환기간이 더 짧다.

⑤ 원금균등상환방식은 대출자 측에서 볼 때, 대출원금회수가 빠르기 때문에 원금회수위험이 원리금균등상환방식보다 상대적으로 적다.

핵심 융자금 상환방식의 비교

차입자의 초기상환금액부담 정도 (대출원금회수 속도)	원금균등상환방식 > 원리금균등상환방식 > 체증식 상환방식
대출기관의 원금회수위험 크기	체증식 상환방식 > 원리금균등상환방식 > 원금균등상환방식
중도상환시 미상환대출잔액 크기	체증식 상환방식 > 원리금균등상환방식 > 원금균등상환방식
대출기간 전체를 고려한 이자상환부담 정도	원리금균등상환방식 > 원금균등상환방식

18 ②

틀린 것은 ㉠㉢㉤이다.

㉠ 1회차 월 불입액(원리금상환액)은 원금균등상환방식이 더 크다(단, 1회차 이자는 동일하다).

㉢ 만기일시상환방식(거치식)은 만기까지 원금은 상환되지 않고, 이자만 상환하는 방식이다. 즉, 만기일시상환방식(거치식)의 경우, 원금균등상환방식에 비해 대출 금융기관의 이자수입이 더 많은 편이다.

㉣ 대출 실행시점에서 총부채상환비율(DTI)이 높은 것이란, 초기 원리금상환액 부담이 큰(많은) 것을 말한다.

㉤ 차입자가 대출액을 중도상환할 경우 원금균등상환방식은 원리금균등상환방식보다 미상환대출잔액이 더 적다.

19 ④

옳은 것은 ㉡㉢이다.

㉠ 융자기간의 2분의 1 경과 후 담보인정비율(LTV)은 원금균등상환방식이 원리금균등상환방식보다 더 낮다.
- 융자기간의 2분의 1 경과 후 담보인정비율(LTV)이 더 낮은 방식 = 원금을 더 많이 상환한 방식
  ⇨ 원금균등상환방식은 융자기간의 2분의 1이 경과하면 원금의 2분의 1이 상환되므로 원리금균등상환방식보다 융자잔금이 더 적다. 즉, LTV 수식에서 분자값이 더 작아지므로 담보인정비율(LTV)이 더 낮다.

㉡ 차입자의 총상환액은 원리금균등상환방식이 원금균등상환방식보다 더 많다. ⇨ 만기까지의 원금상환액은 동일하지만, 만기까지의 이자상환부담이 더 많은 것은 원리금균등상환방식이다(원리금균등상환방식이 누적 원리금 지불액이 더 많다).

㉢ '대출채권의 가중평균상환기간(duration)이 짧은 것 = 대출기관의 원금회수 속도가 빠른 것'이다.
대출원금의 회수가 가장 빠른 것은 원금균등상환방식이고, 그 다음으로 원리금균등상환방식이며, 만기일시상환방식은 대출의 만기에 원금을 전액 회수하므로 만기일시상환방식이 원금회수 속도가 가장 늦다.

보충 듀레이션(duration)

1. 투자자금의 평균회수기간을 말한다. 대출채권의 만기가 길수록 채권투자자(금융기관)의 투자금(대출원금)의 회수는 길어진다.
2. 채권(bond)의 듀레이션이란 채권에서 발생하는 현금흐름의 가중평균만기로서, 채권가격의 이자율 변화에 대한 민감도를 측정하기 위한 척도로서 사용된다.

20 ①

〈그림 1〉의 경우는 원리금상환액이 융자기간 동안 일정한 ㉠ 원리금균등분할상환방식에 해당하며, 〈그림 2〉의 경우는 대출잔액이 시간이 경과함에 따라 일정액씩 감소하는 경우이므로 ㉡ 원금균등분할상환방식에 해당한다.

Point 36 우리나라의 주택금융

21 ①
주택도시기금은 <u>국토교통부장관</u>이 운용·관리한다.

주택도시기금 계정의 구분 및 기금의 용도

1. 주택도시기금 주택계정의 용도
   - 국민주택 및 준주택의 건설
   - 국민주택규모 이하의 주택의 구입·임차 또는 개량
   - 준주택의 구입·임차 또는 개량
   - 국민주택규모 이하인 주택의 리모델링
   - 국민주택을 건설하기 위한 대지조성사업
   - 「주택법」에 따른 공업화주택(대통령령으로 정하는 규모 이하의 주택으로 한정)의 건설 등
2. 주택도시기금 도시계정의 용도
   - 「도시 및 주거환경정비법」에 따른 사업
   - 「도시재정비 촉진을 위한 특별법」에 따른 기반시설 중 기반시설의 설치에 드는 비용
   - 「도시재생 활성화 및 지원에 관한 특별법」에 따른 도시재생사업의 시행에 필요한 비용의 출자·투자 및 융자
   - 「도시재생 활성화 및 지원에 관한 특별법」에 따른 도시재생 활성화지역 내에서 해당 지방자치단체의 장이 도시재생을 위하여 필요하다고 인정하는 건축물의 건축에 필요한 비용의 출자·투자 및 융자 등

22 ②
<u>주택청약종합저축은 무주택자와 유주택자를 구분하지 않고 누구든지 1인 1계좌로 가입할 수 있다.</u> 신규로 분양되는 국민주택은 물론 민영주택을 대상으로 이용할 수 있다.

지문분석

④ 주택도시보증공사의 주요업무는 다음과 같다(「주택도시기금법」 제26조 제1항 제1호~제4호).
   - 주택도시기금의 운용·관리에 관한 사무
   - 분양보증, 임대보증금보증, 하자보수보증, 그 밖에 대통령령으로 정하는 보증업무
   - 보증을 이행하기 위한 주택의 건설 및 하자보수 등에 관한 업무와 구상권 행사를 위한 업무
   - 「자산유동화에 관한 법률」에 따른 유동화전문회사 등이 발행한 유동화증권에 대한 보증업무 등

23 ④
- 담보주택의 대상으로 주택, 노인복지주택, 복합용도주택, <u>주거용(주거목적) 오피스텔</u>이 있다.
- 2025년 현재 업무용 오피스텔은 주택연금 대상이 아니다.

24 ⑤

> **「한국주택금융공사법」 제43조의4【주택담보노후연금 채권 등의 행사 범위】** ① 주택담보노후연금채권 및 공사의 주택담보노후연금보증채무 이행으로 인한 구상권은 주택담보노후연금채권을 담보한 대상주택(이하 "담보주택"이라 한다)에 대하여만 행사할 수 있다.
> ② 제1항에도 불구하고 저당권 또는 신탁 수익권에 우선하는 다음 각 호의 어느 하나에 해당하는 사유로 공사와 금융기관이 담보주택에서 회수하지 못하는 금액에 대하여는 <u>채무자의 다른 재산에 대하여도 주택담보노후연금채권 및 구상권을 행사할 수 있다.</u>
> 1. 「국세기본법」 제35조 제1항 및 「지방세기본법」 제71조 제1항에 따른 조세채권
> 2. 「근로기준법」 제38조 제2항 및 「근로자퇴직급여 보장법」 제11조 제2항에 따른 임금, 재해보상금 및 퇴직금 채권
> 3. 주택담보노후연금보증을 받은 사람의 <u>사망 등 계약해지 사유가 발생한 후에 지급된 주택담보노후연금 지급액</u>
> 4. 주택담보노후연금보증을 받은 사람의 고의 또는 중과실에 의하여 담보주택이 훼손되어 회수하지 못하는 금액

주택담보노후연금을 받을 권리는 타인에게 양도하거나 압류할 수 없다.

Point 37 주택저당유동화제도(MBS)

25 ④
2차 저당시장에서 발행되는 투자상품(MBS)은 1차 저당시장의 주택대출금리보다 더 <u>낮은</u> 액면금리를 가진다. 그렇지만 MBS 수익률은 국채수익률보다 높아야 한다. 이렇게 해야만 기관투자자의 자금을 유인할 수 있다.

26 ③

한국주택금융공사법령상 자산의 양도인은 주택저당채권에 대한 반환청구권을 <u>가지지 않는다.</u> 또한 양수인은 주택저당 채권에 대한 대가의 반환청구권을 가지지 아니한다.

27 ④

주택저당유동화제도는 주택수요에 대비하여 주택자금을 적시에 공급하여 주기 때문에 주택금융자금의 수급불균형문제를 <u>완화시켜 준다.</u>

핵심 주택저당증권(MBS)의 발행효과

차입자·주택수요자	• 금융기관의 대출여력 확대로 수요자의 차입기회 확대 • 자기자금 부담을 낮추면서 주택구입 가능 ⇨ 주택수요의 증가요인
금융기관	• 대출채권 매각을 통한 현금유입·자금조달이 용이 • 금융기관의 유동성은 증가되고, 유동성위험은 감소되는 효과 • 재무건전성 개선
기관투자자	• 다양한 종류의 금융상품을 선택함으로써 분산투자효과 기대 • 기존의 단기채권(5년 미만) 외에 장기적·안정적 투자수단으로 활용
정책	• 주택경기나 부동산경기조절수단으로 활용 • 주택자금 수급불균형문제를 완화

28 ⑤

주택도시기금의 관리·운용은 한국주택금융공사의 업무가 아니다. <u>주택도시기금은 국토교통부장관이 운영·관리하며,</u> 2015년 7월 1일부터 주택도시보증공사가 주택도시기금의 전담 운용기관으로 지정되었다.

29 ③

주택저당대출의 만기(기초자산)보다 짧은 만기를 가진 또는 더 긴 만기를 가지는 주택저당증권(MBS)도 발행할 수 있다. 주택저당대출의 만기와 주택저당증권(MBS)의 만기가 동일할 필요는 없다.

30 ④

• MPTB(Mortgage Pay-Through Bond)의 <u>투자자는 조기 상환위험을 부담한다.</u>

• 지불이체채권(MPTB)은 혼합형 주택저당증권으로 원리금 수취권은 <u>투자자에게</u> 이전되고, 모기지(집합물) 소유권은 <u>발행기관이 갖는다.</u>

31 ③

MBB(Mortgage Backed Bond)는 채권형 증권으로, <u>투자자는 조기상환에 따른 위험을 부담하지 않는다.</u> 조기상환위험은 발행기관이 부담한다. ⇨ 차입자가 대출금을 조기상환하여도 발행기관은 MBB에 대한 채권의 이자와 원금을 만기까지 지급하여야 한다. ⇨ 투자자는 콜방어를 할 수 있다.

지문분석

④ 다계층채권(CMO)에서 신용등급이 높은 채권일수록 지급되는 금리는 낮아진다.
  • 신용등급이 높을수록 저위험 – 저수익 상품이다.
  • 신용등급이 낮은 채권일수록 지급되는 금리는 높아진다(⇨ 고위험 – 고수익).

32 ④

• 다계층증권(CMO)은 <u>지분형 증권과 채권형 증권으로 구성</u>되어 있다. 즉, MPTS(지분형)와 MBB(채권형) 두 가지 성질을 다 가지고 있는 혼합형 주택저당증권이다.
• 다계층채권(CMO)의 현금흐름은 MPTS처럼 투자자에게 이전되므로 조기상환위험은 증권투자자(소유자)가 부담하며, 집합물의 소유권은 발행기관이 갖는다.

33 ②

차입자(1차 시장의 채무자)가 상환한 원리금은 유동화기관(발행기관)에게 이전되고, 발행기관이 별도로 발행한 MBB(채권)의 채권이자를 지급하고, 투자원금을 채권의 만기 때 투자자에게 지급한다.

34 ③

저당담보부 채권(MBB)의 채무불이행위험은 투자자가 부담하지 않고, <u>발행기관이 부담한다.</u> 저당담보부 채권(MBB)은 모기지 풀에서 발생하는 현금흐름(원리금)을 갖고, 관련된 위험도 발행기관이 부담하는 채권형 MBS이다. 즉, 조기상환위험과 채무불이행위험을 투자자에게 전가하지 않는다.

35 ⑤

자본시장 내 다른 투자수단들과 경쟁하므로, 동일위험 수준의 다른 투자수단들의 수익률이 상승하면(⑩ 국채수익률이 상승하면) 저당담보부 증권의 가격은 <u>하락한다.</u>
• 다른 조건이 일정할 때, 채권수익률(이자율·할인율)이 상승하면 채권(bond)가격은 하락한다.

- 채권수익률(이자율 · 할인율)이 하락하면 채권(bond)가격은 상승한다.

> 가중평균상환기간(duration): 투자원금 회수기간
> ≒ 채권(bond)의 만기

① (채권발행자의)채무불이행위험이 없는(= 국가기관 등이 지급보증하는) 저당담보부 증권의 가격도 채권시장 수익률의 변동에 영향을 받는다. ⇨ 채권시장의 수익률(시장금리) 변동에 따라 채권가격이 변할 수 있다.
② 고정이자를 지급하는 저당담보부증권은 채권시장 수익률이 상승하면 그 가격이 하락한다.
③ 채권시장 수익률이 상승할 때 가중평균상환기간이 긴 저당담보부 증권일수록 그 가격의 변동 정도가 크다(더 크게 하락한다). ⇨ 만기가 긴 채권일수록 가격변동위험이 크다.
④ 투자자들이 가까운 시일에 채권시장 수익률의 하락(채권가격 상승)을 예상한다면, (채권투자수요가 증가하여) 가중평균상환기간(duration)이 긴 저당담보부 증권일수록 그 가격이 더 크게 상승한다.

36 ①

주택소비금융(주택담보대출)은 주택을 구입하려는 사람이 신용이 아닌 주택을 담보로 제공(⇨ 저당금융)하고, 자금을 제공받는 형태의 금융을 의미한다.

보충 주택소비금융과 개발금융

- 주택소비금융은 서민에게 주택을 담보로 하고 자금을 융자해주는 실수요자금융이다.
- 주택개발금융은 개발업자나 공급자가 자금을 조달하는 방법으로 전통적인 건축대부 외에 프로젝트 파이낸싱 기법 등이 있다.

37 ⑤

전세제도와 선분양은 법률에 근거하는 제도가 아니며, 관행적으로 시행되고 있다. 즉, 전세제도와 주택건설업자의 선분양을 통한 자금조달은 비공식적(비제도권) 금융수단이라고 볼 수 있다.

③ 주택가격의 급격한 상승에 대처하기 위해서라면 정부는 주택소비금융의 축소와 금리인상, 대출규제의 강화의 방법으로 주택시장에 개입할 수 있다.

Point 38 프로젝트 파이낸싱(PF) ⇨ 개발금융

38 ④
PF는 위험분담을 위해 여러 이해관계자가 계약관계에 따라 참여하고 복잡하고 다양한 업무처리로 인하여 일반개발사업에 비해 사업진행이 신속하지 못하고, 사업이 지연될 가능성이 높다. 실제로 PF자금이 공급되기까지 상당한 시간이 소요되기도 한다(토지구입 및 확보에 필요한 브릿지론 대출 이후 본 PF사업 대출 등으로 단계별 대출이 이루어진다).

39 ②
프로젝트 회사가 파산 또는 청산될 경우, 채권자들은 프로젝트 회사에 대한 원리금 상환을 청구할 수 있다.

⑤ 해당 프로젝트가 부실화되면 대출기관의 채권회수에 영향을 준다. 즉, 대출기관의 손실로 이어질 수 있다. 따라서 대출기관은 프로젝트 사업의 위험에 대비하여 사전에 여러 가지의 직접 · 간접 보증을 요구한다. ⇨ 실무적으로는 제한소구금융방식이다.

40 ②
사업주(출자자)의 대차대조표(재무상태표)에 부채로 표시되지 않기 때문에 부외금융효과를 기대할 수 있다. 즉, 사업주의 부채비율에 영향을 미치지 않는다.

④ 부동산개발신탁 및 프로젝트금융에서 개발자금은 위탁자가 관리하지 않으며, 부동산신탁회사(수탁사)의 위탁계좌(에스크로우 계정)를 통해 자금관리를 한다.
⑤ 금융기관은 프로젝트금융을 제공할 때, 프로젝트 개발사업부지에 대하여 저당권을 설정할 수 없다. ⇨ 프로젝트금융은 물적 담보대출이 아니며, 1순위 대출기관이 저당권을 설정할 때 후순위 대출기관의 원금회수가 어려운 문제가 발생하는 등 이해관계가 복잡하게 얽히는 문제가 있다. 프로젝트 개발사업의 채무불이행에 대비하기 위해 금융기관이 해당 사업부지(토지)에 대한 권리를 확보하는 방법으로 담보신탁이 있다.

41 ②
금융기관이 시행사에게 프로젝트금융(PF)을 제공하고 대출원리금의 회수를 원활하게 하기 위하여 부동산개발사업의 자금지출 우선순위를 정할 때, 주로 시행사의 개발이익은 공사비보다 나중에 인출되도록 한다. 해당 문제는 PF대출이 사업주가 물적 담보나 신용을 제공하지 않기 때문에 금융기관 입장에서 위험이 큰 사업이므로 사전에 여러 가지 위험에 대비하여 직접 · 간접 보증을 요구한다(제한소구금융)는 사실을 인지하고 있는지를 묻고 있다.

42 ⑤

대출기관은 유동화전문회사(SPC)를 통해 자산유동화증권(ABS)을 발행하여 <u>추가로 자금을 조달할 수 있으므로 유동성위험을 줄일 수 있다.</u> ⇨ 대출기관(금융기관)의 유동성이 증가하는 효과가 있다.

43 ④

• 자산유동화증권(ABS)은 <u>주권(주식)이나 사채(부채증권)</u>
  등의 형태로 발행할 수 있다.
• '유동화증권'이란 유동화자산을 기초로 하여 자산유동화계획에 따라 발행되는 주권, 출자증권, 사채(社債), 수익증권, 그 밖의 증권이나 증서를 말한다(「자산유동화에 관한 법률」).

지문분석 ●

① 「자산유동화에 관한 법률」에 따른 규정이다.
② 유동화전문회사(SPC)는 명목회사로서, 주식회사 또는 유한회사로 한다.
⑤ 일반적으로 PF ABS(자산유동화증권)는 만기 3년이고, PF ABCP(자산담보부 기업어음)는 만기 3~6개월이다.

44 ③

틀린 것은 ⓛⓒ이다.
ⓛ 자산유동화증권(ABS)은 자산유동화계획대로 그 발행회차마다 금융위원회에 <u>등록해야 한다.</u> ⇨ PF ABS(자산유동화증권)는 「자산유동화에 관한 법률」에 의해 유동화전문회사(SPC)를 설립하여 금융위원회에 발행회차마다 등록하여야 하는 등 그 절차가 까다로운 편이다.
ⓒ 유동화전문회사(SPC)는 본점 외의 영업소를 <u>설치할 수 없으며, 직원을 고용할 수 없다.</u>

Point 39 부동산투자회사(법)

45 ④

지문분석 ●

① 자기관리 부동산투자회사의 설립자본금은 <u>5억원 이상</u>으로 한다.
② 영업인가를 받은 날부터 6개월이 지난 자기관리 부동산투자회사의 자본금은 <u>70억원 이상</u>이 되어야 한다.
③ 위탁관리 부동산투자회사 및 기업구조조정 부동산투자회사의 설립자본금은 <u>3억원 이상</u>으로 한다.
⑤ 부동산투자회사는 부동산 등 자산의 운용에 관하여 회계처리를 할 때에는 <u>금융위원회</u>가 정하는 회계처리기준에 따라야 한다.

보충

부동산투자회사의 발기설립 및 운용
- 국토교통부장관의 인가 및 인가취소, 등록허용

구분	자기관리 부동산투자회사	위탁관리 · 기업구조조정 부동산투자회사
설립 자본금	5억원 이상	3억원 이상
최저 자본금	70억원 이상	50억원 이상

46 ①

부동산투자회사는 현물출자에 의한 <u>설립을 할 수 없다.</u> 현물출자는 영업인가나 등록을 하고 최저자본금 이상을 갖춘 이후에 가능하다.

47 ⑤

부동산투자회사의 상근 임원은 다른 회사의 상근 임직원이 되거나 다른 사업을 하여서는 <u>아니 된다.</u> ⇨ 겸업 제한

48 ④

• 자기관리 부동산투자회사는 자산운용 전문인력을 포함한 임직원을 상근으로 두고 <u>자산의 투자 · 운용을 직접 수행</u>하는 회사이다.
• 위탁관리 및 기업구조조정 부동산투자회사(이하 '명목회사')는 자산의 투자 · 운용을 자산관리회사에게 위탁한다.

> 「**부동산투자회사법**」 제2조 【정의】 이 법에서 사용하는 용어의 뜻은 다음과 같다.
> 1. "부동산투자회사"란 자산을 부동산에 투자하여 운용하는 것을 주된 목적으로 제3조부터 제8조까지, 제11조의2, 제45조 및 제49조의2 제1항에 적합하게 설립된 회사로서 다음 각 목의 회사를 말한다.
>   가. 자기관리 부동산투자회사: 자산운용 전문인력을 포함한 임직원을 상근으로 두고 자산의 투자 · 운용을 직접 수행하는 회사
>   나. 위탁관리 부동산투자회사: 자산의 투자 · 운용을 자산관리회사에 위탁하는 회사
>   다. 기업구조조정 부동산투자회사: 제49조의2 제1항 각 호의 부동산을 투자 대상으로 하며 자산의 투자 · 운용을 자산관리회사에 위탁하는 회사

49 ③

옳은 것은 ㉠㉢㉤이다.

㉡ 위탁관리 부동산투자회사는 명목회사로서, <u>자산의 투자 · 운용을 자산관리회사에게 위탁</u>한다.

㉣ 위탁관리 부동산투자회사는 명목회사로서, <u>임직원이 따라야 할 절차와 기준(내부통제기준)이나 준법감시인제도를 적용하지 않는다.</u>

보충 내부통제기준

「부동산투자회사법」 제47조에 따른 내부통제기준은 법령을 준수하고 자산운용을 건전하게 하며 주주를 보호하기 위하여 임직원이 따라야 할 기본적인 절차와 기준을 말하며, 자기관리 부동산투자회사와 자산관리회사는 이를 제정하여 시행하여야 한다.

---

50 ①

지문분석 ●

② 위탁관리 부동산투자회사와 기업구조조정 부동산투자회사는 <u>실체가 없는 명목회사(paper company)형</u>이다.

③ <u>부동산투자회사의 업무</u>이다. 부동산투자자문회사는 부동산투자회사로부터 위탁을 받아 투자 · 운용에 관한 자문 및 평가업무를 수행하는 기관이다.

④ 주식에 투자하면 확정수익이 <u>보장되지 않아</u> 원금손실이 발생할 수 있다.

⑤ 부동산투자자 중 유동성을 선호하는 사람은 부동산에 직접 투자하는 것보다 <u>증권거래소에 상장되어 있는 부동산투자회사의 주식을 선호</u>한다.

---

51 ①

위탁관리 부동산투자회사 및 기업구조조정 부동산투자회사는 이익을 초과하여 배당할 수 <u>있다</u>(「부동산투자회사법」 제28조).

Point 40 지분금융 · 부채금융 · 메자닌금융

52 ②

지문분석 ●

① 공인회계사는 자기관리 부동산투자회사의 자산운용 전문인력이 될 수 <u>없다.</u>

부동산투자회사법 제22조【자기관리 부동산투자회사의 자산운용 전문인력】

1. 감정평가사 또는 공인중개사로서 해당 분야에 5년 이상 종사한 사람
2. 부동산 관련 분야의 석사학위 이상의 소지자로서 부동산의 투자 · 운용과 관련된 업무에 3년 이상 종사한 사람 등

---

③ 기업의 구조조정을 촉진하기 위하여 기업구조조정 부동산투자회사에 대하여는 공모의무비율, 주식소유한도, 자산의 구성, 처분제한이 적용되지 않는다. 단, 설립자본금(3억원 이상), <u>최저자본금(50억원 이상)의 조항은 적용받는다.</u>

④ 부동산개발 PF ABCP(자산담보부 기업어음)는 <u>공모 또는 사모로 발행할 수 있다.</u>

⑤ 조인트-벤처(joint-venture)는 주식회사(명목회사형)이므로, 부채금융기법이 아니라 <u>지분금융기법에 해당</u>한다. 지분금융은 조달한 자금이 자기자본화되어 상환의무가 없는 경우를 말한다.

---

53 ①

지분금융기법은 ㉣㉤이고, 부채금융기법은 ㉠㉡㉥㉦이다.

• 지분금융기법: 주식 등 지분권을 발행하여 조달한 자금이 자기자본화되는 것을 말한다(상환의무가 없다).

• 부채금융기법(부채증권 발행 또는 차입으로 자금조달 ⇨ 원금과 이자에 대한 상환의무)

• 메자닌금융: 지분금융과 부채금융이 혼합된 중간적 성격

㉠ 저당대출담보부 채권(MBB) ⇨ 채권 ⇨ 부채금융

㉡ 신탁증서금융(담보신탁): 수익증권을 기초로(질권 설정) 금융기관으로부터 차입하는 것을 말한다. 원금과 이자에 대한 상환의무 ⇨ 부채금융

㉢ 신주인수권부사채(BW): 미래의 일정시점에서 새로운 주식(신주)을 배정받을(인수할) 권리가 있는 채권 ⇨ 메자닌금융

㉣ 부동산 신디케이트(syndicate): 소구좌 지분형 투자조합 ⇨ 지분금융

㉤ 주식공모(public offering)에 의한 증자: 주식 공개모집에 의한 증자(자본금 증액) ⇨ 지분금융

㉥ 주택저당대출: 담보대출이므로 원금과 이자에 대한 상환의무가 있다. ⇨ 부채금융

㉦ CMBS(Commercial Mortgage Backed Securities): 상업용 모기지를 기초로 발행하는 자산유동화증권(부채증권) ⇨ 부채금융

㉧ 전환사채(CB): 미래의 일정한 시점에서 일정한 가격으로 주식으로 전환할 수 있는 채권 ⇨ 메자닌금융

54 ③

메자닌금융에 해당하는 것은 ⓒⓐⓞ 3개이다.
메자닌금융은 조달한 자금의 성격이 지분(주식)과 부채·차입(채권)의 '중간적 성격을 갖고 있으며, 개발업자나 건설회사가 전환사채(CB), 신주인수권부 사채(BW), 교환사채(EB), 상환우선주, 상환전환우선주 등을 발행하여 자금을 조달하는 형태를 말한다. 금융기관이 후순위채권(대출)을 발행하는 것도 메자닌금융기법이다.

㉠ 「자본시장과 금융투자업에 관한 법률」에 의한 부동산펀드 ⇨ 주식형 수익증권 발행 ⇨ 지분금융
㉡ 자산유동화증권(ABS) ⇨ 기초자산에 따라 주식으로 발행하면 지분금융이며, 채권(bond) 형태로 발행하면 부채금융이 된다.
㉣ 보통주 ⇨ 주식 ⇨ 지분금융
㉢ 주택상환사채 ⇨ 부채증권 ⇨ 부채금융
㉤ 자산담보부 기업어음(ABCP) ⇨ 부채증권 ⇨ 부채금융

제7편 부동산개발 및 관리론

p.249~275

01	③	02	④	03	②	04	①	05	②
06	②	07	③	08	④	09	④	10	⑤
11	④	12	⑤	13	③	14	⑤	15	⑤
16	①	17	③	18	③	19	②	20	①
21	②	22	④	23	②	24	④	25	③
26	②	27	④	28	②	29	③	30	②
31	②	32	②	33	①	34	③	35	②
36	⑤	37	⑤	38	②	39	⑤	40	⑤
41	④	42	③	43	③	44	⑤	45	⑤
46	③	47	②	48	②	49	⑤	50	②
51	①	52	④	53	①	54	②		

Point 41 부동산개발 개념 및 민자유치 개발방식

01 ③

부동산개발업의 관리 및 육성에 관한 법령상 부동산개발이란 토지를 건설공사의 수행, 형질변경의 방법으로 조성하는 행위나 건축물을 건축·대수선·리모델링 또는 용도변경하거나 공작물을 설치하는 행위를 말한다. 다만, <u>시공을 담당하는 행위는 제외한다.</u>

02 ④

BTO방식(예 도로, 항만, 지하철 등)에서는 민간사업자가 시민들에게 <u>시설이용료를 직접 징수</u>하게 된다.

 보충 BTL방식

- BTL방식은 초등학교 교사 신축사업, 도서관 박물관 등 민간의 투자비 회수가 어려운 시설에 활용된다. ⇨ 민간 사업주체가 정부 등 공적 주체에게 임대하는 방식이다.
- BTL방식(예 학교, 기숙사, 도서관 등)에서는 시민들에게 시설이용료를 직접 징수하지 않고, 민간사업자가 정부나 지방자치단체에게 시설을 임대(Lease)하고 국채보다 높은 수준의 임대수익을 지급받기로 사전에 약정한다. ⇨ BTL방식은 사업시행자가 최종수요자에게 사용료를 직접 부과하기 어려운 경우 적합한 방식이다.

03 ②

- 민간사업자가 시설을 준공(Build)한 후, 소유권을 정부 또는 지방자치단체에 귀속(Transfer)시키고, 그 대가로 받은 시설의 관리운영권을 가지고 해당 시설을 직접 운영(Operate)하여 수익을 획득하는 방식이다.
- BTO방식은 도로, 항만, 지하철 등 최종수요자에게 사용료를 부과하여 민간의 투자비 회수가 가능한 시설에 활용된다.

04 ①

㉠ BTL방식: 사회기반시설의 <u>준공(Build)</u>과 동시에 해당 시설의 소유권이 국가 또는 지방자치단체에 <u>귀속(Transfer)</u>되며, 사업시행자에게 일정기간의 시설관리운영권을 인정하되, 그 시설을 국가 또는 지방자치단체 등이 협약에서 정한 기간 동안 <u>임차</u>하여 사용·수익하는 방식
㉡ BOO방식: 민간사업자가 기반시설을 <u>준공</u> 후, <u>소유권을 가지고(소유권을 획득하여)</u> 그 시설을 계속해서 <u>운영</u>하는 방식
㉢ BOT방식: 사회기반시설의 <u>준공</u> 후 일정기간 동안 사업시행자에게 해당 시설의 <u>소유권이 인정</u>되며 그 기간이 만료되면 <u>시설소유권이 국가 또는 지방자치단체에 귀속</u>되는 방식
㉣ BTO방식: 민간사업자가 시설을 <u>준공(Build)</u>한 후, 소유권을 정부 또는 지방자치단체에 <u>귀속(Transfer)</u>시키고, 그 대가로 받은 시설의 관리운영권을 가지고 해당 시설을 직접 <u>운영(Operate)</u>하여 수익을 획득하는 방식

Point 42 부동산개발의 과정(절차)

05 ②
- 사전에 부지를 확보하였다면 예비적 타당성분석과 부지 구입 및 확보단계는 생략할 수 있다.
- 워포드에 따른 개발사업의 과정(진행단계)으로, '구상·계획 수립(아이디어) ⇨ 예비적 타당성분석 ⇨ 부지 구입 및 확보 ⇨ 타당성분석 ⇨ 금융 ⇨ 건설 ⇨ 마케팅' 순으로 이루어진다.

06 ②
개발의 단계 중 예비적 타당성분석이란 개발사업이 완성되었을 때 예상되는 수입과 비용이 얼마나 될 것인가를 개략적으로 계산하여 수익성을 검토해 보는 것을 말한다. 개발의 단계 중 타당성분석이란 개발사업의 물리적·경제적·법적 타당성분석을 구체적으로 수행하는 과정이다.

Point 43 부동산개발의 위험(개발업자의 위험)

07 ③
일반적으로 선분양은 후분양에 비해 개발업자의 시장위험을 감소시킨다. ⇨ 개발사업의 시장위험을 줄이기 위해서는 사전에 매수자를 확보하는 등의 마케팅전략이 필요하다.

08 ④
개발사업부지에 군사보호시설구역이 일부 포함되어 사업이 지연되었다면 법적(행정적) 위험분석을 소홀히 한 결과이다.

09 ④
행정인허가 불확실성: 법률적(행정적) 위험

지문분석●
① 이자율 상승, ② 임대료 하락, ③ 공실률 증가 ⇨ 시장위험
⑤ 공사자재 가격 급등 ⇨ 비용위험으로 구분하기도 하고, 학자들의 견해에 따라 비용위험을 시장위험에 포함하기도 한다.

10 ⑤
부실공사 하자에 따른 책임위험은 사업주체가 감당하여야 하는 것이고, 사업주체의 내부결정사항이므로 스스로 관리할 수 있는 위험에 해당된다. 즉, 통제 가능한 위험이다.

11 ④
사업성에 긍정적 영향을 주는 것은 ⓛⒸⓔ◈이고, 사업성에 부정적 영향을 주는 것은 ⑀⑩Ⓗⓞ이다.

ⓛ 공사기간의 연장 ⇨ 비용(증가)위험의 상승
Ⓒ 대출이자율의 하락 ⇨ 비용 감소, 수익성 개선
Ⓒ 초기 분양률의 호조 ⇨ 시장위험 감소, 수익성 개선
ⓔ 인·허가시 용적률의 증가 ⇨ 규제 완화, 수익성 개선
⑩ 매수예정 사업부지 가격의 상승 ⇨ 비용 증가, 수익성 악화
Ⓗ 분양가격의 하락 ⇨ 수익성 악화
◈ 건축자재 등 공사비의 하락 ⇨ 비용 감소, 수익성 개선
ⓞ 공공용지 등 기부채납의 증가 ⇨ 비용(증가)위험의 상승

Point 44 부동산개발의 경제적 타당성분석

12 ⑤
모두(5개) 옳은 설명이다.
ⓛⒸⒸ 부동산개발의 타당성분석은 물리적(기술적)·법률적·경제적 타당성분석을 모두 수행한다.
ⓔ⑩ 부동산개발의 경제적 타당성분석은 부동산시장분석이 후에 경제성분석을 수행한다.

13 ③
- 시장성분석의 방법 중 흡수율분석은 시장에 공급된 부동산이 시장에서 일정기간 동안 소비되는 비율을 조사하여 해당 부동산시장의 추세를 파악하는 것이다.
- 민감도(감응도)분석은 투자분석에 활용된다.

 민감도분석

- 민감도분석은 위험요소의 변동이 투자수익에 어떠한 영향을 미치는지를 파악하여 투자위험을 통제하고 관리하는 기법이다.
- 민감도분석(감응도분석)은 재무적 타당성분석 또는투자분석 단계에서 사용했던 주요 변수들의 투입 값을 낙관적, 비관적 상황으로 적용하여 수익성을 예측하는 것을 말한다.

보충 경제적 타당성분석의 절차

지역경제분석 ⇨ 시장분석 ⇨ 시장성분석 ⇨ (재무적) 타당성분석 ⇨ 투자분석

14 ⑤
흡수율분석의 궁극적인 목적은 대상 개발사업의 미래의 흡수율을 구체적·미시적으로 정확하게 파악하는 데 있다.

15 ⑤

타당성분석에 활용된 투입요소(위험요소)의 변화가 그 결과치(수익성)에 어떠한 영향을 주는가를 분석하는 기법은 민감도분석으로, 부동산개발의 경제적 타당성분석 중 재무적 타당성분석이나 투자분석에 활용된다.

지문분석 ●

① 시장성분석
② 흡수율분석
③ 개발권양도제
④ 예비적 타당성 분석

16 ①

부동산개발사업 진행시 행정의 변화에 따른 사업의 인·허가 지연위험은 사업시행자가 스스로 관리할 수 없는(통제하기 어려운) 위험이다.

Point 45 입지계수(LQ)

17 ③

- 입지계수(LQ) = $\dfrac{\text{지역의 X산업 고용비율}}{\text{전국의 X산업 고용비율}}$

$= \dfrac{\dfrac{\text{지역의 X산업 고용비율}}{\text{지역의 총고용인구}}}{\dfrac{\text{전국의 X산업 고용비율}}{\text{전국의 총고용인구}}}$

- 입지계수(LQ) > 1 ⇨ 기반산업
- 입지계수(LQ) < 1 ⇨ 비기반산업

철강산업의 경우, 각 도시의 입지계수는 다음과 같다.

- A도시의 입지계수 = $\dfrac{300}{700} \div \dfrac{1,000}{2,000} \fallingdotseq 0.86$

- B도시의 입지계수 = $\dfrac{500}{600} \div \dfrac{1,000}{2,000} \fallingdotseq 1.67$

- C도시의 입지계수 = $\dfrac{200}{700} \div \dfrac{1,000}{2,000} \fallingdotseq 0.57$

따라서 입지계수가 높은 순으로 나열하면 B > A > C이다.

18 ③

㉠ A지역의 Y산업 입지계수 = $\dfrac{\dfrac{100}{200}}{\dfrac{160}{400}} = \underline{1.25}$

㉡ B지역의 X산업 입지계수 = $\dfrac{\dfrac{140}{200}}{\dfrac{240}{400}} \fallingdotseq \underline{1.17}$

19 ②

X지역에서 입지계수가 1보다 큰 기반산업은 C와 D산업이다.

- 입지계수(LQ) > 1 ⇨ 기반산업
- 입지계수(LQ) < 1 ⇨ 비기반산업

- A산업 약 0.746 = $\dfrac{\dfrac{70}{500} = 0.14}{\dfrac{150}{800} = 0.1875}$

- B산업 약 0.875 = $\dfrac{\dfrac{60}{500} = 0.12}{\dfrac{110}{800} \fallingdotseq 0.1375}$

- C산업 1.2 = $\dfrac{\dfrac{90}{500} = 0.18}{\dfrac{120}{800} = 0.15}$

- D산업 1.44 = $\dfrac{\dfrac{180}{500} = 0.36}{\dfrac{200}{800} = 0.25}$

- E산업 약 0.727 = $\dfrac{\dfrac{100}{500} = 0.2}{\dfrac{220}{800} = 0.275}$

Point 46 민간의 개발방식 유형

20 ①

사업수탁방식의 경우 개발사업이 토지소유자의 명의로 행해지며, 사업수탁에 대한 수수료문제가 발생한다. 사업수탁방식은 사업성과가 토지소유자에게 귀속되므로 개발지분을 토지소유자와 개발업자가 공유하지 않는다.

21 ①

대물(등가)교환방식에 대한 설명이다. 토지소유자는 토지를 제공하고, 개발업자는 건축비를 부담하여 개발사업을 공동으로 시행한다. 투자(출자)비율에 따라 개발사업 완료 후 각각 토지·건물을 공유하는(나누는) 방식으로, 수수료문제가 발생하지 않는다(≒ 토지소유자가 건설업자에게 건축공사를 발주한 후 공사비를 건물의 일부로 변제하는 방식이다).

22 ④

등가교환방식에서는 토지소유자와 부동산신탁사간에 수수료 문제가 발생하지 않는다. 개발지분을 출자(투자)비율에 따라 공유하는 방식이다.

지문분석 ●

② 토지신탁(개발)방식: 토지소유자로부터 형식적인 토지소유권을 이전받은 신탁회사가 사업주체가 되어 개발 · 공급하는 방식

23 ①

개발업자가 토지소유자로부터 개발사업의 전반을 위탁받아 개발사업을 대행하는 방식은 사업수탁(위탁)방식이다.

Point 47 기타 부동산개발방식(신개발과 재개발)의 유형

24 ④

부동산개발의 유형을 신개발과 재개발로 구분할 때 환지사업방식은 신개발방식이며, 도시 및 주거환경정비법령상 재건축사업은 재개발방식에 속한다.

지문분석 ●

③ 환지개발방식은 주로 미개발토지에 대한 개발사업 이후 사업에 소요된 비용과 공공용지를 제외한(감보율을 적용하여) 개발토지를 원 토지소유자에게 재분배하는 방식이다. 신개발은 개발되지 않은 농지나 산지 등을 건축이 가능한 토지로 전환하여 개발하는 것을 말하며, 환지방식은 신개발방식의 한 유형이다.
- 재개발방식은 시행방법에 따라 철거재개발, 개량재개발, 수복재개발, 보전재개발 방식으로 구분된다.

25 ③

옳은 것은 ㉡㉢㉺이다.
㉠ 수용방식은 환지방식에 비해 사업비의 부담이 큰 편이다.
㉣ 환지방식은 수용방식에 비해 종전 토지소유자의 재정착이 쉬운 편이다. ⇨ 수용방식은 택지 개발 후 토지를 제3자에게 분양하므로 원 토지소유자의 재정착이 쉽지 않다.
㉤ 환지방식은 감보율을 적용하여 토지소유자에게 재분배하므로, 수용방식에 비해 종전 토지소유자에게 개발이익이 일부가 귀속될 가능성이 큰 편이다. ⇨ 수용방식은 원 토지소유자의 소유권 침해가 더 큰 편이다.

26 ①

㉠ 주거환경개선사업: 도시저소득 주민이 집단거주하는 지역으로서 정비기반시설이 극히 열악하고 노후 · 불량건축물이 과도하게 밀집한 지역의 주거환경을 개선하거나

단독주택 및 다세대주택이 밀집한 지역에서 정비기반시설과 공동이용시설 확충을 통하여 주거환경을 보전 · 정비 · 개량하기 위한 사업
㉡ 재개발사업: 정비기반시설이 열악하고 노후 · 불량건축물이 밀집한 지역에서 주거환경을 개선하거나 상업지역 · 공업지역 등에서 도시기능의 회복 및 상권활성화 등을 위하여 도시환경을 개선하기 위한 사업

27 ④

보전재개발은 노후 · 불량화가 야기될 우려가 있을 때 이것의 진행을 사전에 방지하거나 예방하기 위하여 채택하는 가장 소극적인 도시재개발 유형이다. 이와는 달리 수복재개발은 본래의 기능을 회복하기 위하여 현재의 대부분 시설을 유지하면서 노후 · 불량화의 요인을 제거시키는 형태이다.

Point 48 부동산관리

28 ④

복합개념의 관리로 구분할 때, 토지의 경계를 확인하기 위한 경계측량을 실시하는 것은 기술적 측면의 관리에 속한다.

지문분석 ●

① 기술적(물리적) 관리는 대상부동산의 물리적 · 기능적 하자의 유무를 판단하여 필요한 조치를 취하는 것이다.

29 ③

임차인에게 신뢰감을 줄 수 있고, 불필요한 비용을 절감하는 측면에서 예방적 유지활동이 가장 중요하다.

지문분석 ●

① 건물이 고층화 · 대형화됨에 따라 기관투자자나 외국인투자가의 상업용 · 업무용 부동산투자가 늘어날수록 외부의 전문가 집단에게 부동산관리를 위탁하는 비중이 늘어나고 있다. ⇨ 부동산관리의 필요성은 현대적인 위탁관리의 필요성을 말한다.
④ 자산관리는 부동산의 자산 및 부채를 종합적으로 관리하는 적극적 관리를 말한다.

30 ⑤

혼합관리는 필요한 부분만 일부 위탁하는 방식으로, 관리자들 간의 협조체계가 긴밀하게 이루어지지 못하는 단점이 있다. ⇨ 잘못 운영되면 자가관리와 위탁관리의 단점만 노출될 가능성이 있다. 관리의 책임소재가 불분명해지는 단점이 있다.

지문분석 ●

① 자치(자가)관리는 관리의 전문성이 결여되어 불필요한 관리비용이 많이 발생할 수 있다.

② 위탁관리는 관리의 전문성과 효율성을 제고할 수 있어서 불필요한 관리비용을 절감할 수 있다. 반면에 소유주 입장에서 기밀유지 및 보안관리는 자가관리방식보다 취약점이 있다.

31 ①

㉠㉢ 자가(자치 · 직접)관리방식에 해당하는 설명이다.
㉡㉣㉤㉥ 위탁(외주 · 간접)관리방식에 해당하는 설명이다.

 보충 자기(자치 · 직접)관리의 주요 특징

- 소유자의 의사능력 및 지휘통제력이 발휘된다.
- 업무의 기밀유지 및 보안관리에 유리하다.
- 업무행위의 안일화(타성화)를 초래하기 쉽다.
- 전문성이 낮은 경향이 있다.

32 ②

시설관리는 시설사용자나 사용과 관련된 타 부문의 요구에 단순히 부응하는 소극적이고 기술적인 측면을 중시하는 관리를 말한다. 한편 재산관리는 건물 및 임대차관리 또는 부동산관리를 의미한다.

보충 관리영역에 따른 부동산관리의 분류

구분		관리내용
자산관리	자산관리	매입 · 매각관리, 투자리스크관리, 재투자결정, 포트폴리오관리, 리모델링 투자의사결정 등 수익극대화를 위한 가장 적극적인 관리
	부동산관리 = 재산관리 = 건물 및 임대차관리	수입목표 수립, 임차인 모집 및 유지관리, 임대료 수납관리, 지출계획 수립, 비용통제, 자재구매 및 임금 지급 등
	시설관리	설비의 운전 · 보수, 에너지관리, 위생관리, 방범 · 방재 등의 보안관리 등으로 가장 소극적인 관리

33 ①

예방적 유지활동은 시설 등이 본래의 기능을 발휘하는 데 장애가 없도록 유지계획에 따라 시설을 교환하고 수리하는 사전적 유지활동을 의미한다. 한편 정기적 유지활동은 일상적으로 수행하는 청소, 위생관리, 방범 · 방재관리 등의 유지활동을 의미한다.

34 ③

관리신탁에 의하는 경우 법률상 부동산 소유권을 신탁회사에게 이전하고, 신탁회사가 부동산의 관리업무 일체를 수행하게 된다.

35 ②

비율임대차에 의한 총 임대료
= 기본임대료 + (예상매출액 − 손익분기점 매출액) × 임대료율(%)

- 3,500만원 = 3,000만원(= m^2당 6만원 × 500m^2) + (m^2당 20만원 × 1,000m^2 − 손익분기점 매출액 x원) × 0.1]
- 3,500만원 = 기본임대료 5,000만원 + 추가임대료[=(1억원 − 손익분기점 매출액 x원) × 0.1]
- 해당 수식에서 추가임대료가 500만원이 되어야 총 임대료가 3,500만원이다. ⇨ 즉, 추가임대료는 (1억원 − 손익분기점 매출액 x원) × 0.1 = 500만원이다.
- 추가임대료를 구하는 과정에서 1억원 − 손익분기점 매출액 x원 = 5,000만원이 되어야 하므로, 손익분기점 매출액(x)은 5,000만원이 된다[⇨ (예상매출액 1억원 − 손익분기점 매출액 5,000만원) × 0.1 = 추가임대료 500만원].
∴ 비율임대차에 의한 총 임대료 3,500만원
= 기본임대료 3,000만원 + 추가임대료 500만원[= (예상매출액 1억원 − 손익분기점 매출액 5,000만원) × 0.1]

36 ①

비율임대차에 의한 총 임대료
= 기본임대료 + (예상매출액 − 손익분기점 매출액) × 임대료율(%)

- 5,500만원 = 5만원 × 1,000m^2 + (30만원 × 1,000m^2 − 20만원 × 1,000m^2) × x%
- 5,500만원 = 기본임대료 5,000만원 + (3억원 − 2억원) × x%
- 해당 수식에서 추가임대료[(3억원 − 2억원) × x%]는 500만원이다.
∴ 추가임대료는 1억원 × x% = 500만원이 되므로, 추가임대료율(%)은 500만원 ÷ 1억원 = 5%(0.05)이다.

37 ⑤

1. 연 기본임대료를 구하는 과정은 동일하다.
   연 기본임대료 1억 2,000만원 = 매월 5만원 × 12월 × 임대단위면적 200m^2
2. 문제에서 월 단위 예상매출액과 손익분기점 매출액을 제시하였으므로, 월 단위 차액을 계산한다.

- 1~7월 예상매출액 월 8만원 × 임대단위면적 200㎡ = 1,600만원 ⇨ 1~7월의 예상매출액 1,600만원은 손익분기점 매출액 2,000만원을 초과하지 못하므로, 해당 기간의 추가임대료는 없다.
- 8~12월 예상매출액 월 20만원 × 임대단위면적 200㎡ = 4,000만원 ⇨ 8~12월 예상매출액 4,000만원은 손익분기점 매출액 2,000만원보다 2,000만원을 초과하므로, 초과분 2,000만원의 10%인 200만원이 매월 추가임대료이다. 따라서, 8~12월 5개월 동안의 초과분에 해당하는 매월 추가임대료 200만원 × 5개월 = 1,000만원
  ⇨ [초과매출액 2,000만원 × 0.1(10%) × 5개월 = 추가임대료 1,000만원]
3. 연 기본임대료 1억 2,000만원 + 8~12월 동안의 추가임대료 1,000만원 = 연간 총임대료 1억 3,000만원

38 ②
- 건물과 부지의 부적응은 건물의 기능적 내용연수에 영향을 미치는 요인이다.
- 인근지역의 변화, 인근환경과 건물의 부적합은 경제적 내용연수에 영향을 미치는 요인이다.

 물리적 내용연수

건물 이용으로 인한 마멸 및 파손, 시간의 경과 등으로 생기는 노후화 때문에 사용이 불가능하게 될 때까지의 버팀연수는 물리적 내용연수이다.

39 ⑤
자기관리형 주택임대관리업을 등록한 경우에는 위탁관리형 주택임대관리업도 등록한 것으로 본다.

주택임대관리업자의 업무 범위

「민간임대주택에 관한 특별법」제11조【주택임대관리업자의 업무 범위】① 주택임대관리업자는 임대를 목적으로 하는 주택에 대하여 다음 각 호의 업무를 수행한다.
1. 임대차계약의 체결·해제·해지·갱신 및 갱신거절 등
2. 임대료의 부과·징수 등
3. 임차인의 입주 및 명도·퇴거 등(「공인중개사법」제2조 제3호에 따른 중개업은 제외한다)

② 주택임대관리업자는 임대를 목적으로 하는 주택에 대하여 부수적으로 다음 각 호의 업무를 수행할 수 있다.
1. 시설물 유지·보수·개량 및 그 밖의 주택관리업무
2. 그 밖에 임차인의 주거 편익을 위하여 필요하다고 대통령령으로 정하는 업무

Point 49 **부동산마케팅 및 광고**

40 ②
옳은 것은 ㉠㉤이다.
㉡ (시장)세분화전략은 고객행동변수와 고객특성변수에 따라 시장을 세분화하고, 상품의 판매지향점을 찾는 전략이다.
㉢ 목표(표적)시장선정전략은 자신의 경쟁우위와 경쟁상황을 고려할 때 가장 좋은 기회를 제공해 줄 수 있는 특화된 시장을 찾는 것이다.
㉣ 차별화(포지셔닝)전략은 동일 시장 내의 다양한 공급경쟁자들 사이에서 경쟁력을 확보할 수 있도록 자신의 상품을 어디에 위치시킬 것인가 하는 전략이다.

41 ④
고객점유마케팅전략은 AIDA전략을 바탕으로 소비자와의 심리적 접점을 마련하여 마케팅효과를 극대화하는 전략이다. 이와는 달리 공급자와 소비자의 장기적이고 지속적인 상호작용을 중시하는 것은 관계마케팅전략이다.

42 ③
세분시장은 개념적으로 구분될 수 있으며, 구분하는 기준인 연령, 성별, 소득, 지역시장 등에 따라 마케팅믹스 요소에 대해 다르게 반응한다.

43 ③
시장세분화전략이란 마케팅활동을 수행할 만한 가치가 있는 명확하고 유의미한 구매자집단으로 시장을 분할하는 활동을 말한다. 즉, 고객행동변수 및 고객특성변수에 따라 시장을 나누어서 몇 개의 세분시장으로 구분하는 전략이다. 이와는 달리 표적시장전략(targeting)은 세분화된 시장 중 가장 좋은 시장기회를 제공해 줄 수 있는 특화된 시장을 찾는 것을 말한다.

부동산마케팅의 미시적 · 거시적 환경

- 부동산마케팅의 미시적 환경(= 경제주체)에는 공중, 정부, 경쟁업자, 유통경로 구성원 등이 있다.
- 거시적 환경은 자연적 환경과 인문적 환경으로 구분할 수 있다.

44 ⑤

① 포지셔닝전략(Positioning)은 목표시장에서 고객의 욕구를 파악하여 경쟁제품과 차별성을 가지도록 제품개념을 정하고 소비자의 지각 속에 적절히 위치시키는 전략이다.
② 표적시장전략(Target market)은 세분화된 시장 중 가장 좋은 시장기회를 제공해 줄 수 있는 특화된 시장이다.
③ 4P에 의한 마케팅믹스전략의 구성요소로는 제품(Product), 유통경로(Place), 판매촉진(Promotion), 가격(Price)이다.
④ STP전략은 시장세분화(Segmentation), 표적화(Targeting), 차별화(Positioning)를 표상하는 약자이다.

45 ⑤

- AIDA원리는 주의(attention), 관심(interest), 욕망(desire), 행동(action)의 단계를 통해 소비자의 욕구를 파악하여 마케팅 효과를 극대화하는 고객점유마케팅전략에 해당한다.
- 시장점유마케팅전략은 공급자 중심의 STP전략과 4P MIX가 있다.

46 ③

마케팅믹스의 가격관리에서 시가(市價)정책은 시장가격(경쟁사)을 추종하는, 시장가격과 동일한 가격으로 판매하는 정책이다. 반면에 위치, 방위, 층, 지역 등에 따라 다른 가격으로 판매하는 정책을 신축가격전략이라 한다.

47 ②

부동산마케팅의 STP전략 중 시장세분화(market segmen-tation)란 일정한 기준(예 연령, 소득, 성별 등 고객행동변수 및 고객특성변수 등)에 의해 주택수요자(소비자 · 구매자 · 고객)를 보다 동질적인 소집단으로 구분(분할)하는 것을 말한다.

① 분양성공을 위해 아파트 브랜드를 고급스러운 이미지로 고객의 인식에 각인시키도록 하는 노력은 STP전략 중 차별화 · 포지셔닝(Positioning) 전략에 해당한다. ⇨ 선정된 표적시장에 대하여 자사의 제품이 경쟁사에 비해 독점

적 지위를 지니도록 이미지를 구축하고, 자사의 상품을 특화(예 어디에 위치시킬 것인가)시키는 전략을 말한다.
③ 아파트의 차별화를 위해 커뮤니티 시설에 헬스장, 골프연습장을 설치하는 방안(기존 아파트와 차별화된 제품 제공)은 4P Mix전략 중 제품(Product)전략에 해당한다.
⑤ 바이럴 마케팅(viral marketing)은 네티즌들이 이메일이나 다른 전파 가능한 매체를 통해 기업이나 기업의 제품을 홍보할 수 있도록 제작하여 널리 퍼지는 마케팅기법으로, 컴퓨터 바이러스처럼 확산된다는 개념이다. 인터넷광고기법으로, 기업이 직접 홍보를 하지 않고, 소비자의 이메일 등을 통해 입에서 입으로 전해지는 광고라는 점에서 기존의 광고와 다르며 정보수용자를 중심으로 퍼져나가는 경향이 있다.

48 ④

마케팅믹스(Marketing Mix)전략은 Product(제품), Place(유통경로), Price(가격), Promotion(판매촉진)의 혼합을 말한다.

① 시장점유마케팅전략은 공급자 측면의 접근으로 목표시장을 선점하거나 점유율을 높이는 것을 말한다.
② 시장세분화전략이란 수요자 집단을 인구 · 경제적 특성에 따라 세분하고, 세분된 시장에서 상품의 판매지향점을 분명히 하는 것을 말한다.
③ 적응가격전략이란 동일하거나 유사한 제품으로 다양한 수요자들의 구매를 유입하고, 구매량을 늘리도록 유도하기 위하여 가격을 다르게 하여 판매하는 것을 말한다.
⑤ 고객점유마케팅전략은 소비자의 구매의사결정 과정의 각 단계에서 소비자와의 심리적인 접점을 마련하고 전달하려는 정보의 취지와 강약을 조절하는 것을 말한다.

49 ⑤

시장점유마케팅전략에서 4P MIX전략은 유통경로(place), 제품(product), 가격(price), 판매촉진(promotion)으로 구성된다.

① 시장점유마케팅전략이란 공급자 중심의 마케팅전략으로 표적시장을 선정하거나 틈새시장을 점유하는 전략을 말한다.

50 ②

부동산마케팅의 가격전략 중 빠른 자금회수를 원하고 지역 구매자의 구매력이 낮은 경우, 저가(低價)전략이 유리하다.

51 ①
㉠ 보안장비의 디지털화 및 친환경아파트 위주의 공급은 제품전략(Product)으로, 제품의 차별화를 말한다.
㉡ 제품의 광고 및 홍보활동은 고객을 유인하기 위한 것이므로 촉진전략(Promotion)이다.
㉢ 분양대행사나 중개업소 등 중간상을 활용하는 것은 간접 유통경로전략(Place)이다.

52 ④
분양가보다 높은 내정가격 이상으로 경쟁입찰방식을 통한 분양은 분양침체기(불황국면)에 적용할 전략으로 적합하지 않다. 이는 부동산 분양시장이 호황국면이거나 향후 부동산경기가 개선될 것이라고 예상될 때 적합한 전략이라 할 수 있다.

53 ①
수요의 가격탄력성이 작은 경우(비탄력적인 경우), 공급자는 가격인상(고가)전략이 더 유리할 것이다.

54 ②
마케팅활동의 유형은 주거용, 상업용, 공업용 등 부동산의 용도에 따라 달라진다. 부동산의 개별성으로 인해 부동산마케팅뿐만 아니라 모든 부동산활동은 그 용도나 유형에 따라 달라진다.

제8편 부동산감정평가론

01	①	02	③	03	①	04	④	05	④
06	①	07	⑤	08	④	09	⑤	10	③
11	③	12	②	13	①	14	③	15	④
16	⑤	17	③	18	②	19	③	20	②
21	③	22	⑤	23	④	24	②	25	⑤
26	④	27	④	28	②	29	③	30	⑤
31	③	32	③	33	⑤	34	①	35	④
36	⑤	37	③	38	③	39	②	40	①
41	①	42	③	43	②	44	①	45	②
46	④	47	③	48	⑤	49	⑤	50	①
51	④	52	①	53	②	54	①		

Point 50 감정평가의 개념과 기준시점

01 ①
기준시점이란 대상물건의 감정평가액을 결정하는 기준이 되는 날짜를 말한다(「감정평가에 관한 규칙」 제2조 제2호).

02 ③
감정평가를 수행하는 것과 그 결과가 부동산경기의 활성화(예 거래량의 증가나 가격 상승 등)에 기여하는 것은 아니다.

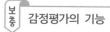 **감정평가의 기능**

정치적 · 정책적 기능 (공적 기능)	경제적 기능 (사적 시장기능)
• 부동산의 효율적인 이용에 관한 관리와 규제 • 부동산과세의 합리화 • 부동산의 적정한 가격 유도 • 합리적인 손실보상의 기준	• 부동산자원의 효율적인 배분 • 거래질서의 확립과 유지 • 의사결정의 판단기준 제시

Point 51 감정평가의 분류

03 ①
독립평가는 「감정평가에 관한 규칙」에서 정의하는 평가방법이 아니다. 감정평가이론(학문)상 개념이다.

04 ④
감정평가법인등은 감정평가 의뢰인이 요청하는 경우에 감정평가조건을 붙일 때에는 감정평가조건의 합리성, 적법성 및 실현가능성을 검토해야 한다.

> **보충** 「감정평가에 관한 규칙」 제6조
>
> 감정평가 의뢰인이 요청하는 경우, 감정평가의 목적이나 대상물건의 특성에 비추어 사회통념상 필요하다고 인정되는 경우 감정평가조건을 붙일 때에는 감정평가조건의 합리성, 적법성 및 실현가능성을 검토해야 한다. 감정평가법인등은 법령에 다른 규정이 있는 경우에 감정평가조건을 붙일 때에는 감정평가조건의 합리성, 적법성 및 실현가능성을 검토하지 않는다.

05 ④

감정평가법인등은 <u>법령에 다른 규정이 있는 경우에</u> 대상물건의 감정평가액을 시장가치 외의 가치를 기준으로 감정평가할 때에는 해당 <u>시장가치 외의 가치의 성격과 특징을 검토하지 않는다.</u>

> **「감정평가에 관한 규칙」제5조【시장가치기준 원칙】**
> ① 대상물건에 대한 감정평가액은 시장가치를 기준으로 결정한다.
> ② 감정평가법인등은 제1항에도 불구하고 다음 각 호의 어느 하나에 해당하는 경우에는 대상물건의 감정평가액을 시장가치 외의 가치를 기준으로 결정할 수 있다.
> 1. 법령에 다른 규정이 있는 경우
> 2. 감정평가 의뢰인(이하 "의뢰인"이라 한다)이 요청하는 경우
> 3. 감정평가의 목적이나 대상물건의 특성에 비추어 사회통념상 필요하다고 인정되는 경우
> ③ 감정평가법인등은 제2항에 따라 시장가치 외의 가치를 기준으로 감정평가할 때에는 다음 각 호의 사항을 검토해야 한다. 다만, 제2항 제1호의 경우에는 그렇지 않다.
> 1. 해당 시장가치 외의 가치의 성격과 특징
> 2. 시장가치 외의 가치를 기준으로 하는 감정평가의 합리성 및 적법성
> ④ 감정평가법인등은 시장가치 외의 가치를 기준으로 하는 감정평가의 합리성 및 적법성이 결여(缺如)되었다고 판단할 때에는 의뢰를 거부하거나 수임(受任)을 철회할 수 있다.

06 ①

시장가치와 기준가치는 동일한 개념이 아니다. 구분하여 정리하여야 한다.
ㄱ <u>시장가치</u>란 감정평가의 대상이 되는 토지등(이하 '대상물건'이라 한다)이 통상적인 시장에서 충분한 기간 동안 거래를 위하여 공개된 후 대상물건의 내용에 정통한 당사자 사이에 신중하고 자발적인 거래가 있는 경우 성립될 가능성이 가장 높다고 인정되는 대상물건의 가액을 말한다(「감정평가에 관한 규칙」제2조 제1호).
ㄴ <u>기준가치</u>란 감정평가의 기준이 되는 가치를 말한다(동 규칙 제2조 제3호).

 적정가격

적정가격이란 부동산가격공시에 관한 법령상 토지, 주택 및 비주거용 부동산에 대하여 통상적인 시장에서 정상적인 거래가 이루어지는 경우 성립될 가능성이 가장 높다고 인정되는 가격을 말한다.

Point 52 **부동산가격이론**

07 ⑤

부동산가치(value)는 부동산의 소유에서 비롯되는 <u>장래 유·무형의 편익을 현재가치로 환원한</u> 값이다.

08 ④

• 이전성은 <u>법률적</u> 측면에서의 가치발생요인이다.
• 효용, 유효수요, 상대적 희소성은 경제적 측면에서의 가치발생요인이다.

> **지문분석**
> ① 가치형성요인은 상호 연관성이 있어 영향을 주고받으며, 부단히 변동하므로 유동적이고 가변적이다.

Point 53 **부동산가격의 제 원칙(감정평가원리)**

09 ⑤

기여의 원칙이란 부동산가격이 대상부동산의 <u>각 (부분의)구성요소가 (전체 가치에)기여하는</u> 정도의 합으로 결정된다는 것을 말한다. ⇨ 구성부분의 <u>비용의 합이 부동산의 가치를 결정하는 것은 아니다.</u>

10 ③

부동산의 가격이 <u>내부적인 요인</u>에 의하여 긍정적 또는 부정적 영향을 받아 형성되는 것은 <u>균형의 원칙</u>이다.

 적합의 원칙과 균형의 원칙

• <u>적합의 원칙</u>은 부동산의 외부환경, 위치, 입지 등을 고려한다. ⇨ 부동산이 적합의 원칙에 부합하지 못하면 경제적 감가가 발생한다.
• <u>균형의 원칙</u>은 부동산의 유용성이 최고도로 발휘되기 위해서는 부동산의 내부구성요소간의 균형이 중요하다는 것이다. ⇨ 부동산이 균형의 원칙에 부합하지 못하면 기능적 감가가 발생한다.

11 ③

㉠ 내부구성요소들을 판단하여 최유효이용을 판정한다.
　　⇨ 균형의 원칙
㉡ 내부구성요소의 기여도의 합이 부동산가치를 결정한다.
　　⇨ 기여의 원칙: 부분과 전체에 관계된 원칙이다.
㉢ 현재 공장부지로 이용하고 있으므로 원래의 용도인 상업
　　용도를 포기한 결과가 됨에 따라 포기한 대가인 기회비
　　용의 원칙을 적용하여 상업용에 준해서 평가한다.
　　⇨ 기회비용의 원칙

Point 54 지역분석 및 개별분석

12 ②

- 개별분석이란 지역분석의 결과로 얻어진 정보를 기준으로
  대상부동산의 가격을 구체화 · 개별화하는 작업을 말한다.
  개별분석에서는 대상부동산의 구체적 가격을 구한다.
- 지역분석에서는 표준적 이용을 판정하여 그 지역의 가격
  수준(일반화 · 표준화 정도)을 판단한다.

🔲 핵심　지역분석 및 개별분석

구분	지역분석(선행분석)	개별분석(후행분석)
분석내용	지역요인 파악	개별요인 파악
분석기준	표준적 이용 판정	최유효이용 판정
가격판단	가격수준분석	구체적 가격 구함
근거 · 필요성	부동성 · 인접성 · 지역성	개별성
관련 원칙	적합의 원칙	균형의 원칙
감가유형	경제적 감가	기능적 감가
분석범위	전체적 · 광역적 · 거시적 분석	미시적 · 개별적 · 구체적 분석

13 ①

틀린 것은 ㉠㉡이다.

㉠ 사례자료를 동일수급권 안의 유사지역에서 선택할 경우
　　지역요인 비교과정이 필요하다. 단, 사례자료를 인근지
　　역에서 선택할 경우 지역요인 비교과정은 필요하지 않다.
㉡ 인근지역의 그 범위는 가치형성요인이 변동함에 따라 유
　　동적이고 가변적이다.

14 ③

동일수급권이란 대상부동산과 대체 · 경쟁관계가 성립하고
가치형성에 서로 영향을 미치는 관계에 있는 다른 부동산이
존재하는 권역을 말하며, 인근지역과 유사지역을 포함한다.

지문분석 ●

⑤ 주거지의 동일수급권은 도심으로 통근 가능한 범위와 일
　　치하는 경향이 있으며, 지역적 선호도에 따라 좁아질 수
　　도 있고, 넓어질 수도 있다. ⇨ 그 범위를 적절하게 판정
　　할 필요가 있다.

Point 55 감정평가방법의 적용 및 시산가액의 조정

15 ④

각 방식의 주어진 가중치에 시산가액을 곱하고, 이를 가중평
균하여 구한다.

- 조성비용을 통하여 구한 시산가액(가치): 2.2억원 ⇨ 원가
  방식(0.3)
- 거래사례를 통하여 구한 시산가액(가치): 2.4억원 ⇨ 비교
  방식(0.5)
- 임대료를 통하여 구한 시산가액(가치): 2.0억원 ⇨ 수익방
  식(0.2)

따라서 감정평가액은 2.26억원[= (0.3 × 2.2억원) + (0.5
× 2.4억원) + (0.2 × 2.0억원)]이다.

16 ⑤

시산가액의 조정은 「감정평가에 관한 규칙」 제12조에 의해
서 그 내용을 규정하고 있다.

지문분석 ●

④ 시산가액 조정은 각 시산가액을 산술평균하는 것이 아니
　　라, 주된 방식에 비중을 많이 부여하고 나머지 방식을 통
　　하여 그 합리성을 검토하는 것이므로 가중평균하는 것을
　　말한다.

17 ③

공시지가기준법과 그 밖의 비교방식에 속한 감정평가방법
(= 거래사례비교법)은 서로 다른 감정평가방식에 속한 것
으로 본다.

Point 56 원가법

18 ②

재조달원가란 기준시점에 있어서 대상부동산을 새로 재생산
또는 재취득하는 데 소요되는 적정원가의 총액을 말한다.

19 ⑤

건축비의 변동(건축비지수 100 ⇨ 120)을 반영하여 기준시
점에서 재조달원가를 구하고 그 값을 건물의 연면적으로 나
누어서 계산한다.

- 재조달원가 = 표준적 건설비(직·간접공사비, 수급인의 적정이윤 + 통상 부대비용(설계비, 감리비, 제세공과금 등)
- 재조달원가 = 432,000,000원 × 1.2(= 120 ÷ 100) = 518,400,000원

따라서 m²당 재조달원가는 <u>432,000원</u>(= 518,400,000원 ÷ 1,200m²)이다.

20 ②

- 정액법에서 매년의 감가액은 일정하다. ⇦ 건물, 구축물 등
- 정률법에서 매년의 감가율은 일정하다. 따라서 시간이 경과할수록 감가액은 점차 체감한다. ⇦ 기계, 동산 등

지문분석 ●

⑤ 분해법(내구성 분해방식)에 따르면 물리적·기능적 감가는 치유가능감가와 치유불가능감가로 구분할 수 있으며, 투입되는 비용 대비 가치상승분(효용)이 클 경우 치유할 수 있다. 단, 경제적 감가는 모두 치유불가능감가에 해당한다.

21 ③

- 대상부동산이 가지는 물리적 특성인 지리적 위치의 고정성(부동성)에 의해서 경제적 감가가 발생한다.
- 기능적 감가는 내부구성요소(구조, 기능, 관리상태 등)의 하자로 발생하는 감가이다.

지문분석 ●

① 감정평가의 감가수정은 <u>대상물건의 가액을 적정화하는 작업</u>을 말한다. 이와는 달리 회계·세무상의 감가상각은 비용배분을 목적으로 한다.

④ 물리적·기능적 감가는 그 타당성을 고려하여 치유하거나 치유하지 않을 수 있다. 이에 반해 경제적 감가는 부동성에 따른 감가이므로 치유불가능감가에 해당한다.

22 ⑤

1. 경과연수 10년 + 잔존 경제적 내용연수 40년 = 전(全) 경제적 내용연수 50년
2. 사용승인일부터 기준시점까지 건축비 변동:

$$\frac{기준시점의\ 건축비지수\ 120}{사용승인일(신축시점)\ 건축비지수\ 100} = 1.2$$

3. 재조달원가 2.4억원
   = 1,000,000원/m² × 연면적 200m² × 건축비 변동분 1.2
4. 매년 일정한 감가액 480만원

$$= \frac{감가총액(=\ 재조달원가\ 2.4억원\ -\ 잔존가치\ 0)}{경제적\ 내용연수\ 50년}$$

5. 감가누계액 4,800만원
   = 매년 감가액 480만원 × 경과연수 10년
∴ 적산가액 192,000,000원
   = 재조달원가 2.4억원 - 감가누계액 4,800만원

23 ④

적산가액 = 재조달원가 - 감가수정(감가누계액)

1. 신축시점과 기준시점간의 건축비지수의 변동을 감안하여 기준시점에서 재조달원가를 구한다.
   - 재조달원가 88,000,000원 = 신축공사비 80,000,000원 × 1.1(= 110/100)
   - 내용연수 만료시 잔가율이 10%, 잔존가치 8,800,000원 = 재조달원가 88,000,000원 × 잔가율 0.1(10%)

   따라서 감가총액은 79,200,000원
   (= 재조달원가 88,000,000원 - 잔존가치 8,800,000원)이다.

2. - 경제적 내용연수 40년 = 경과연수 2년 + 잔존 경제적 내용연수 38년
   - 초기(매년)감가액 1,980,000원

   $$= \frac{감가총액\ 79,200,000원^*}{경제적\ 내용연수(40년)}$$

   * 감가총액 79,200,000원(= 재조달원가 88,000,000원 - 잔존가치 8,800,000원)
   - 초기(매년)감가액 1,980,000원 × 경과연수 2년 = 감가누계액 3,960,000원
   ⇨ 적산가액 84,040,000원 = 재조달원가 88,000,000원 - 감가수정(누계)액 3,960,000원

24 ②

정률법에 의한 적산가액
= 재조달원가 × (1 - 매년 감가율)^{경과연수}
= 재조달원가 × (전년대비 잔가율)^{경과연수}

- 경과연수 2년: 준공시점 2023년 9월 30일에서 기준시점 2025년 9월 30일까지
- 재조달원가 1.2억원 = 신축공사비 1억원 × 1.20(= 120/100)

따라서 적산가액은 <u>7,680만원</u>[= 재조달원가 1.2억원 × (0.8)²]이다.

Point 57 거래사례비교법 및 공시지가기준법

25 ⑤

거래사례에 사정보정요인이 있는 경우 우선 <u>사정보정</u>을 하고, 거래시점과 기준시점간의 시간적 불일치를 정상화하는 <u>시점수정</u>을 하여야 한다.

시점수정은 거래사례 자료의 거래시점 가격을 대상물건의 <u>기준시점의 가격으로 정상화</u>하는 작업을 말한다.

26 ④

㉠ 대상부동산이 5% 우세하므로 105/100(1.05)이다.
㉡ 대상부동산이 3% 열세이므로 97/100(0.97)이다.
㉢ 대상부동산이 4% 우세하므로 104/100(1.04)이다.
해당 결과를 상승식(곱하기)으로 구하면 1.05924(= 1.05 × 0.97 × 1.04)이고, 소수점 넷째 자리에서 반올림하면 <u>1.059</u>이다.

27 ②

- $\dfrac{(100 + 3)}{100} \times \dfrac{(100 - 2)}{100} \times \dfrac{(100 - 4)}{100} \times \dfrac{100}{100} \times$
  $\dfrac{(100 + 1)}{100} \fallingdotseq \underline{0.978}$
- 1.03 × 0.98 × 0.96 × 1 × 1.01 ≒ 0.978

28 ②

- 공시지가기준법이 아닌 거래사례비교법에 의해서 대상토지가액을 구하는 문제이다.
- 8억원 중에서 토지구성비율이 60%이므로 사례토지가액은 4.8억원이다.
- 대상토지가 제2종 일반주거지역에 소재하므로, 시점수정을 할 때에는 주거지역 5% 상승을 사용한다(상업지역 4% 상승은 활용하지 않는다).
- 비준가액 = 사례부동산가격 × 사정보정 × 시점수정 × 가치형성요인 비교 등
  ⇨ <u>382,536,000원</u> = 4.8억원 × 사정보정치 1.1 × 시점수정치 1.05 × 개별요인비교치 0.92 × 면적비교치 0.75*

  * 면적비교치 0.75 = $\dfrac{\text{대상토지 } 150\text{m}^2}{\text{사례토지 } 200\text{m}^2}$

29 ④

> 토지가액 = 비교표준지 × 시점수정 × 지역요인 비교 × 개별요인 비교 × 그 밖의 요인 보정

대상토지가 일반상업지역에 속하는 상업용이므로, 기호 2가 비교표준지(사례토지)가 된다(표준지 기호 1의 내용은 사용하지 않으며, 지가변동률의 주거지역 4% 상승도 사용하지 않는다).

- 지가변동률: 상업지역 6% 상승 ⇨ $\dfrac{106}{100}$ = 1.06
- 개별요인: 5% 열세함 ⇨ $\dfrac{100 - 5}{100}$ = 0.95
- 그 밖의 요인 보정: 20% 증액 보정 ⇨ $\dfrac{100 + 20}{100}$ = 1.2

따라서 대상 토지가액 <u>4,833,600원/m²</u> = 400만원 × 1.06 × 0.95 × 1.2

30 ⑤

- 대상토지가 A시 B구 C동 120, 일반상업지역, 상업용 토지이므로 표준지공시지가 기호 2번인 상업용 토지가 비교표준지이다.
- 지가변동률은 상업지역 8% 상승이므로, 시점수정치는 1.08이다(공업지역 2%는 사용하지 않는다).
- 개별요인은 대상토지는 표준지 기호 2에 비해 가로조건에서 5% 우세하므로, 그 비교치는 1.05이다.

따라서 '토지가액 = 비교표준지 × 시점수정 × 지역요인 비교 × 개별요인 비교 × 그 밖의 요인 보정'에 대입하면 토지가액은 <u>3,402,000원</u>(= 3,000,000원 × 1.08 × 1.05)이다.

공시지가기준법이란 감정평가의 대상이 된 토지와 가치형성요인이 같거나 비슷하여 유사한 이용가치를 지닌다고 인정되는 표준지의 공시지가를 기준으로 대상토지의 현황에 맞게 시점수정, 지역요인 비교 및 개별요인 비교, 그 밖의 요인의 보정을 거쳐 대상토지의 가액을 산정하는 감정평가방법을 말한다.

> 감정평가법인등은 공시지가기준법에 따라 토지를 감정평가할 때에 다음의 순서에 따라야 한다(「감정평가에 관한 규칙」 제14조 제2항).
> - 비교표준지 선정
> - 시점수정
> - 지역요인 비교
> - 개별요인 비교
> - 그 밖의 요인 보정

31 ③

토지가액 = 비교표준지 × 시점수정 × 지역요인 비교 × 개별요인 비교 × 그 밖의 요인 보정
= 6,000,000원/m² × 1.05 × 1.2 × 0.9 × 1.20
= <u>8,164,800원/m²</u>

32 ②

틀린 것은 ㉠㉡㉣이다.

㉠ 공시지가기준법이란 감정평가의 대상이 된 토지(대상토지)와 가치형성요인이 같거나 비슷하여 유사한 이용가치를 지닌다고 인정되는 표준지공시지가(비교표준지)를 기준으로 대상토지의 현황에 맞게 <u>시점수정, 지역요인 및 개별요인 비교, 그 밖의 요인의 보정</u>을 거쳐 대상토지의 가액을 산정하는 감정평가방법을 말한다.

㉡ 시점수정을 할 때에는 <u>국토교통부장관이 조사 · 발표하는 비교표준지가 있는 시 · 군 · 구의 같은 용도지역 지가변동률</u>을 적용하여야 한다. 단, 지가변동률 적용이 적절치 아니하는 경우에는 한국은행이 조사 · 발표하는 생산자물가지수에 따라 생산자물가상승률을 적용할 것

㉣ '적정한 실거래가'는 「부동산 거래신고 등에 관한 법률」에 따라 신고된 실제 거래가격으로서 거래시점이 <u>도시지역은 3년 이내, 그 밖의 지역은 5년 이내</u>인 거래가격 중에서 감정평가법인등이 인근지역의 지가수준 등을 고려하여 감정평가의 기준으로 적용하기에 적정하다고 판단하는 거래가격을 말한다.

> **「감정평가에 관한 규칙」제14조【토지의 감정평가】**
> ② 감정평가법인등은 공시지가기준법에 따라 토지를 감정평가할 때에 다음 각 호의 순서에 따라야 한다.
> 2. 시점수정: 「국토의 계획 및 이용에 관한 법률」제125조에 따라 국토교통부장관이 조사 · 발표하는 비교표준지가 있는 시 · 군 · 구의 같은 용도지역 지가변동률을 적용할 것. 다만, 다음 각 목의 경우에는 그러하지 아니하다.
> 　가. 같은 용도지역의 지가변동률을 적용하는 것이 불가능하거나 적절하지 아니하다고 판단되는 경우에는 공법상 제한이 같거나 비슷한 용도지역의 지가변동률, 이용상황별 지가변동률 또는 해당 시 · 군 · 구의 평균지가변동률을 적용할 것
> 　나. 지가변동률을 적용하는 것이 불가능하거나 적절하지 아니한 경우에는 「한국은행법」제86조에 따라 한국은행이 조사 · 발표하는 생산자물가지수에 따라 산정된 생산자물가상승률을 적용할 것

Point 58 수익환원법

33 ⑤

환원이율(자본환원율)이 상승하면 <u>자산가격(수익가액)은 하락</u>한다.

$$\frac{순영업소득}{환원이율} = 수익가액$$

지문분석●

④ 환원이율은 기회비용(요구수익률)의 개념으로, 상업용 부동산에 투자가 이루어지기 위한 최소한의 필수수익률을 말한다.

34 ①

순영업소득(NOI)이 일정할 때 투자수요의 증가로 인한 자산(부동산)가격 상승은 자본환원율을 <u>낮추는</u> 요인이 된다.

$$자본환원율(환원이율) = \frac{순영업소득}{부동산가격}$$

보충 **환원이율(자본환원율)의 산정방법**

환원이율을 구하는 방법으로는 시장추출법, 조성법(요소구성법), (물리적 · 금융적) 투자결합법, 엘우드법, 부채감당법 등이 있다.

35 ④

- 유효총소득 = 가능총소득 + 기타소득 − 공실손실상당액
  = 30,000,000원 + 1,000,000원 − 3,000,000원
  = 28,000,000원
- 순영업소득 = 유효총소득 − 영업경비
  = 28,000,000원 − 4,000,000원
  = 24,000,000원

따라서 환원이율은 <u>6.0%(0.6)</u>이다.

⇨ 자본환원율(환원이율) 6.0% = $\frac{순영업소득\ 2,400만원}{부동산가격\ 4억원}$

36 ⑤

부채감당법은 저당투자자 입장에서 환원이율을 구하는 방법으로, 환원이율은 부채감당률, 대부(저당)비율, 저당상수로 구성된다.

- 순영업소득 6,800만원 = 유효총소득 8,000만원 − 영업경비 12,000,000원
- 부채감당률 1.7 = $\frac{순영업소득\ 6,800만원}{부채서비스액\ 4,000만원}$
- 부채감당법을 활용한 환원이율
  = 부채감당률 × 대부비율 × 저당상수
  = 1.7 × 40%(0.4) × 0.118 = 8.02%(0.0802)

37 ④

계산과정에서 부채서비스액, 개인업무비, 기대이율은 필요하지 않다.

- 유효총소득 = 가능총소득 − 대손충당금
  = 5,000만원 − 500만원(가능총소득의 10%)
  = 4,500만원
- 영업경비 = 1,000만원(가능총소득의 20%)
- 순영업소득 = 유효총소득 − 영업경비
  = 4,500만원 − 1,000만원 = 3,500만원

⇨ 부동산가치(수익가액) = $\dfrac{\text{순영업소득 3,500만원}}{\text{환원이율 0.07}}$
  = 5억원

38 ③

수익환원법(직접환원법)에 의한 수익가액의 계산

$$\text{수익가액} = \dfrac{\text{장래 순영업소득}}{\text{환원(이)율}}$$

1. 순영업소득의 계산과정
   - 공실손실상당액 및 대손충당금 2,400,000원 = 가능총소득 48,000,000원 × 0.05(5%)
   - 유효총소득 45,600,000원 = 가능총소득 48,000,000원 − 공실손실상당액 및 대손충당금 2,400,000원
   - 운영경비(영업경비) 5,600,000원
     = 유지관리비 240만원 + 재산세 120만원 + 용역비 200만원
   - 순영업소득 40,000,000원 = 유효총소득 45,600,000원 − 운영경비(영업경비) 5,600,000원

2. 물리적 투자결합법에 의한 환원이율의 계산과정
   = (토지가격구성비율 × 토지환원율) + (건물가격구성비율 × 건물환원율) = (0.6 × 10%) + (0.4 × 5%)
   = 8%(0.08)

3. 수익가액 계산

   $$500,000,000원 = \dfrac{\text{순영업소득 40,000,000원}}{\text{환원(이)율 0.08}}$$

Point 59 임대료의 평가방법

39 ②

- ㉠ 적산법: 적산임료 = 기초가액 × ㉡ 기대이율 + 필요제경비
- 임대사례비교법: ㉢ 비준임료 = 임대사례의 임대료 × 사정보정치 × 시점수정치 × 가치형성요인 비교치 등
- 수익분석법: 수익임료 = 순수익 + ㉣ 필요제경비

40 ①

옳은 것은 ㉡이다.

- ㉠ 적산법이란 대상물건의 기초가액에 기대이율을 곱하여 산정한 기대수익에 대상물건을 계속하여 임대하는 데에 필요한 경비를 더하여 대상물건의 임대료를 산정하는 감정평가방법을 말한다.
- ㉡ 수익분석법이란 일반기업경영에 의하여 산출된 총수익을 분석하여 대상물건이 일정한 기간에 산출할 것으로 기대되는 순수익에 대상물건을 계속하여 임대하는 데에 필요한 경비를 더하여 대상물건의 임대료를 산정하는 감정평가방법을 말한다.

Point 60 물건별 평가방법

41 ①

- 「감정평가에 관한 규칙」 제14조~제25조에 관한 내용이다.
- 상표권, 실용신안권 등 무형자산을 감정평가할 때에는 수익환원법을 적용해야 한다.

42 ③

「감정평가에 관한 규칙」 제14조~제25조에 관한 내용이다.

> **지문분석**
> ① 임대료 − 임대사례비교법
> ② 자동차 − 거래사례비교법
> ④ 건설기계 − 원가법
> ⑤ 과수원 − 거래사례비교법

43 ②

「감정평가에 관한 규칙」 제14조~제25조에 관한 내용이다.
원가법을 적용하는 경우는 항공기, 건물로 모두 2개이다.
- 상장채권: 거래사례비교법
- 저작권: 수익환원법
- 특허권: 수익환원법
- 기업가치: 수익환원법
- 광업재단: 수익환원법
- 동산: 거래사례비교법

44 ①

선박을 감정평가할 때에 선체 · 기관 · 의장(艤裝)별로 구분하여 감정평가하되, 각각 원가법을 적용해야 한다.

Point 61 부동산가격공시제도

45 ②
개별공시지가란 시장·군수 또는 구청장이 결정·공시하는 매년 공시지가의 공시기준일 현재 관할구역 안의 개별토지의 단위면적당 가격을 말한다. 개별공시지가·개별주택가격·비주거용 개별부동산가격은 적정가격이라 하지 않는다.

46 ④
시장·군수 또는 구청장은 공시기준일 이후에 토지의 분할·합병이 발생한 토지에 대하여는 대통령령이 정하는 날을 기준으로 하여 개별공시지가를 결정·공시하여야 한다.

47 ③
• 공동주택가격을 산정·공시할 때에는 주택가격비준표를 사용하지 않는다. 한국부동산원에 전수조사를 의뢰하고, 이를 공시한다.
• 주택가격비준표는 개별주택가격을 산정할 때 사용된다.

48 ⑤
표준지로 선정된 토지에 대하여는 개별공시지가를 별도로 결정·공시하지 않는다. 표준지로 선정된 토지에 대하여는 해당 토지의 표준지공시지가를 개별공시지가로 본다.

> 「부동산 가격공시에 관한 법률」 제10조 【개별공시지가의 결정·공시 등】 ② 표준지로 선정된 토지, 조세 또는 부담금 등의 부과대상이 아닌 토지, 그 밖에 대통령령으로 정하는 토지에 대하여는 개별공시지가를 결정·공시하지 아니할 수 있다. 이 경우 표준지로 선정된 토지에 대하여는 해당 토지의 표준지공시지가를 개별공시지가로 본다.

지문분석 ▶
③ 표준지공시지가의 효력은 다음과 같다.
• 토지시장에 지가정보를 제공한다.
• 일반적인 토지거래의 지표가 된다.
• 국가·지방자치단체가 그 업무와 관련하여 지가를 산정하는 경우에 그 기준이 된다.
• 감정평가법인등이 개별토지를 감정평가하는 경우에 그 기준이 된다.

49 ⑤

> 「부동산 가격공시에 관한 법률 시행령」 제15조 【개별공시지가를 공시하지 아니할 수 있는 토지】 ① 시장·군수 또는 구청장은 다음 각 호의 어느 하나에 해당하는 토지에 대해서는 법 제10조 제1항에 따른 개별공시지가를 결정·공시하지 아니할 수 있다.
> 1. 표준지로 선정된 토지
> 2. 농지보전부담금 또는 개발부담금 등의 부과대상이 아닌 토지
> 3. 국세 또는 지방세 부과대상이 아닌 토지(국공유지의 경우에는 공공용 토지만 해당한다)

50 ①
• 개별공시지가를 결정하기 위하여 토지가격비준표가 활용된다.
• 표준지공시지가는 토지가격비준표의 작성기준이 된다.

51 ④
공시기준일 이후 1월 1일부터 6월 30일까지 분할·합병 등이 발생한 경우에는 개별공시지가의 공시기준일이 7월 1일인 경우도 있다.

> 1. 시장·군수 또는 구청장은 공시기준일 이후에 분할·합병 등이 발생한 토지에 대하여는 대통령령이 정하는 날을 기준으로 하여 개별공시지가를 결정·공시하여야 한다.
> 2. '대통령령으로 정하는 날'이란 다음의 구분에 따른 날을 말한다.
> • 1월 1일부터 6월 30일까지의 사이에 분할·합병 등이 발생한 토지: 그 해 7월 1일
> • 7월 1일부터 12월 31일까지의 사이에 분할·합병 등이 발생한 토지: 다음 해 1월 1일

지문분석 ▶
① 다가구주택은 단독주택이다. 공동주택으로서 가격공시 대상으로는 아파트, 연립주택, 다세대주택이다.
② 표준지공시지가의 공시사항에는 건물에 관한 사항이 포함되지 않는다.

> 1. 표준지공시지가의 공시사항(「부동산 가격공시에
>   관한 법률」 제5조)
>   - 표준지의 지번
>   - 표준지의 단위면적당 가격
>   - 표준지의 면적 및 형상
>   - 표준지 및 주변토지의 이용상황
>   - 그 밖에 대통령령으로 정하는 사항
> 2. 대통령령으로 정하는 공시사항(「부동산 가격공시
>   에 관한 법률 시행령」 제10조 제2항)
>   - 지목
>   - 용도지역
>   - 도로상황
>   - 그 밖에 표준지공시지가 공시에 필요한 사항

③ 표준주택가격을 공시할 때는 소유자, 건축허가일, 단위
면적당 가격을 포함하지 <u>않는다</u>.

⑤ 표준주택가격은 <u>개별주택가격을</u> 산정하는 경우에 그 기
준이 된다(표준공동주택가격이나 개별공동주택가격이라
는 개념은 없다). 단독주택은 표준주택가격과 개별주택
가격으로 구분하여 공시한다.

52 ①
표준지공시지가의 공시기준일은 1월 1일로 한다(반드시 1월
<u>1일로 하는 것은 아니다</u>). 다만, 국토교통부장관이 표준지공
시지가 조사·평가인력 등을 고려하여 부득이하다고 인정되
는 경우에는 일부 지역을 지정하여 해당 지역에 대한 공시기
준일을 따로 정할 수 있다.

53 ②
- 표준주택을 선정할 때에는 일반적으로 유사하다고 인정되
  는 일단의 <u>단독주택 중에서</u> 해당 일단의 단독주택을 대표
  할 수 있는 표준주택을 선정하여야 한다.
- <u>공동주택은 표준주택을 선정하지 않고</u> 국토교통부장관이
  한국부동산원에 조사·의뢰하고 전수조사하여 가격을 공
  시한다.

54 ①
- 비주거용 집합부동산이란 「집합건물의 소유 및 관리에 관
  한 법률」에 따라 구분소유되는 비주거용 부동산을 말한다.
- 비주거용 일반부동산이란 비주거용 집합부동산을 제외한
  비주거용 부동산을 말한다.

Memo

Memo

Memo

중요한 내용을 압축하여 한 권에 쏙! 한손노트 시리즈

| 부동산학개론 | 민법 및
민사특별법 | 공인중개사법령 및
실무 | 부동산공법 | 부동산공시법령 | 부동산세법 |

실전 대비 문제로 합격 최종 점검! 문제집 시리즈

**해커스 공인중개사
출제예상문제집**　　　**해커스 공인중개사
실전모의고사 10회분**

**해커스 공인중개사
단원별 기출문제집**　　　**해커스 공인중개사
7일완성 회차별 기출문제집**

합격 이후까지 함께하는
해커스 공인중개사
동문회 혜택

공인중개사 합격자모임 초대

합격생 총동문록 제공

선배들의 현업 노하우 전수

해공회 정기모임

공동중개, 고급정보 실시간 교류

동문회 주최 실무교육

국내 최대 수준 규모! RSA 실무사관학교